财务管理

主　编　王吉凤　王莉莉　程腊梅
副主编　孟祥玲　窦　微　于　蕾　赵　赢

北京理工大学出版社
BEIJING INSTITUTE OF TECHNOLOGY PRESS

内容简介

财务管理是一门多学科交融的应用性很强的管理学科，特别是金融创新和资本市场的不断完善对财务管理理论产生了强大的外在推动力。本书框架结构由基本理论、基本理念、主要内容和财务管理环节四部分组成。第一部分是财务管理的基本理论，主要包括财务管理的概念、内容、沿革、假设、环境、目标等；第二部分是财务管理的基本理念，以货币时间价值观念和风险价值观念统领全书；第三部分是财务管理的主要内容，以上市公司的四项财务管理活动（筹资活动、投资活动、营运活动、利润及其分配活动）为主线贯穿全书；第四部分是企业财务管理的三个环节，以财务预算、财务控制和财务分析与评价为依托，阐述财务管理的基本理论、基本方法和应掌握的基本技能。鉴于此，本书力求结合财务理论和会计实务的新发展，突出如下特点：注重理财的应用性和时效性；注重教材体系的新颖性和完整性；注重教师的教与学生的学的明晰性和便捷性；注重专业课程的系统性和课程思政的引领性。

本书可作为应用型本科财务管理、会计学、工商管理、市场营销、物流管理等专业学生的教学用书，也可以作为企业会计人员、管理人员的培训、参考用书。

图书在版编目（CIP）数据

财务管理 / 王吉凤，王莉莉，程腊梅主编. --北京：北京理工大学出版社，2022.4

ISBN 978-7-5763-1189-1

Ⅰ. ①财… Ⅱ. ①王… ②王… ③程… Ⅲ. ①财务管理-高等学校-教材 Ⅳ. ①F275

中国版本图书馆 CIP 数据核字（2022）第 050909 号

出版发行 / 北京理工大学出版社有限责任公司
社　　址 / 北京市海淀区中关村南大街 5 号
邮　　编 / 100081
电　　话 /（010）68914775（总编室）
（010）82562903（教材售后服务热线）
（010）68944723（其他图书服务热线）
网　　址 / http://www.bitpress.com.cn
经　　销 / 全国各地新华书店
印　　刷 / 北京广达印刷有限公司
开　　本 / 787 毫米×1092 毫米　1/16
印　　张 / 20
字　　数 / 480 千字
版　　次 / 2022 年 4 月第 1 版　2022 年 4 月第 1 次印刷
定　　价 / 95.00 元

责任编辑 / 王俊洁
文案编辑 / 王俊洁
责任校对 / 刘亚男
责任印制 / 李志强

图书出现印装质量问题，请拨打售后服务热线，本社负责调换

前言

“经济越发展，会计越重要”，经济越发展，会计越需要改革。伴随着经济全球化、大数据、人工智能、移动互联网、云计算和会计国际趋同、等效步伐的加快，当前人们倡导的“整合专业知识，形成知识网络，碰撞裂变提升”的理念引发了我国会计教育教学的改革和创新。教材及教学资源库是教学过程的重要载体，加强教材建设是深化会计教育教学改革的有效途径，也是提升人才培养质量的重要保障，对着力完善现代教育教学体系，推动互联网与会计教育的深度融合与创新，切实提高应用型会计人才培养质量具有重要作用。

当今，会计教育的改革正深入到会计教学的各个领域，会计教材的内容必须与时俱进，体例必须整合创新。在普通高校转型发展的今天，为契合“能力本位教育模式”的定位，为展现财务管理课程的教学改革成果，提供一套难度适宜、重点突出、强化应用的高质量系列教材，我们编写了这本《财务管理》教材。

财务管理是一门多学科交融的应用性很强的管理学科，特别是金融科技创新和资本市场的不断完善对财务管理理论产生了强大的外在推动力。本教材以上市公司的四项财务管理活动（筹资活动、投资活动、营运活动、利润及其分配活动）为主线，以财务管理的两个基本理念（货币时间价值观念和风险价值观念）为统领；以财务管理的三个环节（财务预算、财务控制和财务分析与评价）为依托，阐述财务管理的基本理论、基本方法和应掌握的基本技能。

本书力求结合财务理论和会计实务的新发展，突出如下特点：注重理财的应用性和时效性；注重教材体系的新颖性和完整性；注重教师的教与学生的学的明晰性和便捷性；注重专业课程的系统性和课程思政的引领性。各章设有本章要点、案例导入、复习思考题、扩展阅读、思政案例等栏目，同时配有 PPT 教学课件。

本书由王吉凤、王莉莉、程腊梅担任主编，由孟祥玲、窦微、于蕾、赵赢担任副主编。第一章由姜鸥、郭艳莹编写，第二章、第十章由孟祥玲编写，第三章由程腊梅编写，第四章由程腊梅、窦靖嘉编写，第五章由王吉凤编写，第六章由于蕾、常立民编写，第七章、第八章由王莉莉编写，第九章由窦微、赵赢编写。来自长春市财会人员服务中心的专家、高级会计师张玉馥为本书的修订和撰写给予了专业指导。

本书可作为应用型本科财务管理、会计学、工商管理、市场营销、物流管理等专业学生的教学用书，也可以作为企业会计人员、管理人员的培训、参考用书。

在本书的编写过程中，我们参阅了一些书籍，恕未一一注明出处，在此向这些著作的作者致谢并表示歉意。成书过程中，吉林省经济管理干部学院、长春光华学院、长春财经学院、长春工业大学的领导、北京理工大学出版社的领导及编辑给予了大力支持，在此一并致谢。

尽管我们对本书的撰写做了很大的努力，但由于编者学识水平和编写时间等方面的限制，书中难免存在疏漏、不当之处，敬请各位读者朋友批评指正。

编　者

2021 年 11 月

目 录

第一章　总论 ······ 1

　第一节　财务管理的概念 ······ 2

　第二节　财务管理的目标 ······ 4

　第三节　财务管理的环境 ······ 10

　第四节　财务管理的环节 ······ 17

第二章　财务管理的价值观念 ······ 24

　第一节　货币时间价值 ······ 25

　第二节　风险价值 ······ 32

第三章　筹资管理（上） ······ 40

　第一节　筹资管理概述 ······ 41

　第二节　股权筹资 ······ 47

　第三节　债务筹资 ······ 56

　第四节　混合筹资 ······ 68

第四章　筹资管理（下） ······ 77

　第一节　资金需要量预测 ······ 78

　第二节　资本成本 ······ 83

　第三节　杠杆利益与风险 ······ 94

　第四节　资本结构 ······ 102

第五章　投资管理 ······ 118

　第一节　投资管理概述 ······ 119

　第二节　投资项目的现金流量分析 ······ 123

　第三节　投资项目决策评价指标 ······ 128

　第四节　项目投资管理 ······ 138

　第五节　证券投资管理 ······ 146

第六章　营运资金管理 ······ 162

　第一节　营运资金管理概述 ······ 163

　第二节　现金管理 ······ 165

第三节　应收账款管理 …… 171
第四节　存货管理 …… 178
第五节　流动负债管理 …… 186
第七章　利润及其分配管理 …… 195
第一节　利润形成及分配管理概述 …… 196
第二节　股利分配政策与方式 …… 200
第三节　股票分割和股票回购 …… 210
第八章　财务预算 …… 218
第一节　财务预算概述 …… 219
第二节　财务预算编制方法 …… 221
第三节　日常业务预算和特种决策预算 …… 232
第四节　现金预算与预计财务报表的编制 …… 241
第九章　财务控制 …… 249
第一节　财务控制概述 …… 250
第二节　责任中心 …… 253
第三节　责任预算、责任报告与业绩考核 …… 256
第四节　责任结算与核算 …… 262
第十章　财务分析与评价 …… 269
第一节　财务分析与评价概述 …… 270
第二节　基本的财务报表分析 …… 276
第三节　财务评价与考核 …… 294
附录 1　复利终值系数表 …… 307
附录 2　复利现值系数表 …… 308
附录 3　年金终值系数表 …… 309
附表 4　年金现值系数表 …… 310
主要参考文献 …… 311

第一章 总 论

本章要点

掌握财务管理的概念、目标，明确财务管理的环境，掌握财务管理的环节。

1. 财务管理的概念
2. 财务管理的目标
3. 财务管理的环境
4. 财务管理的环节

案例导入

一张公司制企业的组织机构图引发的思考

李芳是江苏 LL 机械制造有限公司的会计主管，业务表现出色。随着公司的业务拓展，她不仅要进行会计核算，而且要参加企业的经营管理决策，如投资决策、筹资决策等。2020 年年初，总经理提名聘任李芳为公司的财务总监，并要求她将原来的会计部门分成两个部门：财务部门和会计部门。财务部门主要负责企业的资本预算、筹资决策、投资决策、现金管理、信用管理、股利决策、计划控制和分析以及处理相关的财务关系等工作；会计部门主要负责处理日常会计业务、进行会计核算等会计和税务方面的相关事宜。李芳根据江苏 LL 机械制造有限公司的生产特点和管理要求，设立了以下组织机构，如图 1－1 所示。

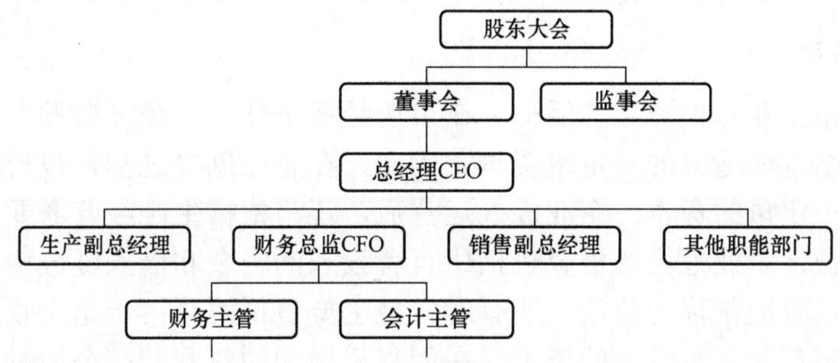

图 1－1　江苏 LL 机械制造有限公司财务管理机构

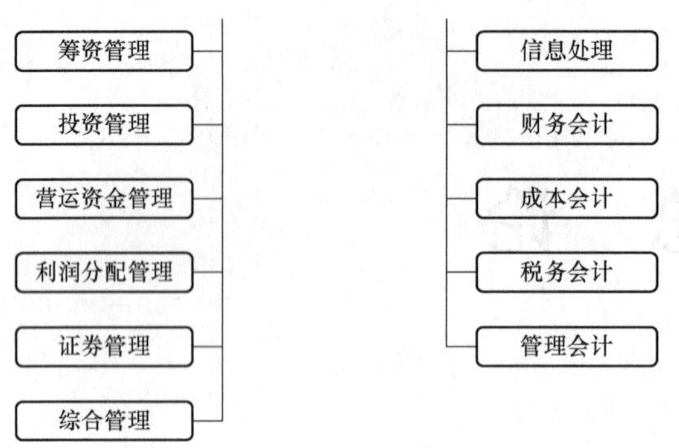

图 1－1　江苏 LL 机械制造有限公司财务管理机构（续）

看完这张组织机构图，我们的困惑是：

1. 财务总监在江苏 LL 机械制造有限公司中到底扮演了什么样的角色？
2. 企业财务部门和会计部门的职责是否能截然分开？

——资料来源：爱企查，经编者整理、改编

第一节　财务管理的概念

财务管理是企业管理的重要组成部分，它是根据财经法规制度，按照财务管理的原则，组织企业财务活动，处理企业财务关系的一项经济管理工作。财务管理是一项综合性很强的管理工作，它与企业各方面具有广泛联系，能迅速反映企业的生产经营状况。

企业的生产经营过程是实物商品或服务的运动与资金的运动相结合的运动过程，资金运动不仅以资金循环的形式存在，还伴随着生产经营过程不断进行。企业资金的收支构成了企业经济活动的一个独立方面，因此资金运动也表现为一个周而复始的周转过程。可以说，从企业的筹建、扩展、正常经营到终结清算，都有大量的财务问题，而解决这些财务问题，就需要很好地组织财务活动，处理好财务关系。为此，要明确什么是财务管理，必须分析企业的财务活动和财务关系。

一、企业财务活动

企业财务活动是指企业再生产过程中筹集、运用和分配资金的活动。具体说来，是指以现金收支为主的企业资金收支活动的总称。企业财务活动可分为以下四个方面：

（一）筹资活动

筹资活动是指企业筹集资金的活动。在市场经济条件下，经济资源首先表现为与生产经营规模和技术结构相适应的一定量资本。因此，在企业创办之初，投资者应当按照有关法律的规定投入一定量的资本。企业投入运营后，还将根据生产经营需要进一步筹集必要的资金。总体来说，企业筹集的资金包括所有者投入的资金和借入资金两类，前者通常称为所有者权益，后者通常称为负债。所有者权益主要包括两项：一是实收资本，指企业所有者按照法律规定在创立时投入的资本或在创立后增加的资本，在公司制企业称为股本；二是留存收益，指企业按照法律规定或企业内部分配政策，为了补充生产经营资金、职工集体福利设施、后备或以后年度分配等，将税后利润留在企业的部分。另外，因股本溢价等形成的资金，也是企业所有者权益的一项内容。负债主要包括向银行借款、发行债券、商业信用等。这种因为资金筹集而产生的资金收支，便是由企业筹资而引起的财务活动。

（二）投资活动

投资活动是指以收回本金并取得收益为目的而发生的现金流出活动，是资金运动的中心环节。企业通过各种途径取得资金以后，将按照生产经营的实际需要投放资金。主要包括以下用途：一是用于购建房屋、建筑物、机器设备等固定资产；二是用于开发或外购专利、土地使用权等无形资产；三是用于对外直接投资，如设立子公司或联营公司、购买股票等。进行资金投放时会产生资金的支出，企业获取投资收益、收回投资时会产生资金收入。这种因企业投资而产生的资金收支，便是投资而引起的财务活动。

（三）经营活动

企业在正常经营过程中，会发生一系列的资金收支。企业要购买材料物资以便从事生产和销售活动，还要支付工资和其他费用，在这个过程中，企业的资金形态由货币资金转变为在产品资金或产成品资金。这是一个资金积累的过程，在此过程中，企业一方面为自己创造了价值；另一方面又为社会创造了价值；当企业销售产品时，又可取得收入，收回资金。这不仅补偿了产品成本，而且实现了企业利润。在此过程中，企业产品资金转化为债权资金，最终转化为货币资金。这种由于企业经营引起的资金收支就是企业经营引起的财务活动。

（四）分配活动

分配活动是指企业获取利润和利润分配的活动。企业在生产经营过程中取得的利润，在缴纳所得税以后，要按照法律规定以及企业收益分配政策进行分配。企业税后利润通常是按以下顺序进行分配：一是提取法定公积；二是弥补企业以前年度亏损；三是提取盈余公积；四是向投资者分配利润。这种由于利润分配而产生的资金收支便属于由利润分配而引起的财务活动。

上述财务活动中的四个方面，不是相互割裂、互不相关的，而是相互联系、相互依存的。正是上述互相联系又有一定区别的四个方面，构成了完整的企业财务活动，这四个方面也就是财务管理的基本内容：企业筹资管理、企业投资管理、企业营运资金管理、企业利润及其分配的管理。

二、企业财务关系

企业财务关系是指企业在组织财务活动过程中与各有关方面发生的经济关系，企业的筹资活动、投资活动、经营活动、利润及其分配活动与企业上下左右各方面有着广泛的联系。

（一）企业同其所有者之间的财务关系

这主要是指企业的所有者向企业投入资金，企业向其所有者支付投资报酬所形成的经济关系。企业同其所有者之间的财务关系，体现着所有权的性质，反映着经营权和所有权的关系。

（二）企业同受资单位之间的财务关系

这主要是指企业将其闲置资金以购买股票或直接投资的形式向其他企业投资所形成的经济关系。企业与被投资单位的关系是体现所有权性质的投资与受资的关系。

（三）企业同其债权人之间的财务关系

这主要是指企业向债权人借入资金，并按借款合同的规定按时支付利息和归还本金所形成的经济关系。企业同其债权人的关系体现的是债务与债权的关系。

（四）企业同其债务人之间的财务关系

这主要是指企业将其资金以购买债券、提供借款或商业信用等形式出借给其他单位所形成的经济关系。企业同其债务人的关系体现的是债权与债务的关系。

（五）企业与税务机关之间的财务关系

这主要是指企业要按税法的规定依法纳税而与国家税务机关所形成的经济关系。企业与税务机关的关系反映的是依法纳税和依法征税的权利义务关系。

（六）企业内部各单位之间的财务关系

这主要是指企业内部各单位之间在生产经营各环节中相互提供产品或劳务所形成的经济关系。这种在企业内部形成的资金结算关系，体现了企业内部各单位之间的利益关系。

（七）企业与职工之间的财务关系

这主要是指企业向职工支付劳动报酬过程中所形成的经济关系。这种企业与职工之间的财务关系，体现了职工和企业在劳动成果上的分配关系。

第二节　财务管理的目标

由系统论可知，正确的目标是系统良性循环的前提条件，企业财务管理的目标对企业财务管理系统的运行也具有同样意义。为此，应首先明确财务管理的目标。

一、财务管理的目标的概念

财务管理的目标又称理财目标，是企业财务管理活动所希望实现的结果，是评价企业理财活动是否合理有效的基本标准。财务管理的目标是一定社会经济条件下的产物，是企业在市场竞争过程中的必然选择。财务管理的目标，直接反映着理财环境的变化，所以应根据环境的变化做适当调整，它是财务管理理论体系中的基本要素和行为导向，是企业财务人员工作实践的出发点和归宿，没有一个明确的目标，就无法判断一项决策的优劣。财务管理的目标制约着财务工作运行的基本特征和发展方向。

企业的目标是什么？

金宝汤公司：“我们的首要目标是增加股东的长期财富，以补偿他们承担的风险。”

泛美人寿公司："我们将继续增加公司全体股东的价值。"

可口可乐公司："我们只为一个原因而存在，那就是不断将股东价值最大化。"

摩托罗拉公司："为社会的需要提供好的服务，我们为顾客用公平合理的价格提供优质的产品和服务；为了企业的整体发展，我们必须做到这一点和赢得适当的利润；也为我们的员工和股东提供机会，以达到他们各人合理的目标。"

二、财务管理的整体目标

企业财务管理的整体目标，是企业财务管理工作的努力方向，主要包括了利润最大化、股东财富最大化、企业价值最大化及相关者利益最大化四个目标。

（一）利润最大化目标

1. 利润最大化目标有其合理的一面

企业追求利润最大化，就必须讲究经济核算，加强管理，改进技术，提高劳动生产率，降低产品成本。这些措施都有利于资源的合理配置，有利于经济效益的提高。

2. 利润最大化目标也存在一些缺点

（1）利润最大化没有考虑利润实现的时间，没有考虑资金时间价值。

（2）利润最大化没能有效地考虑风险问题。这可能会使财务人员不顾风险的大小去追求最多的利润。

（3）利润最大化往往会使企业财务决策带有短期行为的倾向，即只顾实现目前的最大利润，而不顾企业的长远发展。

应该看到，将利润最大化作为企业财务管理的目标，只是对经济效益的浅层次认识，存在一定的片面性。所以，现代财务管理理论认为，利润最大化并不是财务管理的最优目标。

（二）股东财富最大化目标

股东财富最大化是指通过财务上的合理经营，为股东带来最多的财富。在股份经济条件下，股东财富由其所拥有的股票数量和股票市场价格两方面来决定。在股票数量一定时，当股票价格达到最高时，股东财富也达到最大。所以，股东财富最大化又演变为股票价格最大化。

1. 股东财富最大化目标有其积极的一面

（1）股东财富最大化目标考虑了风险因素，因为风险的高低会对股票价格产生重要影响。

（2）股东财富最大化在一定程度上能够克服企业在追求利润上的短期行为，因为不仅目前的利润会影响股票价格，预期未来的利润对股票价格也会产生重要影响。

（3）股东财富最大化目标比较容易量化，便于考核和奖惩。

2. 股东财富最大化目标也存在一些缺点

（1）它只适合上市公司，对非上市公司则很难适用。

（2）它只强调股东的利益，而对企业其他关系人的利益重视不够。

（3）股票价格受多种因素影响，并非都是公司所能控制的，把不可控因素引入理财目标是不合理的。

尽管股东财富最大化目标存在上述缺点，但如果一个国家的证券市场高度发达，市场效率极高，上市公司还是可以把股东财富最大化作为财务管理的目标。

（三）企业价值最大化目标

企业价值最大化是指通过企业财务上的合理经营，采用最优的财务政策，充分考虑资金的时间价值和风险与报酬的关系，在保证企业长期稳定发展的基础上使企业总价值达到最大。

企业价值最大化这一目标，最大的问题可能是其计量问题，从实践上看，可以通过资产评估来确定企业价值的大小；从理论上来讲，企业价值可以通过下列公式进行计量：

$$V=\sum_{t=1}^{n}FCF_t/(1+i)^t$$

公式中，V 为企业价值；t 为取得报酬的具体时间；FCF_t 为第 t 年的企业报酬，通常用现金流量来表示；i 为与企业风险相适应的贴现率；n 为取得报酬的持续时间，在持续经营假设的条件下，n 为无穷大。

如果各年的现金流量相等，则上式可简化为：

$$V\approx FCF/i$$

从上式中可以看出，企业的总价值 V 与 FCF 成正比，与 i 成反比。在 i 不变时，FCF 越大，则企业价值越大；在 FCF 不变时，i 越大，则企业价值越小。i 的高低，主要由企业风险的大小来决定，当风险大时，i 就高，当风险小时，i 就低。也就是说，企业的价值，与预期的报酬成正比，与预期的风险成反比。在市场经济条件下，报酬和风险是同增的，即报酬越大，风险越大，报酬的增加是以风险的增加为代价的，而风险的增加将会直接威胁企业的生存。企业的价值只有在风险和报酬达到比较好的均衡时才能达到最大。

1. 企业价值最大化目标的优点

（1）企业价值最大化目标考虑了取得报酬的时间，并用时间价值的原理进行了计量；

（2）企业价值最大化目标科学地考虑了风险与报酬的联系；

（3）企业价值最大化目标能克服企业在追求利润上的短期行为，因为不仅目前的利润会影响企业的价值，预期未来的利润对企业价值的影响所起的作用更大；

（4）该目标有利于实现社会资源合理配置。社会资金通常流向企业价值最大化或股东财富最大化的企业或行业，有利于实现社会效益最大化。

2. 企业价值最大化目标的缺点

（1）为了控股或稳定购销关系，现代企业多采取环形持股方式，互相持股。法人股东对股价的敏感程度远不及个人股东，对股票价值的增加没有足够兴趣。

（2）对于非上市公司来说，企业价值最大化目标不能依靠股价做出判断，只有对企业进行专门评估才能真正确定其价值。而在评估企业资产时，由于受到评估标准和评估方式的影响，这种评估不易做到客观和准确。

（3）尽管对于上市的企业，股票价格的变动在一定程度上揭示了企业价值的变化，但是股价是受多种因素影响的结果，特别是在资本市场效率低的情况下，股票价格很难反映企业所有者权益的价值，而且股价波动也并非与企业财务状况的实际变动相一致，这会给企业实际经营业绩的衡量带来一定问题。

（四）相关者利益最大化目标

现代企业是多边契约关系的总和，强调在企业价值增长中满足各方利益关系，具体内容包括以下几个方面：

① 强调股东的首要地位，创造与股东之间的利益协调关系，努力培养安定性股东。安定性股东是指那些主要从事中、长期投资的股东，他们一般不会轻易出售所持有的股票，因此，他们更多地关心企业的长远发展。② 强调风险与报酬的均衡，将风险限制在企业可以承担的范围之内；③ 关心本企业职工利益，创造优美和谐的工作环境；④ 加强对企业经理人或经营者的监督和控制，建立有效的激励机制以便企业战略目标的顺利实现；⑤ 不断加强与债权人的联系，重大财务决策请债权人参加讨论，培养可靠的资金供应者；⑥ 关心客户的利益，在新产品的研制和开发上有较高投入，不断推出新产品来满足顾客的要求，以便保持销售收入的长期稳定增长；⑦ 讲求信誉，注意企业形象的宣传；⑧ 关心政府政策的变化，努力争取参与政府制定政策的有关活动，以便争取出台对自己有利的法规，而一旦立法颁布实施，不管是否对自己有利，都会严格执行。

1. 相关者利益最大化目标的优点

（1）有利于企业长期稳定发展；

（2）体现了合作共赢的价值理念，有利于实现企业经济效益和社会效益的统一；

（3）这一目标本身是一个多元化、多层次的目标体系，较好地兼顾了各利益主体的利益；

（4）体现了前瞻性和现实性的统一。

2. 相关者利益最大化目标的缺点

（1）股价的高低，只能来源于资本市场。因此该观点只适于上市公司；

（2）即便是上市公司，由于股价的变动不是公司业绩的唯一反映，而是多种因素综合作用的结果，因此，股价的高低有时也不能完全反映股东财务水平的高低；

（3）可能会导致所有者与其他利益主体之间的矛盾和冲突。

三、财务管理的具体目标

企业资金的运动过程和企业财务管理的基本目标决定了企业财务管理的具体目标。企业财务管理的具体目标由四个方面构成，即企业筹资的目标、企业投资的目标、企业营运资金管理的目标及企业利润分配的目标。

（一）企业筹资的目标

企业筹资的目标是在满足生产经营需要的情况下，不断降低资金成本和财务风险。

企业为了保证正常生产或扩大再生产，必然要筹集一定数量的资金。筹集资金是企业资金运动的起点，是决定企业资金运动规模和生产经营发展速度的重要环节。资金可以比作企业的血液，是企业生存和发展的前提。企业创建、设立、开展日常生产经营业务、购置设备材料等生产要素，都需要一定数量的资金，扩大生产规模、开发新产品、提高技术水平更要追加投资。通过不同渠道、不同方式筹集的资金，其成本和风险必然各不相同。这就要求企业在筹集资金时，不仅要考虑满足生产的资金数量，还要考虑资金成本高低及财务风险的大小，以便以最佳的方式筹集到所需的资金。

（二）企业投资的目标

企业投资的目标是通过资金的使用而提高企业经济效益。这就要求企业认真进行投资项目的可行性研究，力求提高投资报酬，降低投资风险。

企业投资包括为企业发展所需进行的内部投资与外部投资。企业必须有效地投放和使用资金以改善企业财务状况，提高经营成果。企业经营成果的大小和财务状况的优劣主要由三类指标反映，即企业盈利能力指标、资本保值增值指标和资产负债水平指标。盈利能力是指企业将所筹资金进行内部投资与外部投资而获取利润的能力。不论是投资人、债权人还是企业经理人员，都日益重视和关心企业的盈利能力。企业只有努力提高盈利能力，才能提高经济效益，实现财务管理的基本目标。资产负债水平和偿债能力反映企业资本结构是否优化及对各种债务的偿付能力，企业资本结构优化可以提高普通股每股利润，以保障投资者的既得利益。企业的偿债能力强、信用好，能使债权人按时收回本金，能够给企业带来较高的经济效益，企业才能自下而上地发展，保障企业员工的利益。因此，企业应通过对内投资提高生产经营能力和技术水平，保证资产的安全，加速资金的周转；通过对外投资寻求新的利润增长点，提高资本利润率。另外，在追求高收益的同时，必须考虑降低投资风险，提高资金的利用效率。

（三）企业营运资金管理的目标

企业营运资金管理的目标是合理使用资金，加速资金周转，不断提高资金的利用效果。

企业的营运资金管理包括耗资管理与收入管理两个方面。企业的生产经营必然会发生生产消耗，耗资管理的目标要求企业合理使用资金，节约成本费用开支，加速资金周转，提高资金的使用效率，从而增加企业的利润总额。收入的取得是企业实现利润的源泉，增加收入就可以获得更多利润，因此收入管理的目标要求企业合理确定商品价格，提高商品的市场竞争力，扩大产品的销售额，提高商品的市场占有率，加速资金的周转，以提高企业资金的利用效率。

（四）企业利润分配的目标

企业利润分配的目标是采取各种措施，努力提高企业利润水平，合理分配企业利润。企业利润分配的目标主要有两个：正确计算收益和成本以及合理地分配企业利润。

企业在进行生产经营消耗的同时，也取得了一定的盈利。企业应该对实现的利润进行合理的分配，合理确定利润留成与分配比例，形成企业积累，增加发展潜力。同时，企业要按国家规定与企业发展需要，正确处理好积累与消费、当前利益与长远利益的关系，正确处理企业与各方面的经济利益关系，为企业提高社会效益和经济效益打下基础，以利于企业的可持续发展。

企业的财务管理目标绝不是一种单一的目标，而是经过合理组合的目标群。企业要正确处理提高经济效益和履行社会责任的关系。企业在谋求自身经济效益的过程中，必须尽到自己的社会责任。一是要保证产品质量，搞好售后服务，不能以不正当手段追求企业的利润。二是要维护社会公共利益，不能以破坏资源、污染环境为代价谋求企业的效益。另外，企业不定期地承担一定的社会义务，出资参与社会公益事业，这也是应当的。企业管理阶层应加强企业管理并促进财务管理具体目标的实现。

四、企业的社会责任

企业的社会责任是指企业在谋求所有者或股东权益最大化之外所负有的维护和增进社会利益的义务。具体来说，企业的社会责任主要包括以下内容：

（一）对员工的责任

企业除了负有向员工支付报酬的法律责任外，还负有为员工提供安全工作环境、职业教育等保障员工利益的责任。企业对员工承担的社会责任有以下几项：

（1）按时足额发放劳动报酬，并根据社会发展逐步提高工资水平。

（2）提供安全健康的工作环境，加强劳动保护，实现安全生产，积极预防职业病。

（3）建立公司职工的职业教育和岗位培训制度，不断提高职工的素质和能力。

（4）完善工会、职工董事和职工监事制度，培育良好的企业文化。

（二）对债权人的责任

债权人是企业的重要利益相关者，企业应依据合同的约定以及法律的规定对债权人承担相应的义务，保障债权人的合法权益。这种义务既是公司的民事义务，又是公司应承担的社会责任。公司对债权人承担的社会责任主要有以下几项：

（1）按照法律、法规和公司章程的规定，真实、准确、完整、及时地披露公司信息。

（2）诚实守信，不滥用公司法人资格。

（3）主动偿债，不无故拖欠。

（4）确保交易安全，切实履行合法订立的合同。

（三）对消费者的责任

企业的价值实现，很大程度上取决于消费者的选择，企业理应重视对消费者承担的社会责任。企业对消费者承担的社会责任主要有以下几项：

（1）确保产品质量，保障消费安全。

（2）诚实守信，确保消费者的知情权。

（3）提供完善的售后服务，及时为消费者排忧解难。

（四）对社会公益的责任

企业对社会公益的责任主要涉及慈善、社区等。企业对慈善事业的社会责任是指承担扶贫济困的责任和发展慈善事业，表现为企业对不确定的社会群体（尤指弱势群体）进行帮助。捐赠是其最主要的表现形式，受捐赠的对象主要有社会福利院、医疗服务机构、教育事业、贫困地区、特殊困难人群等。此外，还包括雇用残疾人、生活困难的人、缺乏就业竞争力的人到企业工作，以及举办与公司营业范围有关的各种公益性的社会教育宣传活动等。

（五）对环境和资源的责任

企业对环境和资源的社会责任可以概括为两大方面：

（1）承担可持续发展与节约资源的责任。

（2）承担保护环境和维护自然和谐的责任。

此外，企业还有义务和责任遵从政府的管理、接受政府的监督。企业要在政府的指引下合法经营、自觉履行法律规定，同时尽可能地为政府献计献策、分担社会压力、支持政府的各项事业。

一般而言，对一个利润或投资收益率处于较低水平的公司，在激烈竞争的环境下，是难以承担额外增加其成本的社会责任的。而对于那些利润超常的公司，它们可以适当地承担而且有的也确已承担一定的社会责任。因为对利润超常的公司来说，适当地从事一些社会公益活动，有助于提高公司的知名度，促进其业务活动的开展，进而使股价升高。但不管怎样，任何企业都无法长期单独地负担因承担社会责任而增加的成本。过分地强调社会责任而使企业价值减少，就可能导致整个社会资金运用的次优化，从而使社会经济发展步伐减缓。事实上，大多数社会责任都必须通过立法，以强制的方式让每一个企业平均负担。然而，企业是社会的经济细胞，理应关注并自觉改善自身的生态环境，力保重视履行对员工、债权人、消费者、环境、社会等利益相关方的责任，重视其生产行为可能对未来环境的影响，特别是在员工健康与安全、废弃物处理、污染等方面应尽早采取相应的措施，减少企业在这些方面可能会遭遇的各种困扰，从而有助于企业可持续发展。

第三节　财务管理的环境

企业财务管理的环境又称理财环境，是指对企业财务活动和财务管理产生影响的企业内外部的各种条件的总称。环境构成了企业财务活动的客观条件。任何财务管理活动都是在一定环境之下开展的，必然受到环境的影响。所以，理财首先要分析财务管理的环境的现状、变化及其趋势。通过环境分析，提高企业财务行为对环境的适应能力、应变能力和利用能力，以便更好地实现企业财务管理的目标。

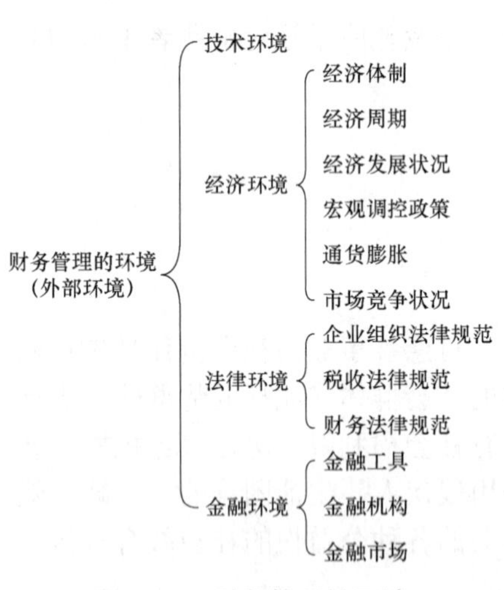

图 1－2　财务管理的环境

财务管理的环境按存在空间的不同，可以分为财务管理的内部环境和外部环境两个方面。财务管理的内部环境指企业的内部条件，主要包括企业组织形式、企业组织结构、企业机构、人员素质等；财务管理的外部环境，指企业的外部条件、因素和状况，包括政治、经济、金融、法律、文化等许多方面。内部环境存在于企业内部，是企业可以从总体上采取一定的措施加以控制和改变的因素。而外部财务环境存在于企业外部，它们对企业财务行为的影响无论是有形的硬环境，还是无形的软环境，企业都难以控制和改变，更多的是适应和因势利导。因此本节主要介绍财务管理的外部环境。影响企业财务管理的外部环境有多种因素，其中最主要的有技术环境、经济环境、法律环境和金融环境等因素，如图 1－2 所示。

一、技术环境

技术环境是指财务管理得以实现的技术手段和技术条件，它决定着财务管理的效率和效果。会计信息系统是财务管理技术环境中的一项重要内容。在企业内部，会计信息主要是提供给管理层决策使用，而在企业外部，会计信息则主要是为企业的投资者、债权人等提供服务。随着数据科学、机器人流程自动化等机器智能技术不断应用到财务管理领域（如财务共享），财务管理的技术环境更容易实现数出一门、资源共享，便于不同信息使用者获取、分析和利用，进行投资和相关决策。

二、经济环境

经济环境是指企业进行财务活动的宏观经济状况。企业的理财活动必须融于宏观经济运行中，宏观经济环境是一个十分宽泛的概念，大的方面包括世界经济环境、洲际经济环境、国家或地区的经济环境；小的方面包括行业经济环境、产品的市场经济环境等方面。无论是哪一方面，对其做出正确的分析、评估是企业采取适应性财务行为、规避风险的基本条件。

（一）经济体制

现存的经济体制主要有计划经济体制与市场经济体制两种。在计划经济体制下，企业作为一个独立的核算单位，无独立的理财权利，财务管理方法比较简单。在市场经济体制下，企业成为“自主经营、自负盈亏”的经济实体，有独立的经营权，同时也有独立的理财权，可根据自身条件和外部环境做出各种各样的财务决策并组织实施，财务管理的内容比较丰富，方法比较复杂，财务管理发展水平比较高。

（二）经济周期

经济周期是指总体经济活动的扩张和收缩交替反复出现的过程，也称经济波动。每一个经济周期都可以分为上升和下降两个阶段，呈现由上升到下降，由峰顶到谷底的循环交替。上升阶段也称为繁荣，最高点称为峰顶。峰顶也是经济由盛转衰的转折点，此后经济就进入下降阶段，即衰退。衰退严重，则经济进入萧条，衰退的最低点称为谷底。当然，谷底也是经济由衰转盛的一个转折点，此后经济进入上升阶段。经济从一个波峰到另一个波峰，或者从一个波谷到另一个波谷，就是一次完整的经济周期，如图 1-3 所示。

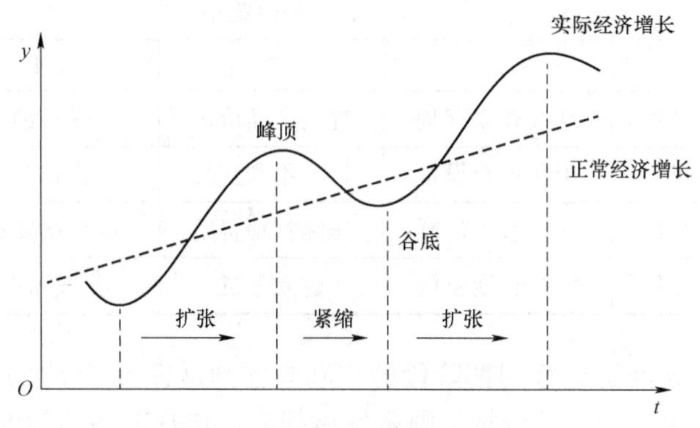

图 1-3　经济周期曲线图

经济周期的各个阶段都具有一些典型特征，大致如下：

1. 繁荣期

这一阶段的经济活动水平高于趋势水平，经济活动较为活跃，需求不断增加，产品销售通畅，投资持续增加，产量不断上升，就业不断扩大，产出水平逐渐达到高水平，经济持续扩张。不过，繁荣期一般持续时间不长，当需求扩张开始减速时，会诱发投资减速，经济就会从峰顶开始滑落。通常当国内生产总值连续两个季度下降时，可以认为经济已经走向衰退。

2. 衰退期

这一阶段的经济活动水平开始下降，消费需求也开始萎缩，闲置生产能力开始增加，企业投资开始以更大的幅度下滑，产出增长势头受到抑制，国民收入水平和需求水平进一步下降，最终将使经济走向萧条阶段。

3. 萧条期

这时，经济处于收缩较为严重的时期，逐渐降低到低水平，即低于长期趋势值，就业减少，失业水平提高，企业投资降至低谷，一般物价水平也在持续下跌。当萧条持续一段时间后，闲置生产能力因投资在前些阶段减少逐渐耗尽，投资开始出现缓慢回升，需求水平开始出现增长，经济逐渐走向复苏阶段。

4. 复苏期

这时经济活动走向上升通道，经济活动开始趋于活跃，投资开始加速增长，需求水平也开始逐渐高涨，就业水平提高，失业水平下降，产出水平不断增加。随着经济活动不断恢复，整个经济走向下一个周期的繁荣阶段。

在市场经济条件下，企业家越来越多地关心经济形势，也就是“经济大气候”的变化。一个企业生产经营状况的好坏，既受其内部条件的影响，又受其外部宏观经济环境和市场环境的影响。一个企业无力决定它的外部环境，但可以通过内部条件的改善，来积极适应外部环境的变化，充分利用外部环境，并在一定范围内，改变自己的小环境，以增强自身活力，扩大市场占有率。因此，作为企业家，对经济周期波动必须了解、把握，并能制定相应的理财策略来适应周期的波动，否则将在波动中丧失生机。不同经济发展阶段的企业财务策略对比如表 1-1 所示。

表 1-1 不同经济发展阶段的企业财务策略对比

经济发展阶段	企业理财策略				
	1	2	3	4	5
繁荣期	扩充厂房设备	继续建立存货	提高产品价格	开展营销规划	增加劳动力
衰退期	停止扩张	出售多余设备	停产不利产品	停止长期采购	削减存货
萧条期	建立投资标准	保持市场份额	压缩管理费用	放弃次要利益	削减存货
复苏期	增加厂房设备	实行长期租赁	建立存货	开发新产品	增加劳动力

对于企业来说，对经济运行周期阶段的识别与评判是评价经济发展现状、预测经济发展趋势的重要前提，也是企业正确规划财务发展战略、选择财务政策的基本前提。

（三）经济发展状况

经济发展状况是指企业宏观经济的短期运行特征。包括经济发展速度、经济发展水平、经济发展阶段三个方面，它们对财务管理有着重要影响。

1. 经济发展速度

经济发展速度的快慢，国民经济的繁荣与衰退会影响企业的销售额。销售额增加会引起企业的存货枯竭，需要筹集资金扩大生产规模；而销售额减少会阻碍现金的流转，使企业产品积压，需筹资来维持企业的经营。

2. 经济发展水平

经济发展水平的变化体现为国家统计部门定期公布经济发展状况的各种经济指标，如经济增长速度、失业率、物价指数、进出口贸易额增长率、税收收入以及各个行业的经济发展状况指标等。对各种经济发展状况指标的跟踪观察有利于企业正确把握宏观经济运行的态势，及时调整财务管理策略。

3. 经济发展阶段

任何国家的经济发展都不可能呈长期的快速增长之势，而总是表现为“波浪式前进，螺旋式上升”的状态。当经济发展处于繁荣时期，经济发展速度较快，市场需求旺盛，销售额大幅度上升。企业为了扩大生产，需要增加投资，与此相适应，则需筹集大量的资金以满足投资扩张的需要。当经济发展处于衰退时期，经济发展速度缓慢，甚至出现负增长，企业的产量和销售量下降，投资锐减，资金时而紧缺、时而闲置，财务运作出现较大困难。

（四）宏观调控政策

宏观调控政策是政府对宏观经济进行干预的重要手段，主要包括产业政策、金融政策和财政政策等。政府通过宏观经济政策的调整引导微观财务主体的经济行为，达到调控宏观经济的目的。这些宏观经济调控政策对企业财务管理的影响是直接的，企业必须按国家政策办事，否则将寸步难行。例如，国家采取收缩的调控政策时，会导致企业的现金流入减少、现金流出增加、资金紧张、投资压缩。反之，当国家采取扩张的调控政策时，企业财务管理则会出现与之相反的情形。所以，作为微观的市场竞争主体，企业必须关注宏观经济政策的取向及其对企业经济行为的影响；并根据宏观经济政策的变化及时调整自身的行为，以规避政策性风险对企业财务运行的影响。

（五）通货膨胀

一般认为，在产品和服务质量没有明显改善的情况下，价格的持续提高就是通货膨胀，表现为物价持续上升到一定程度而引发的货币贬值，购买力下降。通货膨胀犹如一个影子，始终伴随着现代经济的发展。通货膨胀不仅对消费者不利，对企业财务活动的影响更为严重。大规模的通货膨胀会引起资金占用的迅速增加，导致利率上升，增加企业筹资成本；通货膨胀时期，有价证券的价格不断下降，会给筹资带来较大的困难；同时还会引起利润的虚增，造成企业的资金流失。通货膨胀的程度直接影响投资收益、资本成本，加剧企业财务状况和经营成果的不确定性，增大企业的经营风险。企业对通货膨胀本身无能为力，只有政府才能调控通货膨胀程度。企业为实现期望的报酬率，必须在财务决策时考虑通货膨胀因素，并使用套期保值等措施以减少损失。

（六）市场竞争状况

企业是市场经济的主体，依赖于市场而存在和发展。企业只要在市场经济中经营，竞争就必然成为客观存在的现实，任何企业都不能回避。财务管理行为的选择在很大程度上取决于企业的竞争环境。不了解企业所处的市场环境，就不可能深入地了解企业的运行状态，也就很难做出科学的、行之有效的财务决策。

企业所处的市场竞争环境有完全竞争市场、不完全竞争市场、垄断市场、寡头垄断市场之分。不同的市场环境对财务管理的影响有所不同。处于完全竞争市场的企业，销售价格完全由市场来决定，企业利润随价格波动而波动，企业不宜过多地采用负债方式去筹集资本。处于不完全竞争市场和寡头垄断市场的企业，关键是要使企业的产品具有优势、具有特色、具有品牌效应，这就要求在研究与开发上投入大量资本，研制出新的优质产品，并搞好售后服务，给予优惠的信用条件。处于完全垄断市场的企业，销售一般都不成问题，价格波动不大，利润稳中有升，经营风险较小，企业可利用较多的债务资本。竞争是一把双刃剑，一方面，竞争可以使企业引进先进设备和技术，加强企业管理，从而增加企业利润；另一方面，恶性竞争会使企业陷入困境，面临诸多问题。

三、法律环境

财务管理的法律环境是指企业和外部发生经济关系时所应遵守的各种法律、法规和规章。企业在其经营活动中，要和国家、其他企业或社会组织、企业职工或其他公民，及国外的经济组织或个人发生经济关系。国家管理这些经济活动和经济关系的手段包括行政手段、经济手段和法律手段三种。在市场经济条件下，行政手段逐步减少，而经济手段，特别是法律手段日益增多，越来越多的经济关系和经济活动的准则已经用法律的形式固定下来了。用一套完整的法律体系来维护市场秩序，可以使企业有法可依，使国民经济管理逐步走向法制化。企业在进行理财活动时不可避免地要与企业外部发生经济关系，在处理这些经济关系时，一方面，法律提出了企业从事一切经济业务所必须遵守的规范，从而对企业的经济行为进行约束；另一方面，法律也为企业合法从事各项经济活动提供了保护。

（一）企业组织法律规范

企业是市场经济的主体，是市场体系形成和发展的关键所在，企业组织必须依法成立。组建不同的企业，要依照不同的法律规范。它们包括《中华人民共和国公司法》（以下简称《公司法》）、《中华人民共和国全民所有制工业企业法》、《中华人民共和国外资企业法》、《中华人民共和国中外合资经营企业法》、《中华人民共和国中外合作经营企业法》、《中华人民共和国个人独资企业法》、《中华人民共和国合伙企业法》等。这些法律规范既是企业的组织法，又是企业的行为法。

例如，《公司法》对公司企业的设立条件、设立程序、组织机构、组织变更和终止的条件和程序等都做了规定，包括股东人数、法定资本的最低限额、资本的筹集方式等。只有按其规定的条件和程序建立的企业，才能称为公司。《公司法》还对公司生产经营的主要方面做出了规定，包括股票的发行和交易、债券的发行和转让、利润的分配等。公司一旦成立，其主要的活动，包括财务管理活动，都要按照《公司法》的规定来进行。因此，《公司法》是公司财务管理最重要的强制性规范，公司的理财活动不能违反该法律，公司的自主权不能超出该法律的限制。

（二）税收法律规范

税收法律规范是规定企业纳税义务和责任的法律规范。税收不仅可以调节社会供求和经济结构、维护国家主权和市场经济秩序，还可以起到保护企业经济实体地位、促进公平竞争、改善经营管理和提高经济效益的微观作用。自改革开放以来，我国税收制度进行了一系列的改革，但不可改变的是任何企业都有法定的纳税义务。有关税收的立法分为三类：

所得税的法规、流转税的法规、其他地方税的法规。税负是企业的一种费用，会增加企业的现金流出，对企业理财有重要影响。企业无不希望在不违反税法的前提下减少税务负担。税负的减少，只能靠精心安排和筹划投资、筹资和利润分配等财务决策，而不允许在纳税行为已经发生时去偷税、漏税。精通税法，对财务主管人员有重要意义。

（三）财务法律规范

财务法律规范主要是《企业财务通则》及有关财务制度。分为三个层次：第一层次是《企业财务通则》，明确了财务管理边界、投资者与经营者的游戏规则、财务制度的内涵和范围；第二层次是具体财务规范，是关于具体财务行为与财政资金相关的操作性规定；第三层次是企业财务管理指导意见，属服务性公共产品，引导企业形成共同的财务理念。

四、金融环境

企业的金融环境主要包括金融工具、金融机构、金融市场三个方面。

（一）金融工具

金融工具又称交易工具，它是证明债权债务关系并据以进行货币资金交易的合法凭证，是货币资金或金融资产借以转让的工具。金融工具在金融市场中表现为各种可交易的金融资产。金融工具一般都具有期限性、流动性、风险性和收益性等基本特征。

按照不同的划分标准，金融工具有以下几种分类：

（1）按期限长短划分，分为货币市场工具和资本市场工具。前者期限短，一般为 1 年以下，如商业票据、短期公债、银行承兑汇票、可转让大额定期存单、回购协议等；后者期限长，一般为 1 年以上，如股票、中长期企业债券等。

（2）按发行机构划分，可分为直接融资工具和间接融资工具。前者如政府、企业发行或签署的国库券、企业债券、商业票据、公司股票等；后者如银行或其他金融机构发行或签发的金融债券、银行票据、可转让大额定期存单、人寿保险单和支票等。

（3）按投资人是否掌握所投资产品的所有权划分，可分为债权凭证与股权凭证。

（4）按金融工具的职能划分，可分为股票、债券等投资筹资工具和期货合约、期权合约等保值投资工具。

（二）金融机构

金融机构包括银行业金融机构和其他金融机构。社会资金从资金供应者手中转移到资金需求者手中，大多要通过金融机构。

1. 中国人民银行

中国人民银行是我国的中央银行，它代表政府管理全国的金融机构和金融活动，经理国库。其主要职责是制定和实施货币政策，保持货币币值稳定；依法对金融机构进行监督管理，维持金融业的合法、稳健运行；维护支付和清算系统的正常运行；持有、管理、经营国家外汇储备和黄金储备；代理国库和其他与政府有关的金融业务；代表政府从事有关的国际金融活动。

2. 政策性银行

政策性银行，是指由政府设立，以贯彻国家产业政策、区域发展政策为目的的金融机构。政策性银行与商业银行相比，其特点在于：不面向公众吸收存款，而以财政拨款和发行政策性金融债券为主要资金来源；其资本主要由政府拨付；不以营利为目的，经营时主要考虑国家的整体利益和社会效益；其服务领域主要是对国民经济发展和社会稳定有重要意义，而商业银行出于营利目的不愿借贷的领域；一般不普遍设立分支机构，其业务由商业银行代理。但是，政策性银行的资金并非财政资金，也必须有偿使用，对贷款也要进行严格审查，并要求还本付息、周转使用。我国目前有三家政策性银行：中国进出口银行、国家开发银行和中国农业发展银行。

3. 商业银行

商业银行是以吸收存款、发放贷款、办理转账结算为主要业务，以营利为主要经营目标的金融企业。商业银行的建立和运行，受《中华人民共和国商业银行法》规范。我国的商业银行可以分成三类：一类是国有控股商业银行，是由国家专业银行演变而来的，包括中国工商银行、中国农业银行、中国银行、中国建设银行。它们过去分别在工商业、农业、外汇业务和固定资产贷款领域中提供服务，近些年来其业务交叉进行，传统分工已经淡化。另一类是股份制商业银行，是 1987 年以后发展起来的，包括交通银行、深圳发展银行、中信实业银行、中国光大银行、华夏银行、招商银行、兴业银行、上海浦东发展银行、中国民生银行以及各地方的商业银行、城市信用合作社等。最后一类是外资银行。按照中国与世界贸易组织签订的协议，中国金融市场要逐渐对外开放，外资银行可以在中国境内设立分支机构或营业网点，可以经营人民币业务。

4. 其他金融机构

目前，我国主要的非银行金融机构有金融资产管理公司、保险公司、信托投资公司、证券机构、财务公司、金融租赁公司。

（三）金融市场

金融市场是资金筹集的场所，是企业向社会筹集资金必不可少的条件。广义的金融市场，是指一切资本流动（包括实物资本和货币资本）的场所，其交易对象为货币借贷、票据承兑和贴现、有价证券的买卖、黄金和外汇买卖、办理国内外保险、生产资料的产权交换等。狭义的金融市场一般是指有价证券市场，即股票和债券的发行和买卖市场。企业总是需要资金从事投资和经营活动。而资金的取得，除了自有资金外，主要从金融机构和金融市场取得。金融政策的变化必然影响企业的筹资、投资和资金运营活动。所以，金融环境是企业最主要的环境因素之一。

1. 金融市场的种类

（1）以交易的期限为标准，分为短期金融市场和长期金融市场。

短期金融市场是指期限不超过一年的资金交易市场，因为短期有价证券易于变成货币或作为货币使用，所以也叫货币市场。长期金融市场，是指期限在一年以上的股票和债券交易市场，因为发行股票和债券主要用于固定资产等资本货物的购置，所以也叫资本市场。

（2）以交易的性质为标准，分为发行市场和流通市场。

发行市场是指从事新证券和票据等金融工具买卖的转让市场，也叫初级市场或一级市场。流通市场是指从事已上市的旧证券或票据等金融工具买卖的转让市场，也叫次级市场或二级市场。

（3）以金融政治地理区域为标准，分为国内金融市场和国际金融市场。

（4）以交易的直接对象为标准，分为同业拆借市场、国债市场、企业债券市场、股票市场和金融期货市场等。

（5）以交割时间为标准，分为现货市场和期货市场。

现货市场是指买卖双方成交后，当天或三个交易日内由买方付款、卖方交出证券的交易市场；期货市场是指买卖双方成交后，在双方约定的未来某一特定的时日才交割的交易市场。

2. 金融市场对财务管理的影响

（1）金融市场为企业的投资和筹资提供了良好的场所。金融市场能够为资本所有者提供多种投资渠道，为资本筹集者提供多种可供选择的筹资方式。通过金融市场，企业在需要资金时，可以选择适合自己需要的方式筹资。企业有了剩余的资金，也可以在市场上选择合适的投资方式，为其资金寻找出路。

（2）促进企业各种资金相互转化，提高资金使用效率。企业可通过金融市场将长期资金，如股票、债券变现转为短期资金；也可以通过金融市场将短期资金转化为长期资金，如购进股票、债券等。金融市场为企业的长短期资金相互转化提供了方便。

（3）为企业财务管理提供有意义的信息。金融市场的利率变动反映资金的供求状况，有价证券市场的行情反映投资人对企业经营状况和盈利水平的评价。这些都是企业生产经营和财务管理的重要依据。

第四节　财务管理的环节

财务管理的环节是指为了实现财务管理的目标，完成财务管理的任务，在进行理财活动时所采用的各种技术和手段。财务管理共有五个基本环节：财务预测、财务决策、财务计划、财务控制、财务分析和评价。这些环节紧密联系，相互配合，构成了完整的财务管理工作体系。

一、财务预测

现代企业的财务管理要求企业将从前的事后反映和监督改变为事前预测与决策。财务预测就是在事前对有利因素与不利因素进行合理估计，进而克服企业财务活动的盲目性，为未来发展明确方向。

（一）财务预测的含义及作用

1. 财务预测的含义

财务预测是财务人员根据历史资料，依据现实条件，运用特定的方法对企业未来的财务活动和财务成果所做出的科学预计和测算。

2. 财务预测的作用

（1）财务预测是财务决策的基础；

（2）财务预测是编制财务计划的前提；

（3）财务预测是组织日常财务活动的必要条件。

（二）财务预测的流程

财务预测的流程一般包括如下几个方面，如图 1－4 所示。

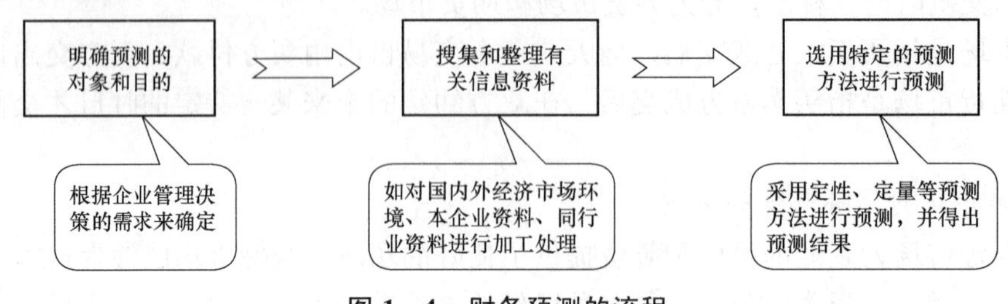

图 1－4　财务预测的流程

（三）财务预测的方法

近年来，由于预测越来越受到重视，财务预测的方法发展得也很快，据统计，已达 130 种，在预测时应根据具体情况有选择地利用这些方法。现将财务管理中常用的预测方法概述如下：

1. 定性预测法

定性预测法主要是利用直观材料，依靠个人经验的主观判断和综合分析能力，对事物未来的状况和趋势做出预测的一种方法。

2. 定量预测法

定量预测法是根据变量之间存在的数量关系（如时间关系、因果关系）建立数学模型来进行预测的方法。定量预测法又可分为趋势预测法和因果预测法。

（1）趋势预测法。趋势预测法是按时间顺序排列历史资料，根据事物发展的连续性来进行预测的一种方法。因为是按时间顺序排列历史资料，所以又称时间序列预测法。这类方法又可细分为算术平均法、加权平均法、平滑指数法、直线回归趋势法、曲线回归趋势法等。

（2）因果预测法。它是根据历史资料，并通过足够分析，找出要预测因素与其他因素之间明确的因果关系，建立数学模型来进行预测的一种方法。因果预测法中的因果关系可能是简单因果关系，也可能是复杂因果关系。

定性预测法和定量预测法各有优缺点，在实际工作中可把两者结合起来应用，既进行定性分析，又进行定量分析。

二、财务决策

在用特定方法进行了科学的财务预测之后，就要进行财务决策，也就是对财务预测的方案进行过滤筛选，最终确定最优的方案。

（一）财务决策的概念和步骤

财务决策是指财务人员在财务目标的总体要求下，从若干个可以选择的财务活动方案中选择最优方案的过程。在商品经济条件下，财务管理的核心是财务决策，财务预测是为财务决策服务的，财务计划是财务决策的具体化。

财务决策一般包括如下一些流程，如图 1－5 所示。

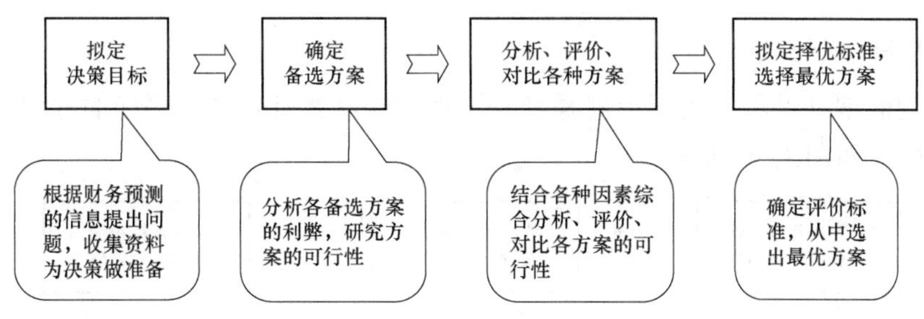

图 1－5 财务决策的流程

（二）财务决策的方法

财务决策的方法有很多，下面说明在财务管理中最常见的财务决策的方法：

1. 优选对比法

优选对比法是把各种不同方案排列在一起，按其经济效益的好坏进行优选对比，进而做出决策的方法。优选对比法是财务决策的基本方法。

2. 数学微分法

数学微分法是根据边际分析原理，运用数学上的微分方法，对具有曲线联系的极值问题进行求解，进而确定最优方案的一种决策方法。

3. 线性规划法

线性规划法是根据运筹学原理，对具有线性联系的极值问题进行求解，进而确定最优方案的一种方法。在有若干个约束条件（如资金供应、人工工时数量、产品销售数量）的情况下，这种方法能帮助管理人员对合理组织人力、物力、财力等做出最优决策。

4. 概率决策法

这是进行风险决策的一种主要方法。所谓风险决策，是指未来情况虽不十分明了，但各有关因素的未来状况及其概率是可以预知的决策。这种方法往往把各个概率分枝用树形图表示出来，故有时也称为决策树法。

5. 损益决策法

这是在不确定情况下进行决策的一种方法。所谓不确定性决策，是指在未来情况很不明了的情况下，只能预测有关因素可能出现的状况，但其概率是不可预知的决策。在这种情况下决策是十分困难的，财务管理中常采用最大最小收益值法或最小最大后悔值法来进行决策，统称为损益决策法。

三、财务计划

在做出科学的财务决策之后，企业必须对已经选择的决策方案进行细致全面的计划，以便能更好地实现企业目标。

（一）财务计划的概念

财务计划是指在一定的计划期内以货币形式反映生产经营活动所需要的资金及其来源、财务收入和支出、财务成果及其分配的计划。财务计划是以财务决策确立的方案和财务预测提供的信息为基础来编制的，是财务预测和财务决策的具体化，是控制财务活动的依据。

（二）财务计划的流程

财务计划的编制过程，实际上就是确定计划指标，并对其进行平衡的过程。一般包括如下一些流程，如图 1－6 所示。

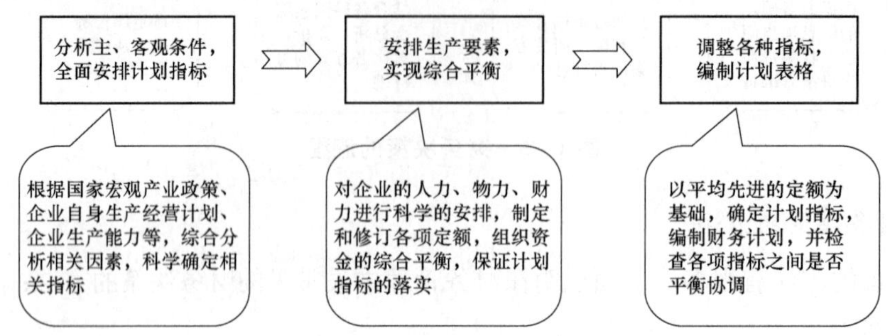

图 1－6　财务计划的流程

四、财务控制

企业制定的财务计划想要得以顺利执行，就要依靠财务控制。财务控制是财务管理基础性和经常性的工作，是实现财务计划、执行财务制度的基本手段。

（一）财务控制的概念和流程

财务控制是指在财务管理过程中，利用有关信息和特定手段，对企业的财务活动施加影响或调节，以便实现财务计划所规定的财务目标的各种活动。

财务控制是财务计划的具体实施阶段，具体流程如图 1－7 所示。

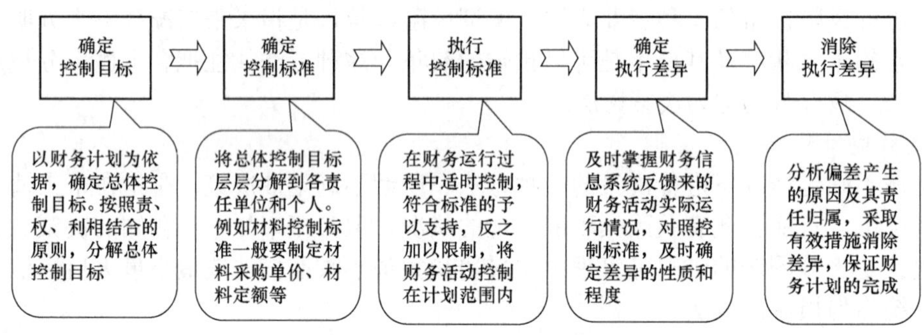

图 1－7　财务控制的流程

（二）财务控制的方法

财务控制的方法有很多，以下是最常见的几种：

1. 防护性控制

防护性控制又称排除干扰控制，是指在财务活动发生前就制定一系列制度和规定，把可能产生的差异予以排除的一种控制方法。

2. 前馈性控制

前馈性控制又称补偿干扰控制，是指通过对实际财务系统运行的监视，运用科学方法预测可能出现的偏差，采取一定措施，使差异得以消除的一种控制方法。

3. 反馈控制

反馈控制又称平衡偏差控制，是在认真分析的基础上，发现实际与计划之间的差异，确定差异产生的原因，采取切实有效的措施，调整实际财务活动或调整财务计划，使差异得以消除或避免今后出现类似差异的一种控制方法。

五、财务分析

（一）财务分析的概念与流程

财务分析是指根据有关信息资料，运用特定方法，对企业财务活动过程及其结果进行分析和评价的一项工作。

财务分析的流程如图 1－8 所示。

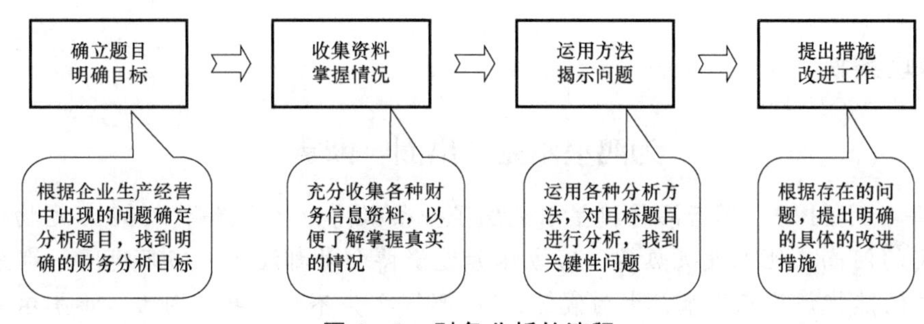

图 1－8　财务分析的流程

（二）财务分析的方法

财务分析的方法有许多，现说明常用的分析方法。

1. 对比分析法

对比分析法是通过把有关指标进行对比来分析企业财务情况的一种方法。

2. 比率分析法

比率分析法是把有关指标进行对比，用比率来反映它们之间的财务关系，以揭示企业财务状况的一种分析方法。其中最主要的比率有相关指标比率、构成比率、动态比率。

比率分析是财务分析的一种重要方法。通过各种比率的计算和对比，基本上能反映出一个企业的偿债能力、盈利能力、资产周转状况和盈余分配情况，该方法具有简明扼要、通俗易懂的特点，很受各种分析人员的欢迎。

3. 综合分析法

综合分析法是把有关财务指标和影响企业财务状况的各种因素都有序地排列在一起，综合地分析企业财务状况和经营成果的一种方法。在进行综合分析时，可采用财务比率综合分析法、因素综合分析法和杜邦体系分析法等。

综合分析法是一种重要的分析方法，它对全面、系统、综合地评价企业财务状况具有十分重要的意义。但综合分析法一般都比较复杂，所需资料很多，工作量比较大。

本章小结

财务管理是组织企业财务活动，处理财务关系的一项经济管理工作。财务管理的对象是资金及其运动。财务管理的主要内容包括投资管理、筹资管理、营运资金管理和利润分配管理。

财务管理的目标是财务管理工作的出发点，也是评价财务管理工作效果的基准。现代企业财务管理的目标是企业价值最大化。

企业财务管理的环境又称理财环境，是指对企业财务活动和财务管理产生影响的企业内外部的各种条件。影响企业的外部财务环境有许多，包括政治、经济、金融、法律、文化等许多方面，其中最主要的有政治环境、经济环境、法律环境和金融环境等因素。

财务管理的环节是为了实现财务管理目标，完成财务管理任务，在进行理财活动时所采用的各种技术和手段。财务管理共有五个基本环节：财务预测、财务决策、财务计划、财务控制、财务分析。这些环节紧密联系，相互配合，构成了完整的财务管理工作体系。

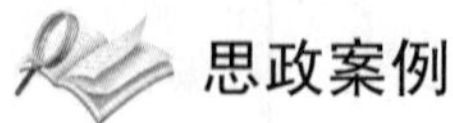

思政案例

为鸿星尔克“出圈”鼓掌

2021 年 7 月 21 日，国产品牌鸿星尔克发了一条微博，表示捐赠 5 000 万元物资，驰援因暴雨受灾的河南。他们没买热搜，官方账号连微博会员都没开。当日晚间，部分网友通过安踏捐款的热搜评论点进来，大为震惊，“心疼”之声不绝于耳。因为，鸿星尔克报表显示，2021 年一季度公司的净利润是负 6 000 多万元，2020 年净利润是负 2.2 亿元。“感觉他们都快揭不开锅了，怎么舍得拿出 5 000 万元啊？简直自杀式捐款啊！”

大家对此越来越关注，很快有人质疑鸿星尔克诈捐。但相关机构反应极快，当天就直接给出回应，狠狠地打了质疑之人的脸。

于是又有人说：“这肯定是一场精明的营销，5 000 万元是老板的最后一搏。”结果成功地引发了全民“野性消费”的热潮，真是“暴雨浇活国货”。其实，由于信息不对称，我们往往会陷于一些想当然的观点之中，但只要了解了前因后果，我们就会知道实情并不是这样。

鸿星尔克在 2003 年曾遭遇大水，要交的货和生产线都被冲毁，大量原材料资产被淹；2015 年，又是一场大火，烧光了他的半数生产设备。之后，鸿星尔克总算挺了过来。可能正因为自己淋过雨，所以他也想给别人撑伞。另外，鸿星尔克体育用品有限公司来自福建泉州晋江。

鸿星尔克、安踏、361°、匹克、贵人鸟、特步……，这些中国本土十大运动品牌，除了李宁以外，都来自这里。除此之外，泉州晋江还拥有恒安、七匹狼、九牧王、劲霸、盼盼等几十个全国知名品牌，是名副其实的“品牌之都”。

老一辈的福建企业家平时最大的爱好就是捐款，变着法捐款。

据当地人说，晋江很多学校内部都增设了各大品牌的基金会。企业家们每年都捐资助学。还有网友说，汶川大地震的时候，晋江企业家赶赴灾区，直接边走边发现金给灾民。2018 年，晋江市在一年一度的慈善日，举办了一场慈善晚会，目的是给晋江承办的世界中学生运动会筹款。世界中学生运动会在规模上不是特别大，比赛项目仅有田径、游泳和体操 3 大项，但是晋江市的企业也捐出了 5.62 亿元。

有人搜罗了一份不完整的鸿星尔克捐款表格，2003 年至今，他已经默默捐出了 2.7 亿。

这些国货品牌“特像省吃俭用的老一辈，一分一毛存钱，小心翼翼放在铁盒里，一听说国家需要，倾囊相助”。

确实，这些爱国的企业家，可能没学过什么慈善理念，也没抱着觉得自己特别崇高的想法，他们只是坚持着自己朴素的原则。

——资料来源：东南网，时评：为鸿星尔克“出圈”鼓掌，经编者整理、改编

复习思考题

一、简答题

1. 什么是财务管理？
2. 什么是企业的财务活动，它包括哪些内容？
3. 什么是企业的财务关系？怎样处理好企业的财务关系？
4. 企业财务管理的主要目标有哪些？
5. 简述金融市场环境的构成。

二、案例分析

宏伟公司股权变更风波

宏伟公司是一家从事 IT 产品开发的企业，由三位志同道合的朋友共同出资 100 万元，三人平分股权比例共同创立。企业发展初期，创始股东都以企业的长远发展为目标，关注企业的持续增长能力，所以，他们注重加大研发投入，不断开发新产品，这些措施有力地提高了企业的竞争力，使企业实现了营业收入的高速增长。随着利润的不断快速增长，三位创始股东开始在收益分配上产生了分歧。股东王明、李川倾向于分红，而股东赵刚则认为应将企业取得的利益用于扩大再生产，以提高企业的持续发展能力，实现长远利益的最大化。由此产生的矛盾不断升级，最终导致坚持企业长期发展的赵刚被迫出让持有的 1/3 股份而离开企业。

但是，此结果引起了与企业有密切联系的广大供应商和分销商的不满，因为他们许多人的业务发展壮大都与宏伟公司密切相关，他们深信宏伟公司的持续增长将为他们带来更多的机会。于是，他们威胁如果赵刚离开企业，他们将断绝与企业的业务往来。面对这一情况，其他两位股东提出他们可以离开，条件是赵刚必须收购他们的股份。赵刚的长期发展战略需要较多投资，这样做将导致企业陷入没有资金维持生产的境地。这时，众多供应商和分销商伸出了援助之手，他们或者主动延长应收账款的期限，或者预付货款，最终使赵刚重新回到了企业，成为公司的掌门人。

经历了股权变更的风波后，宏伟公司在赵刚的领导下，不断加大投入，实现了企业规模化发展，在同行业中处于领先地位，企业的竞争力和价值不断提升。

思考与分析：

1. 赵刚坚持企业长远发展，而其他股东要求更多的分红，你认为赵刚的目标是否与股东财富最大化的目标相矛盾？
2. 拥有控制权的大股东与供应商和客户等利益相关者之间的利益是否矛盾？如何协调？
3. 像宏伟公司这样的公司，其所有权与经营权是合二为一的，这对企业的发展有什么利弊？
4. 重要利益相关者能否对企业的控制权产生影响？

第二章 财务管理的价值观念

本章要点

掌握货币时间价值、现值、终值、年金的含义；重点掌握年金现值的计算方法；了解名义利率与实际利率的换算；掌握风险测定和风险报酬的计算方法。

1. 复利现值、复利终值的含义与计算方法
2. 年金的含义与分类
3. 普通年金现值和终值的计算方法
4. 即付年金现值和终值的计算方法
5. 递延年金现值的计算方法
6. 名义利率与实际利率的换算
7. 风险测定和风险报酬的计算方法

案例导入

拿破仑卢森堡的诺言

拿破仑 1797 年 3 月在卢森堡第一国立小学演讲时说了这样一番话："为了答谢贵校对我，尤其是对我夫人约瑟芬的盛情款待，我不仅今天呈上一束玫瑰花，并且在未来的日子里，只要我们法兰西存在一天，每年的今天我将亲自派人送给贵校一束价值相等的玫瑰花，作为法兰西与卢森堡友谊的象征。"时过境迁，拿破仑疲于应付连绵的战争和此起彼伏的政治事件，最终惨败而流放到圣赫勒拿岛，把卢森堡的诺言忘得一干二净。可卢森堡这个小国对这位"欧洲巨人与卢森堡孩子亲切、和谐相处的一刻"念念不忘，并载入他们的史册。1984 年年底，卢森堡旧事重提，向法国提出违背"赠送玫瑰花"诺言案的索赔；要么从 1797 年起，用 3 路易作为一束玫瑰花的本金，以 5 厘复利（即利滚利）计息全部清偿这笔玫瑰花案；要么法国政府在法国各大报刊上公开承认拿破仑是个言而无信的小人。起初，法国政府准备不惜重金赎回拿破仑的声誉，但却被电脑算出的数字惊呆了；原本 3 路易的许诺，本息竟高达 1 375 596 法郎。经冥思苦想，法国政府斟词酌句的答复是："以后无论在精神上还是物质上，法国都将始终不渝地对卢森堡大公国的中小学教育事业予以支持与赞助，来兑现我们的拿破仑将军那一诺千金的玫瑰花信誉。"这一措辞最终得到了卢森堡人民的谅

解。那么，最初的 3 路易是怎么变成 1 375 596 法郎的呢？

——资料来源：摘自 http：//blog.sina.com.cn/s/blog_5221985b0100dtpf.html，经编者整理、改编

第一节 货币时间价值

一、货币时间价值的概念

货币时间价值（又叫资金时间价值）是指一定量资金在不同时点价值量的差额，是在没有风险和没有通货膨胀条件下的社会平均资金利润率，也就是纯利率。

时间价值可以有两种表现形式，其相对数即时间价值率是指扣除风险报酬和通货膨胀后的平均资金利润率或平均报酬率；其绝对数即时间价值是资金在生产经营过程中带来的真实增值额，即一定数额的资金与时间价值率的乘积。在考虑货币时间价值时，我们假设没有风险和通货膨胀，以利率代表货币时间价值。

二、货币时间价值的计算制度

（一）终值和现值

终值又称将来值，是指现在一定量的货币折算到未来某一时点所对应的金额。现值是指未来某一时点上一定量的货币折算到现在所对应的金额。现值和终值是一定量货币在前后两个不同时点上对应的价值，其差额即为货币时间价值。现实生活中计算利息时所称本金、本利和的概念相当于货币时间价值理论中现值和终值。利率可视为货币时间价值的一种具体表现，现值和终值对应的时点之间可以划分为 n 期，相当于计息期。

（二）利息的计算制度

利息的计算制度有单利制和复利制两种。单利制是指按照固定的本金计算利息的一种计利方式，按照单利计算的方法，只有本金在贷款期限中产生利息，而不管时间多长，所生利息均不产生利息的计算制度。复利制是指不仅对本金计算利息，还对利息计算利息的一种计算制度，即利滚利。

三、一次性收付款项终值与现值的计算

在货币时间价值的计算过程中，假定有关字母、符号的含义如下：

P 为本金、现值；F 为本利和、终值；i 为利率、折现率；n 为时间、期限；I 为利息。

（一）单利终值与现值的计算

1. 单利终值的计算

单利终值是指一定量资金若干期后按单利计算时间价值的本利和。

$$F=P\times(1+n\times i)$$

【例 2-1】企业收到一张面值 10 000 元，票面利率 10%，期限 6 个月的商业汇票，求到期时的本利和为多少？

解：

$$F=10\,000\times(1+10\%\times 6/12)=10\,500\text{（元）}$$

2. 单利现值的计算

单利现值通常根据终值来计算，即单利终值的逆运算。

$$P=F\times\frac{1}{1+n\times i}$$

【例 2-2】3 年后将收到 1 000 元，若年利率为 12%，求现值应为多少？

解：

$$P=1\,000\times\frac{1}{1+12\%\times 3}=1\,000\times 0.735=735\text{（元）}$$

（二）复利终值和现值的计算

1. 复利终值的计算

复利终值是指一定量资金若干期后按复利计息计算时间价值的本利和。

$$F=P\times(1+i)^n$$

上述公式中的（$1+i$）^{n} 称为复利终值系数或一元的复利终值，用符号（F/P，i，n）表示。如（F/P，10%，3）表示利率 10%，3 年期的复利终值系数，可查表获得。

【例 2-3】将 10 000 元存入银行，存期 5 年，若存款年复利利率为 5%，求到期时的本利和为多少？

解：

$$P=10\,000;\ i=5\%;\ n=5$$

查表得：

$$(F/P, 5\%, 5)=1.276\,3$$

$$F=10\,000\times 1.276\,3=12\,763\text{（元）}$$

2. 复利现值的计算

复利现值是复利终值的逆运算，是未来一定时间的特定价值按复利计算的现在的价值。

$$P=F\times\frac{1}{(1+i)^n}$$

上述公式中的 $\frac{1}{(1+i)^n}$ 称为复利现值系数或一元的复利现值，用符号（P/F，i，n）表示。如（P/F，10%，3）表示利率 10%，3 年期的复利现值系数，可查表获得。

【例 2-4】某人拟在 3 年后从银行取出 10 000 元，若按 5%的复利计算，现在应一次存入金额多少？

解：

查复利现值系数表得：

$$(P/F,\ 5\%,\ 3)=0.863\,8$$

$$P=10\,000\times 0.863\,8=8\,638\text{（元）}$$

复利终值计算和复利现值计算互为逆运算，复利终值系数和复利现值系数互为倒数。

目前我国银行对储户的存款，在一个结息周期内都是按照单利计息，如 3 年定期，期满前是单利；只在 3 年期满时计息一次，利息＝本金×年利率×3，而不是按年利率计算出每年的利息转入本金产生复利。

四、年金的含义及计算

（一）年金的含义及构成

年金是指一定时期内每期等额收付的系列款项，用 A 表示。如折旧、租金、保险金、等额分期付款、等额分期收款、零存整取储蓄等，都属于年金问题。年金有两个基本特征：一是连续性；二是等额性。不符合年金特征的款项不能按年金计算，而只能用复利的方法计算。根据定期等额的系列款项发生的时点不同，年金可以分为四种：普通年金、即付年金、递延年金和永续年金。

（二）普通年金的终值与现值

普通年金是指定期等额的系列款项发生于每期期末的年金，也称后付年金。基本特征是从第一期期末起各期末都发生系列等额的款项。

1. 普通年金终值的计算

普通年金终值是一定时期内每期期末等额收付款项的复利终值之和。计算普通年金终值，实际上就是求复利终值的总计金额。

$$F = A \times \frac{(1+i)^n - 1}{i}$$

公式中的 $\frac{(1+i)^n - 1}{i}$ 称为年金终值系数，记作（F/A，i，n）。

【例 2－5】每年年末存入银行 1 000 元，年存款利率 10%，连续存 10 年，按复利计算，求终值为多少？

解：

查年金终值系数表得：

$$(F/A, 10\%, 10) = 15.937\ 4$$

则

$$F = A(F/A, 10\%, 10) = 1\ 000 \times 15.937\ 4 = 15\ 937.40\text{（元）}$$

扩展阅读

普通年金终值的逆运算

普通年金终值是已知年金求终值，若已知终值求年金，这时的年金即称为偿债基金。即为偿还若干期后到期的一笔债务，现在每期末的准备金。偿债基金的计算是普通年金终值的逆运算，通过普通年金终值系数的倒数求得：

$$A = F \times \frac{1}{(F/A,\ i,\ n)}$$

【例 2-6】企业为偿还一笔 4 年后到期的 100 万元的借款，现在每年年末存入一笔等额的款项设立偿债基金。若存款年复利利率为 10%，求偿债基金为多少？

解：

$$A = F \times \frac{1}{(F/A, 10\%, 4)} = 100 \times \frac{1}{4.641} = 21.55\text{（万元）}$$

2. 普通年金现值的计算

普通年金现值是指一定时期内每期期末等额收付款项的复利现值之和。

$$P = A \times \frac{1-(1+i)^{-n}}{i}$$

公式中的 $\frac{1-(1+i)^{-n}}{i}$ 称为年金现值系数，记作（*P*/*A*，*i*，*n*）。

【例 2-7】某人拟在银行存入一笔款项，年复利利率为 10%，想在今后的 3 年内每年年末取出 1 000 元，求现在应一次存入的金额为多少？

解：

$$P = A(P/A, 10\%, 3) = 1\,000 \times 2.486\,9 = 2\,486.90\text{（元）}$$

普通年金现值的逆运算

年金现值是已知年金求现值，若已知现值求年金，则此时的年金即为投资回收额。投资回收额的计算是指一定时期内等额收回所投入资本的价值指标。因此，投资回收额的计算是年金现值计算的逆运算。

$$A = P \times \frac{1}{(P/A, i, n)}$$

【例 2-8】企业投资一个项目，投资额 1 000 万元，年复利利率为 8%，投资期限预计 10 年，要想收回投资，求每年应收回的投资为多少？

解：

$$A = P \times \frac{1}{(P/A, 8\%, 10)} = 1\,000 \times \frac{1}{6.710} = 149\text{（万元）}$$

（三）即付年金终值与现值

即付年金是指定期等额的系列款项发生在每期期初的年金，也称为预付年金、先付年金。它的特征是从第一期开始每期期初都有一个等额的款项。即付年金与普通年金的区别在于付款时间的不同，即付年金的计算可通过普通年金的计算转化后求得。

1. 即付年金终值的计算

即付年金终值是每期期初等额款项的复利终值之和。

即付年金与普通年金付款次数相同，但由于付款时间不同，比普通年金多计算一期利息，因此，即付年金终值等于普通年金终值再乘以（1+*i*）。

$$F = A \times \frac{(1+i)^n - 1}{i} \times (1+i) = A \times (F/A, i, n) \times (1+i)$$

或

$$F = A\times\left(\frac{(1+i)^{n+1}-1}{i}\right) = A\times[(F/A,i,n+1)-1]$$

公式中括号内的内容称为即付年金终值系数，有两种求法：一是查 n 年普通年金终值系数之后再乘以（$1+i$）；二是查 $n+1$ 年的普通年金终值系数后再减 1。

【例 2－9】每年年初存入银行 10 000 元，存款利率 5%，求第 3 年年末的终值为多少？

解：

$$P=A\times(F/A,5\%,3)\times(1+5\%)=10\,000\times3.152\,5\times1.05=33\,101.25\text{（元）}$$

或

$$P=A\times[(F/A,5\%,4)-1]=10\,000\times(4.310\,1-1)=33\,101.00\text{（元）}$$

2. 即付年金现值的计算

即付年金现值是每期期初等额款项的复利现值之和。

即付年金与普通年金付款次数相同，但由于付款时间不同，比普通年金现值多折现一期利息，也就是说，与普通年金相比，在折现时将其折到了折算点的前一期，因而再乘以（$1+i$）就是折算点的价值。

$$P = A\times\frac{[1-(1+i)]^{-n}}{i}\times(1+i) = A\times(P/A,i,n)\times(1+i)$$

或

$$P = A\times\left(\frac{1-(1+i)^{-(n-1)}}{i}+1\right) = A\times[(P/A,i,n-1)+1]$$

公式中括号内的内容称为即付年金现值系数，有两种求法：一是查 n 年普通年金现值系数之后再乘以（$1+i$）；二是查 $n-1$ 年的普通年金现值系数后再加 1。

【例 2－10】企业投资一个项目，每年年初投入 200 万元，若利息率 10%，3 年建设期，求该项目投资的总现值？

解：

$$P=A\times(P/A,10\%,3)\times(1+i)=200\times2.486\,9\times1.10=547\text{（万元）}$$

或

$$P=A\times[(P/A,10\%,2)+1]=200\times(1.735\,5+1)=547\text{（万元）}$$

（四）递延年金

递延年金是指开始若干期内没有年金，若干期后才有的年金。递延年金是普通年金的特殊形式，凡不是从第一期开始的年金都是递延年金。由于递延年金的终值实际上就是普通年金的终值，所以只计算递延年金的现值。

假设没有年金的期限为 m 期，有年金的期限为 n 期，则递延年金现值的计算公式为：

$$P = A\times(P/A,i,n)\times(P/F,i,m)$$

或

$$P = A\times[(P/A,i,m+n)-(P/A,i,m)]$$

上述第一个公式在计算时是分两步走，首先计算 n 期普通年金现值，再用 m 期的复利现值进行折算；第二个公式是假设前 m 期也有年金，按 $m+n$ 期普通年金现值计算，再扣除 m

期的年金现值。

【例 2－11】某人年初存入银行一笔款项，想要从第 5 年开始每年年末取出 3 000 元，至第 10 年取完，年利率 10%，求年初应存入的金额为多少？

解：

$$P=A\times(P/A,10\%,6)\times(P/F,10\%,4)$$
$$=3\ 000\times4.355\ 3\times0.683\ 0=8\ 924（元）$$

或

$$P=A\times[(P/A,10\%,10)-(P/A,10\%,4)]$$
$$=3\ 000\times(6.144\ 6-3.169\ 9)=8\ 924（元）$$

（五）永续年金

永续年金是无限期等额收付的系列款项，也是普通年金的特殊形式，是无限期的普通年金。由于永续年金持续期无限，没有终止的时间，因此不能计算终值，只能计算现值。

$$P=\frac{A}{i}$$

【例 2－12】某人持有某公司优先股，每年每股股利 5 元，若想长期持有，在利率 10% 的情况下，现在该股票价值为多少？

解：

$$P=\frac{A}{i}=\frac{5}{10\%}=50（元）$$

五、资金时间价值计算的特殊情况

（一）折现率（利率）、期间的计算

1. 折现率（利率）的计算

求折现率（利率）可分两步进行：

（1）求出换算系数；

（2）根据换算系数和有关系数表求折现率（利率）。

【例 2－13】某企业向银行一次性存入款项 10 万元，希望 5 年后达到 15 万元，求存款利率应为多少？

解：

依题意：

$$P=10;\ F=15;\ n=5$$
$$(P/F,i,5)=10/15=0.667$$

查 $n=5$ 复利现值系数表，在系数表上没有 0.667 这个数值，当利率为 8%时，系数值为 0.681，当利率为 9%时，系数值为 0.650，可采用插值法计算：

$$\frac{i-8\%}{1\%}=\frac{-0.014}{-0.031}$$
$$i=8.45\%$$

2. 期间的计算

对于期间的计算，其原理和步骤同折现率相似。

【例 2－14】 现在存入 20 万元，当利率为 5%，要多少年才能到达 30 万元?

解：

依题意：

P=20 万元，F=30 万元，求 n 为多少。

$$P=F\times(1+i)^{-n}$$
$$20=30\times(1+5\%)^{-n}$$
$$(P/F,i,5)=0.667$$

查复利现值系数表，当年限为 8 时，系数值为 0.676 8，当年限为 9 时，系数值为 0.644 6，则所求的年限介于 8～9 之间，再用插值法求得：

$$\frac{n-8}{1}=\frac{-0.009\,8}{-0.032\,2}$$
$$n=8.3\text{ 年}$$

（二）名义利率与实际利率

当利息在一年内要复利几次时，给出的年利率叫作名义利率，而把相当于一年复利一次的利率称为实际利率。

名义利率与实际利率的关系如下：

对于一年内复利多次的情况，可采用下列方法计算时间价值。将名义利率调整为实际利率，然后再按实际利率计算时间价值。其公式是：

$$(1+i)=(1+r/m)^{m}$$
$$i=(1+r/m)^{m}-1$$

公式中：i 为实际利率；r 为名义利率；m 为每年复利次数。

【例 2－15】 已知年利率 12%，每季度复利一次，本金 10 000 元，则第 7 年年末为多少？

解：

$$i=(1+12\%/4)^{4}-1=12.55\%$$
$$F=10\,000\times(1+12.55\%)^{7}=22\,878\text{（元）}$$

也可变 i 为 r/m，变 t 为 $m\times n$，则

$$F=10\,000\times(1+12\%/4)^{28}=22\,879\text{（元）}$$

（三）不等额现金流量终值、现值的计算

方法：分别将不同时期不等额的现金收付流量折算为终值或现值，然后相加求总。

总终值公式为：

$$F=\sum_{t=0}^{n}A\times(1+i)^{t}$$

【例 2－16】 第 1 年年初存入银行 1 万元，第 2 年年初存入银行 2 万元，第 3 年没存款，第 4 年年初存入银行 1.5 万元，若存款利率为 5%，第 4 年年末可取出多少钱？

解：

$$F=1.5\times(1+5\%)+2\times(1+5\%)^{3}+1\times(1+5\%)^{4}=5.107\text{（万元）}$$

总现值公式为：

$$P=\sum_{t=0}^{n}A\times\frac{1}{(1+i)^{t}}$$

【例 2－17】一项工程需 3 年完成，第 1 年投入资金 10 000 元，第 2 年投入资金 40 000 元，第三年投入资金 20 000 元，折现率为 10%，其总现值为多少？

解：

$$P=10\,000\times\frac{1}{(1+10\%)}+40\,000\times\frac{1}{(1+10\%)^2}+20\,000\times\frac{1}{(1+10\%)^3}$$

$$=10\,000\times0.909+40\,000\times0.826+20\,000\times0.751$$

$$=57\,150\text{（元）}$$

第二节 风险价值

一、风险的概念及类别

（一）风险的概念

1. 风险

风险是指在一定条件下和一定时期内可能发生的各种结果的变动程度。

如果企业的一项活动有多种可能的结果，其将来的财务后果是不肯定的，就叫风险。若只有一种结果，就叫没有风险。风险就是某项活动的结果具有多样性。

2. 风险具有两个特征

一是客观性，是指风险是客观存在的，是条件本身的不确定性；二是动态性，是指风险的大小是随着时间的推移而变化的，是“一定时期”的风险。

3. 风险与不确定性的区别

风险是指事先知道所有可能的结果，以及每种后果的概率。不确定性是指事先不知道的结果，或者虽然知道可能的结果，但不知道它们出现的概率。

（二）风险的类别

风险分为系统风险和非系统风险。

1. 系统风险

系统风险是指对所有企业都发生影响的因素引起的风险。如战争、通货膨胀、高利率、经济衰退、政权更迭等。涉及的是企业所处的宏观环境，企业无法通过有效的投资组合来分散或消除的风险，因此又称为不可分散风险或市场风险。

2. 非系统风险

非系统风险是指发生在个别企业特有事件造成的风险。如诉讼失败、失去销售市场等。这类风险涉及的是企业所处的微观环境，并非所有企业都发生，有较大的随机性。可以通过多元化的投资来分散或消除，故此类风险称为可分散风险或公司特有风险。

非系统风险又分为经营风险和财务风险。

（1）经营风险是指企业因经营上的原因，如经营环境的变化、经营方式的改变或经营决策失误等所产生的不利影响，也称为商业风险。经营风险可通过加强市场调查、提高企业各方面素质来降低。

（2）财务风险是指由于企业举债而带来的风险，也称筹资风险。财务风险表现在两个方面：一是因负债而产生的丧失偿债能力的可能性；二是因借款而使企业所有者收益下降的可能性。

二、风险的测定

（一）概率及其分布

一个事件的概率是指这一事件可能发生的机会。通常将必然发生的事件的概率定为 1，把不可能发生的事件的概率定为 0，把一般随机发生的概率定为 0～1 之间的某个数值，概率的数值越大，发生的可能性越大。概率分布应符合以下两个条件：

（1）所有概率（P_i）都在 0 和 1 之间，即 $0 \leqslant P_i \leqslant 1$；

（2）所有结果的概率之和等于 1，即 $\sum_{i=1}^{n} P_i = 1$。

【例 2－18】某企业有两个投资机会，其未来的预期报酬率及发生的概率如表 2－1 所示。

表 2－1 某企业未来的预期报酬率及发生的概率

经济情况	概　率	甲项目预期报酬/%	乙项目预期报酬/%
较　好	0.3	40	16
一　般	0.5	10	15
较　差	0.2	－10	13.5

分析：上述甲、乙两个项目均属于离散型概率分布。甲项目在经济情况较好时，其报酬率较高，而在经济情况较差时，报酬率较低；乙项目无论经济情况如何，其报酬率相差不大。

结论：甲项目风险较大，乙项目风险较小。

（二）离散程度的计算

1. 期望值

期望值是概率分布中所有可能的结果，以其各自的概率为权数计算的加权平均值。其公式为：

$$E = \sum_{i=1}^{n} X_i \times P_i$$

式中：E 为期望值，X_i 为第 i 种可能的结果；P_i 为第 i 种可能的结果的概率；n 为可能结果的个数。

根据以上数据，分别计算两个项目预期报酬率的期望值，计算如下：

甲项目预期报酬率的期望值 $= 0.3 \times 40\% + 0.5 \times 10\% + 0.2 \times (-10\%) = 15\%$

乙项目预期报酬率的期望值 $= 0.3 \times 16\% + 0.5 \times 15\% + 0.2 \times 13.5\% = 15\%$

分析：两个项目预期报酬率的期望值相同，但其概率分布不同。甲项目的分散程度大，而乙项目的分散程度小。为衡量风险的大小，还要使用衡量概率分布离散程度的指标。

离散程度是用以衡量风险大小的统计指标，一般来说，离散程度越大，风险越大；离散程度越小，风险越小。

2. 标准离差

标准离差是随机变量的预期值偏离期望值的程度。其公式为：

$$\delta=\sqrt{\sum_{i=1}^{n}(X_i-E)^2\times P_i}$$

标准离差越大，说明分散程度越大，其风险也就越大；标准离差越小，说明分散程度越小，其风险也就越小。

依上例的计算结果，分别计算两个投资项目的标准离差。

甲项目的标准离差 $=\sqrt{(40\%-15\%)^2\times0.3+(10\%-15\%)^2\times0.5+(-10\%-15\%)^2\times0.2}=18.03\%$

乙项目的标准离差 $=\sqrt{(16\%-15\%)^2\times0.3+(15\%-15\%)^2\times0.5+(13.5\%-15\%)^2\times0.2}=0.87\%$

甲项目的标准离差远大于乙项目的标准离差，说明甲项目的风险比乙项目的风险大。

但标准离差是一个绝对数，只能用于直接比较期望值相同的各个投资项目的风险程度。若各项目的期望值不同，还要进一步计算标准离差率，才能准确衡量其风险程度的大小。

3. 标准离差率

标准离差率是标准离差与期望值的比值。其公式为：

$$Q=\delta/E$$

在期望值相同或不同的情况下，标准离差率越大，风险越大；标准离差率越小，风险越小。

以上例数据为例，分别计算两个投资项目的标准离差率。

$$\text{甲项目的标准离差率}=\delta/E=18.03\%/15\%=1.202$$

$$\text{乙项目的标准离差率}=\delta/E=0.87\%/15\%=0.058$$

甲项目的标准离差率比乙项目大，说明甲项目比乙项目风险大。

三、投资的风险报酬

投资的风险报酬是指投资者冒风险进行投资而获得的超过货币时间价值的额外收益，又称为投资风险收益，或投资风险价值。

（一）风险报酬率

风险报酬率与风险程度有关，风险程度越大，风险报酬率越高，其具体的关系可表示为：

$$\text{风险报酬率}=\text{风险报酬系数}\times\text{标准离差率}$$

$$\begin{aligned}\text{投资报酬率}&=\text{无风险报酬率}+\text{风险报酬率}\\&=\text{无风险报酬率}+\text{风险报酬系数}\times\text{标准离差率}\end{aligned}$$

无风险报酬率是指包括通货膨胀贴补在内的货币时间价值，一般把短期国库券的利率作为无风险报酬率。

风险报酬系数就是把标准离差率转化为风险报酬的一种系数，其确定方法主要如下：

1. 根据以往同类项目加以确定

$$\text{风险报酬系数}=(\text{投资报酬率}-\text{无风险报酬率})/\text{标准离差率}$$

【例 2-19】 某项目投资报酬率为 10%，标准离差率为 30%，无风险报酬率为 7%，求风险报酬系数？

解：

$$风险报酬系数=(10\%-7\%)/30\%=10\%$$

2. 由专家确定

风险报酬系数的确定取决于企业对风险的态度。敢于冒险的企业，往往将系数定得低点；比较保守的企业，则把系数定得较高。

（二）风险报酬的计算

1. 根据投资额与风险报酬率来计算

$$风险报酬=总投资额\times风险报酬率$$

2. 根据投资总报酬和有关报酬率的关系来计算

如果在不知总投资额，而只知投资报酬额、无风险报酬率和风险报酬率的情况下，其计算公式如下：

$$风险报酬=总报酬额\times风险报酬率/(无风险报酬率+风险报酬率)$$

【例 2-20】某项目投资报酬额为 100 万元，无风险报酬率为 8%，风险报酬率为 2%，求项目的风险报酬？

解：

$$风险报酬=100\times2\%/(8\%+2\%)=20（万元）$$

四、风险的控制

风险控制是指风险管理者采取各种措施和方法，消灭或减少风险事件发生的各种可能性，或者减少风险事件发生时造成的损失。

风险控制的四种基本方法是风险回避、损失控制、风险转移和风险保留。

（一）风险回避

风险回避是指投资主体有意识地放弃风险行为，完全避免特定的损失风险。简单的风险回避是一种最消极的风险处理办法，因为投资者在放弃风险行为的同时，往往也放弃了潜在的目标收益。所以一般只有在以下情况下才会采用这种方法：

（1）投资主体对风险极端厌恶。

（2）存在可实现同样目标的其他方案，其风险更低。

（3）投资主体无能力消除或转移风险。

（4）投资主体无能力承担该风险，或承担风险得不到足够的补偿。

（二）损失控制

损失控制不是放弃风险，而是制定计划和采取措施降低损失的可能性或者是减少实际损失。控制的阶段包括事前、事中和事后三个阶段。事前控制的目的主要是为了降低损失的概率，事中和事后的控制主要是为了减少实际发生的损失。

（三）风险转移

风险转移，是指通过契约，将让渡人的风险转移给受让人承担的行为。通过风险转移有时可大大降低经济主体的风险程度。风险转移的主要形式是合同和保险。

1. 合同转移

通过签订合同，可以将部分或全部风险转移给一个或多个其他参与者。

2. 保险转移

保险是使用最为广泛的风险转移方式。

（四）风险保留

风险保留，即风险承担。也就是说，如果损失发生，经济主体将以当时可利用的任何资金进行支付。风险保留包括无计划自留、有计划自我保险。

1. 无计划自留

这是指风险损失发生后从收入中支付，即不是在损失前做出资金安排。当经济主体没有意识到风险并认为损失不会发生时，或将意识到的与风险有关的最大可能损失显著低估时，就会采用无计划保留方式承担风险。一般来说，无计划自留应当谨慎使用，因为如果实际总损失远远大于预计损失，将引起资金周转困难。

2. 有计划自我保险

这是指在可能的损失发生前，通过做出各种资金安排以确保损失出现后能及时获得资金以补偿损失。有计划自我保险主要通过建立风险预留基金的方式来实现。

本章小结

本章旨在介绍财务管理的两大价值观念，对初学者来讲，理解这些价值观念对学习财务管理有重要帮助。

货币时间价值（又叫资金时间价值）是指一定量资金在不同时点价值量的差额，是在没有风险和没有通货膨胀条件下的社会平均资金利润率，也就是纯利率。

终值又称将来值，是指现在一定量的货币折算到未来某一时点所对应的金额。现值是指未来某一时点上一定量的货币折算到现在所对应的金额。

利息的计算制度有单利制和复利制两种。复利终值是指一定量资金若干期后按复利计息计算时间价值的本利和。复利现值是复利终值的逆运算，是未来一定时间的特定价值按复利计算的现在的价值。

年金是指一定时期内每期等额收付的系列款项。根据定期等额的系列款项发生的时点不同，年金可以分为四种：普通年金、即付年金、递延年金和永续年金。

风险是指在一定条件下和一定时期内可能发生的各种结果的变动程度。

风险分为系统风险和非系统风险。

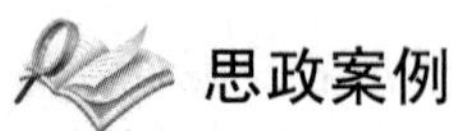

思政案例

1.01 和 0.99 的 365 次方励志感悟：每天 0.01 的变化

2017 年网上有两个公式突然火了起来，那就是 1 的 365 次方是 1，（1+0.01）的 365 次方约等于 37.783 4，1 代表每天的努力，0.01 代表每天多做 0.01，也就是说每天进步一点点，一年以后你的进步将远大于 1；1 的 365 次方等于 1，如果每天原地踏步，一年以后还是那个1；（1−0.01）的365次方约等于0.025 5，每天少做0.01，退步一点点，一年以后将远远被人抛在后面。

这个公式代表着我们每天的努力程度，也可以是看书、学习等的努力程度。用看书来说，每天看一页，一年看365页，每天多看百分之一，那一年你就多看37页。你一年就可以看402页，这是不是多学了很多的知识呢？

撑竿跳高王子布勃卡的记录是1厘米、1厘米升高的；110米跨栏飞人刘翔的速度是0.01秒、0.01秒加快的；每天自学一小时，一周就是七小时，一年累计365个小时，几年下来就可以完成大学本科课程的学习；每天用5分钟改进自己的工作，每周5个工作日都这么坚持改进，几年下来就会成为这个行业的行家里手。每天进步一点点，使每一个今天充实而又饱满；每天进步一点点，终将使一生厚重而充实。所谓的日积月累、积少成多、滴水穿石等说的就是这个道理。

——资料来源：搜狐V职圈，经编者整理、改编

复习思考题

一、简答题

1. 什么是货币时间价值？货币时间价值的实质是什么？
2. 货币时间价值同一般的利息率是什么关系？
3. 什么是年金？年金有哪几种类型？即付年金和普通年金之间是什么样的关系？
4. 如何衡量风险的大小？风险与报酬的关系如何？

二、练习题

（一）练习复利终值的计算和利率的确定方法

1. 资料：

某人存入银行40 000元，年利率为6%，每半年复利一次。

2. 要求：

（1）计算此笔存款达到80 000元的存款期限。

（2）如果要求在第3年年末存款本息达到60 000元，则存款利率应达到多少？

（二）练习复利终值的计算和年金的确定方法

1. 资料：

某企业借入资金50 000元，期限为5年，年利率为12%。

2. 要求：

（1）若半年计息一次，到期一次性偿还本息，应还多少？

（2）若每年等额偿还本息，每年应还多少？

（三）练习年金现值的计算方法

1. 资料：

某人现在存入银行一笔现金，计划9年后每年年末从银行提取现金5 000元，连续提取10年。

2. 要求：

在利率为4%的情况下，现在应存入银行多少元？

（四）练习年金的计算方法

1. 资料：

某人拟购一房产，有三种付款方法：

（1）从现在起，每年年初付9.5万元，连续付15次。

（2）从现在起，每年年末付10万元，连续付15次。

（3）从第6年起到第15年，每年年末付18万元。

2. 要求：

若资金成本10%，应选何方案？

（五）练习年金的应用方法

1. 资料：

某公司拟购置一台设备，目前有A、B两种设备可供选择，A设备的价格比B设备高50 000元，但每年可节约维修保养费用10 000元。假定A、B设备的经济寿命为6年，利率为10%。

2. 要求：

该公司在A、B两种设备必须择一的情况下，应选择哪一种设备？

（六）练习风险的测定方法

1. 资料：

某公司在下一会计年度准备将现有闲置资金对外投资。现有甲、乙、丙三家公司可供选择。这三家公司的年报酬率及概率资料如表2-2所示。

表2-2　三家公司的年报酬率及概率　　%

市场状况	发生概率	投资报酬率		
		甲公司	乙公司	丙公司
繁荣	0.3	40	50	60
一般	0.5	20	20	20
较差	0.2	0	-15	-30

假设甲公司的风险报酬系数为10%，乙公司的风险报酬系数为11%，丙公司的风险报酬系数为12%。此时无风险报酬率为8%。

2. 要求：

该公司的财务经理希望投资于期望报酬率较高而风险较低的公司，应做何选择？

三、案例分析题

瑞士田纳西镇巨额账单

如果你突然收到一张事先不知道的1 260亿美元的账单，你一定会大吃一惊，而这样的事件却发生在瑞士田纳西镇的居民身上。纽约布鲁克林法院判决田纳西镇的居民应向美国投资者支付这笔钱。最初，田纳西镇的居民以为这是一件小事，但当他们收到账单时，被这巨额的账单惊呆了。他们的律师指出，若高级法院支持这一判决，为偿还债务，所有田纳西镇的居民在余生中不得不靠吃麦当劳等廉价快餐度日。田纳西镇的问题源于1986年的一笔存款——斯兰黑不动产公司在内部交换银行（田纳西镇的一个银行）存入的一笔6亿美元的存款。存款协议要求银行按每周1%的利率（复利）付息（难怪该银行第2年破产）。1994年，纽约布鲁克林法院做出判决：从存款日到田纳西镇对该银行进行清算的约7年中，这笔存款应按每周1%的复利计息，而在银行清算后的21年中，每年按8.54%的复利计息。

根据上述资料，分析讨论以下问题：

（1）请用你所学的知识说明1 260亿美元是如何计算出来的？

（2）如利率为每周1%，按复利计算，6亿美元增加到12亿美元，需多长时间？增加到1 000亿美元，需多长时间？

（3）本案例对你有何启示？

——资料来源：百度，经编者整理、改编

第三章 筹资管理（上）

本章要点

掌握筹资管理的基本理论，掌握筹资渠道、筹资方式，以及股权筹资、债权筹资、混合筹资的具体方法。

1. 筹资的概念、动机、原则和方式
2. 股权筹资方式的基本形式
3. 债权筹资方式的基本内容

案例导入

企业筹资方式的选择

一家公司的内部资金来源往往不能满足公司发展计划对资金的需要。这时，公司就很有必要从外部吸引大量的金融资金。筹资的方式有很多，如贷款、发行债券、发行股票、吸引新股东，等等。

案情说明：某电扇厂是以生产风凉牌电风扇为主的集体企业。近年来，由于公司资金紧张，拖欠贷款严重，造成该厂产品不能及时收回货款，导致企业生产徘徊，产品产量上不去，危及企业发展前途。财务人员根据目前情况及新的发展计划，提出了三种筹资方式，供厂部领导决策。新的计划如下：要增加产品产量，试制的新产品进行批量生产，所需材料物资、设备和劳务等耗资约 595 万元。

筹资方式：

方式一：银行贷款，上一年年底的贷款利率为 9.2%，筹资费率 1%，以后贷款利率可能会提高，则本企业的所得税税率为 33%。

方式二：股票集资，可以发行普通股，筹资费率为 4%。每股 1 000 元，共 5 950 股，筹资费率 4%，普通股的股利是不固定的，通常逐年有所增长，但按目前规定，股息加红利最高不得超过 15%，现假定发行当年的股利率为 12%，以后根据企业经营情况确定。

方式三：联合经营集资，建议以本厂为主体，与有一定生产设备基础的若干个企业联合经营。

这些筹资方式基本上都可满足企业从事生产经营的资金需要，但是哪个工具最有利呢？公司在做出决策时必须计算分析在应用不同筹资方式时资金成本率的高低，从而选择资金成本最低的筹资方式。

——资料来源：《乐税知识库——筹资节税两不误》，经编者整理改编

第一节　筹资管理概述

一、企业筹资的概念

企业筹资是指企业作为筹资主体根据其生产经营、对外投资和调整资本结构等需要，通过筹资渠道和金融市场，运用筹资方式，经济有效地筹措和集中资本的活动。企业筹资活动是企业的一项基本财务活动，企业筹资管理是企业财务管理的一项主要内容。

资本是企业经营活动的一个基本要素，是企业创建和生存发展的一个必要条件。一个企业从创建到生存发展的整个过程都需要筹集资本。企业最初创建就需要筹资，以获得设立一个企业必需的初始资本；在取得会计师事务所验资证明，据以到工商管理部门注册登记后，才能开展正常的生产经营活动。

任何企业在生存发展过程中，都需要始终维持一定的资本规模，由于生产经营活动的发展变化，往往需要追加筹资。例如，有的企业为了增加经营收入，降低成本费用，提高利润水平，需要根据市场需求变化，扩大生产经营规模，调整生产经营结果，研制开发新产品，所有这些经营策略的实施通常都要求有一定的资本条件。企业为了稳定一定的供求关系并获得一定的投资收益，对外开展投资活动，往往也需要筹集资本。例如，有的企业为了保证其产品生产所必需的原材料的供应，向供应厂商投资并获得控制权。企业根据内外部环境的变化，适时采取调整企业资本结构的策略，也需要及时地筹集资本。例如，有的企业由于资本结构不合理，负债比率过高，偿债压力过重，财务风险过高，主动通过筹资来调整资本结构。企业持续的生产经营活动，不断地产生对资本的需求，这就需要筹措和集中资本；同时，企业因开展对外投资活动和调整资本结构，也需要筹措和集中资本。

二、企业筹资的动机

企业筹资的基本目的是为了自身的生存与发展。企业在持续的生存与发展中，其具体的筹资活动通常受特定的筹资动机所驱使。企业筹资的具体动机是多种多样的。例如，为购置设备、引进新技术、开发新产品而筹资；为对外投资、并购其他企业而筹资；为现金周转与调度而筹资；为偿付债务和调整资本结构而筹资，等等。在企业筹资过程中，这些具体的筹资动机有时是单一的，有时是结合的，归纳起来有四种基本类型，即扩张性筹资动机、调整性筹资动机、支付性筹资动机和混合性筹资动机。企业筹资的动机对筹资行为及其结果会产生直接的影响。

（一）扩张性筹资动机

扩张性筹资动机是指企业因扩大生产经营规模或增加对外投资而产生的追加筹资的动机。处于成长期、具有良好发展前景的企业通常会产生这种筹资动机。例如，企业产品供

不应求，需要增加市场供应；开发生产适销对路的新产品；追加有利的对外投资规模；开拓有发展前途的对外投资领域等，往往都需要追加筹资。扩张性筹资动机所产生的直接结果，是企业资产总额和资本总额的增加。

【例 3－1】 XYZ 公司扩张筹资前的资产和资本规模如表 3－1 中的 A 栏所示。该企业根据扩大生产经营和对外投资的需要，现追加筹资 5 500 万元，其中，长期借款 3 500 万元，企业所有者投入资本 2 000 万元，用于追加存货价值 1 500 万元，追加设备价值 2 500 万元，追加长期投资 1 500 万元，假定其他项目没有发生变动。在采取这种扩张筹资后，该公司的资产和资本总额如表 3－1 的 B 栏所示。

表 3－1　XYZ 公司扩张筹资前后资产和资本总额变动表　　万元

资　产	A	B	资本	A	B
	扩张筹资前	扩张筹资后		扩张筹资前	扩张筹资后
现金	400	400	应付账款	2 000	2 000
应收账款	2 600	2 600	短期借款	1 000	1 000
存货	2 000	3 500	长期借款	1 000	4 500
长期投资	2 000	3 500	应付债券	2 500	2 500
固定资产	3 000	5 500	股东权益	3 500	5 500
资产总额	10 000	15 500	资本总额	10 000	15 500

通过对表 3－1 中的 A、B 栏的金额进行比较可以看出，该公司采取扩张筹资后，资产总额从 10 000 万元增至 15 500 万元，与此相应地，资本总额也从 10 000 万元增至 15 500 万元。这是公司扩张筹资所带来的直接结果。

（二）调整性筹资动机

企业的调整性筹资动机是企业因调整现有资本结构的需要而产生的筹资动机。资本结构是指企业各种筹资方式的组合及其比例关系。一个企业在不同时期由于筹资方式的不同组合会形成不尽相同的资本结构。随着相关情况的变化，现有的资本结构可能不再合理，需要相应地予以调整，使之趋于合理。

企业产生调整性筹资动机的原因有很多。例如，一个企业有些债务到期必须偿付，企业虽然具有足够的偿债能力偿付这些债务，但为了调整现有的资本结构，仍然举债，从而使资本结构更加合理。再如，一个企业由于客观情况的变化，现有的资本结构中债务筹资所占的比例过大，财务风险过高，偿债压力过重，需要降低债券筹资的比例，采取债转股等措施予以调整，使资本结构适应客观情况的变化而趋于合理。

【例 3－2】 XYZ 公司调整筹资前的资产和资本情况如表 3－2 的 C 栏所示。该公司经分析认为这种资本结构不再合理，需要采取债转股予以调整。调整筹资后的资产和资本情况如表 3－2 的 D 栏所示。

表 3-2 XYZ 公司调整筹资前后资产和资本总额变动表 万元

资 产	C	D	资 本	C	D
	调整筹资前	调整筹资后		调整筹资前	调整筹资后
现 金	400	400	应付账款	2 000	2 000
应收账款	2 600	2 600	短期借款	1 000	1 000
存 货	2 000	2 000	长期借款	4 000	2 000
长期投资	2 000	2 000	应付债券	1 000	1 000
固定资产	3 000	3 000	股东权益	2 000	4 000
资产总额	10 000	10 000	资本总额	10 000	10 000

在例 3-2 中，如表 3-2 的 C、D 栏所示，XYZ 公司调整筹资前的资本结构中债权筹资比例占 80%，股权筹资比例占 20%。调整筹资后的资本结构变为债权筹资比例降至 60%，股权筹资比例升至 40%。该公司的资产和资本规模没有发生变化，即纯粹是为调整资本结构而筹资。

（三）支付性筹资动机

支付性筹资动机是指企业为了满足经营业务活动的正常波动所形成的支付需要而产生的筹资动机。企业在开展经营活动的过程中，经常会出现超出维持正常经营活动资金需求的季节性、临时性的交易支付需要，如购买原材料的大额支付、员工工资的集中发放、银行借款的提前偿还、股东股利的发放等。

（四）混合性筹资动机

企业筹资的目的往往不是单一的，企业既为扩大规模又为调整资本结构而产生的筹资动机，可称为混合性筹资动机。这种混合性筹资动机中兼容了扩张性筹资和调整性筹资两种筹资动机。在这种混合性筹资动机的驱使下，企业通过筹资，即扩大了资本和资产的规模，又调整了资本结构。

三、企业筹资的基本原则

筹资是企业的基本财务活动，是企业扩大生产经营规模和调整资本结构必须采取的行动。为了经济有效地筹集资本，企业筹资必须遵循下列基本原则：

（一）效益性原则

企业筹资与投资在效益上应当相互权衡。企业投资是决定企业是否需要筹资的重要因素。投资收益与资本成本相比较，决定着是否要追加筹资；而一旦采纳某项投资项目，其投资数量就决定了所需筹资的数量。因此，企业在筹资活动中，一方面需要认真分析投资机会，讲究投资效益，避免不顾投资效益的盲目筹资；另一方面，由于不同筹资方式的资本成本高低不尽相同，也需要综合研究各种筹资方式，寻求最优的筹资组合，以便降低资本成本，经济有效地筹集资本。

（二）合理性原则

企业筹资必须合理确定所需筹资的数量。企业筹资不论通过哪些筹资渠道，运用哪些筹资方式，都要预先确定筹资的数量。企业筹资固然应当广开财路，但必须有合理的限度，使所需筹资的数量与投资所需数量达到平衡，避免因筹资数量不足而影响投资活动或因筹资数量过剩而影响筹资效益。

企业筹资还必须合理确定资本结构。合理地确定企业的资本结构，主要有两方面的内容：一方面是合理确定股权资本与债券资本的结构，也就是合理确定企业债权资本的规模或比例问题，债权资本的规模应当与股权资本的规模和偿债能力的要求相适应。在这方面，既要避免债权资本过多，导致财务风险过高，偿债负担过重，又要有效地利用债务经营，提高股权资本的收益水平。另一方面是合理确定长期资本与短期资本的结构，也就是合理确定企业全部资本的期限结构问题，这要与企业资产所需持有的期限相匹配。

（三）及时性原则

企业筹资必须根据企业资本的投放时间安排予以筹划，及时取得资本来源，使筹资与投资在时间上相协调。企业投资一般都有投放时间上的要求，尤其是证券投资，其投资的时间性要求非常重要，筹资必须与此相配合，避免筹资过早而造成投资前的资本闲置或筹资滞后而贻误投资的有利时机。

（四）合法性原则

企业的筹资活动，影响着社会资本及资源的流向和流量，涉及相关主体的经济权益。为此，必须遵守国家有关法律法规，依法履行约定的责任，维护有关各方的合法权益，避免非法筹资行为给企业本身及相关主体造成损失。

扩展阅读

企业确定筹资规模的依据主要包括两项：法律依据、投资规模依据。法律依据主要是指法律对注册资本的约束；法律对企业负债额度的限制。投资规模依据是指筹资规模要受到企业投资需求总量与结构、偿债能力等主导因素的制约。企业筹资不能盲目进行，必须以“投”定“筹”。

四、企业筹资的渠道与方式

企业筹资需要通过一定的筹资渠道，运用一定的筹资方式进行。不同的筹资渠道和筹资方式各有其特点和实用性，为此需要加以分析研究。筹资渠道与筹资方式既有联系，又有区别。同一筹资渠道的资本往往可以采用不同的筹资方式取得，而同一筹资方式又往往可以筹集不同筹资渠道的资本，这也需要把握两者之间的有效配合。

（一）企业筹资渠道

企业的筹资渠道是指企业筹集资本来源的方向与通道，体现着资本的源泉和流量。筹资渠道主要是由社会资本的提供者及数量分布所决定的。目前，我国社会资本的提供者众多，数量分布广泛，为企业筹资提供了广泛的资本来源。认识企业筹资渠道的种类及其特点和实用性，有利于企业重新开拓和利用筹资渠道，实现各种筹资渠道的合理组合，有效地筹集资本。

企业的筹资渠道可以归纳为如下七种：

1. 政府财政资本

政府财政资本历来是国有企业筹资的主要来源，政策性很强，通常只有国有企业才能利用。现在的国有企业，包括国有独资公司，其筹资来源的大部分，是在过去由政府通过中央和地方财政部门以拨款方式投资而形成的。政府财政资本具有广阔的源泉和稳固的基础，并在国有企业资本金预算中安排，今后仍然是国有企业权益资本筹资的重要渠道。

2. 银行信贷资本

银行信贷资本是各类企业筹资的重要来源。银行一般分为商业性银行和政府性银行。在我国，商业性银行主要有中国工商银行、中国农业银行、中国建设银行、中国银行以及交通银行等；政府性银行有国家开发银行、农业发展银行和中国进出口银行。商业性银行可以为各类企业提供各种商业性信贷；政府性银行主要为特定企业提供一定的政策性贷款。银行信贷资本拥有居民储蓄、单位存款等经常性的资本来源，贷款方式灵活多样，可以适应各类企业债权资本筹集的需要。

3. 非银行金融机构资本

非银行金融机构资本也可以为一些企业提供一定的筹资来源。非银行金融机构是指除了银行以外的各种金融机构及金融中介机构。在我国，非银行金融机构主要有租赁公司、保险公司、企业集团的财务公司以及信托投资公司、证券公司。它们有的集聚社会资本，融资融物；有的承销证券，提供信托服务，为一些企业直接筹集资本或为一些公司发行证券筹资提供承销信托服务。这种筹资渠道的财力虽然比银行要小，但具有广阔的发展前景。

4. 其他法人资本

其他法人资本有时亦可为筹资企业提供一定的筹资来源。在我国，法人可分为企业法人、事业法人和团体法人等。他们在日常的资本运营周转中，有时也可能形成部分暂时闲置的资本，为了让其发挥一定的效益，也需要相互融通，这就为企业筹资提供了一定的筹资来源。

5. 民间资本

民间资本可以为企业直接提供筹资来源。我国企业和事业单位的职工和广大城乡居民持有大笔的货币资本，可以对一些企业直接进行投资，为企业筹资提供资本来源。

6. 企业内部资本

企业内部资本主要是指企业通过提留盈余公积和保留未分配利润而形成的资本。这是企业内部形成的筹资渠道，比较便捷，有盈利的企业通常都可以加以利用。

7. 国外和我国港澳台资本

在改革开放的条件下，国外以及我国香港、澳门和台湾地区的投资者持有的资本，亦可以吸收，从而形成企业的筹资渠道。

在上述各种筹资渠道中，政府财政资本、其他法人资本、民间资本、企业内部资本、国外和我国港澳台资本，可以成为特定企业股权资本的筹资渠道；银行信贷资本、非银行金融机构资本、其他法人资本、民间资本、国外和我国港澳台资本，可以成为特定企业债权资本的筹资渠道。

（二）企业筹资方式

企业筹资方式是指企业筹集资本所采取的具体形式和工具，它受到法律环境、经济体制、融资市场等筹资环境的制约，特别是受国家对金融市场和融资行为方面的法律法规制约。

一般来说，企业最基本的筹资方式有两种：股权筹资和债务筹资。股权筹资形成企业的股权资金，通过吸收直接投资、公开发行股票等方式取得；债务筹资形成企业的债务资金，通过向银行借款、发行公司债券、利用商业信用等方式取得。至于发行可转换债券等筹集资金的方式，属于兼有股权筹资和债务筹资性质的混合筹资方式。

正确认识企业筹资方式的种类及其特点和实用性，有利于企业准确地开发和利用各种筹资方式，实现各种筹资方式的合理组合，有效地筹集资本。

一般而言，企业筹资方式有以下七种：

1. 吸收直接投资

吸收直接投资是指企业以投资合同、协议等形式吸收国家、法人单位、自然人等投资主体资金的筹资方式。形成企业自有资金的一种筹资形式。这种筹资方式不以股票这种融资工具为载体，通过签订投资合同或者投资协议规定双方的权利和义务，主要适用于非股份制公司筹集股权资本。吸收直接投资是一种股权筹资方式。

2. 发行股票筹资

发行股票筹资是指股份公司按照公司章程依法发售股票直接筹资，形成公司股本的一种筹资方式。发行股票筹资要以股票为媒介，仅适用于股份公司，是股份公司取得股权资本的基本方式。发行股票筹资是一种股权筹资方式。

3. 发行债券筹资

发行债券筹资是指企业按照债券发行协议通过发行债券直接筹资，形成企业债权资本的一种筹资方式。在我国，股份有限公司、国有独资公司等可以采用发行债券的筹资方式，依法发行公司债券，获得大额的长期债权资本。发行债券筹资是一种债务筹资方式。

4. 向金融机构借款筹资

向金融机构借款筹资是指各类企业按照借款合同从银行或非银行金融机构取得资金的筹资方式。它广泛适用于各类企业，是企业获得长期和短期债权资本的主要筹资方式。向金融机构借款筹资是一种债务筹资方式。

5. 融资租赁筹资

融资租赁筹资是指企业与租赁公司签订租赁合同，从租赁公司取得实物资产，通过对租赁物的占有、使用取得资金的筹资方式。融资租赁方式不直接取得货币性资金，通过租赁信用关系，直接取得实物资产，快速形成生产经营能力，然后通过向出租人分期交付租金方式偿还资产的价款。融资租赁筹资是一种债务筹资方式。

6. 商业信用筹资

商业信用筹资是指企业通过赊购商品、预收货款等商品交易行为筹集短期债权资本的一种筹资方式。这种筹资方式比较灵活，为各类企业所采用。商业信用筹资是一种债务筹资方式。

7. 留存收益筹资

留存收益筹资是指企业从税后净利润中提取的盈余公积以及从企业可供分配利润中留存的未分配利润。留存收益筹资是企业将当年利润转化为股东对企业追加投资的过程，是一种股权筹资方式。

（三）企业筹资渠道与筹资方式的配合

筹资渠道是指筹措资金来源的方向与通道，体现着资金的源泉和流量。筹资方式是指企业筹措资金所采取的具体形式，体现着资金的属性。企业的筹资渠道与筹资方式有着密切的联系。一定的筹资方式可能仅适用于某一特定的筹资渠道；但同一筹资渠道的资本往往可以采取不同的筹资方式取得，而同一筹资方式又往往可以适用于不同的筹资渠道。因此，企业在筹资时，应当实现筹资渠道和筹资方式两者之间的合理配合。

第二节　股权筹资

股权筹资形成企业的股权资金，是企业最基本的筹资形式。吸收直接投资筹资、发行普通股筹资和利用留存收益筹资是股权筹资的三种基本方式。

一、吸收直接投资筹资

吸收直接投资筹资是指企业按照共同投资、共同经营、共担风险、共享收益的原则，直接吸收国家、法人、个人和外商投入资金的一种筹资方式。吸收直接投资是非股份制企业筹集权益资本的基本方式。采用吸收直接投资的企业，资本不分为等额股份，无须公开发行股票。吸收直接投资的实际出资额中，注册资本部分形成实收资本；超过注册资本的部分，属于资本溢价，形成资本公积。

（一）吸收直接投资的种类

1. 吸收国家投资

国家投资是指有权代表国家投资的政府部门或机构，以国有资产投入公司，这种情况下形成的资本叫国有资本。根据《公司国有资本与公司财务暂行办法》的规定，在公司持续经营期间，公司以盈余公积、资本公积转增实收资本的，国有公司和国有独资公司由公司董事会或经理办公会决定，并报主管财政机关备案；股份有限公司和有限责任公司由董事会决定，并经股东大会审议通过。吸收国家投资一般具有以下特点：

（1）产权归属国家；

（2）资金的运用和处置受国家约束较大；

（3）在国有公司中采用比较广泛。

2. 吸收法人投资

法人投资是指法人单位以其依法可支配的资产投入公司，这种情况下形成的资本称为法人资本。吸收法人资本一般具有以下特点：

（1）发生在法人单位之间；

（2）以参与公司利润分配或控制为目的；

（3）出资方式灵活多样。

3. 合资经营

合资经营是指两个或者两个以上的不同国家的投资者共同投资，创办企业，并且共同经营、共担风险、共负盈亏、共享利益的一种直接投资方式。在我国，中外合资经营企业也称为股权式合营企业，它是外国公司、企业和其他经济组织或个人同中国的公司、企业或其他经济组织在中国境内共同投资举办的企业。

1）中外合资经营一般具有的特点

（1）合资经营企业在中国境内，按中国法律规定取得法人资格，为中国法人；

（2）合资经营企业为有限责任公司；

（3）注册资本中，外方合营者的出资比例一般不低于 25%；

（4）合资经营期限遵循《中外合资经营企业法》等相关法律规定；

（5）合资经营企业的注册资本与投资总额之间应依法保持适当比例关系，投资总额是指按照合营企业合同和章程规定的生产规模需要投入的基本建设资金和生产流动资金总和。

2）中外合资经营企业和中外合作经营企业的区别

中外合资经营企业和中外合作经营企业都是中外双方共同出资、共同经营、共担风险和共同盈亏的企业。两者的区别主要是：

（1）合作企业可以依法取得中国法人资格，也可以办成不具备法人条件的企业，而合资企业必须是法人；

（2）合作企业属于契约式的合营，它不以合营各方投入的资本数额、股权作为利润分配的依据，而是通过签订合同具体规定各方的权利和义务，而合资企业属于股权式企业，即以投资比例来作为确定合营各方权利和义务的依据；

（3）合作企业在遵循国家法律的前提下，可以通过合作合同约定收益或产品的分配，以及风险和亏损的分担，而合资企业则是根据各方注册资本的比例进行分配的。

4. 吸收社会公众投资

吸收社会公众投资是指吸收社会个人或本公司职工以个人合法财产投入公司，这种情况下形成的资本称为个人资本。吸收社会公众投资一般具有以下特点：

（1）参加投资的人员较多；

（2）每人投资的数额相对较少；

（3）以参与公司利润分配为基本目的。

（二）吸收直接投资的出资方式

1. 以货币资产出资

以货币资产出资是吸收直接投资中最重要的出资方式。企业有了货币资产，便可以获得其他物质资源，支付各种费用，满足企业创建开支和随后的日常周转需要。

2. 以实物资产出资

以实物资产出资是指投资者以房屋、建筑物、设备等固定资产和材料、燃料、商品产品等流动资产所进行的投资。以实物资产投资应符合以下条件：

（1）适合企业生产、经营、研发等活动的需要；

（2）技术性能良好；

（3）作价公平合理。

实物出资中实物的作价，应当评估作价，核实资产，不得高估或者低估作价。法律、行政法规对评估作价有规定的，从其规定。国有及国有控股企业接受其他企业的非货币资产出资，必须委托有资格的资产评估机构进行资产评估。

3. 以土地使用权出资

土地使用权是指土地经营者对依法取得的土地在一定期限内有进行建筑、生产经营或其他活动的权利。土地使用权具有相对的独立性，在土地使用权存续期间，包括土地所有者在内的其他任何人和单位，不能任意收回土地和非法干预使用权人的经营活动。以土地使用权出资应符合以下条件：

（1）适合企业生产、经营、研发等活动的需要；

（2）地理、交通条件适宜；

（3）作价公平合理。

4. 以工业产权出资

工业产权通常是指专有技术、商标权、专利权、非专利技术等无形资产。投资者以工业产权出资应符合以下条件：

（1）有助于企业研究、开发和生产出新的高科技产品；

（2）有助于企业提高生产效率，改进产品质量；

（3）有助于企业降低生产消耗、能源消耗等各种消耗；

（4）作价公平合理。

以知识产权等无形资产出资的风险较大，因为以知识产权投资，实际上是把技术转化为资本，使技术的价值固定化了，而技术具有很强的时效性，会因其不断老化落后而导致实际价值不断减少甚至完全丧失。

国家相关法律法规对无形资产出资方式另有限制，股东或者发起人不得以劳务、信用、自然人姓名、商誉、特许经营权或者设定担保的财产等作价出资。

5. 以特定债权出资

特定债权，指企业依法发行的可转换债券以及按照国家有关规定可以转作股权的债权。在实践中，企业可以将特定债权转为股权的情形主要有以下几种：

（1）上市公司依法发行的可转换债券；

（2）金融资产管理公司持有的国有及国有控股企业债权；

（3）企业实行公司制改建时，经银行以外的其他债权人协商同意，可以按照有关协议和企业章程的规定，将其债权转为股权；

（4）根据《利用外资改组国有企业暂行规定》，国有企业的境内债权人将持有的债权转给外国投资者，企业通过债转股改组为外商投资企业；

（5）按照《企业公司制改建有关国有资本管理与财务处理的暂行规定》，国有企业改制时，账面原有应付工资中欠发职工工资部分，在符合国家政策、职工自愿的条件下，依法扣除个人所得税后可转为个人投资；未退还职工的集资款，也可转为个人投资。

（三）吸收直接投资的程序

1. 确定筹资数量

企业在新建或扩大经营时，首先确定资金的需要量。资金的需要量应根据企业的生产经营规模和供销条件等来核定，确保筹资数量与资金需要量相适应。

2. 寻找投资单位

企业既要广泛了解有关投资者的资信、财力和投资意向，又要通过信息交流和宣传，使出资方了解企业的经营能力、财务状况以及未来预期，以便于公司从中寻找最合适的合作伙伴。

3. 协商和签署投资协议

找到合适的投资伙伴后，双方进行具体协商，确定出资数额、出资方式和出资时间。企业应尽可能吸收货币投资，如果投资方确有先进而适合需要的固定资产和无形资产，亦可采取非货币投资方式。对以实物投资、工业产权投资、土地使用权投资等非货币性资产，双方应按公平合理的原则协商定价。当出资数额、资产作价确定后，双方须签署投资协议或合同，以明确双方的权利和责任。

4. 取得所筹集的资金

签署投资协议后，企业应按规定或计划取得资金。如果采取现金投资方式，通常还要编制拨款计划，确定拨款期限、每期数额及划拨方式，有时投资者还要规定拨款的用途，如把拨款区分为固定资产投资拨款、流动资金拨款、专项拨款等。如以实物、工业产权、非专利技术、土地使用权投资，一个重要的问题就是核实财产。财产数量是否准确，特别是价格有无高估低估的情况，关系到投资各方的经济利益，必须认真处理，必要时可聘请专业资产评估机构来评定，然后办理产权的转移手续取得资产。

（四）吸收直接投资的筹资特点

1. 能够尽快形成生产能力

吸收直接投资不仅可以取得一部分货币资金，而且能够直接获得所需的先进设备和技术，尽快形成生产经营能力。

2. 容易进行信息沟通

吸收直接投资的投资者比较单一，股权没有社会化、分散化，投资者甚至直接担任公司管理层职务，公司与投资者易于沟通。

3. 资本成本较高

相对于股票筹资方式来说，吸收直接投资的资本成本较高。当企业经营较好、盈利较多时，投资者往往要求将大部分盈余作为红利分配，因为向投资者支付的报酬是按其出资数额和企业实现利润的比率来计算的。不过，吸收直接投资的手续相对比较简便，筹资费用较低。

4. 企业控制权集中，不利于企业治理

采用吸收直接投资方式筹资，投资者一般都要求获得与投资数额相适应的经营管理权。如果某个投资者的投资比例较大，则该投资者对企业的经营管理就会有相当大的控制权，容易损害其他投资者的利益。

5. 不利于进行产权交易

吸收直接投资由于没有以证券为媒介，不利于产权交易，难以进行产权转让。

二、发行普通股筹资

股票是股份有限公司签发的证明股东所持股份的凭证，是为筹措股权资本而发行的有价证券。它代表持股人在公司中拥有的所有权。股票持有人即为公司的股东。公司股东作为出资人按投入公司的资本额享有所有者的资产收益、公司重大决策和选择管理者的权利，并以其所持股份为限对公司承担责任。

（一）股票的种类

股份有限公司根据筹资者和投资者的需要，发行各种不同的股票。股票的种类很多，可按不同的标准进行分类。

1. 股票按股东的权利和义务分类

股票一般按股东的权利和义务的不同分为普通股和优先股两种基本类型。

普通股是公司发行的代表着股东享有平等的权利、义务，不加特别限制，股利不固定的股票。普通股是最基本的股票。通常情况下，股份有限公司只发行普通股。

优先股是公司发行的优先于普通股股东分配股利和公司剩余财产的股票。多数国家的公司法规定，优先股可以在公司设立时发行，也可以在公司增发新股时发行。但有些国家的法律则规定，优先股只能在特殊情况下，如公司增发新股或清理债务时才准发行。

2. 股票按是否记入股东名册分类

股票按是否记入股东名册分为记名股票和无记名股票。

记名股票的股东姓名或名称要记入公司的股东名册。我国《公司法》规定，公司向发起人、法人发行的股票，应为记名股票。记名股票一律用股东本名，其转让由股东以背书方式进行。

无记名股票的股东姓名或名称不记入公司的股东名册，公司只记载股票数量、编号及发行日期。公司对社会公众发行的股票可以为无记名股票。无记名股票的转让，由股东将该股票交付给受让人后即发生转让效力。

3. 股票按是否标明金额分类

股票按是否标明金额分为面值股票和无面值股票。

面值股票是在票面上标有一定金额的股票。只有这种股票的股东对公司享有的权利和承担的义务的大小，依其所持有的股票票面金额占公司发行在外股票总面值的比例而定。

无面值股票是不在票面上标有一定金额的股票，只载明所占公司股本总额的比例或股份数的股票。无面值股票的价值随公司财产的增减而变动，而股东对公司享有的权利和承担的义务的大小，直接依股票标明的比例而定。目前，我国《公司法》不承认无面值股票，规定股票应记载股票的面额，并且其发行价格不得低于票面金额。

4. 股票按发行时间的先后分类

股票按发行时间的先后可分为始发股和新股。始发股是设立时发行的股票。新股是公司增资时发行的股票。始发股和新股发行的具体条件、目的、价格不尽相同，但同类股东的权利、义务是相同的。

5. 股票按发行对象和上市地区分类

我国目前的股票按发行对象和上市地区分为 A 股、B 股、H 股、N 股和 S 股等。

A 股是供我国个人或法人买卖的、以人民币标明票面价值并以人民币认购和交易的股票；此种股票在上海证券交易所和深圳证券交易所上市。B 股、H 股、N 股和 S 股是专供外国和我国港、澳、台地区投资者买卖的，以人民币标明票面金额但以外币认购和交易的股票。其中，B 股在上海、深圳两个证券交易所上市；H 股在香港联合交易所上市；N 股在纽约上市；S 股在新加坡上市。

（二）股份有限公司设立及股票发行的程序

1. 股份有限公司的设立

设立股份有限公司，应当有 2 人以上 200 人以下为发起人，其中须有半数以上的发起人在中国境内有住所。股份有限公司的设立，可以采取发起设立或者募集设立的方式。发起设立，是指由发起人认购公司应发行的全部股份而设立公司。募集设立，是指由发起人认购公司应发行股份的一部分，其余股份向社会公开募集或者向特定对象募集而设立公司。

以募集设立方式设立股份有限公司的，发起人认购的股份不得少于公司股份总数的35%；法律、行政法规另有规定的，从其规定。

股份有限公司的发起人应当承担下列责任：

（1）公司不能成立时，对设立行为所产生的债务和费用负连带责任；

（2）公司不能成立时，对认股人已缴纳的股款，负返还股款并加算银行同期存款利息的连带责任；

（3）在公司设立过程中，由于发起人的过失致使公司利益受到损害的，发起人应当对公司承担赔偿责任。

2. 股份有限公司首次发行股票的一般程序

（1）发起人认足股份、交付股资。以发起设立方式设立的公司，其发起人认购公司全部股份；以募集设立方式设立的公司，其发起人认购的股份不得少于公司股份总数的35%。发起人可以用货币出资，也可以非货币资产作价出资。在发起设立方式下，发起人交付全部股资后，应选举董事会、监事会，由董事会办理公司设立的登记事项；在募集设立方式下，发起人认足其应认购的股份并交付股资后，其余部分向社会公开募集或者向特定对象募集。

（2）提出公开募集股份的申请。以募集方式设立的公司，发起人向社会公开募集股份时，必须向国务院证券监督管理部门递交募股申请，并报送批准设立公司的相关文件，包括公司章程、招股说明书等。

（3）公告招股说明书，签订承销协议。公开募集股份申请经国家批准后，应公告招股说明书。招股说明书应包括公司章程、发起人认购的股份数、本次每股票面价值和发行价格、募集资金的用途等。同时，与证券公司等证券承销机构签订承销协议。

（4）招认股份，缴纳股款。发行股票的公司或其承销机构一般用广告或书面通知办法招募股份。认股者一旦填写了认股书，就要承担认股书中约定缴纳股款的义务。如果认股者总股数超过发起人拟招募总股数，可以采取抽签的方式确定哪些认股者有权认股。发起人应委托法定的机构验资，出具验资证明。认股者应在规定的期限内向代收股款的银行缴纳股款，同时交付认股书。股款收足后，发起人应委托法定的机构验资，出具验资证明。

（5）召开创立大会，选举董事会、监事会。发行股份的股款募足后，发起人应在规定期限内（法定30天内）主持召开创立大会。创立大会由发起人、认股人组成，应有代表股份总数半数以上的认股人出席方可举行。

（6）办理公司设立登记、交割股票。经创立大会选举的董事会，应在创立大会结束后30天内，办理申请公司设立的登记事项。登记成立后，即向股东正式交付股票。

3. 股票的发行方式

股票的发行方式和推销方式对于及时筹集和募足资本有着重要的意义。发行公司应根据具体情况，选择适宜的股票发行方式与推销方式。

股票的发行方式，指的是公司通过何种途径发行股票。总的来讲，股票的发行方式可分为以下两类：

（1）公开间接发行，是指通过中介机构，公开向社会公众发行股票。我国股份有限公司采用募集设立方式向社会公开发行新股时，须由证券经营机构承销的做法，就属于股票的公开间接发行。这种发行方式的发行范围广、发行对象多、易于足额募集资本；股票的变现性强，流通性好；股票的公开发行还有助于提高发行公司的知名度和扩大其影响力。

但这种发行方式也有不足，主要是手续繁杂，发行成本高。

（2）不公开直接发行，是指不公开对外发行股票，只向少数特定的对象直接发行，因而不需经中介机构承销。我国股份有限公司采用发起设立方式和以不向社会公开募集的方式发行新股的做法，即属于股票的不公开直接发行。这种发行方式弹性较大，发行成本低，但发行范围小，股票变现性差。

4. 股票上市

1）股票上市的目的

公司股票上市的目的是多方面的，主要包括以下几个：

（1）便于筹措新资金。证券市场是一个资本商品的买卖市场，证券市场上有众多的资金供应者。同时，股票上市经过了政府机构的审查批准并接受严格的管理，执行股票上市和信息披露的规定，容易吸引社会资本投资者。另外，公司上市后，还可以通过增发、配股、发行可转换债券等方式进行再融资。

（2）促进股权流通和转让。股票上市后便于投资者购买，提高了股权的流动性和股票的变现力，便于投资者认购和交易。

（3）便于确定公司价值。股票上市后，公司股价有市价可循，便于确定公司的价值。对于上市公司来说，即时的股票交易行情，就是对公司价值的市场评价。同时，市场行情也能够为公司收购兼并等资本运作提供询价基础。

但股票上市对公司也有不利影响的一面，主要有，上市成本较高，手续复杂严格；公司将负担较高的信息披露成本，信息公开的要求可能会暴露公司的商业机密；股价有时会歪曲公司的实际情况，影响公司声誉；可能会分散公司的控制权，造成管理上的困难。

2）股票上市的条件

公司公开发行的股票进入证券交易所交易，必须受到严格的条件限制。我国《证券法》规定，申请证券上市交易，应当符合证券交易所上市规则规定的上市条件。证券交易所上市规则规定的上市条件，应当对发行人的经营年限、财务状况、最低公开发行比例和公司治理、诚信记录等提出要求。

公司首次公开发行新股应当符合下列条件：

（1）具备健全且运行良好的组织机构；

（2）具有持续经营能力；

（3）最近3年财务会计报告被出具无保留意见审计报告；

（4）发行人及其控股股东、实际控制人最近3年不存在贪污、贿赂、侵占财产、挪用财产或者破坏社会主义市场经济秩序的刑事犯罪；

（5）经国务院批准的国务院证券监督管理机构规定的其他条件。上市公司发行新股，应当符合经国务院批准的国务院证券监督管理机构规定的条件，具体管理办法由国务院证券监督管理机构规定。

5. 股票上市的暂停、终止与特别处理

当上市公司出现经营情况恶化、存在重大违法违规行为或其他原因导致不符合上市条件时，就可能被暂停或终止上市。

上市公司出现财务状况或其他状况异常的，其股票交易将被交易所特别处理（Special Treatment，ST）。

在上市公司的股票交易被实行特别处理期间，其股票交易遵循下列规则：

（1）股票报价日涨跌幅限制为5%；

（2）股票名称改为原股票名前加“ST”；

（3）上市公司的中期报告必须经过审计。

（三）上市公司的股票发行

上市的股份有限公司在证券市场上发行股票包括公开发行和非公开发行两种类型。公开发行股票又分为首次上市公开发行股票和上市公开发行股票，非公开发行即向特定投资者发行，也叫定向发行。

1. 首次上市公开发行股票

首次上市公开发行股票（Initial Public Offering，IPO），是指股份有限公司对社会公开发行股票并上市流通和交易。实施IPO的公司，自股份有限公司成立后，持续经营时间应当在3年以上（经国务院特别批准的除外），应当符合中国证监会《首次公开发行股票并上市管理办法》规定的相关条件，并经中国证监会核准。

实施IPO发行的基本程序是：

（1）公司董事会应当依法就本次股票发行的具体方案、本次募集资金使用的可行性及其他事项做出决议，并提请股东大会批准；

（2）公司股东大会就本次发行股票做出的决议；

（3）由保荐人保荐并向证监会申报；

（4）证监会受理，并审批核准；

（5）自证监会核准发行之日起，公司应在6个月内公开发行股票，超过6个月未发行的，核准失效，须经证监会重新核准后方可发行。

2. 上市公开发行股票

上市公开发行股票，是指股份有限公司已经上市后，通过证券交易所在证券市场上对社会公开发行股票。上市公开发行股票，包括增发和配股两种方式。增发是指上市公司向社会公众发售股票的再融资方式；配股是指上市公司向原有股东配售股票的再融资方式。

3. 非公开发行股票

上市公司非公开发行股票，是指上市公司采用非公开方式，向特定对象发行股票的行为，也叫定向募集增发（简称定向增发）。定向增发的对象可以是老股东，也可以是新投资者，但发行对象不超过10名，发行对象为境外战略投资者的，应当经国务院相关部门事先批准。

上市公司定向增发的优势在于：

（1）有利于引入战略投资者和机构投资者；

（2）有利于利用上市公司的市场化估值溢价，将母公司资产通过资本市场放大，从而提升母公司的资产价值；

（3）定向增发是一种主要的并购手段，特别是资产并购型定向增发，有利于集团企业整体上市，并同时减轻并购的现金流压力。

（四）发行普通股筹资的优缺点

股份有限公司运用普通股筹集股权资本，与优先股相比，与公司债券、长期借款等筹资方式相比，有其优点和缺点。

1. 普通股筹资的优点

（1）普通股筹资没有固定的股利负担。公司有盈利，并认为适于分配股利，就可以分给股东；公司盈利较少，或虽有盈利但资本短缺或有更有利的投资机会，也可以少支付或不支付股利。而债券或借款的利息无论企业是否盈利及盈利多少，都必须予以支付。

（2）普通股股本没有固定的到期日，不需要偿还，它是公司的永久性资本，除非公司清算时才予以偿还。这对于保证公司对资本的最低需要，促进公司长期持续稳定经营具有重要意义。

（3）利用普通股筹资的风险小。由于普通股股本没有固定的到期日，一般也不用支付固定的股利，不存在还本付息的风险。

（4）发行普通股筹集股权资本能增强公司的信誉。普通股股本以及由此产生的资本公积和盈余公积等，是公司筹措债权资本的基础。有了较多的股权资本，就有利于提高公司的信用价值，同时也为利用更多的债务筹资提供强有力的支持。

（5）普通股筹资限制较少。利用优先股或债券筹资，通常有许多限制，这些限制往往会影响公司经营的灵活性，而利用普通股筹资则没有这种限制。

另外，由于普通股的预期收益较高，并可在一定程度上抵消通货膨胀的影响（通常在通货膨胀期间，不动产升值时普通股也随之升值），因此普通股筹资容易吸收资金。

2. 普通股筹资的缺点

（1）资本成本较高。一般而言，普通股筹资的成本要高于债权筹资。这主要是由于投资于普通股风险较高，相应要求的报酬也较高，并且股利应从所得税后的利润中支付，而债务筹资其债权人风险较低，支付利息允许在税前扣除。此外，普通股发行成本也较高，一般来说，发行证券费用最高的是普通股，其次是优先股，再次是公司债券，最后是长期借款。

（2）利用普通股筹资，出售新股票，增加新股东，可能会分散公司的控制权；而且，新股东对公司已积累的盈余具有分享权，这就会降低普通股的每股净收益，从而可能引起普通股市价下跌。

（3）如果公司股票上市，需要履行严格的信息披露制度，接受公众股东的监督，会带来较大的信息披露成本，也会增加公司保护商业秘密的难度。

（4）股票上市会增加公司被收购的风险。公司股票上市后，其经营状况会受到社会的广泛关注，一旦公司经营或是财务方面出现问题，可能面临被收购的风险。

三、利用留存收益筹资

（一）留存收益的性质

从性质上看，企业通过合法有效地经营所实现的税后净利润，都属于企业的所有者。因此，所有者的利润包括分配给所有者的利润和尚未分配留存于企业的利润。企业将本年度的利润部分甚至全部留存下来的原因有很多，主要包括以下几种：

（1）收益的确认和计量是建立在权责发生制基础上的，企业有利润，但企业不一定有相应的现金净流量增加，因而企业不一定有足够的现金将利润全部或部分分配给所有者。

（2）法律法规从保护债权人利益和要求企业可持续发展等角度出发，限制企业将利润全部分配出去。《公司法》规定，企业每年的税后利润，必须提取10%的法定盈余公积。

（3）企业基于自身扩大再生产和筹资的需求，也会将一部分利润留存下来。

（二）利用留存收益筹资的途径

1. 提取盈余公积

盈余公积，是指有指定用途的留存净利润，其提取基数是抵减年初累计亏损后的本年度净利润。盈余公积主要用于企业未来的经营发展，经投资者审议后也可以用于转增股本（实收资本）和弥补以前年度经营亏损。

2. 未分配利润

未分配利润，是指未限定用途的留存净利润。未分配利润有两层含义：第一，这部分净利润本年没有分配给公司的股东投资者；第二，这部分净利润未指定用途，可以用于企业未来的经营发展、转增股本（实收资本）、弥补以前年度经营亏损、以后年度利润分配。

（三）利用留存收益筹资的特点

1. 不用发生筹资费

与普通股筹资相比较，利用留存收益筹资不需要发生筹资费用，资本成本较低。

2. 维持公司的控制权分布

利用留存收益筹资，不用对外发行新股或吸收新投资者，由此增加的权益资本不会改变公司的股权结构，不会稀释原有股东的控股权。

3. 筹资数额有限

当期留存收益的最大数额是当期的净利润，不如外部筹资一次性可以筹集大量资金。如果企业发生亏损，当年就没有利润留存。另外，股东和投资者从自身期望出发，往往希望企业每年发放一定的股利，保持一定的利润分配比例。

第三节 债务筹资

债务性筹资一般有发行公司债券筹资、银行借款筹资和租赁筹资三种方式。

一、发行公司债券筹资

公司债券是公司依照法定程序发行的、约定在一定期限还本付息的有价证券。发行债券是公司筹集债权资本的重要方式。按照我国《公司法》和国际惯例，股份有限公司和有限责任公司发行的债券称为公司债券，习惯上又称公司债。公司发行债券通常是为其大型投资项目一次性筹集大笔长期资本。

（一）债券的种类

公司债券按不同标准可以分为以下几类：

1. 记名债券与无记名债券

（1）记名债券是在券面上记有持券人的姓名或名称。对于这种债券，公司只对记名人偿本，持券人凭印鉴支取利息。记名债券的转让，由债券持有人以背书等方式进行，并向发行公司将受让人的姓名或名称载于公司债券存根簿。

（2）无记名债券是指在券面上不记持券人的姓名或名称，还本付息以债券为凭，一般实行剪票付息。其转让由债券持有人将债券交付给受让人后即发挥效力。

2. 抵押债券与信用债券

（1）抵押债券又称有担保债券，是指发行公司以特定财产作为担保品的债券，它按担保品的不同，又可分为不动产抵押债券、动产抵押债券、信托抵押债券。信托抵押债券是指公司以其持有的有价证券为担保而发行的债券。

抵押债券还可按抵押品的先后担保顺序分为第一抵押债券和第二抵押债券。公司解体清算时，只有在第一抵押债券持有人的债权已获清偿后，第二抵押债券持有人才有权索偿剩余的财产，因此后者要求的利率相对较高。

（2）信用债券又称无担保债券，是指发行公司没有抵押品担保，完全凭信用发行的债券。这种债券通常是由信誉良好的公司发行，利率一般略高于抵押债券。

3. 固定利率债券与浮动利率债券

（1）固定利率债券的利率在发行债券时即已确定并载于债券券面。

（2）浮动利率债券的利率水平在发行债券之初不固定，而是根据有关利率如银行存贷利率水平等加以确定。

4. 上市债券与非上市债券

按照国际惯例，公司债券与股票一样，也有上市与非上市之区别。上市债券是经有关机构审批，可以在证券交易所买卖的债券。

债券上市对发行公司和投资者都有一定的好处，具体如下：

（1）上市债券因其符合一定的标准，信用度较高，能卖较好的价钱；

（2）债券上市有利于提高发行公司的知名度；

（3）上市债券成交速度快，变现能力强，更易于吸引投资者；

（4）上市债券交易便利，成交价格比较合理，有利于公平筹资和投资。

发行公司欲使其债券上市，需要具备规定的条件标准，并提出申请，办理一定的程序。

（二）发行债券的条件

按照国际惯例，发行债券需要符合规定的条件。一般包括发行债券最高限额、发行公司自有资本最低限额、公司获利能力、债券利率水平等。

根据我国《证券法》的规定，发行公司债券必须符合下列条件：

（1）具备健全且运行良好的组织机构；

（2）最近三年平均可分配利润足以支付公司债券一年的利息；

（3）国务院规定的其他条件。

公开发行公司债券筹集的资金，必须按照公司债券募集办法所列资金用途使用；改变资金用途，必须经债券持有人会议做出决议。公开发行公司债券筹集的资金，不得用于弥补亏损和非生产性支出。

上市公司发行可转换为股票的公司债券，除应当符合上述规定的条件外，公司还应当具有持续经营能力。

（三）债券的发行程序

公司发行债券需要经过一定的程序，办理有关手续。

1. 作出发债决议

拟发行公司债券的公司，需要由公司董事会制定公司发行债券的方案，并由公司股东大会批准，做出决议。

2. 提出发债申请

根据《证券法》规定，申请公开发行公司债券，应当向国务院授权的部门或者国务院证券监督管理机构报送公司营业执照、公司章程、公司债券募集办法等正式文件及国务院授权的部门或者国务院证券监督管理机构规定的其他文件。按照《证券法》聘请保荐人的，还应当报送保荐人出具的发行保荐书。

3. 公告募集办法

公司发行债券的申请经批准后，要向社会公告公司债券的募集办法。公司债券募集分为私募发行和公募发行。私募发行是以特定的少数投资者为指定对象发行债券，公募发行是在证券市场上以非特定的广大投资者为对象公开发行债券。

4. 委托证券经营机构发售

按照我国公司债券发行的相关法律规定，公司债券的公募发行采取间接发行的方式。在这种发行方式下，发行公司与承销团签订承销协议。承销团由数家证券公司或投资银行组成，承销方式有代销和包销两种。代销是指承销机构代为推销债券，在约定期限内未售出的余额可退还发行公司，承销机构不承担发行风险。包销是由承销团先购入发行公司拟发行的全部债券，然后再售给社会上的投资者，如果约定期限内未能全部售出，余额要由承销团负责认购。

5. 交付债券，收缴债券款

债券购买人向债券承销机构付款购买债券，承销机构向购买人交付债券。然后，债券发行公司向承销机构收缴债券款，登记债券存根簿，并结算发行代理费。根据我国《公司法》的规定，公司发行的债券，必须在债券上载明公司名称、债券面额、利率、偿还期限等事项，并由董事长签名，公司盖章。

公司发行的债券，还应在公司债券存根簿中登记。对于记名公司债券，应载明的事项包括以下几项：

（1）债券持有人的姓名（或者名称）及住所；

（2）债券持有人取得债券的日期及债券的编号；

（3）债券总额、债券票面金额、债券利率、债券还本付息的期限与方式；

（4）债券的发行日期。对于无记名债券，应在债券存根簿上载明债券总额、利率、偿还期限与方式、发行日期及债券的编号等事项。

（四）债券发行价格的确定

公司债券的发行价格是发行公司（或其承销机构代理，下同）发行债券时所使用的价格，亦即投资者向发行公司认购债券时实际支付的价格。公司在发行债券之前，必须依据有关因素，运用一定的方法，确定债券的发行价格。

1. 决定债券发行价格的因素

公司债券发行价格的高低，取决于下述四项因素：

（1）债券面额。债券的票面金额是决定债券发行价格的最基本因素。债券发行价格的高低，从根本上取决于债券面额的大小。一般而言，债券面额越大，发行价格越高。但是，如果不考虑利息因素，债券面额是债券到期价值，即债券的未来价值，而不是债券的现在价值，即发行价格。

（2）票面利率。债券的票面利率是债券的名义利率，通常在发行债券之前就已确定，并注明于债券票面上。一般而言，债券的票面利率越高，发行价格也越高；反之，就越低。

（3）市场利率。债券发行时的市场利率是衡量债券票面利率高低的参照系，两者往往不一致，因此共同影响债券的发行价格。一般来说，债券的市场利率越高，债券的发行价格越低；反之，就越高。

（4）债券期限。同银行借款一样，债券的期限越长，债权人的风险越大，要求的利息报酬就越高，债券的发行价格就可能越低；反之，可能越高。

此外，债券利息的支付方式也在一定程度上影响债券的发行价格。因此，债券的发行价格是各种因素综合作用的结果。

2. 确定债券发行价格的方法

在实务中，公司债券的发行价格通常有三种，即等价、溢价、折价。

等价是指以债券的票面金额作为发行价格。多数公司债券采用等价发行。溢价是指按高于债券面额的价格发行债券。折价是指按低于债券面额的价格发行债券。溢价或折价发行债券，主要是由于债券的票面利率与市场利率不一致所造成的。债券的票面利率在债券发行前即已参照市场利率确定下来，并标明于债券票面，无法改变，但市场利率经常发生变动。在债券发行时，如果票面利率与市场利率不一致，就需要调整发行价格（溢价或者折价），以调节债券购销双方的利益。

债券的发行价格具体可按下列公式计算：

$$\text{债券发行价格}=\text{面值的现值}+\text{利息的现值}$$

$$V=P(P/F, i, n)+I(P/A, i, n)$$

公式中，n 为债券期限；市场利率为债券发售时的市场利率；债券年息为债券面额与票面利率（通常为年利率）的乘积。

从货币时间价值的原理来认识，按上列公式确定的债券发行价格由两部分构成：一部分是债券到期还本面额按市场利率折现的现值；另一部分是债券各期利息（年金形式）的现值。现举例说明不同情况下公司债券发行价格的计算方法。

【例 3-3】某公司发行面值为 1 000 元、票面利率 10%、期限 10 年的债券，每年付息一次。其发行价格可分以下三种情况来分析计算：

（1）市场利率为 10%，与票面利率一致，为等价发行。债券发行价格计算如下：

$$\begin{aligned}\text{债券价格}&=1\,000\times(P/F, 10\%, 10)+100(P/A, 10\%, 10)\\&=1\,000\times0.385\,5+100\times6.144\,6=1\,000\text{（元）}\end{aligned}$$

（2）市场利率为 8%，低于票面利率，为溢价发行。债券发行价格计算如下：

$$\begin{aligned}\text{债券价格}&=1\,000\times(P/F, 8\%, 10)+100(P/A, 8\%, 10)\\&=1\,000\times0.463\,2+100\times6.710\,1=1\,134\text{（元）}\end{aligned}$$

（3）市场利率为 12%，高于票面利率，为折价发行。债券发行价格计算如下：

$$\begin{aligned}\text{债券价格}&=1\,000\times(P/F, 12\%, 10)+100(P/A, 12\%, 10)\\&=1\,000\times0.322\,0+100\times5.650\,2=887\text{（元）}\end{aligned}$$

（五）发行债券筹资的优缺点

发行债券筹集资本，对发行公司既有利也有弊，应加以识别权衡，以便抉择。

1. 发行债券筹资的优点

（1）债券成本较低。与股票的股利相比较而言，债券的利息允许在所得税前支付，发行公司可享受税收利益，故公司实际负担的债券成本一般低于股票成本。

（2）可利用财务杠杆。无论发行公司的盈利有多少，债券持有人一般只收取固定的利息，而更多的收益可用于分配给股东或留用公司经营，从而增加股东和公司的财富。

（3）保障股东控制权。债券持有人无权参与发行公司的管理决策，因此，公司发行债券不会像增发新股那样可能会分散股东对公司的控制权。

（4）便于调整资本结构。在公司发行可转换债券以及可提前赎回债券的情况下，便于公司主动且合理地调整资本结构。

2. 发行债券筹资的缺点

利用债券筹集资金，虽有前述优点，但也有明显的不足。

（1）财务风险较高。债券有固定的到期日，并需定期支付利息，发行公司必须承担按期付息偿本的义务。在公司经营不景气时，亦需向债券持有人付息偿本，这会给公司带来更大的财务困难，有时甚至导致破产。

（2）限制条件较多。发行债券的限制条件一般要比长期借款、租赁筹资的限制条件多且严格，从而限制了公司对债券筹资方式的使用，甚至会影响公司以后的筹资能力。

（3）筹资数量有限。公司利用债券筹资一般有一定额度的限制。多数国家对此都有限定。

二、银行借款筹资

银行借款是指企业向银行或其他非银行金融机构借入的、需要还本付息的款项，包括偿还期限超过 1 年的长期借款和不足 1 年的短期借款。主要用于企业构建固定资产和满足流动资金周转的需要。

（一）银行借款的种类

1. 按提供贷款的机构分类

银行借款按提供贷款的机构分类，可分为政策性银行贷款、商业性银行贷款和保险公司贷款。

（1）政策性银行贷款，即执行国家政策性贷款业务的银行（通称政策性银行）提供的贷款，通常为长期贷款。

（2）商业性银行贷款包括短期贷款和长期贷款，其中长期贷款一般具有以下特征：期限长于 1 年；企业与银行之间要签订借款合同，含有对借款企业的具体限制条件；有规定的借款利率，可固定，亦可随基准利率的变动而变动；主要实行分期偿还方式，一般每期偿还金额相等，当然也有采用到期一次偿还方式的。

（3）其他金融机构贷款。

其他金融机构对企业的贷款一般较商业银行贷款的期限更长，相应地，利率也较高，对借款企业的信用要求和担保的选择也比较严格。

2. 按有无抵押品作担保分类

银行借款按有无抵押品作担保分类，分为抵押贷款和信用贷款。

（1）抵押贷款是指以特定的抵押品为担保的贷款。作为贷款担保的抵押品可以是不动产、机器设备等实物资产，也可以是股票、债券等有价证券。它们必须是能够变现的资产。如果贷款到期时借款企业不能或不愿偿还贷款，银行可取消企业对抵押品的赎回权，并有权处理抵押品。抵押贷款有利于降低银行贷款的风险，提高贷款的安全性。

（2）信用贷款是指不以抵押品作担保的贷款，即仅凭借款企业的信用或某保证人的信用而发放的贷款。信用贷款通常仅由借款企业出具签字的文书，一般是贷给那些资信优良的企业。对于这种贷款，由于风险较高，银行通常要收取较高的利息，并往往附加一定的限制条件。

3. 按贷款的用途分类

按贷款的用途分类，我国银行长期贷款通常分为基本建设贷款、更新改造贷款、科研开发和新产品试制贷款等。

（二）银行借款的信用条件

按照国际惯例，银行借款往往附加一些信用条件，主要有授信额度、周转授信协议、补偿性余额。

1. 授信额度

授信额度是借款企业与银行间正式或非正式协议规定的企业借款的最高限额。通常在授信额度内，企业可随时按需要向银行申请借款。例如，在正式协议下，约定一个企业的授信额度为 5 000 万元，如果该企业已借用 3 000 万元且尚未偿还，则该企业仍可申请 2 000 万元的贷款，银行将予以保证。但在非正式协议下，银行并不承担按最高借款限额保证贷款的法律义务。

2. 周转授信协议

周转授信协议是一种经常为大公司使用的正式授信额度。与一般授信额度不同，银行对周转信用额度负有法律义务，并因此向企业收取一定的承诺费用，一般按企业使用的授信额度的一定比率（0.2%左右）计算。

3. 补偿性余额

补偿性余额是银行要求借款企业将借款的 10%～20%的平均存款余额留存银行。银行通常都有这种要求，目的是降低银行贷款风险，提高贷款的有效利率，以便补偿银行的损失。例如，如果某企业需借款 80 000 元以清偿到期债务，贷款银行要求维持 20%的补偿性余额，那么该企业为了获取 80 000 元，就必须借款 100 000 元。如果名义利率为 8%，则实际利率为：

$$\text{实际利率}=\frac{100\,000\times 8\%}{100\,000\times(1-20\%)}=10\%$$

在银行附加上述信用条件下，企业取得的借款属于信用借款。

（三）银行借款的程序

现以银行借款为主，分析企业办理长期借款的基本程序。

1. 企业提出申请

企业申请借款必须符合贷款原则和条件。

我国金融部门对贷款规定的原则是：按计划发放，择优扶植，有物资保证，按期归还。企业申请贷款一般应具备的条件如下：

（1）借款企业实行独立核算，自负盈亏，具有法人资格；

（2）借款企业的经营方向和业务范围符合国家政策，借款用途属于银行贷款办法规定的范围；

（3）借款企业具有一定的物资和财产保证，担保单位具有相应的经济实力；

（4）借款企业具有偿还贷款本金的能力；

（5）借款企业财务管理和经济核算制度健全，资金使用效益及企业经济效益良好；

（6）借款企业在银行开立独立账户，办理结算。

企业提出的借款申请，应陈述借款的原因、借款金额、用款时间与计划、还款期限与计划。

2. 银行进行审批

银行针对企业的借款申请，按照有关规定和贷款条件，对借款企业进行审查，依据审批权限，核准企业申请的借款金额和用款计划。银行审查的内容包括：

（1）企业的财务状况；

（2）企业的信用情况；

（3）企业的盈利稳定性；

（4）企业的发展前景；

（5）企业借款投资项目的可行性等。

3. 签订借款合同

银行经审查批准借款合同后，与借款企业可进一步协商贷款的具体条件，签订正式的借款合同，明确规定贷款的数额、利率、期限和一些限制性条款。

4. 企业取得借款

借款合同生效后，银行可在核定的贷款指标范围内，根据用款计划和实际需要，一次或分次将贷款转入企业的存款结算户，以便企业支用借款。

5. 企业偿还借款

企业应按借款合同的规定按期付息还本。企业偿还贷款的方式通常有三种：

（1）到期日一次偿还。在这种方式下，还款集中，借款企业需于在贷款到期日前做好准备，以保证全部清偿到期贷款。

（2）定期偿还相等份额的本金，即在到期日之前定期（如每一年或两年）偿还相同的金额，至贷款到期日还清全部本金。

（3）分批偿还，每批金额不等，便于企业灵活安排。

贷款到期经银行催收，如果借款企业不予偿付，银行可按合同规定，从借款企业的存款户中扣还贷款本息及加收的利息。借款企业如因暂时财务困难，需延期偿还贷款，应向银行提交延期还贷计划，经银行审查核实，续签合同，但通常要加收利息。

（四）借款合同的内容

借款合同是规定借贷当事人各方权利和义务的契约。借款企业提出的借款申请经贷款银行审查认可后，双方即可在平等协商的基础上签订借款合同。借款合同依法签订后，即具有法律约束力，借贷当事人各方必须遵守合同条款，履行合同约定的义务。

1. 借款合同的基本条款

根据我国有关法规，借款合同应具备下列基本条款：

（1）借款种类；

（2）借款用途；

（3）借款金额；

（4）借款利率；
（5）借款期限；
（6）还款资金来源及还款方式；
（7）保证条款；
（8）违约责任等。

其中，保证条款规定借款企业申请借款应具有银行规定比例的自有资本，若有适销或适用的财产物资作贷款的保证，当借款企业无力偿还到期贷款时，贷款银行有权处理作为贷款保证的财产物资；必要时还可规定保证人，保证人必须具有足够代偿借款的财产，如借款企业不履行合同，由保证人连带承担偿付本息的责任。

2. 借款合同的限制条款

由于长期贷款的期限长、风险较高，因此，除了合同的基本条款以外，按照国际惯例，银行对借款企业通常都约定一些限制性条款，归纳起来有如下三类：

1）一般性限制条款

一般性限制条款包括以下几项：

（1）企业需持有一定限度的现金及其他流动资产，保持其资产的合理流动性及支付能力；
（2）限制企业支付现金股利；
（3）限制企业资本支出的规模；
（4）限制企业借入其他长期资金等。

2）例行性限制条款

多数借款合同都有这类条款，一般包括以下几项：

（1）企业定期向银行报送财务报表；
（2）不能出售太多的资产；
（3）债务到期要及时偿付；
（4）禁止应收账款的转让等。

3）特殊性限制条款

例如，要求企业主要领导人购买人身保险，规定借款的用途不得改变。这类限制条款，只有在特殊情形下才生效。

（五）银行借款筹资的优缺点

银行借款与股票、债券等长期筹资方式相比，既有优点，也有不足之处。

1. 银行借款的优点

（1）银行借款筹资速度快。企业利用长期借款筹资，一般所需时间较短，程序较为简单，可以快速获得现金。而发行股票、债券筹集长期资金，须做好发行前的各种工作，如印制证券等，发行也需一定时间，故耗时较长，程序复杂。

（2）银行借款成本较低。利用长期借款筹资，其利息可在所得税前列支，故可减少企业实际负担的成本，因此比股票筹资的成本要低得多；与债券相比，借款利率一般低于债券利率；此外，由于借款属于间接筹资，筹资费用也极少。

（3）银行借款弹性较大。在借款时，企业与银行直接商定贷款的时间、数额和利率等；在用款期间，企业如因财务状况发生某些变化，亦可与银行再行协商，变更借款数量及还款期限等，因此，长期借款筹资对企业具有较大的灵活性。

（4）企业利用银行借款筹资与债券一样，可以发挥财务杠杆的作用。

2. 银行借款的缺点

（1）筹资风险较高。银行借款通常有固定的利息负担和固定的偿付期限，故借款企业的筹资风险较高。

（2）限制条件较多。这可能会影响企业以后的筹资和投资活动。

（3）筹资数量有限。一般不如股票、债券那样可以一次筹集到大笔资金。

三、融资租赁筹资

租赁是出租人以收取租金为条件，在契约或合同规定的期限内，将资产租借给承租人使用的一种经济行为。租赁行为实质上具有借贷属性，不过它直接涉及的是物而不是钱。在租赁业务中，出租人主要是各种专业租赁公司，承租人主要是其他各类企业，租赁物大多为设备等固定资产。

租赁活动在历史上由来已久。现代租赁已经成为企业筹集资产的一种方式，用于补充或部分替代其他筹资方式。在租赁业务发达的条件下，它被企业普遍采用，是承租企业筹资的一种特殊方式。

（一）租赁的种类

现代租赁的种类很多，通常按性质分为经营租赁和融资租赁两大类。

1. 经营租赁

1）经营租赁的含义

经营租赁是由出租人向承租企业提供租赁设备，并提供设备维修保养和人员培训等服务性业务。经营租赁通常为短期租赁。承租企业采用经营租赁的目的，主要不在于融通资本，而是为了获得设备的短期使用权以及出租人提供的专门技术服务。从承租企业不需要先筹资再购买设备即可享有设备使用权的角度来看，经营租赁也有短期筹资的功效。

2）经营租赁的特点

经营租赁的特点主要如下：

（1）承租企业根据需要可随时向出租人提出租赁资产；

（2）租赁期较短，不涉及长期而固定的义务；

（3）在设备租赁期间内，如有新设备出现或不需用租入设备时，承租企业可按规定提前解除租赁合同，这对承租企业比较有利；

（4）出租人提供专门服务；

（5）租赁期满或合同中止时，租赁设备由出租人收回。

2. 融资租赁

1）融资租赁的含义

融资租赁又称资本租赁、财务租赁，是由租赁公司按照承租企业的要求融资购买设备，并在契约或合同规定的较长期限内提供给承租企业使用的信用性业务。它是现代租赁的主要类型。承租企业采用融资的主要目的是融通资金。一般融资的对象是资金，而融资租赁集融资与融物于一身，具有借贷性质，是承租企业筹集长期借入资金的一种特殊方式。

2）融资租赁的特点

融资租赁通常为长期租赁，可适应承租企业对设备的长期需要，故有时也称为资本租赁。其主要特点如下：

（1）一般由承租企业向租赁公司提出正式申请，由租赁公司融资购进设备租给承租企业使用；

（2）租赁期限较长，大多为设备耐用年限的一半以上（75%）；

（3）租赁合同比较稳定，在规定的租期内非经双方同意，任何一方不得中途解约，这有利于维护双方的权益；

（4）由承租企业负责设备的维修保养和保险，但无权自行拆卸改装；

（5）租赁期满时，按事先约定的办法处置设备，一般有退租、续租、留购三种选择，通常由承租企业留购。

3）融资租赁的形式

融资租赁按其业务的不同特点，可细分为如下三种具体形式：

（1）直接租赁。直接租赁是融资租赁的典型形式，通常所说的融资租赁是指直接租赁形式。

（2）售后租回。在这种形式下，承租企业将自制或购买的资产出售给租赁公司，又将资产租回使用的租赁形式。采用这种融资租赁形式，承租企业因出售资产而获得了一笔现金，同时因将其租回而保留了资产的使用权。这与抵押贷款有些相似。

（3）杠杆租赁。杠杆租赁是国际上比较流行的一种融资租赁形式。它一般涉及承租人、出租人和贷款人三方当事人。从承租人的角度来看，它与其他融资租赁形式并无区别，同样是按合同的规定，在租期内获得资产的使用权，按期支付租金。但对出租人却不同，出租人只垫支购买资产所需现金的一部分（一般为20%～40%），其余部分（为60%～80%）则以该资产为担保向贷款人借资支付。因此，在这种情况下，租赁公司既是出租人又是借资人，据此既要收取租金又要支付债务，这种融资租赁形式，由于租赁收益一般大于借款成本支出，出租人借款购物出租可获得财务杠杆利益，故称为杠杆租赁。

（二）融资租赁的程序

不同的租赁业务，其程序不同。融资租赁程序比较复杂，现介绍如下：

1. 选择租赁公司

企业决定采用租赁方式取得某项设备时，首先需了解各家租赁公司的经营范围、业务能力、资信情况以及与其他金融机构如银行的关系，取得租赁公司的融资条件和租赁费率等资料，加以分析比较，从中择优选择。

2. 办理租赁委托

企业选定租赁公司后，便可向其提出申请，办理委托。这时，承租企业需填写租赁申请书，说明所需设备的具体要求，同时还要向租赁公司提供财务状况文件，包括资产负债表、利润表和现金流量表等资料。

3. 签订购货协议

由承租企业与租赁公司的一方或双方合作组织选定设备供应厂商，并与其进行技术和商务谈判，在此基础上签订购货协议。

4. 签订租赁合同

租赁合同由承租企业与租赁公司签订。它是租赁业务的重要文件，具有法律效力。融资租赁合同的内容可分为一般条款和特殊条款两部分：

1）一般条款

一般条款主要包括以下几项：

（1）合同说明。主要明确合同的性质、当事人身份、合同签订的日期等。

（2）名词释义。解释合同中所使用的重要名词，以避免歧义。

（3）租赁设备条款。详细列明设备的名称、规格型号、数量、技术性能、交货地点及使用地点等，这些内容亦可附表详列。

（4）租赁设备交货、验收。

（5）租赁期限及起租日期条款。

（6）租金支付条款。规定租金的构成、支付方式和货币名称，这些内容通常以附表形式列为合同附件。

2）特殊条款

特殊条款主要规定以下几项：

（1）购货协议与租赁合同的关系；

（2）租赁设备的产权归属；

（3）租期中不得退租；

（4）对出租人和承租人的保障；

（5）承租人违约及对出租人的补偿；

（6）设备的使用和保管、维修、保障责任；

（7）保险条款；

（8）租赁保证金和担保条款；

（9）租赁期满时对设备的处理条款等。

5. 办理验货、付款与保险

承租企业按购货协议收到租赁设备时，要进行验收，验收合格后签发交货及验收证书，并提交租赁公司，租赁公司据以向供应厂商支付设备价款。同时，承租企业向保险公司办理投保事宜。

6. 支付租金

承租企业在租期内按合同规定的租金数额、支付方式等，向租赁公司支付租金。

7. 合同期满处理设备

融资租赁合同期满时，承租企业根据合同约定，对设备退租、续租或留购。

（三）租金的确定

在租赁筹资方式下，承租企业需按合同规定支付租金。租金的数额和支付方式对承租企业的未来财务状况具有直接的影响，因此是租赁筹资决策的重要依据。

1. 决定租金的因素

融资租赁每期支付租金的多少，取决于下列几项因素：

（1）租赁设备的购置成本，包括设备的买价、运杂费和途中保险费等。

（2）预计租赁设备的残值，指设备租赁期满时预计的变现净值。

（3）利息，指租赁公司为承租企业购置设备融资而应计的利息。

（4）租赁手续费，包括租赁公司承办租赁设备的营业费用以及一定的盈利。租赁手续费的高低一般无固定标准，通常由承租企业与租赁公司协商确定，按设备成本的一定比率计算。

（5）租赁期限。一般而言，租赁期限的长短既影响租金总额，也影响每期租金的数额。

（6）租金的支付方式。租金的支付方式也影响每期租金的多少，一般而言，租金支付次数越多，每次的支付额越小。支付租金的方式也有以下几种：

① 按支付间隔期，分为年付、半年付、季付和月付；

② 按在期初和期末支付，分为先付和后付；

③ 按每次是否等额支付，分为等额支付和不等额支付。

实务中，承租企业与租赁公司商定的租金支付方式，大多为后付等额年金。

2. 确定租金的方法

租金的计算方法很多，名称叫法也不统一。目前，国际上流行的租金计算方法主要有平均分摊法、等额年金法、附加率法、浮动利率法。我国融资租赁实务中，大多采用平均分摊法和等额年金法。

（1）平均分摊法。平均分摊法是指先以商定的利息率和手续费率计算出租赁期间的利息和手续费，然后连同设备成本按支付次数平均。这种方法没有充分考虑货币时间价值因素。每次应付租金的计算公式可列示如下：

$$A=\frac{(C-S)+I+F}{N}$$

公式中，A 为每次支付租金；C 为租赁设备购置成本；S 为租赁设备预计残值；I 为租赁期间利息；F 为租赁期间手续费；N 为租期。

【例 3-4】某企业于 2020 年 1 月 1 日从租赁公司租入一套设备，价值 50 万元，租期为 5 年，预计租赁期满时的残值为 1.5 万元，设备归租赁公司，年利率按 9%计算，租赁手续费率为设备价值的 2%。租金每年年末支付一次。该套设备租赁每次支付租金多少？

计算如下：

$$\frac{(50-1.5)+\left[50\times(1+9\%)^5-50\right]+50\times2\%}{5}=15.29\text{（万元）}$$

（2）等额年金法。等额年金法是运用年金现值的计算原理计算每期应付租金的方法。在这种方法下，通常以资本成本作为折现率。

根据后付年金现值的计算公式，经推导可得到计算后付等额租金方式下每年年末支付租金的公式：

$$A=\frac{PVA_n}{PVIFA_{i,n}}$$

公式中，A 为每年支付的租金；PVA_n 为等额租金现值；$PVIFA_{i,n}$ 为等额租金现值系数；n 为支付租金期数；i 为租费率。

【例 3-5】根据例 3-4 的资料，假定设备残值归属承租企业，资本成本率为 11%。则承租企业每年年末支付的租金为多少？

计算如下：

$$\frac{50}{PVIFA_{11\%,5}}=\frac{50}{3.696}=13.53\text{（万元）}$$

此例如果为先付等额租金方式，则每年年初支付的租金为：

$$\frac{50}{PVIFA_{11\%,4}}=\frac{50}{3.102+1}=12.19\text{（万元）}$$

为了便于有计划地安排租金的支付，承租企业可编制租金摊销计划表。现根据例 3-5

的有关资料编制计划表，如表 3-3 所示。

表 3-3　租金摊销计划表　　元

日　期	支付租金（1）	应计租费（2）=（4）×11%	本金减少（3）=（1）-（2）	应还本金（4）
2020-01-01	—			500 000
2020-12-31	135 280	55 000	80 280	419 720
2021-12-31	135 280	46 169	89 111	330 609
2022-12-31	135 280	36 367	98 913	231 696
2023-12-31	135 280	25 487	109 793	121 903
2024-12-31	135 280	13 377	121 903	0
合　计	676 400	176 400	500 000	—

（四）租赁筹资的优缺点

对承租企业而言，租赁尤其是融资租赁，是一种特殊的筹资方式。通过租赁，企业可不必预先筹措一笔相当于设备价款的现金，即可获得需要的设备。因此，与其他筹资方式相比较，租赁筹资颇具特点。

1. 租赁筹资的优点

（1）迅速获得所需资产。融资租赁集融资与融物于一身，一般要比先筹措现金后再购置设备来得更快，可使企业尽快形成生产经营能力。

（2）租赁筹资限制较少。企业运用股票、债券、长期借款等筹资方式，都受到相当多的资格条件的限制，相比之下，租赁筹资的限制条件很少。

（3）免遭设备陈旧过时的风险。随着科学技术的不断进步，设备陈旧过时的风险很高，而多数租赁协议规定此风险由出租人承担，承租企业可免遭这种风险。

（4）全部租金通常在整个租期内分期支付，可适当降低不能偿付的危险。

（5）租金费用可在所得税前扣除，承租企业能享受税收利益。

2. 租赁筹资的缺点

租赁筹资的主要缺点是成本较高，租金总额通常要高于设备价值的 30%；承租企业在财务困难时期，支付固定的租金会构成一项沉重的负担；另外，采用租赁筹资方式，如不能享有设备残值，也可视为承租企业的一种机会损失。

第四节　混 合 筹 资

本章前述吸收直接投资筹资、发行普通股筹资、发行债券筹资和融资租赁筹资等长期筹资，分别为股权筹资或者债权筹资的单一属性。本节所谓混合筹资，是指兼具债权和股权筹资双重属性的长期筹资，通常包括发行优先股筹资、发行可转换债券筹资。此外，本节将附带介绍认股权证。

（一）发行优先股筹资

按照许多国家的公司法，优先股可以在公司设立时发行，也可以在公司增资发行新股时发行。有些国家的法律则规定，优先股只能在特定情况下，如公司增发新股或清偿债务时方可发行。公司发行优先股，在操作方面与发行普通股无较大差别。这里集中分析优先股的特殊之处。

1. 优先股的特征

优先股是相对普通股而言的，是较普通股具有某些优先权利，同时也受到一定限制的股票。优先股的含义主要体现在“优先权利”上，包括优先分配股利和优先分配公司剩余财产。具体的优先条件须由公司章程予以明确规定。

优先股与普通股具有某些共性，如优先股亦无到期日，公司运用优先股所筹资本，亦属股权资本。但是，它又具有公司债券的某些特征。因此，优先股被视为一种混合性证券。

优先股与普通股比较一般具有如下特征：

（1）优先分配固定的股利。优先股股东通常优先于普通股股东分配股利，且其股利一般是固定的，受公司经营状况和盈利水平的影响较少。所以，优先股类似固定利息的债券。

（2）优先分配公司剩余财产。当公司解散、破产等进行清算时，优先股股东优先于普通股股东分配公司的剩余财产。

（3）优先股股东一般无表决权。在公司股东大会上，优先股股东一般没有表决权，通常也无权过问公司的经营管理，仅在涉及优先股股东权益问题时享有表决权。因此，优先股股东不大可能控制整个公司。

（4）优先股可由公司赎回。发行优先股的公司，按照公司章程的有关规定，根据公司的需要，可以以一定的方式将所发行的优先股赎回，以调整公司的资本结构。

2. 优先股的种类

优先股按其具体的权利不同，还可做进一步的分类。

（1）累积优先股和非累积优先股。累积优先股是指公司过去年度未支付股利，可以累积计算由以后年度的利润补足付清。非累积优先股则没有这种需求补付的权利。累积优先股比非累积优先股具有更大的吸引力，其发行也较为广泛。

（2）参与优先股和非参与优先股。当公司盈余在按规定分配给优先股和普通股后仍有盈余可供分配股利时，能够与普通股一道参与分配额外股利的优先股，即为参与优先股。其持有人可按规定的条件和比例将其调换为公司的普通股或公司债券。这种优先股能增加筹资和投资双方的灵活性，近年来在国外日益流行。不具有这种调换权的优先股，则属非参与优先股。

（3）可赎回优先股和不可赎回优先股。可赎回优先股是指股份有限公司出于减轻股利负担的目的，可按规定以原价购回的优先股。公司不能购回的优先股，则属于不可赎回优先股。

（4）可转换优先股和不可转换优先股。可转换优先股是指可在规定时间内按一定比例把优先股转换成普通股，转换的比例是事先确定的，其数值大小取决于优先股与普通股的现行市场价格。不可转换优先股是不能转换为普通股的股票，所以只能获得固定股利报酬，而不能获得转换收益。

3. 发行优先股的动机

股份公司发行优先股，筹集股权资本只是其目的之一。由于优先股有其特性，公司发行优先股往往还有其他的动机。

（1）防止公司股权分散化。由于优先股股东一般没有表决权，发行优先股就可以避免公司股权分散，保障公司的原有控制权。

（2）调剂现金余缺。公司在需要现金时发行优先股，在现金充足时将可赎回的优先股收回，从而调整现金余缺。

（3）改善公司资本结构。公司在安排债权资本与股权资本的比例关系时，可较为便利地利用优先股的发行与调换来调整。

（4）维持举债能力。公司发行优先股，有利于巩固股权资本的基础，维持乃至增强公司的借款举债能力。

4. 发行优先股筹资的优缺点

股份有限公司运用优先股筹集股权资本，与普通股和其他筹资方式相比有其优点，也有一定的缺点。

1）优先股筹资的优点

（1）优先股一般没有固定的到期日，不用偿付本金。发行优先股筹集资本，实际上相当于得到一笔无限期的长期贷款，公司不承担还本义务，也无须再做筹资计划。对可赎回优先股，公司可在需要时按一定价格收回，这就使得利用这部分资本更有弹性。当财务状况较弱时发行优先股，而财务状况转强时收回，这有利于结合资本需求加以调剂，同时也便于掌握公司的资本结构。

（2）股利的支付既固定，又有一定的灵活性。一般而言，优先股都采用固定股利，但对固定股利的支付并不构成公司的法定义务。如果公司财务状况不佳，可以暂时不支付优先股股利，即使如此，优先股股东也不能像公司债权人那样迫使公司破产。

（3）保持普通股股东对公司的控制权。当公司既想向外界筹措股权，又想保持原有股东的控制权时，利用优先股筹资尤为恰当。

（4）从法律上讲，优先股股本属于股权资本，发行优先股能加强公司的股权资本基础，可适当增加公司的信誉，提高公司的借款举债能力。

2）发行优先股筹资的缺点

（1）优先股成本虽低于普通股成本，但一般高于债券成本。

（2）对优先股筹资的制约因素较多。例如，为了保证优先股的固定股利，当企业盈利不多时，普通股就可能分不到股利。

（3）可能形成较重的财务负担。优先股要求支付固定股利，但又不能在税前扣除，当盈利下降时，优先股的股利可能会成为公司一项较重的财务负担，有时不得不延期支付，还会影响公司的形象。

（二）发行可转换证券筹资

1. 可转换证券的种类

从国内外的公司筹资实务来看，可转换证券一般有可转换债券和可转换优先股两种形式。

可转换债券有时简称可转债，是指由公司发行并规定债券持有人在一定期限内按约定的条件可将其转换为发行公司股票的债券。可转换优先股是指持有人在一定期限内依据约定的条件可将其转换为发行公司普通股或债券的优先股。此外，与可转换债券相类似的还有可交换债券，它允许持有人将其转换为另一公司普通股的债券，通常发行公司在该公司中拥有股东权益。

在公司筹资实务中，可转换债券发展很快，而可转换优先股和可交换债券并不多见，因此，下面仅介绍可转换债券。

2. 可转换债券的特性

从筹资公司的角度看，发行可转换债券具有债务与权益筹资的双重属性，属于一种混合性筹资。利用可转换债券筹资，发行公司赋予可转换债券的持有人可将其转换为该公司股票的权利。因而，对发行公司而言，在可转换债券转换之前需要定期向持有人支付利息。如果在规定的转换期限内，持有人未将可转换债券转换为股票，发行公司还需要到期偿付债券，在这种情形下，可转换债券筹资与普通债券筹资相类似，属于债权筹资属性。如果在规定的转换期限内，持有人将可转换债券转换为股票，则发行公司将债券负债转化为股东权益，从而具有股权筹资的属性。

3. 可转换债券的发行条件

发行可转换债券的公司，按照国家相关规定，必须满足以下基本条件：

（1）最近 3 个会计年度加权平均净资产收益率平均不低于 6%。

（2）本次发行后累计债券余额不超过最近一期期末公司净资产额的 40%；

（3）最近 3 个会计年度实现的年均可分配利润不少于公司债券 1 年的利息。

4. 可转换债券的转换

可转换债券的转换涉及转换期限、转换价格和转换比率。

（1）可转换债券的转换期限。可转换债券的转换期限是指按发行公司的约定，持有人可将其转换为股票的期限。一般而言，可转换债券转换期限的长短与可转换债券的期限相关。

按照规定，上市公司发行可转换债券，自发行结束之日起 6 个月后，持有人可以依据约定的条件随时将其转换为股票。

可转换债券转换为股票后，发行股票上市的证券交易所应当安排股票上市流通。

（2）可转换债券的转换价格。可转换债券的转换价格是指以可转换债券转换为股票的每股价格。这种转换价格通常由发行公司在发行可转换债券时约定。

按照我国的有关规定，上市公司发行可转换债券，以发行可转换债券前一个月股票的平均价格为基准，上浮一定幅度作为转换价格。

【例 3-6】某上市公司拟发行可转换债券，发行前一个月该公司股票的平均价格经测算为每股 10 元。预计本股票的未来价格有明显的上升趋势，因此确定上浮的幅度为 15%。则该公司可转换债券的转换价格测算如下：

$$10 \times (1+15\%) = 11.5\text{（元）}$$

可转换债券的转换价格并不是固定不变的。公司发行可转换债券并约定转换价格后，由于又增发新股、配股及其他原因引起公司股份发生变动的，应当及时调整转换价格，并向社会公布。

（3）可转换债券的转换比率。可转换债券的转换比率是指每份可转换债券所能转换的股票数。它等于可转换债券的面值除以转换价格。

【例 3-7】某上市公司发行的可转换债券每份面值为 100 元，转换价格为每股 25 元，则转换比率为：

$$\frac{100}{25}=4\text{（股）}$$

即每份可转换债券可以转换 4 股股票。可转换债券持有人请求转换时，其所持债券面额有时发生不足以转换为一股股票的余额，发行公司则应当以现金偿付。例如，前例每份可转换债券的面额为 100 元，转换价格在发行时为 25 元，发行后根据有关情况变化决定调整为每股 27 元。某持有人持有 100 份可转换债券，总面额 10 000 元，决定转换为股票，则其转换股票为 370（10 000/27）股，同时可转换债券总面额尚有不足以转换为一股股票的余额 10 元。在这种情况下，发行公司应对该持有人交付股票 370 股，另付现金 10 元。

5. 可转换债券筹资的优缺点

1）可转换债券筹资的优点

发行可转换债券是一种特殊的筹资方式，其优点主要有：

（1）有利于降低资本成本。可转换债券的利率通常低于普通债券，故在转换前可转换债券的资本成本低于普通债券；转换为股票后，又可节省股票的发行成本，从而降低股票的资本成本。

（2）有利于筹集更多的资本。可转换债券的转换价格通常高于发行时的股票价格，因此，可转换债券转换后，其筹资额大于当时发行股票的筹资额。另外也有利于稳定公司的股价。

（3）有利于调整资本结构。可转换债券是一种具有债权筹资和股权筹资双重性质的筹资方式。可转换债券在转换前属于发行公司的一种债务，若发行公司希望可转换债券持有人转股，还可以借助诱导，促其转换，进而借以调整资本结构。

（4）有利于避免筹资损失。当公司的股票价格在一段时期内连续高于转换价格并超过某一幅度时，发行公司可按事先约定的价格赎回未转换的可转换债券，从而避免筹资上的损失。

2）可转换债券筹资的缺点

可转换债券筹资的缺点主要有：

（1）转股后可转换债券筹资将失去利率较低的好处。

（2）若确需股票筹资，但股价并未上升，可转换债券持有人不愿转股时，发行公司将承受偿债压力。

（3）若可转换债券转股时股价高于转换价格，则发行遭受筹资损失。

（4）回售条款的规定可能使发行公司遭受损失。当公司的股票价格在一段时期内连续低于转换价格并达到一定幅度时，可转换债券持有人可按事先约定的价格将所持债券回售公司，从而使发行公司受损。

（三）发行认股权证筹资

1. 认股权证的特点

认股权证是由股份有限公司发行的可认购其股票的一种买入期权。它赋予持有者在一定期限内以事先约定的价格购买发行公司一定股份的权利。

对于筹资公司而言，发行认股权证是一种特殊的筹资手段。认股权证本身含有期权条款，其持有者在认购股份之前，对发行公司既不拥有债权也不拥有股权，而只是拥有股票认购权。尽管如此，发行公司可以通过发行认股权证筹得现金，还可用于公司成立时对承销商的一种补偿。

2. 认股权证的种类

在国内外的公司筹资实务中，认股权证的形式多种多样，可划分为不同种类。

（1）长期与短期的认股权证。认股权证按允许认股的期限分为长期认股权证和短期认股权证。长期认股权证的认股期限通常持续几年，有的是永久性的。短期认股权证的认股期限比较短，一般在90天以内。

（2）单独发行与附带发行的认股权证。认股权证按发行方式可分为单独发行的认股权证和附带发行的认股权证。单独发行的认股权证是指不依附于其他证券而独立发行的认股权证。附带发行的认股权证是指依附于债券、优先股、普通股或短期票据发行的认股权证。

（3）备兑认股权证与配股权证。备兑认股权证是每份备兑证按一定比例含有几家公司的若干股份。配股权证是确认股东配股权的证书，它按股东的持股比例定向派发，赋予股东以优惠的价格认购发行公司一定份数的新股。

3. 认股权证的作用

在公司的筹资实务中，认股权证的运用十分灵活，对发行公司具有一定的作用。

（1）为公司筹集额外的现金。认股权证不论是单独发行还是附带发行，大多都为发行公司筹集一笔额外现金，从而增强公司的资本实力和运营能力。

（2）促进其他筹资方式的运用。单独发行的认股权证有利于将来发售股票。附带发行的认股权证可促进其所依附证券发行的效率。例如，认股权证依附于债券发行，用以促进债券的发售。

本章小结

企业筹资的基本动机有扩张性动机、调整性动机和混合性动机；企业筹资必须遵循效益性、合理性、及时性和合法性等基本原则。企业所借助的具体筹资渠道，包括政府财政资本、银行信贷资本、非银行金融机构资本、其他法人资本、民间资本、企业内部资本、港澳台和国外资本等；企业所采用的具体筹资方式包括吸收直接投资筹资、发行股票筹资、发行债券筹资、银行借款筹资、商业信用筹资、融资租赁、留存收益筹资等。

筹资的方式包括股权性筹资、债权性筹资和混合性筹资。股票是股份有限公司为筹集股权资本而发行的有价证券，也是持有人或股东拥有发行公司股票股份的凭证，其主要有投入资本筹资和发行普通股筹资两种方式；债券是指债务人为筹集债权资本，约定在一定期限内向债权人即债券持有人付息还本的有价证券，一般有发行债券筹资、银行借款筹资和租赁筹资三种方式；所谓混合筹资，是指兼具债权和股权筹资双重属性的长期筹资，通常包括发行优先股筹资、发行可转换债券筹资。

思政案例

*ST 银亿流动负债奇高的秘密

银亿股份有限公司（以下简称银亿）（其股票简称银亿股份），属于中国 500 强企业银亿集团控股企业，于 2011 年在深交所成功上市（股票代码 000981）。公司经营范围涉及地产开发经营、物业管理、装饰装修、园林绿化、建筑材料及装潢材料的批发、零售。2016 年公司全面实施战略转型升级，确定了以“房地产业+高端制造业”双轮驱动的发展格局，并先后成功并购美国 ARC 集团和比利时邦奇集团。ARC 集团是专业研发、设计、生产和销售气体发生器的跨国公司，是全球第二大独立生产气体发生器生产商。之后，银亿股份秉持着“创亿生活，筑就梦想”的品牌宗旨，一方面继续做大做强房地产业，将开发项目稳步向一线城市扩张，致力于做中国品质地产的引领者，筑就更多人居精品，回馈客户，回报社会。

2020 年*ST 银亿被天健会计师事务所（特殊普通合伙）出具保留意见审计报告，在审计报告中有如下表述：如财务报表附注二（二）所述，资产负债表日，银亿股份公司流动负债高于流动资产 40.03 亿元，逾期债务余额 43.85 亿元，累计未分配利润－49.24 亿元，2019 年度归属于母公司的净利润－71.74 亿元（其中计提商誉减值损失 46.68 亿元），截至报告日公司逾期债务涉及诉讼如财务报表附注十三（三），说明公司中短期偿债能力弱，存在较大的经营风险和财务风险。针对深交所提到的逾期债务，*ST 银亿公告，截至 2020 年 8 月 31 日，逾期贷款本金共计 37.02 亿元，减少 6.83 亿元。逾期原因是受银亿集团流动性危机影响，金融机构未按批准额度给予续贷或展期，导致其到期债务无法偿还。*ST 银亿表示，基于该公司控股股东资金流动性问题，目前尚未得到根本性解决。该公司目前已进入重整程序中，预判除年初现金及现金等价物 7.77 亿元以及比利时邦奇、南京邦奇在金融机构原已准许的最高额度内可以循环续贷外，*ST 银亿短期内尚无法从外部金融机构获得更多新增贷款。*ST 银亿在政府支持下（争取各银行不抽贷、不压贷）争取到部分金融机构进行展期或转贷，并通过优化房地产板块的资产结构和资产质量、发挥高端制造产业优势提高核心竞争力等各种措施保持经营性现金流持续、稳定，以确保现有业务正常运营。同时，公司计划通过重整，改善公司资产负债结构，恢复流动性，稳定经营。

根据测算，预计 2020 年经营性现金收支基本平衡。

（1）2020 年预计经营性资金来源共计 67.04 亿元，主要包括：经营性销售回款 57.07 亿元、出售子公司股权回款 2.95 亿元、收回合作项目股东投入款 2.32 亿元、应收款回收 3.8 亿元，以及其他经营性资金流入 0.90 亿元；

（2）2020 年预计经营性资金支出共计 66.99 亿元，主要包括：材料、动力及物料等采购 40.87 亿元，固定资产及无形资产研发投入 7.12 亿元，房地产项目工程款 4.13 亿元，支付税款 3.57 亿元，营销、管理及费用化研发费用支出 10.86 亿元，以及其他经营性资金需求 0.44 亿元。

可见，经营企业要充分考虑公司的融资渠道及融资能力、可自由支配的货币资金以及现金流等，判断是否具备足够偿付债务的能力，是否存在较大的流动性风险，以规避风险，稳健经营。

——资料来源：澎湃新闻，*ST 银亿：有息负债本金近百亿元，短期无法获得新增贷款，经编者整理、改编

复习思考题

一、简答题

1. 企业为什么要筹资？
2. 企业筹资的动机对企业筹资行为及其结果有什么影响？
3. 试说明销售百分比法的基本依据和不足。
4. 试说明应用线性回归法预测筹资数量需要注意的问题。
5. 试说明吸收直接投资筹资方式的优缺点。
6. 试说明发行普通股筹资的优缺点。
7. 试说明发行债券筹资的优缺点。
8. 试说明银行借款筹资的优缺点。
9. 试分析决定租金的因素。
10. 试说明融资租赁筹资的优缺点。

二、练习题

（一）练习银行借款实际利率的计算方法

1. 资料：

七星公司按年利率5%向银行借款100万元，期限3年；根据公司与银行签订的贷款协议，银行要求保持贷款总额15%的补偿性余额，不按复利计息。

2. 要求：

（1）试分别计算实际可用的借款额；

（2）试分别计算实际负担的年利率。

（二）练习公司债券发行价格的计算方法

1. 资料：

八方公司拟发行面额1 000元、票面利率6%、5年期债券一批，每年年末付息一次。

2. 要求：

试分别测算该债券在下面三个市场利率下的发行价格：

（1）市场利率为5%；

（2）市场利率为6%；

（3）市场利率为7%。

三、案例分析题

汇丰为新世界融资巨款

通过一项长达4年的融资计划，汇丰投资银行为新世界集团融资逾14亿美元。

前不久，香港汇丰投资银行亚洲有限公司企业财务董事兼中国事务主管许亮华先生接受了记者的采访，就刚刚完成的香港新世界中国地产有限公司（简称新世界中地）一项长达4年、累计逾14亿美元的融资项目做了详细介绍。

20世纪90年代以来，香港著名华商郑裕彤财团通过旗舰企业新世界发展有限公司开始大举进军内地的中低档房地产市场，并成为北京、武汉、天津和沈阳等城市的房地产战略发展商，为此，需要筹集庞大的资金进行投资。

1993 年的高峰期后，许多城市的楼房尤其是高档楼房大量空置，使得国际资本市场对中国房地产市场的看法相当消极。在这种情况下，要说服他们为新世界发展有限公司拓展内地房地产市场进行投资，难度可想而知。

1995 年 11 月，汇丰为新世界中国发展有限公司首次通过私募方式发行了 5 亿美元的股份。本次发行是香港历史上最大的私募发行，私人股本投资者占有了新世界房主 43%的股份，新世界发展则持有 57%的股权。

第二次是为新世界中国金融有限公司发行的 3.5 亿美元强制可转换担保债券。在私募成功发行一年后，新世界中国希望筹集更多的资金用于其在中国的房地产投资活动。作为新世界发展的全资子公司，新世界中国公司的规模还太小，采用普通债券方式发行成本较高，如果上市，又不具备三年业绩的条件。于是，汇丰主要针对上一次私募所未触及的可转换债券，为债券投资者设计了可转换债券的发行方式。

但是，这种方式也有较大的结构性缺点：公司上市后，债券尚未到期就可以转为股票，在换股期间，可能会有大量股票突然涌入市场，这会给当时的股价造成压力，甚至影响初次公开发行的价格，因为投资者预计初次发行后估价不会立即上行。为此，汇丰设计的结构是，所有债券强制转换成股票，并在初次公开发行时作为发行规模的一部分，上市前必须决定是否换股，上市后就没有可换股债券了，这就给了投资者关于市场流通股数的确切信息；当然这也给发行增加了难度。这次发行是除了日本外亚洲地区最大的可转换债发行之一，汇丰承担了 2.1 亿美元的分销份额，却创造了 8.6 亿美元的总需求，发行后债券交易价格一直高于发行价格。

在公开流通债券发行两年半以后，新世界中地准备在 1999 年在股票交易所上市，发行规模为 5.68 亿美元。这次发行面临的最大障碍在于，国际投资者对于中国房地产业有很多误解，对实际发生和酝酿中的变化知之甚少。如何改变投资者的不良印象，就成了决定发行成败的关键。为了让股本投资者能够更好地了解中国的房地产市场，汇丰集团属下的汇丰证券与 1999 年 5 月 6—7 日在中国香港和新加坡举办了中国住房改革研讨会；为配合全球发行，汇丰组织了两次独立的访问活动，活动事先都有详尽的研究报告做铺垫，活动横贯了亚、欧、美三大洲；6—7 月，汇丰又组织了大规模的全球路演，访问了三大洲的 11 个城市。为一次发行举行三次全球规模的推介活动，这是非常罕见的做法，经过这三次声势浩大的活动，终于完成了对投资者的“教育”工作。

在此次发行过程中，可换股债券的换股程序是个关键环节。债券持有者的换股方式有三种：在初次公开发行中认购最大数量的股票，或是将债券折算成股票出售获得现金收入，或是只认购最大债券股的一部分，其余债券则兑现。经过路演，结果相当令人振奋：来自股本投资者的需求为 7.83 亿美元，来自债券持有者的需求为 1.43 亿美元，总需求达 9.26 亿美元。至此，由汇丰一手策划的为新世界中地筹资总额超过 14 亿美元的这个融资故事也画上了一个圆满的句号。

思考与分析：

1. 汇丰的成功之路在哪里？
2. 汇丰为什么采用债券这种方式筹资而非其他？

——资料来源：百度文库，汇丰投资银行融资案例分析研究，经编者整理、改编

第四章 筹资管理（下）

本章要点

掌握资金需要量预测的方法、资本成本率的计算方法、杠杆利益与风险、杠杆系数的测算方法，理解杠杆原理、作用，了解资本结构理论和资本结构决策。

1. 资金需要量预测的销售百分比法
2. 资本成本的作用及资本成本率的测算
3. 杠杆利益与风险
4. 资本结构理论与资本结构决策

案例导入

默多克的债务危机

很多公司在发展过程中，都要借助外力的帮助，体现在经济方面就是债务问题。债务结构的合理与否，直接影响着公司的前途、命运。世界头号新闻巨头默多克就曾有过一个惊险的债务危机故事。老默多克在墨尔本创办了导报公司，取得成功，在儿子继承父业时，年收入已达 400 万美元了。它控制了澳大利亚 70%的新闻业、45%的英国报业，又把美国相当一部分电视网络置于他的王国统治之下。默多克经营导报公司以后，筹划经营，多有建树，最终建成了一个每年营业收入达 60 亿美元的报业王国。默多克和他的家族对他们的报业王国有绝对控制权，掌握了全部股份的 45%。西方的商界大亨无不举债立业，向资金市场融资。像滚雪球一样，债务越滚越大，事业也越滚越大。默多克报业背了多少债呢？24 亿美元。他的债务遍布全世界，美国、英国、瑞士、荷兰，连印度和我国香港地区的钱他都借去花了。那些大大小小的银行也乐于给他贷款，他的报业王国的财务机构里共有 146 家债主。

正因为债务大，债主多，默多克对付起来也实在不容易，一发牵动全身，投资风险特高。若是碰到一个财务管理上的失误，或是一种始料未及的灾难，就可能像多米诺骨牌一样，把整个事业搞垮。但多年来默多克经营得法，一路顺风。

1990 年，西方经济衰退刚露苗头，默多克报业王国就像中了邪似的，仅为 1 000 万美元的一笔小债务几乎在阴沟里翻船，而且令人难以置信。美国匹兹堡有家小银行，贷款给默多克 1 000 万美元。原以为这笔短期贷款，到期可以付息转期，延长贷款期限。也不知哪里听来的风言风语，这家银行认为默多克的支付能力不佳，通知默多克这笔贷款到期必须收回，而且规定必须全额偿付现金。默多克毫不在意，筹集 1 000 万美元现款轻而易举。他在澳洲资金市场上享有短期融资的特权，期限一周到一个月，金额可以高到上亿美元。他派代表去融资，大出意外，融资被拒绝。他和财务顾问在美洲大陆兜来兜去，还是没有借到 1 000 万美元。而还贷期一天近似一天，商业信誉可开不得玩笑。若是还不了这笔债，那么引起连锁反应，就不是匹兹堡一家小银行闹到法庭，还有 145 家银行都会像狼群一般，成群结队而来索还贷款。具有最佳能力的大企业都经受不了债权人联手要钱。这样一来，默多克的报业王国就得清盘，被 24 亿美元债券压垮，而默多克也就完了。

默多克有点手足无措，一筹莫展。但他毕竟是个大企业家，经过多少风风雨雨。他强自镇定下来思考，豁然开朗，一个主意出来了，决定去找花旗银行。花旗银行是默多克报业集团的最大债主，投入资金最多，如果默多克完蛋，花旗银行的损失最高。债主与债户原本同乘一条船，只可相帮不能拆台。花旗银行权衡利弊，同意对他的报业王国进行一番财务调查，将资产负债状况做出全面评估，取得结论后采取对策行动。最后，由花旗银行牵头，所有贷款银行都必须待在原地不动，谁也不许退出贷款团。以免一家银行退出，采取收回贷款的行动，引起连锁反应，匹兹堡那家小银行，由花旗出面，对它施加影响和压力，要它到期续贷，不得收回贷款。

原来花旗银行专家调查默多克报业王国的全盘状况后，对默多克的雄才大略，对他发展事业的企业家精神由衷敬佩，决心要帮助他渡过难关。澳大利亚之后公布富豪名单，默多克名列榜首，拥有资产已上升到 45 亿美元。

公司在扩张时，举债是不可避免的问题，但应注意合理的债务结构，充分认识高负债经营的优缺点。

——资料来源：百度《默多克的债务危机》，经编者整理、改编

第一节 资金需要量预测

一、筹资数量预测的基本依据

企业的筹资需求量是筹资的数量依据，必须科学合理地进行预测。企业筹资的预测是财务预算的基础。企业财务预算一般包括资本预算（长期投资决策）和现金预算（或现金计划）等。

开展企业筹资数量预测的基本目的，是保证企业生产经营业务的顺利进行，使筹集来的资金既能保证满足生产经营的需要，又不会有太多的闲置，从而促进企业财务管理目标的实现。

影响企业筹资数量的因素和条件很多，有企业生产经营方面的，也有法律规范方面的，等等。企业筹资数量预测的基本依据主要有以下几个方面：

（一）法律依据

1. 注册资本限额的规定

新《公司法》对注册资本的规定是，有限责任公司设立由符合章程规定的全体股东认

缴出资额，股份有限公司设立由符合章程规定的全体发起人认购股本总额或者募集实收股本总额。新《公司法》放宽了注册资本登记条件，除了法律行政法规以及国务院决定对公司注册资本最低限额另有规定的情况之外，取消了有限责任公司最低注册资本 3 万元，一人有限责任公司最低注册资本 10 万元，股份有限公司最低注册资本 500 万元的限制。不再限制公司设立时股东的首次出资比例，也不再限制股东的货币出资比例。

2. 企业负债限额的规定

《证券法》规定，公司累计债券总额不得超过公司净资产额的 40%，其目的是保证公司的偿债能力，进而保障债权人的利益。

（二）企业经营规模依据

一般而言，公司经营规模越大，所需资本越多；反之，所需资本越少。

（三）影响企业筹资数量预测的其他因素

利息率的高低、对外投资数额的多寡、企业信用状况的好坏等都会对筹资数量的预测产生一定的影响。

二、预测筹资数量的因素分析法

（一）因素分析法的基本原理

因素分析法又称分析调整法，是指以有关资本项目基期年度的平均资金需要量为基础，根据预测年度的生产经营任务和资金周转加速的要求，进行分析调整，来预测资金需要量的一种方法。这种方法计算比较简单，容易掌握，但预测结果不太精确，它通常用于预测品种繁多、规格复杂、资金用量较小的项目，也可以用于预测企业全部资金的需要量。采用这种方法时，首先应在基期年度资金平均占用额基础上，剔除其中呆滞积压不合理部分，然后根据预测期的生产经营任务和加速资金周转速度的要求进行测算。因素分析法的基本公式如下：

$$\begin{aligned}\text{资金需要量}=&(\text{基期资金平均占用额}-\text{不合理资金平均占用额})\\&\times(1+\text{预测期销售增长率})\\&\times(1-\text{预测期资金周转速度增长率})\end{aligned}$$

（二）因素分析法的应用

根据因素分析法的基本公式，收集有关资料，就可以对筹资数量进行预测。

【例 4–1】甲企业上年度资金实际平均占用额为 3 000 万元，其中不合理资金平均占用额为 400 万元，预测本年度销售增长率为 5%，资金周转速度增长率为 2%，则预测年度资金需要量为：

$$\text{预测年度资金需要量}=(3\,000-400)\times(1+5\%)\times(1-2\%)=2\,675.4\text{（万元）}$$

三、预测筹资数量的销售百分比法

（一）销售百分比法的基本依据

销售百分比法是指假设某些资产和负债与销售额存在稳定的百分比关系，根据这个假设预计外部资金需要量的方法。企业的销售规模扩大时，要相应增加流动资产；如果销售规模增加很多，还必须增加长期资产。为取得扩大销售所需增加的资产，企业需要筹措资金。这些资金，一部分来自随着销售收入同比例增加的流动负债，一部分来自预期的收益留存，还有一部分通过外部筹资取得。

销售百分比法，将反映生产经营规模的销售因素与反映资金占用和资金来源的资产负债表因素连接起来，根据销售与资产、负债之间的数量比例关系，来预测企业的外部筹资需要量。销售百分比法首先假设某些资产、某些负债与销售额之间存在稳定的百分比关系。根据销售与资产的比例关系预计资产额，再根据资产额预计相应的负债和所有者权益，进而确定筹资需求量。

（二）销售百分比法的基本步骤

1. 确定随销售额变动而变动的资产和负债项目

随着销售额的变化，经营性资产项目将占用更多的资金。同时，随着经营性资产增加，相应的经营性短期债务也会增加，如存货增加，会导致应付账款增加，此类债务称为自动性债务，可以为企业提供暂时性资金。经营性资产与经营性负债的差额与销售额保持稳定的比例关系。这里，经营性资产项目包括库存现金、应收账款、存货等项目；而经营性负债项目包括应付票据、应付账款等项目，不包括短期借款、短期融资券、长期负债等筹资性负债。

2. 确定有关项目与销售额的稳定比例关系

如果企业资金周转的营运效率保持不变，经营性资产项目与经营性负债项目会随着销售额的变动而呈正比例变动，保持稳定的百分比关系。企业应当根据历史资料和同业情况，剔除不合理的资金占用，寻找与销售额的稳定百分比关系。

3. 确定需要增加的筹资数量

预计由于销售增长而需要的资金需求增长额，扣除利润留存后，即为所需要的外部筹资额。即有：

$$外部融资需求量=\frac{A}{S_1}\times\Delta S-\frac{B}{S_1}\times\Delta S-P\times E\times S_2$$

公式中，A 表示随着销售而变化的敏感性资产；B 表示随销售而变化的敏感性负债；S_1 表示基期销售额；S_2 表示预测期销售额；ΔS 表示销售变动额；P 表示销售净利率（或营业净利率）；E 表示利润留存率；A/S_1 表示敏感性资产与销售额的关系百分比；B/S_1 表示敏感性负债与销售额的关系百分比。

需要注意的是，如果非敏感性资产增加，则外部筹资需要量也相应增加。

【例 4－2】乙企业 2020 年实际销售收入 10 000 万元，资产负债表及其敏感性项目与销售收入的比率如表 4－1 所示。销售利润率为 35%，利润留存率为 30%。2022 年预计销售收入为 25 000 万元。预测该企业 2022 年需要追加的外部筹资额。

表 4－1　2020 年实际资产负债表

项目	金额/万元	占销售收入的百分比/%
资产：		
货币资金	60	0.6

续表

项目	金额/万元	占销售收入的百分比/%
应收账款	2 000	20.0
存货	2 500	25.0
预计费用	10	—
固定资产净值	240	—
资产总额	4 810	45.6
负债及所有者权益：		
应付票据	400	—
应付账款	2 500	25.0
应付费用	100	1.0
长期负债	40	—
负债合计	3 040	26.0
实收资本	1 000	—
未分配利润	770	—
所有者权益合计	1 770	—
负债及所有者权益总额	4 810	

解：

增加的销售额＝25 000－10 000＝15 000（万元）

需要追加的外部筹资额＝15 000×(45.6%－26%)－25 000×35%×30%

＝15 000×19.6%－2 625＝（万元）

＝2 940－2 625＝315（万元）

上述介绍的销售百分比法，是假定预测年度的非敏感性项目、敏感性项目及其与销售的百分比均与基年保持不变为条件的。在实践中，非敏感性项目、敏感性项目及其与销售的百分比有可能发生变动，具体情况有：

（1）非敏感性资产、非敏感性负债的项目构成以及数量的增减变动；

（2）敏感性资产、敏感性负债的项目构成以及与销售百分比的增减变动。

这些变动对预测资金需要总量和追加外部筹资额都会产生一定的影响，必须相应地予以调整。

销售百分比法的主要优点是能为财务管理提供短期预计的财务报表，以适应外部筹资的需要，且易于使用。但这种方法也有缺点，倘若有关销售百分比与实际不符，据以进行预测就会形成错误的结果。因此，在有关因素发生变动的情况下，必须相应地调整原有的销售百分比。

四、预测筹资数量的线性回归分析法

线性回归分析法是指假定资本需要量与营业业务量之间存在线性关系并建立数学模

型，然后根据历史有关资料，用回归直线方程确定参数预测资本需要量的方法。其预测模型为：

$$y=a+bx$$

式中，y 为资本需要总额；a 为不变资本总额；b 为单位业务量所需要的可变资本额；x 为产销量。

不变资本是指在一定的营业规模内不随业务量变动的资本，主要包括为维持营业而需要的最低数额的现金、原材料的保险储备、必要的成品或商品储备以及固定资产占用的资本。可变资本是指随业务量变动而同比例变动的资本，一般包括最低储备以外的现金、存货、应收账款等所占用的资本。

运用上列预测模型，在利用历史资料确定 a、b 数值的条件下，即可预测一定产销量 x 所需要的资本总量 y。

【例 4－3】乙企业 2017—2021 年的产销量和资本需要量如表 4－2 所示。假定 2022 年预计产销量为 7.8 万件。试预测 2022 年资本需要量。

表 4－2　乙企业产销量与资本需要量

年　度	产销量（x）/万件	资本需要量（y）/万元
2017	6.0	500
2018	5.5	475
2019	5.0	450
2020	6.5	520
2021	7.0	550

预测过程如下：

（1）根据表 4－2 的资料，可以计算整理出表 4－3 的数据。

表 4－3　回归直线方程数据计算表

年度	产销量（x）/万件	资本需要量（y）/万元	xy	x^2
2017	6.0	500	3 000	36
2018	5.5	475	2 612.5	30.25
2019	5.0	450	2 250	25
2020	6.5	520	3 380	42.25
2021	7.0	550	3 850	49
$n=5$	$\sum x=30$	$\sum y=2\,495$	$\sum xy=15\,092.5$	$\sum x^2=182.5$

（2）将表 4－3 的数据代入下列方程组：

$$\begin{cases}\Sigma y=na+b\Sigma x\\ \Sigma xy=a\Sigma x+b\Sigma x^2\end{cases}$$

得：

$$\begin{cases}2\,495 = 5a + 30b \\ 15\,092.5 = 30a + 182.5b\end{cases}$$

求得：

$$a = 205$$
$$b = 49$$

（3）将 $a = 205$ 万元，$b = 49$ 万元，代入 $y = a + bx$，得：

$$y = 205 + 49x$$

（4）将 2022 年预计产销量 7.8 万件代入上式，测得资本需要量为：

$$205 + 49 \times 7.8 = 587.2\text{（万元）}$$

运用线性回归法必须注意以下几个问题：

（1）资本需要量与营业业务量之间的线性关系的假定应符合实际情况；

（2）确定 a、b 数值，应利用预测年度前连续若干年的历史资料，一般要有 3 年以上的资料；

（3）应考虑价格等因素的变动情况。

第二节　资 本 成 本

资本成本是企业筹资管理的主要依据，也是企业投资管理的重要标准。本节着重从公司长期资本的角度，阐述资本成本的作用和测算方法。

一、资本成本的作用

（一）资本成本的概念、内容和属性

1. 资本成本的概念

资本成本是企业筹集和使用资本而承付的代价。例如，筹资公司向银行支付的借款利息和向股东支付的股利等。这里的资本是指企业所筹集的长期资本，包括股权资本和长期债权资本。从投资者的角度看，资本成本也是投资者要求的必要报酬或最低报酬。在市场经济条件下，资本是一种特殊的商品，企业通过各种筹资渠道，采用各种筹资方式获得的资本往往都是有偿的，需要承担一定的成本。

2. 资本成本的内容

资本成本从绝对量的构成来看，包括用资费用和筹资费用两部分。

（1）用资费用。用资费用是指企业在生产经营和对外投资活动中因使用资本而承付的费用。例如，向债权人支付的利息、向股东分配的股利等。用资费用是资本成本的主要内容。长期资本的用资费用是经常性的，并随使用资本数量的多少和时期的长短而变动，因而属于变动性资本成本。

（2）筹资费用。筹资费用是指企业在筹集资本活动中为获得资本而付出的费用。例如，向银行支付的借款手续费；因发行股票、债券而支付的发行费用等。筹资费用与用资费用不同，它通常是在筹资时一次全部支付的，在获得资本后的用资过程中不再发生，因而属于固定性的资本成本，可视为对筹资额的一项扣除。

3. 资本成本的属性

资本成本作为企业的一种成本，既有一般商品成本的基本属性，又有不同于一般商品成本的某些特性。在企业正常的生产经营活动中，一般商品的生产成本是其生产所耗费的直接材料、直接人工和制造费用之和，对于这种商品的成本，企业需从其收入中予以补偿。资本成本也是企业的一种耗费，也需由企业的收益补偿，但它是为获得和使用资本而付出的代价，通常并不直接表现为生产成本。此外，产品成本需要计算实际数，而资本成本只要求计算预测数或估计数。

资本成本与货币时间价值既有联系，又有区别。货币时间价值是资本成本的基础，而资本成本既包括货币时间价值，又包括投资风险价值。因此，在有风险的条件下，资本成本也是投资者要求的必要报酬率。

（二）资本成本率的种类

在企业筹资实务中，通常运用的是资本成本的相对数，即资本成本率。资本成本率是指企业用资费用与有效筹资额之间的比率，通常用百分比来表示。一般而言，资本成本率有下列几类：

1. 个别资本成本率

个别资本成本率是指企业各种长期资本的成本率，如股票资本成本率、债券资本成本率、长期借款资本成本率。企业在比较各种筹资方式时，需要使用个别资本成本率。

2. 综合资本成本率

综合资本成本率是指企业全部长期资本的成本率。企业在进行长期资本结构决策时，可以利用综合资本成本率。

3. 边际资本成本率

边际资本成本率是指企业追加长期资本的成本率。企业在追加筹资方案的选择中，需要运用边际资本成本率。

（三）资本成本的作用

资本成本是企业筹资管理的一个重要概念，国际上将其视为一项财务标准。资本成本对于企业筹资管理、投资管理，乃至整个财务管理和经营管理都有重要的作用。

1. 资本成本是选择筹资方式、进行资本结构决策和选择追加筹资方案的依据

（1）个别资本成本率是企业选择筹资方式的依据。

一个企业长期资本的筹集往往有多种筹资方式可供选择，包括长期借款、发行债券、发行股票等。这些长期资本的筹资方式，其个别资本成本率的高低不同，可作为比较选择各种筹资方式的一个依据。

（2）综合资本成本率是企业进行资本结构决策的依据。

企业的全部长期资本通常是由多种长期资本筹资类型的组合而构成的。企业长期资本的筹资可有多个组合方案供选择。不同筹资组合的综合资本成本率的高低，可作为比较各个筹资组合方案，做出资本结构决策的一个依据。

（3）边际资本成本率是比较选择追加筹资方案的依据。

企业为了扩大生产经营规模，往往需要追加筹资。不同追加筹资方案的边际资本成本率的高低，可作为比较选择追加筹资方案的一个依据。

2. 资本成本是评价投资项目，比较投资方案和进行投资决策的经济标准

一般而言，一个投资项目，只有当其投资收益率高于其资本成本率，在经济上才是合理的；否则，该项目将无利可图，甚至发生亏损。因此，国际上通常将资本成本率视为一个投资项目必须赚得的最低报酬率或必要报酬率，视为是否采纳一个投资项目的“取舍率”，作为比较选择投资方案的一个经济标准。

在企业投资评价分析中，可以将资本成本率作为折现率，用于测算各个投资方案的净现值和现值指数，以比较选择投资方案，进行投资决策。

3. 资本成本可以作为评价企业整个经营业绩的基准

企业的整个经营业绩可以用企业全部投资的利润率来衡量，并可与企业全部资本的成本率相比较，如果利润率高于成本率，可以认为企业经营有利；反之，如果利润率低于成本率，则可认为企业经营不利，业绩不佳，需要改善经营管理，提高企业全部资本的利润率和降低成本率。

扩展阅读

影响资本成本的因素主要有总体经济环境、证券市场条件、企业经营风险和财务风险、企业筹资规模。

二、个别资本成本率的测算

（一）个别资本成本率的测算原理

一般而言，个别资本成本率是企业用资费用与有效筹资额的比率。通常按年计算，其基本的测算公式列示如下：

$$K = \frac{D}{P - f}$$

或

$$K = \frac{D}{P(1 - F)}$$

公式中，K 为个别资本成本率，以百分率表示；D 为年度用资费用；P 为筹资额；f 为筹资费用；F 为筹资费用率，即筹资费用与筹资额的比率。

由此可见，个别资本成本率的高低取决于三个因素，即用资费用、筹资费用和筹资额，现说明如下：

1. 用资费用是决定个别资本成本率高低的一个主要因素

在其他两个因素不变的情况下，某种资本的用资费用大，其个别资本成本率就高；反之，用资费用小，其个别资本成本率就低。

2. 筹资费用也是影响个别资本成本率高低的一个因素

一般而言，发行债券和股票的筹资费用较大，故其个别资本成本率较高；而其他筹资方式的筹资费用较小，故其个别资本成本率较低。

3. 筹资额是决定个别资本成本率高低的另一个主要因素

在其他两个因素不变的情况下，某种资本的筹资额越大，其个别资本成本率越低；反

之，筹资额越小，其个别资本成本率越高。

此外，还需要注意以下三点：

（1）筹资费用是一次性费用，属于固定性资本成本。它不同于经常性的用资费用，后者属于变动性资本成本。因此，不可将 $K=D/(P-f)$ 写成 $K=(D-f)/P$。

（2）筹资费用是筹资时即支付的，可视作对筹资额的一项扣除，即筹资净额或有效筹资额为 $P-f$。

（3）用公式 $K=D/(P-f)$ 而不用 $K=D/P$，表明资本成本率与利息率在含义上和数量上的差别。例如，借款利息率是利息额与借款筹资额的比率，它只含有用资费用即利息费用，但不考虑筹资费用即借款手续费。

（二）长期债务资本成本率的测算

长期债务资本成本率一般有长期借款资本成本率和长期债券资本成本率两种。根据企业所得税法的规定，企业债务的利息允许从税前利润中扣除，从而可以抵免企业所得税。因此，企业实际负担的债务资本成本率应当考虑所得税因素，即

$$K_d = R_d(1-T)$$

公式中，K_d 为债务资本成本率，亦可称税后债务资本成本率；R_d 为企业债务利息率，亦可称税前债务资本成本率；T 为企业所得税税率。

在企业债务筹资实务中，可能出现一些较为复杂的情况，如债务利息的结算次数、债务面值与到期值不一致，企业信用或债券等级有差别从而导致债权人风险不同等，需要根据具体情况测算其资本成本率。

1. 长期借款资本成本率的测算

企业长期借款资本成本率可按下列公式测算：

$$K_l = \frac{I_l(1-T)}{L(1-F_l)}$$

公式中，K_l 为长期借款资本成本率；I_l 为长期借款年利息额；L 为长期借款筹资额，即借款本金；F_l 为长期借款筹资费用融资率，即借款手续费率。

【例 4－4】ABC 公司欲从银行取得一笔长期借款 2 000 万元，手续费 0.1%，年利率 5%，期限 5 年，每年结息一次，到期一次还本。公司所得税税率 25%。这笔借款的资本成本率测算如下：

$$k_l = \frac{2\,000 \times 5\% \times (1-25\%)}{2\,000 \times (1-0.1\%)} = 3.79\%$$

相对而言，企业借款的筹资费用很少，可以忽略不计。这时长期借款资本成本率可按下式测算：

$$K_l = R_l(1-T)$$

公式中，R_l 为借款利息率。

【例 4－5】根据例 4－4，但不考虑借款手续费，则这笔借款的资本成本率测算为：

$$K_l = 5\% \times (1-25\%) = 3.75\%$$

在借款合同附加补偿性余额条款的情况下，企业可动用的借款筹资额应扣除补偿性余额，这时借款的实际利率和资本成本率将会上升。

【例 4－6】ABC 公司欲借款 2 000 万元，年利率 5%，期限 5 年，每年结息一次，到期一次还本。银行要求补偿性余额 20%，公司所得税税率 25%。这笔借款的资本成本率测算为：

$$k_l=\frac{2\,000\times5\%\times(1-25\%)}{2\,000\times(1-20\%)}=4.69\%$$

2. 长期债券资本成本率的测算

企业债券资本成本中的利息费用也在所得税前列支，发行债券的筹资费用一般较高，也应予以考虑。债券的筹资费用即发行费用，包括申请费、注册费、印刷费、上市费以及推销费等，其中有的费用按一定的标准支付。此外，债券的发行价格有等价、溢价和折价等情况，与面值有时不一致。因此，债券资本成本率的测算与借款有所不同。

在不考虑货币时间价值时，债券资本成本率可按下列公式测算：

$$K_b=\frac{I_b(1-T)}{B(1-F_b)}$$

公式中，K_b 为债券资本成本率；B 为债券筹资额，按发行价格确定；F_b 为债券筹资费用率，I_b 为债券利息。

【例 4－7】ABC 公司拟等价发行面值 1 000 元、期限 5 年、票面利率 6%的债券 5 000 张，每年结息一次。发行费用为发行价格的 5%，公司所得税税率 25%。则该批债券的资本成本率测算为：

$$K_b=\frac{1\,000\times6\%\times(1-25\%)}{1\,000\times(1-5\%)}=4.74\%$$

例 4－7 中的债券是等价发行，如果按溢价 100 元发行，则其资本成本率为：

$$K_b=\frac{1\,000\times6\%\times(1-25\%)}{1100\times(1-5\%)}=4.3\%$$

如果按折价 50 元发行，则其资本成本率为：

$$K_b=\frac{1\,000\times6\%\times(1-25\%)}{950\times(1-5\%)}=4.98\%$$

（三）股权资本成本率的测算

按照公司股权资本的种类，股权资本成本率主要有普通股资本成本率、优先股资本成本率和留用利润资本成本率等。根据所得税法的规定，公司需以税后利润向股东分派股利，故没有抵税利益。

1. 普通股资本成本率的测算

按照资本成本率实质上是投资必要报酬率的思路，普通股资本成本率就是普通股投资的必要报酬率。其测算方法一般有三种：股利折现模型、资本资产定价模型和债券投资报酬率加股票投资风险报酬率。

1）股利折现模型

股利折现模型的基本形式是：

$$P_c=\sum_{t=1}^{\infty}\frac{D_t}{\left(1+K_c\right)^t}$$

公式中，P_c为普通股融资净额，即发行价格扣除发行费用；D_t为普通股第 t 年的股利；K_c为普通股投资的必要报酬率，即普通股资本成本率。

运用上列模型测算普通股资本成本率，因具体的股利政策而有所不同。

（1）如果公司采用固定股利政策，即每年分派现金股利 D 元，则资本成本率可按下式测算：

$$K_c = \frac{D}{P_c}$$

【例 4－8】ABC 公司拟发行一批普通股，发行价格 15 元，每股发行费用 2 元，预定每年分派现金股利每股 1.5 元。其资本成本率测算为：

$$K_c = \frac{1.5}{15-2} = 11.54\%$$

（2）如果公司采用固定增长股利的政策，股利固定增长率为 G，则资本成本率需按下式测算：

$$K_c = \frac{D_1}{P_c} + G$$

【例 4－9】XYZ 公司准备增发普通股，每股发行价为 15 元，发行费用 2 元，预定第一年分派现金股利每股 1.5 元，以后每年股利增长 5%。其资本成本率测算为：

$$K_c = \frac{1.5}{15-2} + 5\% = 16.54\%$$

2）资本资产定价模型

资本资产定价模型的含义可以简单地描述为，普通股投资的必要报酬率等于无风险报酬率加上风险报酬率。用公式表示如下：

$$K_c = R_f + \beta\left(R_m - R_f\right)$$

公式中，R_f为无风险报酬率；R_m为市场报酬率；β为第 i 种股票的贝塔系数。

在已确定无风险报酬率、市场报酬率和某种股票的值后，就可测算该股票投资的必要报酬率，即普通股资本成本率。

【例 4－10】已知某股票的β值为 1.6，市场报酬率 10%，无风险报酬率 6%。则该普通股资本成本率测算为：

$$K_c = 6\% + 1.6 \times (10\% - 6\%) = 12.4\%$$

3）债券投资报酬率加股票投资风险报酬率

一般而言，从投资者的角度看，股票投资的风险高于债券，因此，股票投资的必要报酬率可以在债券利率的基础上再加上股票投资高于债券投资的风险报酬率。这种测算方法比较简单，但主观判断色彩浓厚。

【例 4－11】XYZ 公司已发行债券的投资报酬率为 7%。现准备发行一批股票，经分析，该股票高于债券的投资风险报酬率为 5%。则该股票的必要报酬率即资本成本率为：

$$7\% + 5\% = 13\%$$

2. 优先股资本成本率的测算

优先股的股利通常是固定的，公司利用优先股筹资需花费发行费用，因此，优先股资本成本率的测算类似于普通股。测算公式是：

$$K_p = \frac{D_p}{P_p}$$

公式中，K_p为优先股资本成本率；D_p为优先股每股年股利；P_p为优先股筹资净额，即发行价格扣除发行费用。

【例 4－12】 ABC 公司准备发行一批优先股，每股发行价格 10 元，发行费用 0.5 元，预计年股利 1 元。其资本成本率测算如下：

$$K_p = \frac{1}{10-0.5} = 10.53\%$$

3. 留用利润资本成本率的测算

公司的留用利润（或留存收益、留存利润）是由公司税后利润形成的，属于股权资本。从表面上看，公司留用利润并不花费什么资本成本。实际上，股东愿意将其留用于公司而不作为股利取出投资于别处，总是要求获得与普通股等价的报酬。因此，留用利润也有资本成本，不过是一种机会资本成本。留用利润资本成本率的测算方法与普通股基本相同，只是不考虑筹资费用。

以上说明了股份有限公司股权资本成本率的测算。至于非股份制企业，其股权资本成本率的测算与普通股、优先股和留用利润资本成本率的测算有所不同，主要如下：

（1）非股份制企业的投入资本筹资协议有的约定了固定的利润分配比例，这类似于优先股，但不同于普通股；

（2）非股份制企业的投入资本及留用利润不能在证券市场上交易，无法形成公平的交易价格，因而也就难以预计其投资的必要报酬率。在这种情况下，投入资本和留用利润的资本成本率的测算还是一个需要探讨的问题。我国有的财务学者认为，在一定条件下，投入资本及留用利润的资本成本率，可按优先股资本成本率的测算方法予以测算。

三、综合资本成本率的测算

（一）决定综合资本成本率的因素

综合资本成本率是指一个企业全部长期资本的成本率，通常是以各种长期资本的比例为权重，对个别资本成本率进行加权平均测算的，故亦称加权平均资本成本率。因此，综合资本成本率是由个别资本成本率和各种长期资本比例这两个因素所决定的。

个别资本成本率前已介绍。各种长期资本比例是指一个企业各种长期资本分别占企业全部长期资本的比例，即狭义的资本结构。例如，ABC 公司的全部长期资本总额为 10 000 万元，其中长期借款 2 000 万元，占 20%，长期债券 3 500 万元，占 35%，股东权益 4 500 万元，占 45%。当资本结构不变时，个别资本成本率越高，则综合资本成本率越高；反之，个别资本成本率越低，则综合资本成本率越低。因此，在资本结构一定的条件下，综合资本成本率的高低是由个别资本成本率所决定的。当个别资本成本率不变时，资本结构中成本率较高的资本的比例上升，则综合资本成本率提高；反之，成本率较低的资本的比例上升，则综合资本成本率降低。因此，在个别资本成本率一定的条件下，综合资本成本率的高低是由各种长期资本比例即资本结构所决定的。

（二）综合资本成本率的测算方法

根据综合资本成本率的决定因素，在已测算个别资本成本率并取得各种长期资本比例后，可按下列公式测算综合资本成本率：

$$K_w = K_l W_l + K_b W_b + K_p W_p + K_c W_c + K_r W_r$$

公式中，K_w 为综合资本成本率；K_l 为长期借款资本成本率；W_l 为长期借款资本比例；K_b 为长期债券资本成本率；W_b 为长期债券资本比例；K_p 为优先股资本成本率；W_p 为优先股资本比例；K_c 为普通股资本成本率；W_c 为普通股资本比例；K_r 为留存收益资本成本率；W_r 为留存收益资本比例。

上述公式可简化如下：

$$K_w = \sum_{j=1}^{n} K_j W_j$$

公式中，K_w 为综合资本成本率；K_j 为第 j 种资本成本率；W_j 为第 j 种资本比例。

且式中，

$$\sum_{j=1}^{n} W_j = 1$$

【例 4－13】 ABC 公司现有长期资本总额 10 000 万元，其中长期借款 2 000 万元，长期债券 3 500 万元，优先股 1 000 万元，普通股 3 000 万元，留存收益 500 万元；各种长期资本成本率分别为 4%、6%、10%、14%和 13%。该公司综合资本成本率可按如下两步测算：

（1）计算各种长期资本的比例：

$$长期借款资本比例 = \frac{2\,000}{10\,000} = 0.20 \text{ 或 } 20\%$$

$$长期债券资本比例 = \frac{3\,500}{10\,000} = 0.35 \text{ 或 } 35\%$$

$$优先股资本比例 = \frac{1\,000}{10\,000} = 0.10 \text{ 或 } 10\%$$

$$普通股资本比例 = \frac{3\,000}{10\,000} = 0.30 \text{ 或 } 30\%$$

$$留存收益资本比例 = \frac{500}{10\,000} = 0.05 \text{ 或 } 5\%$$

（2）测算综合资本成本率：

$$K_w = 4\% \times 0.20 + 6\% \times 0.35 + 10\% \times 0.10 + 14\% \times 0.30 + 13\% \times 0.05 = 8.75\%$$

上列计算过程亦可列表进行，如表 4－4 所示。

表 4－4　综合资本成本率测算

资本种类	资本价值/万元	资本比例/%	个别资本成本率/%	综合资本成本率/%
长期借款	2 000	20	4	0.80
长期债券	3 500	35	6	2.10

续表

资本种类	资本价值/万元	资本比例/%	个别资本成本率/%	综合资本成本率/%
优先股	1 000	10	10	1.00
普通股	3 000	30	14	4.20
留存收益	500	5	13	0.65
合计	10 000	100	—	8.75

（三）综合资本成本率中资本价值基础的选择

在测算企业综合资本成本率时，资本结构或各种资本在全部资本中所占的比例起着决定作用。企业各种资本的比例则取决于各种资本价值的确定。各种资本价值的确定基础主要有三种选择：账面价值、市场价值和目标价值。

1. 按账面价值确定资本比例

企业财务会计所提供的资料主要是以账面价值为基础的。财务会计通过资产负债表可以提供以账面价值为基础的资本结构资料，这也是企业筹资管理的一个依据。使用账面价值确定各种资本比例的优点是易于从资产负债表中取得这些资料，容易计算；其主要缺陷是资本的账面价值可能不符合市场价值，如果资本的市场价值已经脱离账面价值许多，采用账面价值作基础确定资本比例就会失去现实客观性，从而不利于综合资本成本率的测算和筹资管理的决策。

2. 按市场价值确定资本比例

按市场价值确定资本比例是指债券和股票等以现行资本市场价格为基础确定其资本比例，从而测算综合资本成本率。

按市场价值确定资本比例能够反映公司现实的资本结构和综合资本成本率水平，有利于筹资管理决策。但按市场价值确定资本比例也有不足之处，即证券的市场价格处于经常变动之中而不易选定。为弥补这个不足，在实务中可以采用一定时期证券的平均价格。此外，按账面价值和市场价值确定资本比例，反映的是公司现在和过去的资本结构，未必适用于公司未来的筹资管理决策。

3. 按目标价值确定资本比例

按目标价值确定资本比例是指证券和股票等以公司预计的未来目标市场价值确定资本比例，从而测算综合资本成本率。从公司筹资管理决策的角度而言，对综合资本成本率的一个基本要求是，它适用于公司未来的目标资本结构。

一般认为，采用目标价值确定资本比例，能够体现期望的目标资本结构要求。但资本的目标价值难以客观地确定，因此，通常应选择市场价值确定资本比例。在企业筹资实务中，以目标价值和市场价值确定资本比例虽然有许多优点，但仍有不少公司更愿意采用账面价值确定资本比例，因其易于使用。

【例 4－14】恒达公司 2020 年年末长期资本账面总额为 1 000 万元，其中，银行长期贷款 400 万元，占 40%；长期债券 150 万元，占 15%；股东权益 450 万元（共 200 万股，每股面值 1 元，市价 8 元），占 45%。个别资本成本分别为 5%、6%、9%。则该公司 2020 年的平均资本成本测算如下：

按账面价值计算：

$$K_w = 5\% \times 40\% + 6\% \times 15\% + 9\% \times 45\% = 6.95\%$$

按市场价值计算：

$$K_w = \frac{5\% \times 400 + 6\% \times 150 + 9\% \times 1\,600}{400 + 150 + 1\,600} = \frac{173}{2\,150} = 8.05\%$$

四、边际资本成本率的测算

（一）边际资本成本率的测算原理

边际资本成本率是指企业追加筹资的资本成本率，即企业新增 1 元资本所需负担的成本。在现实中，可能会出现这样一种情况，当企业以某种筹资方式筹资超过一定限度时，边际资本成本率会提高。此时，即使企业保持原有的资本结构，也仍有可能导致加权平均资本成本率的上升。因此，边际资本成本率亦称随筹资额增加而提高的加权平均资本成本率。

企业追加筹资有时可能只采取某一种筹资方式。在筹资数额较大，或在目标资本结构既定的情况下，往往需要通过多种筹资方式的组合来实现。这时，边际资本成本率应该按加权平均法测算，而且其资本比例必须以市场价值确定。

【例 4-15】 XYZ 公司现有长期资本总额 1 000 万元，其目标资本结构（比例）为长期债务 0.20，优先股 0.05，普通股权益（包括普通股和留存收益）0.75。现拟追加资本 500 万元，仍按此资本结构筹资。经测算，个别资本成本率分别为长期债务 7.50%，优先股 11.80%，普通股权益 14.80%。该公司追加筹资的边际资本成本率测算如表 4-5 所示。

表 4-5　XYZ 公司追加筹资的边际资本成本率测算

资本种类	目标资本比例/%	资本价值/万元	个别资本成本率/%	边际资本成本率/%
长期债务	20	100	7.50	1.50
优先股	5	25	11.80	0.59
普通股权益	75	375	14.80	11.10
合　计	100	500	—	13.19

（二）边际资本成本率规划

企业在追加筹资中，为了便于比较选择不同规模范围的筹资组合，可以预先测算边际资本成本率，并以表或图的形式反映。

下面举例说明建立边际资本成本率规划的过程与方法。

【例 4-16】 ABC 公司目前拥有长期资本 10 000 000 元，其中，长期债务 2 000 000 元，优先股 500 000 元，普通股权益（含留存收益）7 500 000 元。为了适应追加投资的需要，公司准备筹措新资。试测算建立追加筹资的边际资本成本率规划。可按下列步骤进行：

（1）确定目标资本结构。

财务人员经分析测算后认为，ABC 公司目前的资本结构处于目标资本结构范围，在今后增资时应予保持，即长期债务 0.20，优先股 0.05，普通股权益 0.75。

（2）测算各种资本的成本率。

财务人员分析了资本市场状况和公司的筹资能力，认为随着公司筹资规模的扩大，各种资本的成本率也会发生变动，测算结果如表 4－6 所示。

表 4－6　ABC 公司追加筹资测算结果

资本种类	目标资本结构（1）	追加筹资数额范围/元（2）	个别资本成本率/%（3）
长期债务	0.20	10 000 以下	6
		10 000～40 000	7
		40 000 以上	8
优先股	0.05	2 500 以下	10
		2 500 以上	12
普通股权益	0.75	22 500 以下	14
		22 500～75 000	15
		75 000 以上	16

（3）测算筹资总额分界点。

根据公司目标资本结构和各种资本的成本率变动的分界点，测算公司筹资总额分界点。其测算公式为：

$$BP_j = \frac{TF_j}{W_j}$$

公式中，BP_j 为筹资总额分界点；TF_j 为第 j 种资本的成本率分界点；W_j 为目标资本结构中第 j 种资本的比例。

ABC 公司追加筹资总额范围的测算结果如表 4－7 所示。

表 4－7　ABC 公司追加筹资总额范围的测算结果

资本种类	个别资本成本率/%	各种资本筹资范围/元	筹资总额分界点/元	筹资总额范围/元
长期债务	6	10 000 以下	$\frac{10\,000}{0.20}=50\,000$	50 000 以下
	7	10 000～40 000		50 000～200 000
	8	40 000 以上	$\frac{40\,000}{0.20}=200\,000$	200 000 以上
优先股	10	2 500 以下	$\frac{2\,500}{0.05}=50\,000$	50 000 以下
	12	2 500 以上		50 000 以上
普通股权益	14	22 500 以下	$\frac{22\,500}{0.75}=30\,000$	30 000 以下
	15	22 500～7 5 000		30 000～100 000
	16	75 000 以上	$\frac{75\,000}{0.75}=100\,000$	100 000 以上

表 4－7 显示了特定种类资本成本率变动的分界点。例如，长期债务在 10 000 元以内时，其资本成本率为 6%，而在目标资本结构中，债务资本的比例为 20%。这表明当债务资本成本率由 6%上升到 7%之前，企业可筹资 50 000 元；当筹资总额多于 50 000 元时，债务资本成本率就要上升到 7%。

（4）测算边际资本成本率。

根据上一步骤测算出的筹资分界点，可以得出下列 5 个新的筹资总额范围：① 30 000 元以下；② 30 000～50 000 元；③ 50 000～100 000 元；④ 100 000～200 000 元；⑤ 200 000 元以上。对这 5 个筹资总额范围分别测算其加权平均资本成本率，即可得到各种筹资总额范围的边际资本成本率，如表 4－8 所示。

表 4－8　边际资本成本率规划

<table>
<tr><th>序号</th><th>筹资总额范围/元</th><th>资本种类</th><th>目标资本结构/%</th><th>个别资本成本率/%</th><th>边际资本成本率/%</th></tr>
<tr><td rowspan="3">1</td><td rowspan="3">30 000 以内</td><td>长期债务</td><td>0.20</td><td>6</td><td>1.20</td></tr>
<tr><td>优先股</td><td>0.05</td><td>10</td><td>0.50</td></tr>
<tr><td>普通股权益</td><td>0.75</td><td>14</td><td>10.50</td></tr>
<tr><td colspan="6">第 1 个筹资总额范围的边际资本成本率＝12.20</td></tr>
<tr><td rowspan="3">2</td><td rowspan="3">30 000～50 000</td><td>长期债务</td><td>0.20</td><td>6</td><td>1.20</td></tr>
<tr><td>优先股</td><td>0.05</td><td>10</td><td>0.50</td></tr>
<tr><td>普通股权益</td><td>0.75</td><td>15</td><td>11.25</td></tr>
<tr><td colspan="6">第 2 个筹资总额范围的边际资本成本率＝12.95</td></tr>
<tr><td rowspan="3">3</td><td rowspan="3">50 000～100 000</td><td>长期债务</td><td>0.20</td><td>7</td><td>1.40</td></tr>
<tr><td>优先股</td><td>0.05</td><td>12</td><td>0.60</td></tr>
<tr><td>普通股权益</td><td>0.75</td><td>15</td><td>11.25</td></tr>
<tr><td colspan="6">第 3 个筹资总额范围的边际资本成本率＝13.25</td></tr>
<tr><td rowspan="3">4</td><td rowspan="3">100 000～200 000</td><td>长期债务</td><td>0.20</td><td>7</td><td>1.40</td></tr>
<tr><td>优先股</td><td>0.05</td><td>12</td><td>0.60</td></tr>
<tr><td>普通股权益</td><td>0.75</td><td>16</td><td>12.00</td></tr>
<tr><td colspan="6">第 4 个筹资总额范围的边际资本成本率＝14.00</td></tr>
<tr><td rowspan="3">5</td><td rowspan="3">200 000 以上</td><td>长期债务</td><td>0.20</td><td>8</td><td>1.60</td></tr>
<tr><td>优先股</td><td>0.05</td><td>12</td><td>0.60</td></tr>
<tr><td>普通股权益</td><td>0.75</td><td>16</td><td>12.00</td></tr>
<tr><td colspan="6">第 5 个筹资总额范围的边际资本成本率＝14.20</td></tr>
</table>

第三节　杠杆利益与风险

杠杆利益与风险是企业资本结构决策的一个基本因素。企业的资本结构决策应当在杠杆利益与风险之间进行权衡。本节分析并衡量营业杠杆利益与风险、财务杠杆利益与风险以及这两种杠杆利益与风险的综合——联合杠杆利益与风险。

一、营业杠杆利益与风险

（一）营业杠杆原理

1. 营业杠杆的概念

营业杠杆，亦称经营杠杆或营运杠杆，是指企业在经营活动中对营业成本中固定成本的利用。企业营业成本按其与营业总额的依存关系可分为变动成本和固定成本两部分。其中，变动成本是指随着营业总额的变动而变动的成本；固定成本是指在一定的营业规模内，其总额不受营业总额变动的影响而保持相对固定不变的成本。企业可以通过扩大营业总额而降低单位营业额的固定成本，从而增加企业的营业利润，如此就形成企业的营业杠杆。企业利用营业杠杆，有时可以获得一定的营业杠杆利益，有时也承受着相应的营业风险即遭受损失。可见，营业杠杆是一把“双刃剑”。

2. 营业杠杆利益分析

营业杠杆利益是指在企业扩大营业总额的条件下，单位营业额的固定成本下降而给企业增加的营业利润。在企业一定的营业规模下，变动成本随着营业总额的增加而增加，固定成本却不因营业总额的增加而增加，而是保持固定不变。随着营业额的增加，单位营业额所负担的固定成本会相对减少，从而给企业带来额外利润。

【例 4－17】XYZ 公司的营业总额为 2 500 万～3 000 万元，固定成本总额为 800 万元，变动成本为 60%。公司 2018—2020 年的营业总额分别为 2 500 万元、2 650 万元和 3 000 万元。现以表 4－9 测算其营业杠杆利益。

表 4－9　XYZ 公司营业杠杆利益测算

年份	营业总额/万元	营业总额增长率/%	变动成本/万元	固定成本/元	营业利润/万元	利润增长率/%
2018	2 500		1 500	800	200	
2019	2 650	6	1 590	800	260	30
2020	3 000	13.21	1 800	800	400	53.85

由表 4－9 可见，XYZ 公司在营业总额为 2 500 万～3 000 万元的范围内，固定成本总额每年都是 800 万元，即保持不变，随着营业总额的增长，息税前利润以更快的速度增长。在例 4－17 中，XYZ 公司 2019 年与 2018 年相比，营业总额的增长率为 6%，同期息税前利润的增长率为 30%；2020 年与 2019 年相比，营业总额的增长率为 13.21%，同期息税前利润的增长率为 53.85%。由此可知，由于 XYZ 公司有效地利用了营业杠杆，获得了较高的营业杠杆利益，即息税前利润的增长幅度高于营业总额的增长幅度。

下面再对拥有不同营业杠杆的三家公司进行分析比较。其中，A 公司的固定成本大于变动成本，B 公司的变动成本大于固定成本，C 公司的固定成本是 A 公司的 2 倍。现以表 4－10 测算 A、B、C 三个公司的营业杠杆利益。

表 4-10 A、B、C 三个公司的营业杠杆利益测算

营业总额变动前：	A 公司	B 公司	C 公司
营业总额/万元	10 000	12 000	20 500
营业成本/万元：			
固定成本	7 000	2 000	14 000
变动成本	2 000	7 000	3 000
营业利润/万元	1 000	3 000	3 500
下一年度营业总额增长 50%后：	A 公司	B 公司	C 公司
营业总额/万元	15 000	18 000	30 750
营业成本/万元：			
固定成本	7 000	2 000	14 000
变动成本	3 000	10 000	4 500
营业利润/万元	5 000	6 000	12 250
营业利润增长率/%	400	100	250

由表 4-10 可见，尽管下一年度营业总额的增长率相同，都是 50%，但由于 A、B、C 三个公司的具体情况不同，尤其是营业杠杆即固定成本比例的大小不同，营业利润的增长率也不相等，其中 A 公司最高为 400%，C 公司次之为 250%，B 公司最低为 100%。由此可见营业杠杆对营业利润的影响作用。

3. 营业风险分析

营业风险，亦称经营风险，是指与企业经营有关的风险，尤其是指企业在经营活动中利用营业杠杆而导致营业利润下降的风险。由于营业杠杆的作用，当营业总额下降时，营业利润下降得更快，从而给企业带来更大的营业风险。

【例 4-18】假定 XYZ 公司 2018—2020 年的营业总额分别为 3 000 万元、2 700 万元和 2 500 万元，每年的固定成本都是 800 万元，变动成本率为 60%。下面以表 4-11 测算其营业风险。

表 4-11 XYZ 公司营业风险测算

年份	营业总额/万元	营业总额增长率/%	变动成本/万元	固定成本/万元	营业利润/万元	利润增长率/%
2018	3 000		1 800	800	400	
2019	2 700	-10	1 620	800	280	-30
2020	2 500	-7.41	1 500	800	200	-28.57

由表 4-11 的测算可见，XYZ 公司在营业总额为 2 500 万～3 000 万元的范围内，固定成本总额每年都是 800 万元，即保持不变，而随着营业总额的下降，息税前利润以更快的速度下降。例如，XYZ 公司 2019 年与 2018 年相比，营业总额的降低率为 10%，同期息税

前利润的降低率为 30%；2020 年与 2019 年相比，营业总额的降低率为 7.41%，同期息税前利润的降低率为 28.57%。由此可知，由于 XYZ 公司没有有效地利用营业杠杆，从而导致了营业风险，即息税前利润的降低幅度高于营业总额的降低幅度。

（二）营业杠杆系数的测算

营业杠杆系数是指企业营业利润的变动率相当于营业额变动率的倍数。它反映着营业杠杆的作用程度。为了反映营业杠杆的作用程度，估计营业杠杆利益的大小，评价营业风险的高低，需要测算营业杠杆系数。其测算公式为：

$$DOL=\frac{\Delta EBIT/EBIT}{\Delta S/S}$$

公式中，DOL 为营业杠杆系数；$EBIT$ 为营业利润，即息税前利润；$\Delta EBIT$ 为营业利润的变动额；S 为营业额；ΔS 为营业额的变动额。

为了便于计算，可将上列公式变换如下：

$$EBIT=Q(P-V)-F$$

$$\Delta EBIT=\Delta Q(P-V)$$

$$DOL_Q=\frac{Q(P-V)}{Q(P-V)-F}$$

或

$$DOL_S=\frac{S-C}{S-C-F}$$

公式中，DOL_Q 为按销售数量确定的营业杠杆系数；Q 为销售数量；P 为销售单价；V 为单位销量的变动成本额；F 为固定成本总额；DOL_S 为按销售金额确定的营业杠杆系数；C 为变动成本总额，可按变动成本率乘以销售总额来确定。

【例 4－19】XYZ 公司的产品销量 50 000 件，单位产品售价 1 000 元，销售总额 5 000 万元，固定成本总额为 800 万元，单位产品变动成本为 600 元，变动成本率为 60%，变动成本总额为 3 000 万元。其营业杠杆系数测算如下：

$$DOL_Q=\frac{50\,000\times(1\,000-600)}{50\,000\times(1\,000-600)-8\,000\,000}=1.67(\text{倍})$$

$$DOL_S=\frac{50\,000\,000-30\,000\,000}{50\,000\,000-30\,000\,000-8\,000\,000}=1.67(\text{倍})$$

在此例中，营业杠杆系数为 1.67 的意义在于：当企业销售增长 1%时，息税前利润将增长 1.67%；反之，当企业销售下降 1%时，息税前利润将下降 1.67%。前一种情形表现为营业杠杆利益，后一种情形则表现为营业风险。一般而言，企业的营业杠杆系数越大，营业杠杆利益和营业风险就越高；企业的营业杠杆系数越小，营业杠杆利益和营业风险就越低。

（三）影响营业杠杆利益与风险的其他因素

影响企业营业杠杆系数，或者说影响企业营业杠杆利益和营业风险的因素，除了固定成本以外，还有其他许多因素，主要有：

1. 产品供求的变动

产品供求关系的变动，使产品的售价和变动成本都可能发生变动，从而对营业杠杆系数产生影响。

2. 产品售价的变动

在其他因素不变的条件下，产品售价的变动将会影响营业杠杆系数。假如在例 4－19 中，产品销售单价由 1 000 元上升为 1 100 元，其他条件不变，则营业杠杆系数会变为：

$$DOL_Q=\frac{50\,000\times(1100-600)}{50\,000\times(1100-600)-8\,000\,000}=1.47(\text{倍})$$

3. 单位产品变动成本的变动

在其他因素不变的条件下，单位产品变动成本额或变动成本率的变动也会影响营业杠杆系数。假如在例 4－19 中，变动成本率由 60%上升至 65%，其他条件不变，则营业杠杆系数会变为：

$$DOL_S=\frac{50\,000\,000-32\,500\,000}{50\,000\,000-32\,500\,000-8\,000\,000}=1.84(\text{倍})$$

4. 固定成本总额的变动

在一定的产销规模内，固定成本总额相对保持不变。如果产销规模超出了一定的限度，固定成本总额也会发生一定的变动。假如在例 4－19 中，产品销售总额由 5 000 万元增至 6 000 万元，同时固定成本总额由 800 万元增至 950 万元，变动成本率仍为 60%。这时，XYZ 公司的营业杠杆系数会变为：

$$DOL_S=\frac{60\,000\,000-36\,000\,000}{60\,000\,000-36\,000\,000-9\,500\,000}=1.66(\text{倍})$$

在上列因素发生变动的情况下，营业杠杆系数一般也会发生变动，从而产生不同程度的营业杠杆利益和营业风险。由于营业杠杆系数影响着企业的息税前利润，从而也就制约着企业的筹资能力和资本结构。因此，营业杠杆系数是资本结构决策的一个重要因素。

二、财务杠杆利益与风险

（一）财务杠杆原理

1. 财务杠杆的概念

财务杠杆，亦称筹资杠杆，是指企业在筹资活动中对资本成本固定的债权资本的利用。企业的全部长期资本是由股权资本和债权资本构成的。股权资本成本是变动的，在企业所得税后利润中支付；而债权资本成本通常是固定的，并在企业所得税前扣除。不管企业的息税前利润是多少，首先都要扣除利息等债权资本成本，然后才归属于股权资本。因此，企业利用财务杠杆会对股权资本的收益产生一定的影响，有时可能给股权资本的所有者带来额外的收益即财务杠杆利益，有时可能造成一定的损失即遭受财务风险。

2. 财务杠杆利益分析

财务杠杆利益，亦称融资杠杆利益，是指企业利用债务筹资这个财务杠杆而给股权资本带来的额外收益。在企业资本规模和资本结构一定的条件下，企业从息税前利润中支付的债务利息是相对固定的，当息税前利润增多时，每 1 元息税前利润所负担的债务利息会相应降低，扣除企业所得税后可分配给企业股权资本所有者的利润就会增加，从而给企业所有者带来额外的收益。

【例 4－20】XYZ 公司 2018—2020 年的息税前利润分别为 180 万元、240 万元和 400 万

元，每年的债务利息为 150 万元，公司所得税税率为 25%。该公司财务杠杆利益的测算如表 4－12 所示。

表 4－12　XYZ 公司财务杠杆利益的测算

年份	息税前利润/万元	息税前利润增长率/%	债务利息/万元	所得税（25%）/万元	税后利润/万元	税后利润增长率/%
2018	180		150	7.5	22.5	
2019	240	33	150	22.5	67.5	200
2020	400	67	150	62.5	187.5	178

由表 4－12 可知，在资本结构一定、债务利息保持固定不变的条件下，随着息税前利润的增长，税后利润以更快的速度增长，从而使企业所有者获得财务杠杆利益。在例 4－20 中，XYZ 公司 2019 年与 2018 年相比，息税前利润的增长率为 33%，同期税后利润的增长率达 200%；2020 年与 2019 年相比，息税前利润的增长率为 67%，同期税后利润的增长率为 178%。

由此可知，由于 XYZ 公司有效地利用了筹资杠杆，从而给企业股权资本所有者带来了额外的利益，即税后利润的增长幅度高于息税前利润的增长幅度。

3. 财务风险分析

财务风险亦称筹资风险，是指企业在经营活动中与筹资有关的风险，尤其是指在筹资活动中利用财务杠杆可能导致企业股权资本所有者收益下降的风险，甚至可能导致企业破产的风险。由于财务杠杆的作用，当息税前利润下降时，税后利润下降得更快，从而给企业股权资本所有者造成财务风险。

【例 4－21】假定 XYZ 公司 2018—2020 年的息税前利润分别为 400 万元、240 万元和 180 万元，每年的债务利息都是 150 万元，公司所得税税率为 25%，该公司财务风险测算如表 4－13 所示。

表 4－13　XYZ 公司财务风险测算

年份	息税前利润/万元	息税前利润增长率/%	债务利息/万元	所得税（25%）/万元	税后利润/万元	税后利润增长率/%
2018	400		150	62.5	187.5	
2019	240	－40	150	22.5	67.5	－64
2020	180	－25	150	7.5	22.5	－67

由表 4－13 可见，XYZ 公司 2018—2020 年每年的债务利息均为 150 万元保持不变，但随着息税前利润的下降，税后利润以更快的速度下降。例如，XYZ 公司 2019 年与 2018 年相比，息税前利润的降低率为 40%，同期税后利润的降低率为 64%；2020 年与 2019 年相比，息税前利润的降低率为 25%，同期税后利润的降低率为 67%。由此可知，由于 XYZ 公司没有有效地利用财务杠杆，从而导致了财务风险，即税后利润的降低幅度高于息税前利润的降低幅度。

（二）财务杠杆系数的测算

财务杠杆系数是指企业税后利润的变动率相当于息税前利润变动率的倍数。它反映着财务杠杆的作用程度。对股份有限公司而言，财务杠杆系数则表现为普通股每股税后利润变动率相当于息税前利润变动率的倍数。为了反映财务杠杆的作用程度，估计财务杠杆利益的大小，评价财务风险的高低，需要测算财务杠杆系数。其测算公式为：

$$DFL=\frac{\Delta EAT/EAT}{\Delta EBIT/EBIT}$$

或

$$DFL=\frac{\Delta EPS/EPS}{\Delta EBIT/EBIT}$$

公式中，DFL 为财务杠杆系数；ΔEAT 为税后利润变动额；EAT 为税后利润额；$\Delta EBIT$ 为息税前利润变动额；$EBIT$ 为息税前利润额；ΔEPS 为普通股每股税后利润变动额；EPS 为普通股每股税后利润额。

为了便于计算，可将上列公式变换如下：

$$EPS=\frac{(EBIT-I)(1-T)}{N}$$

$$\Delta EPS=\Delta EBIT\frac{(1-T)}{N}$$

$$DFL=\frac{EBIT}{EBIT-I}$$

公式中，I 为债务年利息额；T 为公司所得税税率；N 为流通在外普通股股数。

【例 4－22】ABC 公司全部长期资本为 7 500 万元，债权资本比例为 0.4，债务年利率 8%，公司所得税税率 25%。在息税前利润为 800 万元时，税后利润为 294.8 万元。其财务杠杆系数测算如下：

$$DFL=\frac{800}{800-7\,500\times0.4\times8\%}=1.43\text{（倍）}$$

例 4－22 中财务杠杆系数为 1.43 的意义在于：当息税前利润增长 1%时，普通股每股税后利润将增长 1.43%；反之，当息税前利润下降 1%时，普通股每股利润将下降 1.43%。前一种情形表现为财务杠杆利益，后一种情形则表现为财务风险。一般而言，财务杠杆系数越大，企业的财务杠杆利益和财务风险就越高；财务杠杆系数越小，企业的财务杠杆利益和财务风险就越低。

（三）影响财务杠杆利益与风险的其他因素

影响企业财务杠杆系数，或者说影响企业财务杠杆利益和财务风险的因素，除了债权资本固定利息以外，还有其他许多因素，主要有：

1. 资本规模的变动

在其他因素不变的情况下，如果资本规模发生了变动，财务杠杆系数也将随之变动。例如，在例 4－22 中，假如资本规模为 7 000 万元，其他因素保持不变，则财务杠杆系数变为：

$$DFL = \frac{800}{800-7\ 000\times0.4\times8\%} = 1.39（倍）$$

2. 资本结构的变动

一般而言，在其他因素不变的条件下，资本结构发生变动，或者说债权资本比例发生变动，财务杠杆系数也会随之变动。例如在例 4－22 中，假如债权资本比例变为 0.5，其他因素保持不变，则财务杠杆系数变为：

$$DFL = \frac{800}{800-7\ 500\times0.5\times8\%} = 1.6（倍）$$

3. 债务利率的变动

在债务利率发生变动的情况下，即使其他因素不变，融资杠杆系数也会发生变动。假如在例 4－22 中，其他因素不变，只有债务利率发生了变动，由 8%降至 6%，则财务杠杆系数变动为：

$$DFL = \frac{800}{800-7\ 500\times0.4\times6\%} = 1.29（倍）$$

4. 息税前利润的变动

息税前利润的变动通常也会影响财务杠杆系数。假如例 4－22 的息税前利润由 800 万元增至 900 万元，在其他因素不变的情况下，财务杠杆系数则变为：

$$DFL = \frac{900}{900-7\ 500\times0.4\times8\%} = 1.36（倍）$$

在上列因素发生变动的情况下，财务杠杆系数一般也会发生变动，从而产生不同程度的财务杠杆利益和财务风险。因此，财务杠杆系数是资本结构决策的一个重要因素。

三、联合杠杆利益与风险

（一）联合杠杆原理

联合杠杆，亦称总杠杆，是指营业杠杆和财务杠杆的综合。营业杠杆是利用企业经营成本中固定成本的作用而影响息税前利润，财务杠杆是利用企业资本成本中债权资本固定利息的作用而影响税后利润或普通股每股税后利润。营业杠杆和财务杠杆两者最终都影响到企业税后利润或普通股每股税后利润。因此，联合杠杆综合了营业杠杆和财务杠杆的共同影响作用。一个企业同时利用营业杠杆和财务杠杆，这种影响作用会更大。

（二）联合杠杆系数的测算

对于营业杠杆和财务杠杆综合程度的大小，可以用联合杠杆系数来反映。联合杠杆系数，亦称总杠杆系数，是指普通股每股税后利润变动率相当于营业总额（营业总量）变动率的倍数。它是营业杠杆系数与财务杠杆系数的乘积。用公式表示如下：

$$\begin{aligned} DCL(或DTL) &= DOL \cdot DFL \\ &= \frac{\Delta EPS / EPS}{\Delta Q / Q} \end{aligned}$$

或

$$=\frac{\Delta EPS / EPS}{\Delta S / S}$$

公式中，*DCL*（或 *DTL*）为联合杠杆系数。

【例 4－23】 ABC 公司的营业杠杆系数为 2，同时财务杠杆系数为 1.8。该公司的联合杠杆系数测算为：

$$DCL=2\times1.8=3.6\text{（倍）}$$

在此例中，联合杠杆系数为 3.6 的意义在于：当公司营业总额或营业总量增长 1%时，普通股每股税后利润将增长 3.6%，具体反映公司的联合杠杆利益；反之，当公司营业总额下降 1%时，普通股每股税后利润将下降 3.6%，具体反映公司的联合杠杆风险。

第四节 资本结构

资本结构及其管理是企业筹资管理的核心问题。如果企业现有资本结构不合理，应通过筹资活动优化调整资本结构，使其趋于科学合理。

一、资本结构理论

（一）资本结构的含义

1. 资本结构的概念

资本结构是指企业各种资本的价值构成及其比例关系。在企业筹资管理活动中，资本结构有广义和狭义之分。广义的资本结构是指企业全部资本价值的构成及其比例关系。它不仅包括长期资本，还包括短期资本，主要是短期债权资本。狭义的资本结构是指企业各种长期资本价值的构成及其比例关系，尤其是指长期的股权资本与债权资本的构成及其比例关系。在狭义资本结构下，短期债权资本作为营运资本来管理。本书所指的资本结构是指狭义的资本结构。

2. 资本结构的种类

资本结构可以从不同角度来认识，于是形成了各种资本结构种类，主要有资本的属性结构和资本的期限结构两种。

1）资本的属性结构

资本的属性结构是指企业不同属性资本的价值构成及其比例关系。企业全部资本就其属性而言，通常分为两大类：一类是股权资本，另一类是债权资本。这两类资本构成的资本结构就是该企业资本的属性结构。例如，ABC 公司的资本总额为 10 000 万元，其中银行借款和应付债券属于债权资本，两者合计 5 000 万元，比例为 50%；普通股和留存收益属于股权资本，两者合计 5 000 万元，比例为 50%。债权资本和股权资本各为 5 000 万元或各占 50%，或者债权资本与股权资本之比为 1:1。这就是 ABC 公司资本的属性结构的不同表达。企业同时有债权资本和股权资本构成的资本属性结构，有时又称搭配资本结构或杠杆资本结构，其搭配比例或杠杆比例通常用债权资本的比例来表示。

2）资本的期限结构

资本的期限结构是指不同期限资本的价值构成及其比例关系。一个企业的全部资本就其期限而言，一般可以分为两类：一类是长期资本；另一类是短期资本。这两类资本构成的资本结构就是企业资本的期限结构。在上例中，ABC 公司的银行借款 2 000 万元中有 1 000 万元是短期借款，1 000 万元是长期借款，应付债券、普通股和留存收益都是长期资本，因此该公司短期资本为 1 000 万元，长期资本为 9 000 万元，或长期资本占 90%，短期资本占 10%，或者长期资本与短期资本之比为 9:1。这就是 ABC 公司资本期限结构的不同表达。

3）资本结构的价值基础

对于上述资本结构，尚未具体指明资本的价值计量基础。在前面介绍综合资本成本率时曾说明资本价值的计量基础有账面价值、市场价值和目标价值。一个企业的资本分别按这三种价值计量基础来计量和表达资本结构，就形成三种不同价值计量基础反映的资本结构，即资本的账面价值结构、资本的市场价值结构和资本的目标价值结构。

（1）资本的账面价值结构是指企业资本按历史账面价值基础计量反映的资本结构。一个企业资产负债表的右方“负债及所有者权益”或“负债及股东权益”所反映的资本结构就是按账面价值计量反映的，由此形成的资本结构是资本的账面价值结构。它不太适合企业资本结构决策的要求。

（2）资本的市场价值结构是指企业资本按现时市场价值基础计量反映的资本结构。当一个企业的资本具有现时市场价格时，可以按其市场价格计量反映资本结构。通常上市公司发行的股票和债券具有现时的市场价格，因此，上市公司可以市场价格计量反映其资本的现时市场价值结构。它比较适合于上市公司资本结构决策的要求。

（3）资本的目标价值结构是指企业资本按未来目标价值计量反映的资本结构。当一家公司能够比较准确地预计其资本的未来目标价值时，可以按其目标价值计量反映资本结构。从理想的角度讲，它更适合企业资本结构决策的要求，但资本的未来目标价值不易客观准确地估计。

3. 资本结构的意义

优化资本结构主要是指资本的属性结构的决策问题，即债权资本的比例安排问题。在企业的资本结构决策中，合理地利用债权筹资，科学地安排债权资本的比例，是企业筹资管理的一个核心问题，它对企业具有重要的意义。

（1）合理安排债权资本比例可以降低企业的综合资本成本率。由于债务利息率通常低于股票股利率，而且债务利息在所得税前利润中扣除，企业可减少所得税，从而使债权资本成本率明显低于股权资本成本率。因此，在一定的限度内合理地提高债权资本的比例，可以降低企业的综合资本成本率。

（2）合理安排债权资本比例可以获得财务杠杆利益。由于债务利息通常是固定不变的，当息税前利润增大时，每 1 元利润所负担的固定利息会相应降低，从而可分配给股权所有者的税后利润会相应增加。因此，在一定的限度内合理地利用债权资本，可以发挥财务杠杆的作用，给企业所有者带来财务杠杆利益。

（3）合理安排债权资本比例可以增加公司的价值。一般而言，一家公司的价值应该等于其债权资本的市场价值与股权资本的市场价值之和，用公式表示为：

$$V=B+S$$

公式中，V 为公司总价值，即公司总资本的市场价值；B 为公司债权资本的市场价值；S 为公司股权资本的市场价值。

上列公式清楚地表达了按资本的市场价值计量反映的资本属性结构与公司总价值的内在关系。公司的价值与公司的资本结构是紧密联系的，公司的资本结构影响着公司的债权资本市场价值和股权资本市场价值，进而对公司总资本的市场价值即公司总价值具有重要的影响。因此，合理安排资本结构有利于增加公司的市场价值。

（二）资本结构理论

资本结构理论是现代企业财务领域的核心部分，美国学者莫迪格莱尼（Franco Modigliani）和米勒（Mertor Miller）提出了著名的MM理论，标志着现代资本结构理论的建立。

1. MM 理论

MM 理论是莫迪格莱尼和米勒两位财务学者所开创的资本结构理论的简称。1958 年，美国的莫迪格莱尼和米勒两位教授合作发表了《资本成本、公司价值与投资理论》一文。该文深入探讨了公司资本结构与公司价值的关系，创立了 MM 资本结构理论，并开创了现代资本结构理论的研究，这两位作者也因此荣获诺贝尔经济学奖。自 MM 资本结构理论创立以来，迄今为止几乎所有的资本结构理论研究都是围绕它进行的。

MM 理论的基本假设如下：

（1）企业的经营风险是可衡量的，有相同经营风险的企业即处于同一风险等级；

（2）现在和将来的投资者对企业未来的 *EBIT* 估计完全相同，即投资者对企业未来收益和取得这些收益所面临风险的预期是一致的；

（3）证券市场是完善的，没有交易成本；

（4）投资者可同公司一样以同等利率获得借款；

（5）无论借债多少，公司及个人的负债均无风险，故负债利率为无风险利率；

（6）投资者预期的 *EBIT* 不变，即假设企业的增长率为零，那么所有现金流量都是年金；

（7）公司的股利政策与公司价值无关，公司发行新债不影响已有债务的市场价值。

MM 资本结构理论认为，不考虑企业所得税，有无负债不改变企业价值。因此，企业价值不受资本结构影响。而且，有负债企业的股权成本随着负债程度的增大而增大。

在考虑企业所得税带来的影响后，提出了修正的 MM 理论。该理论认为企业可利用财务杠杆增加企业价值，因负债利息可带来避税利益，企业价值会随着资产负债率的增加而增加。具体而言，有负债企业的价值等于同一风险等级中无负债企业的价值加上赋税节余的价值；有负债企业的股权成本等于相同风险等级的无负债企业股权成本加上与以市场价值计算的债务与股权比例成比例的风险收益，且风险收益取决于企业的债务比例以及企业所得税税率。

在此基础上，米勒进一步将个人所得税因素引入修正的 MM 理论，并建立了同时考虑企业所得税和个人所得税的 MM 资本结构理论模型。

2. 权衡理论

修正了的 MM 理论只是接近了现实，在现实经济实践中，各种负债成本随负债比率的增大而上升，当负债比率达到某一程度时，企业负担破产成本的概率会增加。经营良好的企业，通常会维持其债务不超过某一限度。为解释这一现象，权衡理论应运而生。

权衡理论通过放宽 MM 理论完全信息以外的各种假定，考虑在税收、财务困境成本存在的条件下，资本结构如何影响企业市场价值。权衡理论认为，有负债企业的价值等于无负债企业的价值加上赋税节约现值，再减去财务困境成本的现值。

3. 代理理论

代理理论认为企业资本结构会影响经理人员的工作水平和其他行为选择，从而影响企业未来现金收入和企业市场价值。该理论认为，债务筹资有很强的激励作用，并将债务视为一种担保机制。这种机制能够促使经理多努力工作，少个人享受，并且做出更好的投资决策，从而降低由于两权分离而产生的代理成本；但是，债务筹资可能带来另一种代理成本，即企业接受债权人监督而产生的成本。均衡的企业所有权结构是由股权代理成本和债务代理成本之间的平衡关系来决定的。

4. 优化融资理论

优化融资理论以非对称信息条件以及交易成本的存在为前提，认为企业外部融资要多支付各种成本，使得投资者可以从企业资本结构的选择中来判断企业市场价值。企业偏好内部融资，当需要进行外部融资时，债务筹资优于股权筹资。从成熟的证券市场来看，企业的筹资优序模式首先是内部筹资，其次是借款、发行债券、可转换债券，最后是发行新股筹资。但是，该理论显然难以解释现实生活中所有的资本结构规律。

值得一提的是，积极主动地改变企业的资本结构（例如通过出售或者回购股票或者债券）牵涉到交易成本，企业很可能不愿意改变资本结构，除非资本结构严重偏离了最优水平。由于公司股权的市场价值随股价的变化而波动，所以大多数企业的资本结构变动很可能是被动发生的。

二、影响资本结构决策的因素

资本结构是一个产权结构问题，是社会资本在企业经济组织形式中的资源配置结果。资本结构的变化，会直接影响社会资本所有者的利益。

（一）企业经营状况的稳定性和成长率

企业产销业务量的稳定程度对资本结构有重要影响，如果产销业务稳定，企业可较多地负担固定财务费用；如果产销业务量和盈余有周期性，则负担固定财务费用将承担较大的财务风险。经营发展能力表现为未来产销业务量的增长率，如果产销业务量能够以较高的水平增长，企业可以采用高负债的资本结构，以提升权益资本的报酬。

（二）企业的财务状况和信用等级

企业的财务状况良好，信用等级高，债权人愿意向企业提供信用，企业容易获得债务资金。相反，如果企业财务状况欠佳，信用等级不高，债权人投资风险大，这样会降低企业获得信用的能力，加大债务资金筹资的资本成本。

（三）企业资产结构

资产结构是企业筹集资本后进行资源配置和使用后的资金结构，包括长短期资产的构成和比例，以及长短期资产内部的构成和比例。资产结构对企业资本结构的影响主要包括以下两项：

（1）拥有大量固定资产的企业主要通过发行股票融通资金；

（2）拥有较多流动资产的企业更多地依赖流动负债融通资金；

（3）资产适用于抵押贷款的企业负债较多，以技术研发为主的企业则负债较少。

（四）企业投资人和管理当局的态度

从企业所有者的角度看，如果企业股权分散，企业可能更多地采用权益资本筹资以分散企业风险。如果企业为少数股东控制，股东通常重视控制权问题，为防止控制权稀释，企业一般尽量避免普通股筹资，而是采用优先股或债务筹资方式。从企业管理当局的角度看，高负债资本结构的财务风险高，一旦经营失败或出现财务危机，管理当局将面临市场被接管的威胁或者被董事会解聘。因此，稳健的管理当局偏好于选择低负债比例的资本结构。

（五）行业特征和企业发展周期

不同行业的资本结构差异很大。产品市场稳定的成熟产业经营风险低，因此可提高债务资金比重，发挥财务杠杆作用。高新技术企业产品、技术、市场尚不成熟，经营风险高，因此可降低债务资金比重，控制财务杠杆风险。

同一企业在不同发展阶段上，资本结构安排也不同。企业初创阶段，经营风险高，在资本结构安排上应控制负债比例；企业发展成熟阶段，产品产销业务量稳定和持续增长，经营风险低，可适度增加债务资金比重，发挥财务杠杆效应；企业收缩阶段，产品市场占有率下降，经营风险逐步加大，应逐步降低债务资金比重，保证经营现金流量能够偿付到期债务，保持企业的持续经营能力。

（六）经济环境的税务政策和货币政策

资本结构决策必然要研究理财环境因素，特别是宏观经济状况。政府调控经济的手段包括财政税收政策和货币金融政策，当所得税税率较高时，债务资金的抵税作用大，企业应充分利用这种作用以提高企业价值；货币金融政策影响资本供给，从而影响利率水平的变动，当国家执行了紧缩的货币政策时，市场利率较高，企业债务资金成本增大。

三、资本结构的决策方法

企业资本结构决策就是要确定最佳资本结构。所谓最佳资本结构，是指企业在适度财务风险的条件下，使预期的综合资本成本率最低，同时使企业达到预期利润或价值最大的资本结构。它应作为企业的目标资本结构。根据前述的资本结构原理，确定企业的最佳资本结构，可以采用平均资本成本比较法、每股收益分析法和公司价值比较法。

（一）平均资本成本比较法

1. 平均资本成本比较法的定义

平均资本成本比较法是指通过计算和比较各种可能的筹资组合方案的平均资本成本，选择平均资本成本率最低的方案。即能够降低平均资本成本的资本结构，就是合理的资本结构。这种方法侧重于从资本投入的角度对筹资方案和资本结构进行优化分析。

2. 平均资本成本比较法的操作过程

（1）确定不同筹资方案的资本结构；

（2）计算不同方案的资本成本；

（3）选择资本成本最低的资本组合，即最佳资本结构。

【例 4－24】长城公司需筹集 10 000 万元长期资本，可以用贷款、发行长期债券、发行普通股三种方式筹集，其个别资本成本率已分别测定，有关资料如表 4－14 所示。

表 4-14 XYZ 公司资本成本与资本结构数据 %

筹资方式	个别资本成本率	资本结构		
		A 方案	B 方案	C 方案
贷款	6	40	30	20
发行长期债券	8	10	15	20
发行普通股	9	50	55	60
合 计	—	100	100	100

下面分两步分别测算这三种筹资方案的综合资本成本率并比较其高低，从而确定最佳筹资组合方案，即最佳资本结构。

（1）分别计算三个方案的综合资本成本率 K：

A 方案：

$$K=40\%\times6\%+10\%\times8\%+50\%\times9\%=7.7\%$$

B 方案：

$$K=30\%\times6\%+15\%\times8\%+55\%\times9\%=7.95\%$$

C 方案：

$$K=20\%\times6\%+20\%\times8\%+60\%\times9\%=8.2\%$$

（2）根据企业筹资评价的其他标准，考虑企业的其他因素，对各个方案进行修正之后，再选择其中成本最低的方案。本例中，假定其他因素对方案选择的影响甚小，则 A 方案的综合资本成本最低。这样，该公司筹资的资本结构为贷款 4 000 万元，发行长期债券 1 000 万元，发行普通股 5 000 万元。

平均资本成本比较法的测算原理容易理解，测算过程简单，但仅以资本成本率最低为决策标准，没有具体测算财务风险因素，其决策目标实质上是利润最大化而不是公司价值最大化，一般适用于资本规模较小、资本结构较为简单的非股份制企业。

（二）每股收益分析法

每股收益分析法是利用每股收益无差别点进行资本结构决策的方法。所谓每股收益无差别点，是指两种或两种以上筹资方案下普通股每股收益相等时的息税前利润点，亦称息税前利润平衡点，有时亦称筹资无差别点、每股利润无差别点。运用这种方法，根据每股收益无差别点，可以分析判断在什么样的息税前利润水平或产销业务量水平前提下，适合采用何种筹资组合方式，进而确定企业的最佳资本结构。

在每股收益无差别点上，无论是采用债务还是股权筹资方案，每股收益都是相等的。当预期息税前利润或业务量水平大于每股收益无差别点时，应当选择债务筹资方案，反之，选择股权筹资方案。

现举例说明这种方法的应用。

【例 4-25】ABC 公司目前拥有长期资本 8 500 万元，其资本结构为长期债务 1 000 万元，普通股 7 500 万元。现准备追加筹资 1 500 万元，追加后公司资金达到 10 000 万元。有三种筹资方式可供选择：增发普通股、增加长期债务、发行优先股。有关资料详如表 4-15 所示。

表 4-15　ABC 公司目前和追加筹资后的资本结构资料

资本种类	目前资本结构		增发普通股		增加长期债务		发行优先股	
	金额/万元	比例/%	金额/万元	比例/%	金额/万元	比例/%	金额/万元	比例/%
长期债务	1 000	0.12	1 000	0.10	2 500	0.25	1 000	0.10
优先股							1 500	0.15
普通股	7 500	0.88	9 000	0.90	7 500	0.75	7 500	0.75
资本总额	8 500	1.00	10 000	1.00	10 000	1.00	10 000	1.00
其他资料：								
年债务利息额	90		90		270		90	
年优先股股利额							150	
普通股股数/万股	1 000		1 300		10 000		1 000	

当息税前利润为 1 600 万元时，为便于计算，假定公司所得税税率为 40%，下面测算这三种筹资方式追加筹资后的普通股每股收益，如表 4-16 所示。

表 4-16　ABC 公司预计追加筹资后的每股收益测算表

项　目	增发普通股	增加长期债务	发行优先股
息税前利润/万元	1 600	1 600	1 600
减：长期债务利息/万元	90	270	90
所得税前利润/万元	1 510	1 330	1 510
减：公司所得税（40%）/万元	604	532	604
所得税后利润/万元	906	798	906
减：优先股股利/万元			150
普通股可分配利润/万元	906	798	756
普通股股数/万股	1 300	1 000	1 000
普通股每股收益/元	0.70	0.80	0.76

由表 4-16 的测算结果可见，采用不同筹资方式追加筹资后，普通股每股收益是不相等的。在息税前利润为 1 600 万元的条件下，普通股每股收益当增发普通股时最低，为每股收益 0.70 元；当增加长期债务时最高，为每股收益 0.80 元；当发行优先股时居中，为每股收益 0.76 元。这反映了在息税前利润一定的条件下不同资本结构对普通股每股收益的影响。

表 4-16 所测算的结果是在息税前利润预计为 1 600 万元的情况。那么，息税前利润究

竟为多少时，采用哪种筹资方式更为有利呢？这需要通过测算息税前利润平衡点来判断。其测算公式如下：

$$\frac{\left(\overline{EBIT}-I_1\right)(1-T)-D_{p1}}{N_1}=\frac{\left(\overline{EBIT}-I_2\right)(1-T)-D_{p2}}{N_2}$$

公式中，$\overline{EBIT}$ 为息税前利润平衡点，即每股收益无差别点；I_1，I_2 为两种筹资方式下的债务利息；D_{p1}，D_{p2} 为两种筹资方式下的优先股股利；N_1，N_2 为两种筹资方式下的普通股股数；T 为所得税税率。

现将表 4－16 的有关资料代入上式，进行测算。

（1）增发普通股与增加长期债务两种筹资方式下的每股收益无差别点为：

$$\frac{\left(\overline{EBIT}-90\right)(1-40\%)}{1\,300}=\frac{\left(\overline{EBIT}-270\right)(1-40\%)}{1\,000}$$

$$\overline{EBIT}=870(\text{万元})$$

（2）增发普通股与发行优先股两种筹资方式下的每股收益无差别点为：

$$\frac{\left(\overline{EBIT}-90\right)(1-40\%)}{1\,300}=\frac{\left(\overline{EBIT}-90\right)(1-40\%)-150}{1\,000}$$

$$\overline{EBIT}=1\,173(\text{万元})$$

上列测算结果是，当息税前利润为 870 万元时，增发普通股和增加长期债务的每股收益相等；同样的道理，当息税前利润为 1 173 万元时，增发普通股和发行优先股的每股收益相等。为验证，还可列表测算，如表 4－17 所示。

表 4－17 ABC 公司每股收益无差别点测算

项 目	增发普通股	增加长期债务	增发普通股	发行优先股
息税前利润/万元	870	870	1 173	1173
减：长期债务利息/万元	90	270	90	90
所得税前利润/万元	780	600	1 083	1 083
减：公司所得税（40%）/万元	312	240	433.2	433.2
所得税后利润/万元	468	360	649.8	649.8
减：优先股股利/万元				150
普通股可分配利润/万元	468	360	649.8	499.8
普通股股数/万股	1 300	1 000	1 300	1 000
普通股每股收益/元	0.36	0.36	0.50	0.50

上述每股收益无差别点分析的结果可用图 4－1 表示。

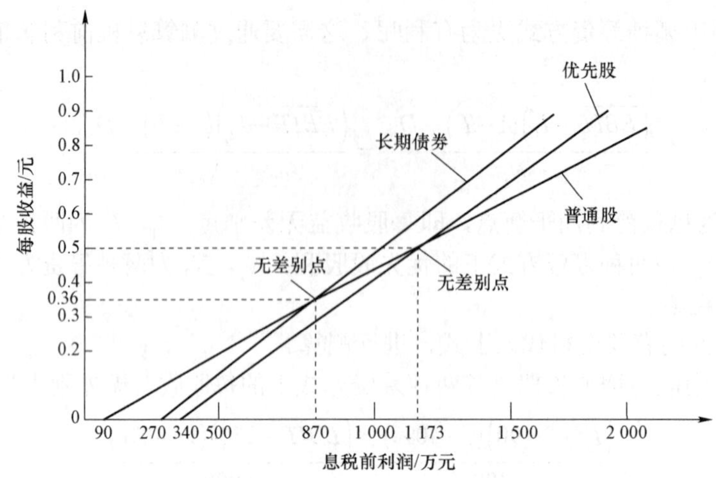

图 4-1　ABC 公司每股收益无差别点分析示意图

由图 4-1 可见，每股收益无差别点的息税前利润为 870 万元的意义在于：当息税前利润大于 870 万元时，增加长期债务要比增发普通股有利；而当息税前利润小于 870 万元时，增加长期债务则不利。同样的道理，每股收益无差别点的息税前利润为 1 173 万元的意义在于：当息税前利润大于 1 173 万元时，发行优先股要比增发普通股有利；而当息税前利润小于 1 173 万元时，发行优先股则不利。

上述结论的前半部分，即“大于”的情况，已在表 4-16 中得到证明。例如在表 4-16 中，息税前利润为 1 600 万元，大于 870 万元或1 173 万元，则增加长期债务和发行优先股的每股收益分别为 0.80 元和 0.76 元，都高于增发普通股的每股收益 0.70 元，因此，增加长期债务或发行优先股都比增发普通股有利。现在举例证明结论的后半部分，即“小于”的情况。

【例 4-26】假设 ABC 公司息税前利润为 500 万元，其他有关资料与表 4-16 相同。下面通过表 4-18 测算每股收益。

表 4-18　假设 ABC 公司息税前利润为 500 万元时的每股收益测算

项　　目	增发普通股	增加长期债务	发行优先股
息税前利润/万元	500	500	500
减：长期债务利息/万元	90	270	90
所得税前利润/万元	410	230	410
减：公司所得税（40%）/万元	164	92	164
所得税后利润/万元	246	138	246
减：优先股股利/万元			150
普通股可分配利润/万元	246	138	96
普通股股数/万股	1 300	1 000	1 000
普通股每股利润/元	0.20	0.14	0.10

由表 4－18 可见，假设息税前利润为 500 万元，小于每股收益无差别点的息税前利润 870 万元或 1 173 万元时，增加长期债务和发行优先股的每股收益分别为 0.14 元和 0.10 元，都低于增发普通股的每股收益 0.20 元，因此，增加长期债务或发行优先股都不利。

每股收益分析法的测算原理比较容易理解，测算过程较为简单。它以普通股每股收益最高为决策标准，也没有具体测算财务风险因素，其决策目标实际上是股票价值最大化而不是公司价值最大化，可用于资本规模不大、资本结构不太复杂的股份有限公司。

（三）公司价值比较法

公司价值比较法是在充分反映财务风险的前提下，以公司价值的大小为标准，经过测算确定公司最佳资本结构的方法。与平均资本成本比较法和每股收益分析法相比，公司价值比较法充分考虑了公司的财务风险和资本成本等因素的影响，进行资本结构的决策以公司价值最大化为标准，更符合公司价值最大化的财务目标；但其测算原理及测算过程较为复杂，通常用于资本规模较大的上市公司。

1. 公司价值的测算

关于公司价值的内容和测算基础与方法，目前主要有三种认识：

（1）公司价值等于其未来净收益（或现金流量，下同）按照一定折现率折现的价值，即公司未来净收益的折现值。用公式简要表示如下：

$$V=\frac{EAT}{K}$$

公式中，V 为公司的价值，即公司未来净收益的折现值；EAT 为公司未来的年净收益，即公司未来的年税后收益；K 为公司未来净收益的折现率。

这种测算方法的原理有其合理性，但不易确定的因素很多：一是公司未来的净收益不易确定，在上列公式中还有一个假定，即公司未来每年的净收益为年金，事实上也未必都是如此；二是公司未来净收益的折现率不易确定。因此，这种测算方法尚难以在实践中加以应用。

（2）公司价值是其股票的现行市场价值。根据这种认识，公司股票的现行市场价值可按其现行市场价格来计算，故有其客观合理性，但还存在两个问题：一是公司股票受各种因素的影响，其市场价格处于经常的波动之中，每个交易日都有不同的价格，在这种现实条件下，公司的股票究竟按哪个交易日的市场价格来计算，这个问题尚未得到解决；二是公司价值的内容是否只包括股票的价值，是否还应包括长期债务的价值，而这两者之间又是相互影响的。如果公司的价值只包括股票的价值，那么就无须进行资本结构的决策，这种测算方法也就不能用于资本结构决策。

（3）公司价值等于其长期债务和股票的折现价值之和。与上述两种测算方法相比，这种测算方法比较合理，也比较现实。它至少有两个优点：一是从公司价值的内容来看，它不仅包括了公司股票的价值，而且包括了公司长期债务的价值；二是从公司净收益的归属来看，它属于公司的所有者即属于股东。因此，在测算公司价值时，这种测算方法用公式表示为：

$$V=B+S$$

公式中，V 为公司价值，即公司总的折现价值；B 为公司债务资金价值；S 为公司权益资本价值。

为简化测算起见，设长期债务（含长期借款和长期债券）的现值等于其面值（或本金）；股票的现值按公司未来净收益的折现现值测算，测算公式为：

$$S=\frac{(EBIT-I)(1-T)}{K_S}$$

公式中，S为公司股票的折现价值；$EBIT$为公司未来的年息税前利润：I为公司长期债务年利息；T为公司所得税税率；K_S为公司股票资本成本率。

上列测算公式假定公司的长期资本是由长期债务和普通股组成的。如果公司的股票有普通股和优先股之分，则上列公式可写成下列形式：

$$S=\frac{(EBIT-I)(1-T)-D_p}{K_S}$$

公式中，D_p为公司优先股年股利；K_S为公司普通股资本成本率。

2. 公司资本成本率的测算

在公司价值测算的基础上，如果公司的全部长期资本由长期债务和普通股组成，则公司的全部资本成本率，即综合资本成本率可按下列公式测算：

$$K_W=K_B\left(\frac{B}{V}\right)(1-T)+K_S\left(\frac{S}{V}\right)$$

公式中，K_W为公司资本成本率；K_B为公司长期债务税前资本成本率，可按公司长期债务年利率计算；K_S为公司普通股资本成本率。

在上列测算公式中，为了考虑公司筹资风险的影响，普通股资本成本率可运用资本资产定价模型来测算，即

$$K_S=R_F+\beta(R_M-R_F)$$

公式中，K_S为公司普通股投资的必要报酬率，即公司普通股的资本成本率；R_F为无风险报酬率；R_M为所有股票的市场报酬率；β为公司股票的贝塔系数。

3. 公司最佳资本结构的确定

运用上述原理测算公司的总价值和综合资本成本率，并以公司价值最大化为标准比较确定公司的最佳资本结构。下面举例说明公司价值比较法的应用。

【例 4－27】ABC 公司现有的全部长期资本均为普通股资本，无长期债权资本和优先股资本，账面价值 20 000 万元。公司认为这种资本结构不合理，没有发挥财务杠杆的作用，准备举借长期债务，购回部分普通股予以调整。公司预计息税前利润为 5 000 万元，为方便计算，假定公司所得税税率为 25%。经测算，目前的长期债务年利率和普通股资本成本率如表 4－19 所示。

表 4－19　ABC 公司在不同长期债务规模下的债务年利率和普通股资本成本率测算

B/万元	K_B/%	β	R_F/%	R_M/%	K_S/%
0	—	1.20	10	14	14.8
2 000	10	1.25	10	14	15.0
4 000	10	1.30	10	14	15.2

续表

B/万元	K_B/%	β	R_F/%	R_M/%	K_S/%
6 000	12	1.40	10	14	15.6
8 000	14	1.55	10	14	16.2
10 000	16	2.10	10	14	18.4

在表 4－19 中，当 B=2 000 万元，$\beta=1.25$，$R_F=10\%$，$R_M=14\%$时：

$$K_S=10\%+1.25\times(14\%-10\%)=15.0\%$$

其余同理计算。

根据表 4－19 的资料，运用前述公司价值和公司资本成本率的测算方法，可以测算在不同长期债务规模下的公司价值和公司资本成本率，列入表 4－20，据此可比较确定公司的最佳资本结构。

表 4－20　ABC 公司在不同长期债务规模下的公司价值和公司资本成本率测算

B/万元	S/万元	V/万元	K_B/%	K_S/%	K_W/%
0	25 338	25 338	——	14.8	14.80
2 000	24 000	26 000	10	15.0	14.42
4 000	22 697	26 697	10	15.2	14.05
6 000	20 577	26 577	12	15.6	14.11
8 000	17 963	25 963	14	16.2	14.44
10 000	13 858	23 858	16	18.4	15.72

在表 4－20 中，当 B=2 000 万元，$K_B=10\%$，K_S=15.0%，$EBIT$=5 000 万元时：

$$S=\frac{(5\,000-2\,000\times10\%)\times(1-25\%)}{15\%}=24\,000\text{（万元）}$$

$$V=2\,000+24\,000=26\,000\text{（万元）}$$

$$K_W=15\%\times\frac{24\,000}{26\,000}+10\%\times\frac{2\,000}{26\,000}\times(1-25\%)=14.42\%$$

其余同理计算。

从表 4－20 可以看到，在没有长期债权资本的情况下，ABC 公司的价值就是其原有普通股资本的价值，此时 $y=S$=22 640 万元。当 ABC 公司开始利用长期债权资本部分地替换普通股资本时，公司的价值开始上升，同时公司资本成本率开始下降；直到长期债权资本达到 4 000 万元时，公司的价值最大（26 697 万元），同时公司的资本成本率最低（14.05%）；而当公司的长期债权资本超过 4 000 万元后，公司的价值又开始下降，公司的资本成本率同时上升。因此，可以确定，ABC 公司的长期债权资本为 4 000 万元时的资本结构为最佳资本结构。此时，ABC 公司的长期资本价值总额为 26 697 万元，其中普通股资本价值 22 697 万元，占公司总资本价值的比例为 85%（即 22 697/26 697）；长期债权资本价值 4 000 万元，占公司总资本价值的比例为 15%（即 4 000/26 697）。

扩展阅读

最佳资本结构的判断标准有三条：第一，有利于最大限度地增加所有者的财富，能使企业价值最大化；第二，企业加权平均资本成本最低；第三，资产保持适宜的流动，并使资本结构具有弹性。

本章小结

资本成本是企业筹集和使用资本所承付的代价，它包括筹资费用和用资费用。资本成本率有个别资本成本率、综合资本成本率和边际资本成本率之分，需要运用相应的方法分别予以测算。

资本成本对于企业财务管理具有重要作用。它是企业筹资管理的主要依据，也是企业投资管理的重要标准，亦可作为评价企业经营业绩的经济标准。

杠杆利益与风险是企业资本结构决策的一个基本因素。它包括营业杠杆利益与风险、财务杠杆利益与风险和联合杠杆利益与风险，分别以营业杠杆系数、财务杠杆系数和联合杠杆系数来衡量。

资本结构是企业各种资本的价值构成及其比例关系。它有广义和狭义之分。通常所说的资本结构是指狭义的资本结构，即企业各种长期资本价值的构成及其比例关系。

最佳资本结构是在适度财务风险的前提条件下，使预期综合资本成本最低，达到预期利润或价值最大的资本结构。它应作为企业的目标资本结构，可采用平均资本成本比较法、每股收益分析法或公司价值比较法来测算。

平均资本成本比较法是指通过计算和比较各种可能的筹资组合方案的平均资本成本，选择平均资本成本率最低的方案。即能够降低平均资本成本的资本结构，就是合理的资本结构。这种方法侧重于从资本投入的角度对筹资方案和资本结构进行优化分析。

每股收益分析法是利用每股收益无差别点进行资本结构决策的方法。其基本原理是测算多种筹资方案下普通股每股收益相等时的息税前利润点，在预期息税前利润最大的条件下，选择使每股收益达到最大的长期筹资方案，以确定最佳资本结构。

公司价值比较法是在充分考虑财务风险的前提下，以个别资本成本率和综合资本成本率作为折现率，测算不同长期筹资方案的公司价值，并以此为标准选择使公司价值达到最大化的长期筹资方案，以确定最佳资本结构。

思政案例

一汽夏利资产负债率高达 97%

2018 年，受多方因素影响，我国汽车工业产销量同比下降，行业主要经济效益指标增幅回落。作为衡量企业经营活动能力的重要财务指标之一，多家汽车企业资产负债率大幅上涨。截至 2019 年 4 月 7 日，已发布 2018 年年报的 13 家上市汽车企业负债高达 8 656.12 亿元，平均负债率为 66.15%。具体来看，上汽集团、比亚迪和长城汽车的资产负债总额最高，分别为 4 980 亿元、1 339 亿元和 591 亿元，上述三家汽车企业资产负债率为 64%、69% 和 53%；在资产负债率方面，排名最高的三家汽车企业为一汽夏利、金杯客车和金龙汽车，分别为 97%、85%和 81%。事实上，2018 年一汽夏利负债总额达 43.94 亿元，尽管通过转卖一汽丰田 15%股权获得大规模现金流，实现净利润 3 731 万元，但 97%的资产负债率不仅远高于行业平均水平，同时也创下了公司负债率的次新高。

资产负债率的高与低，并没有硬性指标，尤其整车制造业属于资金密集型行业，资产负债率的高低以及是否合理，要看该公司的生产经营规模和国际化程度等各种综合因素。但如果持续超过 80%甚至更高，说明企业的经营面临较大风险，因为企业几乎没有自己的资产，大部分资产是靠债务形成的。

对于汽车企业普遍存在的高负债，汽车行业证券专家分析，企业的资产负债率优劣应从两方面衡量，即横向看同行，纵向比自己。如负债比例过低，不利于企业开拓和发展资本经营，提高企业效益；反之，则会制约企业效益，影响财务信誉，最终造成股东权益和资本增值率的降低。有业内人士表示，汽车企业经营的本质是资本经营，包括投资者对企业的投资即实收资本和通过举债形成的债务资本。适度负债是经营财务管理的需要，而如何在负债经营的同时，优化资本结构、降低筹资成本、提高资金营运效能，已成为现代企业财务管理的中心环节。

——资料来源：https：//news.smm.cn/news/100887705SMM 有色资讯，2019.4.11，《多家汽车企业负债大幅攀升，一汽夏利资产负债率高达 97%》

复习思考题

一、简答题

1. 试分析资本成本中筹资费用和用资费用的不同特性。
2. 试分析资本成本对企业财务管理的作用。
3. 试说明测算综合资本成本率中三种权数的影响。
4. 试说明营业杠杆的基本原理和营业杠杆系数的测算方法。
5. 试说明财务杠杆的基本原理和财务杠杆系数的测算方法。
6. 试说明联合杠杆的基本原理和联合杠杆系数的测算方法。
7. 试对企业资本结构的决策因素进行定性分析。
8. 试说明平均资本成本比较法的基本原理和决策标准。
9. 试说明每股收益分析法的基本原理和决策标准。
10. 试说明公司价值比较法的基本原理和决策标准。

二、练习题

（一）练习杠杆系数的计算方法

1. 资料：

六郎公司年度销售净额为 28 000 万元，息税前利润为 8 000 万元，固定成本为 3 200 万元，变动成本为 60%；资本总额为 20 000 万元，其中债权资本比例占 40%，年利率 8%。

2. 要求：

试分别计算该公司的营业杠杆系数、财务杠杆系数和联合杠杆系数。

（二）练习筹资方案的选择方法

1. 资料：

七奇公司在初创时准备筹集长期资本 5 000 万元，现有甲、乙两个筹资方案，有关资料如表 4－21 所示。

表 4－21 七奇公司甲、乙两个筹资方案

筹资方式	筹资方案甲		筹资方案乙	
	筹资额/万元	个别资本成本率/%	筹资额/万元	个别资本成本率/%
长期借款	800	7.0	1 100	7.5
公司债券	1 200	8.5	400	8.0
普通股	3 000	14.0	3 500	14.0
合计	5 000	—	5 000	—

2. 要求：

试分别测算该公司甲、乙两个筹资方案的综合资本成本率，并据以比较选择筹资方案。

（三）练习每股收益无差别点法的应用

1. 资料：

八发公司 2021 年长期资本总额为 1 亿元，其中普通股 6 000 万元（240 万股），长期债务 4 000 万元，利率 10%。假定公司所得税税率为 40%。2022 年公司预定将长期资本总额增至 1.2 亿元，需要追加筹资 2 000 万元。现有两个追加筹资方案可供选择：

（1）发行公司债券，票面利率 12%；

（2）增发普通股 80 万股。预计 2022 年息税前利润为 2 000 万元。

2. 要求：

试测算该公司：

（1）两个追加筹资方案下无差别点的息税前利润和无差别点的普通股每股税后收益；

（2）两个追加筹资方案下 2022 年普通股每股税后收益，并据以做出选择。

三、案例分析

如果你是财务经理，你该怎么做?

A 公司是一家位于某市高教园区的快餐连锁经营店，假设你刚被 A 公司聘任为财务经理。A 公司去年的息税前利润为 50 万元，由于高校扩招，预期公司的息税前利润将会持续稳定。由于公司不需要扩张资金，公司以后的盈余准备全部用来发放股利。

A 公司现有的资金全部都是自有资金，它有 10 万股股票流通在外，每股面值为 20 元。你知道企业所有者可以举债经营受益，于是向你的新老板建议采用负债筹资，并得到认可，要求你提出一份报告。假设你从公司的投资银行得到以下不同债务水平下有关债务资本成本率和权益资本成本率的资料，如表 4－22 所示。

表 4－22　债务资本成本率和权益资本成本率的资料

总负债/万元	0	25	50	75	100
债务资本成本率/%	—	10	11	13	16
权益资本成本率/%	15	15.5	16.5	18	20

如果公司准备筹资，将会举借债务，并用于回购公司股票。公司适用的所得税税率为40%。要求你对以下问题进行分析：

1. 请你设计一个关于财务杠杆利益的例子给公司董事会，以两种企业模式为例：甲公司，没有负债；乙公司，有债务 10 万元，债务利率为 12%。两个公司的总资产都是 20 万元，所得税税率都是 40%。下面表 4－23 是两个公司未来一年内相同的息税前利润预测。

表 4－23　甲、乙两个公司息税前利润预测的资料

概率	息税前利润/元
0.2	20 000
0.5	30 000
0.3	40 000

（1）分别编制两个公司的部分利润表，从息税前利润开始。

（2）分别计算两个公司的期望投资收益率、净值报酬率、利息保障倍数。

（3）这个例子说明了财务杠杆对风险和预期报酬率会产生什么影响？

2. 不要用数据，简要说明如果公司重新筹资后会产生什么结果？并考虑以下三种情况：

（1）当公司重新筹资，负债总额分别达到 25 万元、50 万元、75 万元时，公司的股价将是多少？

（2）在不同负债水平下，公司流通在外的股票股数分别是多少？

（3）哪一种负债水平是公司的最佳资本结构？

3. 计算公司在不同负债水平下的每股收益。假设公司最初是以零负债开始的，然后逐次改变资本结构，当每股收益最大时，公司股价是否也最高？

4. 计算公司在不同负债水平下的加权平均资金成本。加权平均资金成本与股价有什么关系？

5. 假设你发现公司比原来预期的经营风险要大得多，说明这会如何影响以上分析？如果比预期的经营风险要更小时，结论又会如何？

第五章 投资管理

本章要点

掌握投资管理的现金流量计算、投资决策评价指标的计算和应用，掌握项目投资特点及内容，掌握证券投资管理的风险，了解证券投资管理的特点。

1. 项目投资的意义
2. 项目投资的现金流量
3. 项目投资决策评价指标的应用
4. 证券投资管理的内容

案例导入

中国联通的巨额项目投资收获的是成功吗?

中国联合通信股份有限公司（简称中国联通或联通）于 2002 年开始在中国建设 CDMA（码分多址）网络，以扩大客户量，增加营业额；2003 年，CDMA IS－95 网络升级为 CDMA 1X 网络，成为一个支持 IP 的移动数据网络；2006 年，中国联通已经基本建成了 CDMA 网络，覆盖率达到 98.41%。为了推广自身的 CDMA 网络业务，联通使用了诸如送手机、赠话费、套餐多样化等多种营销策略。然而到目前为止，尽管 CDMA 网络累计投资已经过千亿元，但仍旧没能扭转亏损的局面。

当初联通兴致勃勃地开发 CDMA 业务，手中同时握着 CDMA 网和 GSM（蜂窝网络）网，想与其竞争对手中国移动一争高下，然而五年来，无论是净资产收益率（联通 7.2%，移动 20.3%）还是在总资产收益率，联通都远远低于专心经营 GPRS（通用无线分组业务）网络的中国移动，联通巨额的资产投入并没有换来相应的回报。

——资料来源：马忠,《公司财务管理理论与案例》, 2008 年，机械工业出版社

第一节　投资管理概述

一、投资的概念和意义

（一）投资的概念

投资是特定经济主体（包括政府、企业和个人）以本金回收并获利为基本目的，将货币、实物资产等作为资本投放于某一个具体对象，以在未来较长期间内获取预期经济利益的经济行为。企业投资，简言之，是企业为获取未来长期收益而向一定对象投放资金的经济行为。例如，购建厂房设备、兴建电站、购买股票债券等经济行为，均属于投资行为。

（二）企业投资的意义

1. 投资是企业生存与发展的基本前提

企业的生产经营就是企业资产的运用和资产形态的转换过程。投资是一种资本性支出行为，通过投资支出，企业构建流动资产和长期资产，形成生产条件和生产能力。不论是新建一个企业还是建造一条生产流水线，都是一种投资行为。通过投资，确立企业的经营方向，配置企业的各类资产，并将它们有机地结合起来，形成企业的综合生产经营能力。如果企业想要进军一个新兴行业或者开发一种新产品，都需要先进行投资。因此，投资决策的正确与否，直接关系到企业的兴衰成败。

2. 投资是获取利润的基本前提

企业投资的目的是要通过支付一定数量的货币或实物形态的资本，构建和配置形成企业的各类资产，从事某类经营活动，获取未来的经济利益。通过投资形成生产经营能力，企业才能开展具体的经营活动，获取经营利润。那些以购买股票、债券等有价证券方式对其他单位的投资，可以通过取得股利或债息来获取投资收益，也可以通过转让证券来获取资本利得，除购买股票债券外，企业也可以通过购买基金的方式获得基金收益。

3. 投资是企业风险控制的重要手段

企业经营面临着各种风险，有来自市场竞争的风险，有资金周转的风险，还有原材料涨价、费用居高不下等成本风险，投资是企业风险控制的重要手段。通过投资可以将资金投向企业生产经营的薄弱环节，使企业的生产经营能力配套、平衡、协调。通过投资可以实现多元化经营，将资金投放于经营相关程度较低的不同产品或不同行业，分散风险，稳定收益来源，降低资产的流动性风险、变现风险，增强资产的安全性。

二、企业投资管理的特点

企业的投资活动与经营活动是不相同的，投资活动的结果对企业的经济利益有较长期的影响。企业投资涉及的资金多、经历的时间长，对企业未来的财务状况和经营活动都有较大的影响。与日常经营活动相比，企业投资的主要特点表现在以下几个方面：

（一）属于企业的战略性决策

企业的投资活动一般涉及企业未来的经营发展方向、生产能力与规模等问题，如厂房设备的新建与更新、新产品的研制与开发、对其他企业的股权控制等。

劳动力、劳动资料和劳动对象是企业的生产要素，是企业进行生产经营活动的前提条件。企业投资主要涉及劳动资料要素方面，包括生产经营所需的固定资产的构建、无形资产的获取等。企业投资的对象也可能是生产要素综合体，即对另一个企业股权投资的取得和控制。这些投资活动直接影响本企业未来的经营发展规模和方向，是企业简单再生产得以顺利进行并实现扩大再生产的前提条件。企业的投资活动先于经营活动，这些投资活动往往需要一次性地投入大量的资金，并在一段较长时间内发生作用，对企业经营活动的方向产生重大影响。

（二）属于企业的非程序化管理

企业有些经济活动是日常重复性进行的，如原材料的购买、人工的雇用、产品的生产制造、产成品的销售等，称为日常例行性活动。这类活动经常性地重复发生，有一定规律，可以按照既定程序和步骤进行。对这类重复性日常经营活动进行的管理，称为程序化管理。企业有些经济活动往往不会经常性地重复出现，如新产品开发、设备更新、企业兼并等，称为非例行性活动。非例行性活动只能针对具体问题，按特定的影响因素、相关条件和具体要求来进行审查和抉择。对这类非重复性特定经济活动进行的管理，称为非程序化管理。

1. 企业的投资项目涉及资金数额较大

这些项目的管理不仅是一个投资问题，而且涉及资金筹集问题。特别是对于设备和生产能力的构建，对其他关联企业的并购等，需要大量资金。对一个产品制造或商品流通的实体性企业来说，这种筹资和投资不会经常发生。

2. 企业的投资项目影响的时间较长

这些投资项目实施后，将形成企业的生产条件和生产能力，这些生产条件和生产能力的使用期限长，将在企业多个经营周期内直接发挥作用，也将间接影响日常经营活动中流动资产的配置与分布。

企业的投资活动涉及企业的未来经营发展方向和规模等重大问题，是不经常发生的。投资活动具有一次性和独特性的特点，投资管理属非程序化管理。每一次投资的背景、特点、要求等都不一样，无明显的规律性可遵循，管理时更需要周密思考，慎重考虑。

（三）投资价值的波动性大

投资项目的价值是由投资标的物资产的内在获利能力决定的。这些标的物资产的形态是不断转换的，未来收益的获得具有较强的不确定性，其价值也具有较强的波动性。同时，各种外部因素，如市场利率、物价等的变化，也时刻影响着投资标的物的资产价值。因此企业投资管理决策时，要充分考虑投资项目的时间价值和风险价值。

企业投资项目的变现能力是不强的，因为其投放的标的物大多是机器设备等变现能力较差的长期资产，这些资产的持有目的也不是为了变现，并不准备在一年或超过一年的一个营业周期内变现。因此，投资项目的价值也是不易确定的。

三、企业投资的种类

将企业投资进行科学分类，有利于分清投资的性质，按不同的特点和要求进行投资决策，加强投资管理。

（一）直接投资和间接投资

按照投资活动与本企业生产经营活动的关系，企业投资可以划分为直接投资和间接投资。

1. 直接投资

直接投资是指不借助金融工具，将资金直接投放于形成生产经营能力的实体性资产，直接谋取经营利润的企业投资。通过直接投资，购买并配置劳动力、劳动资料和劳动对象等具体生产要素，开展生产经营活动。

2. 间接投资

间接投资是将资金投放于股票、债券等权益性资产上的企业投资。之所以称为间接投资，是因为股票、债券的发行方在筹集到资金后，再把这些资金投放于形成生产经营能力的实体性资产，获取经营利润。投资方不直接介入具体生产经营过程，通过股票、债券上所约定的收益分配权力，获取股利或利息收入，分享直接投资的经营利润。基金投资也是一种间接投资，通过投资于股票、债券等的投资组合获取收益。

（二）项目投资和证券投资

按投资对象的存在形态和性质，企业投资可以划分为项目投资和证券投资。

1. 项目投资

企业可以通过投资购买具有实质内涵的经营资产，包括有形资产和无形资产，形成具体的生产经营能力，开展实质性的生产经营活动，谋取经营利润。这类投资称为项目投资。项目投资的目的在于改善生产条件、扩大生产能力，以获取更多的经营利润。项目投资属于直接投资。

2. 证券投资

企业可以通过投资，购买具有权益性的证券资产，通过证券资产上所赋予的权利，间接控制被投资企业的生产经营活动，获取投资收益。这种投资，称为证券投资，即购买属于综合生产要素的权益性权利资产的企业投资。

证券是一种金融资产，即以经济合同契约为基本内容、以凭证票据等书面文件为存在形式的权利性资产。如债券投资代表的是未来按契约规定收取债息和收回本金的权利，股票代表的是对发行股票企业的经营控制权、财务控制权、收益分配权、剩余财产索取权等股东权利。基金投资代表一种信托关系，是一种收益权。证券投资的目的，在于通过持有权益性证券，获取投资收益，或控制其他企业的财务或经营政策，并不直接从事具体生产经营过程。因此，证券投资属于间接投资。

直接投资与间接投资、项目投资与证券投资，两种投资分类方式的内涵和范围是一致的，只是分类角度不同。直接投资与间接投资强调的是投资的方式性，项目投资与证券投资强调的是投资的对象性。

（三）发展性投资与维持性投资

按投资活动对企业未来生产经营前景的影响，企业投资可以划分为发展性投资和维持性投资。

1. 发展性投资

发展性投资是指对企业未来的生产经营发展全局有重大影响的企业投资。发展性投资也称为战略性投资，如企业间兼并合并的投资、转换新行业和开发新产品的投资、大幅度扩大生产规模的投资等。发展性投资项目实施后，往往可以改变企业的经营方向和经营领域，或者明显地扩大企业的生产经营能力，或者实现企业的战略重组。

2. 维持性投资

维持性投资是为了维持企业现有的生产经营正常顺利进行，不会改变企业未来生产经营发展全局的企业投资。维持性投资也称为战术性投资，如更新替换旧设备的投资、配套流动资金的投资、生产技术革新的投资等。维持性投资项目所需要的资金不多，对企业生产经营的前景影响不大，投资风险相对也较小。

（四）对内投资和对外投资

按投资活动资金投出的方向，企业投资可以划分为对内投资和对外投资。

1. 对内投资

对内投资是指在本企业范围内部的资金投放，用于购买和配置各种生产经营所需的经营性资产。

2. 对外投资

对外投资是指向本企业范围以外的其他单位的资金投放。对外投资多以现金、有形资产、无形资产等资产形式，通过联合投资、合作经营、换取股权、购买证券资产等投资方式，向企业外部其他单位投放资金。

对内投资都是直接投资，对外投资主要是间接投资，也可能是直接投资。

（五）独立投资和互斥投资

按投资项目之间的相互关联关系，企业投资可以划分为独立投资和互斥投资。

1. 独立投资

独立投资是相容性投资，各个投资项目之间互不关联、互不影响，可以同时并存。例如，建造一个饮料厂和建造一个服装厂，他们之间并不冲突，可以同时进行。对于一个独立投资项目而言，其他投资项目是否被采纳或放弃，对本项目的决策并无显著影响。因此，独立投资项目决策考虑的是方案本身是否满足某种决策标准。例如，可以规定凡提交决策的投资方案，其预期投资收益率都要求达到 20%才能被采纳。这里，预期投资收益率达到20%，就是一种预期的决策标准。

2. 互斥投资

互斥投资是非相容性投资，各个投资项目之间相互关联、相互替代，不能同时并存。如对企业现有设备进行更新，购买新设备就必须处置旧设备，它们之间是互斥的。对于一组互斥投资项目而言，选择了其中一个项目，就意味着放弃这组中的其他项目。因此，互斥投资项目决策时，也许各方案都是可行方案，但要在所有方案中挑选唯一的最优方案。

扩展阅读

互斥投资和独立投资是针对方案之间的关系进行分类的。互斥投资决策相当于做单选题，选择了 A 选项，就意味着放弃了 BCD 选项。独立投资决策相当于做不定项选择题，若认为 A 正确，就选择 A 选项；若认为 A 和 B 都正确，就选择 AB，总之，选择 A 后，不影响选择其他选项。

第二节 投资项目的现金流量分析

一、项目现金流量

（一）现金流量的概念

由一项长期投资方案所引起的在未来一定期间所发生的现金收支，叫作现金流量（Cash Flow）。其中，现金收入称为现金流入量，现金支出称为现金流出量，现金流入量与现金流出量相抵后的余额，称为现金净流量（Net Cash Flow，*NCF*）。

在投资项目决策中，现金流量是最重要的影响因素之一，是计算各种投资决策评价指标的基础。利润只是期间财务报告的结果，对于投资方案财务可行性来说，项目的现金流量状况比会计期间盈亏状况更为重要。一个投资项目能否顺利进行，有无经济效益，不一定取决于有无会计期间利润，而在于能否带来正现金流量，即整个项目能够获得超过项目投资的现金回收。

在一般情况下，投资决策中的现金流量通常指的是现金净流量（*NCF*）。其中，现金既指库存现金、银行存款等货币性资产，也可以指相关非货币性资产（如原材料、设备等）的变现价值。

（二）现金流量的作用

财务管理以现金流量作为项目投资的重要价值信息，主要出于以下考虑：

（1）现金流量信息所揭示的未来期间现实货币资金收支运动，可以序时动态地反映项目投资的流向与回收之间的投入产出关系，使决策者处于投资者主体的立场上，便于更完整、准确、全面地评价具体投资项目的经济效益。

（2）利用现金流量指标代替利润指标作为反映项目效益的信息，可以摆脱在贯彻财务会计的权责发生制时必然面临的困境，即由于不同的投资项目可能采取不同的固定资产折旧方法、存货估价方法或费用摊配方法，从而导致不同方案的利润信息相关性差、透明度不高和可比性差。

（3）利用现金流量信息，排除了非现金收付内部周转的资本运动形式，从而简化了有关投资决策评价指标的计算过程。

（4）由于现金流量信息与项目计算期的各个时点密切结合，有助于在计算投资决策评价指标时，应用货币时间价值的形式进行动态投资效果的综合评价。

（三）计算投资项目现金流量时的相关假设

1. 财务可行性分析假设

假设投资决策是从企业投资者的立场出发，投资决策者确定现金流量就是为了进行项目财务可行性研究，该项目已经具备技术可行性和国民经济可行性。

2. 时点指标假设

为便于利用货币时间价值的形式，不论现金流量具体内容所涉及的价值指标实际上是时点指标还是时期指标，均假设按照时点指标处理。其中，建设投资在建设期内有关年度的年初或年末发生，流动资金投资在年初发生；经营期内各年的收入、成本、折旧、摊销、利润、税金等项目的确认均在年末发生；项目最终报废或清理均发生在终结点（但更新改造项目除外）。

在项目计算期数轴上，0 代表第 1 年的年初，1 代表第 1 年的年末，又代表第 2 年的年初，以下依次类推。

3. 确定性因素假设

在本章中，假设与项目现金流量有关的价格、产销量、成本水平、所得税税率等因素均为已知常数。

4. 产销平衡假设

在项目投资决策中，假设运营期同一年的产量等于该年的销量。在这个假设下，假设按成本项目计算的当年成本费用等于按要素计算的成本费用。

二、现金流量的估算

投资项目从整个经济寿命周期来看，大致可以分为三个阶段：投资期、营业期、终结期，现金流量的各个项目也可以归属于各个阶段之中。

（一）投资期

投资阶段的现金流量主要是现金流出量，即在该投资项目上的原始投资，包括在长期资产上的投资和垫支的营运资金。如果该项目的筹建费较高，也可作为初始阶段的现金流出量计入递延资产。在一般情况下，初始阶段中的固定资产的原始投资通常在年内一次性投入（如购买设备），如果原始投资不是一次性投入（如工程建造），则应把投资归属于不同投入年份之中。

1. 长期资产投资

长期资产投资包括在固定资产、无形资产、递延资产等长期资产上的购入、建造、运输、安装、试运行等方面所需的现金支出，如购置成本、运输费、安装费等。对于投资实施后使固定资产性能改进而发生的改良支出，属于固定资产的后期投资。

2. 营运资金垫支

营运资金垫支是指投资项目形成了生产能力，需要在流动资产上追加的投资。由于扩大了企业生产能力，包括对原材料、在产品、产成品等流动资产上的投资规模也随之扩大，需要追加投入日常营运资金。同时，企业营业规模扩大后，应付账款等结算性流动负债也随之增加，自动补充了一部分日常营运资金的需要。因此，为该投资项目垫支的营运资金是追加的流动资产扩大量与结算性流动负债扩大量的净差额。为简化计算，垫支的营运资金在营业期的流入流出过程中可忽略不计，只考虑投资期投入与终结期收回对现金流量的影响。

（二）营业期

营业阶段是投资项目的主要阶段，该阶段既有现金流入量，也有现金流出量。现金流入量主要是营运各年的营业收入，现金流出量主要是营运各年的付现营运成本。

在正常营业阶段，由于营运各年的营业收入和付现营运成本数额比较稳定，如不考虑所得税因素，营业阶段各年现金净流量按下列公式进行测算：

营业现金净流量（NCF）= 营业收入 − 付现成本
= 营业利润 + 非付现成本

公式中，非付现成本主要是固定资产年折旧费用、长期资产摊销费用、资产减值损失等。其中，长期资产摊销费用主要有跨年的大修理摊销费用、改良工程摊销费用、筹建费摊销费用等。

所得税是投资项目的现金支出，即现金流出量。考虑所得税对投资项目现金流量的影响，投资项目正常营运阶段所获得的营业现金净流量，可按下列公式进行测算：

营业现金净流量（NCF）= 营业收入 − 付现成本 − 所得税
= 税后营业利润 + 非付现成本
= 收入 ×（1 − 所得税税率）− 付现成本 ×（1 − 所得税税率）+ 非付现成本 × 所得税税率

另外需要注意，营业期内某一年发生的大修理支出，如果会计处理在本年内一次性作为损益性支出，则直接作为该年付现成本；如果跨年摊销处理，则本年作为投资性的现金流出量，摊销年份以非付现成本形式处理。营业期内某一年发生的改良支出是一种投资，应作为该年的现金流出量，在以后年份通过折旧收回。

（三）终结期

终结阶段的现金流量主要是现金流入量，包括固定资产变价净收入、固定资产变现净损益对现金流量的影响和垫支营运资金的收回。

1. 固定资产变价净收入

投资项目在终结阶段，原有固定资产将退出生产经营，企业对固定资产进行清理处置。

固定资产变价净收入，是指固定资产出售或报废时的出售价款或残值收入扣除清理费用后的净额。

2. 固定资产变现净损益对现金净流量的影响

固定资产变现净损益对现金净流量的影响用公式表示如下：

固定资产变现净损益对现金净流量的影响 =（账面价值 − 变价净收入）× 所得税税率

如果（账面价值 − 变价净收入）＞0，则意味着发生了变现净损失，可以抵税，减少现金流出，增加现金净流量。

如果（账面价值 − 变价净收入）＜0，则意味着实现了变现净收益，应该纳税，增加现金流出，减少现金净流量。

变现时固定资产账面价值指的是固定资产账面原值与变现时按照税法规定计提的累计折旧的差额。如果变现时，按照税法规定，折旧已经全部计提，则变现时固定资产账面价值等于税法规定的净残值；如果变现时，按照税法规定，折旧没有全部计提，则变现时固定资产账面价值等于税法规定的净残值与剩余的未计提折旧之和。

3. 垫支营运资金的收回

伴随着固定资产的出售或报废，投资项目的经济寿命结束，企业将把与该项目相关的存货出售，应收账款收回，应付账款也随之偿付。营运资金恢复到原有水平，项目开始时垫支的营运资金在项目结束时得到回收。

在实务中，对某一投资项目在不同时点上现金流量数额的测算，通常通过编制投资项目现金流量表进行。通过该表，能测算出投资项目相关现金流量的时间和数额，以便进一步进行投资项目可行性分析。

【例 5-1】某投资项目需要 3 年建成，每年年初投入建设资金 90 万元，共投入 270 万元。建成投产之时，需投入营运资金 140 万元，以满足日常经营活动需要。项目投产后，估计每年可获税后营业利润 60 万元。固定资产使用年限为 7 年，使用后第 5 年预计进行一次改良，估计改良支出 80 万元，分两年平均摊销。资产使用期满后，估计有残值净收入 11 万元，采用直线法计提折旧。项目期满时，垫支营运资金全额收回。

根据以上资料，编制成投资项目现金流量表，如表 5-1 所示。

表 5-1　投资项目现金流量表　　万元

项目	第 0 年	第 1 年	第 2 年	第 3 年	第 4 年	第 5 年	第 6 年	第 7 年	第 8 年	第 9 年	第 10 年	总计
固定资产价值	（90）	（90）	（90）									（270）
固定资产折旧					37	37	37	37	37	37	37	259
改良支出									（80）			（80）
改良支出摊销										40	40	80
税后营业利润					60	60	60	60	60	60	60	420
残值净收入											11	11
营运资金				（140）							140	0
总计	（90）	（90）	（90）	（140）	97	97	97	97	17	137	288	420

注：表 5-1 中的数字，带有括号的为现金流出量，表示负值；没有带括号的为现金流入量，表示正值。本章同此。

在投资项目管理的实践中，由于所得税的影响，营业阶段现金流量的测算比较复杂，需要在所得税基础上考虑税后收入、税后付现成本以及非付现成本抵税对营业现金流量的影响。

【例 5-2】某公司计划增添一条生产流水线，以扩充生产能力。现有甲、乙两个方案可供选择。甲方案需要投资 500 000 元，乙方案需要投资 750 000 元。两个方案的预计使用寿命均为 5 年，均采用直线法计提折旧，甲方案预计残值为 20 000 元，乙方案预计残值为 30 000 元，甲方案预计年销售收入为 1 000 000 元，第 1 年付现成本为 660 000 元，以后在此基础上每年增加维修费 10 000 元。乙方案预计年销售收入为 1 400 000 元，年付现成本为 1 050 000 元。项目投入营运时，甲方案需垫支营运资金 200 000 元，乙方案需垫支营运资金 250 000 元。公司所得税税率为 25%。

（1）根据上述资料，填写两个方案的现金流量表；

（2）用公式法计算乙方案各年的净现金流量。

解：

根据上述资料，填写两个方案的现金流量表。表 5-2 列示的是甲方案营业期间现金流量的具体测算过程，乙方案营业期间的现金流量比较规则，其现金流量的测算可以直接用公式计算。表 5-3 列示的是甲方案、乙方案投资项目每年的现金流量。

乙方案非付现成本 = 乙方案年折旧额

= (750 000 − 30 000)/5 = 144 000(元)

乙方案营业现金净流量 = 税后营业利润 + 非付现成本

= (1 400 000 − 1 050 000 − 144 000) × (1 − 25%) + 144 000

= 298 500(元)

或：乙方案营业现金净流量 = 收入 × (1 − 所得税税率) − 付现成本 × (1 − 所得税税率) + 非付现成本 × 所得税税率

= 1 400 000 × 75% − 1 050 000 × 75% + 144 000 × 25%

= 298 500(元)

表 5-2 营业期间现金流量计算 元

项 目	第 1 年	第 2 年	第 3 年	第 4 年	第 5 年
甲方案					
销售收入①	1 000 000	1 000 000	1 000 000	1 000 000	1 000 000
付现成本②	660 000	670 000	680 000	690 000	700 000
折旧③	96 000	96 000	96 000	96 000	96 000
营业利润④=①−②−③	244 000	234 000	224 000	214 000	204 000
所得税⑤=④×25%	61 000	58 500	56 000	53 500	51 000
税后营业利润⑥=④−⑤	183 000	175 500	168 000	160 500	153 000
营业现金净流量(营业利润)⑦=③+⑥	279 000	271 500	264 000	256 500	249 000

表 5-3 投资项目现金流量计算 元

项 目	第 0 年	第 1 年	第 2 年	第 3 年	第 4 年	第 5 年
甲方案：						
固定资产投资	(500 000)					
营运资金垫支	(200 000)					
营业现金流量		279 000	271 500	264 000	256 500	249 000
固定资产残值						20 000
营运资金回收						200 000
现金流量合计	(700 000)	279 000	271 500	264 000	256 500	469 000
乙方案：						
固定资产投资	(750 000)					
营运资金垫支	(250 000)					
营业现金流量		298 500	298 500	298 500	298 500	298 500
固定资产残值						30 000
营运资金回收						250 000
现金流量合计	(1 000 000)	298 500	298 500	298 500	298 500	578 500

第三节　投资项目决策评价指标

做投资决策实质是对各个可行方案进行分析和评价，并从中选择最优方案的过程。投资项目决策的分析评价，需要采用一些专门的评价指标和方法。

一、投资决策评价指标及其类型

（一）投资决策评价指标

投资决策评价指标，是用于衡量和比较投资项目可行性，以便据以进行方案决策的定量化标准与尺度。从财务评价的角度看，投资决策评价指标主要包括净现值、年金净流量、现值指数、内部收益率、投资回收期等指标。围绕这些评价指标进行评价，也就产生了净现值法、内含收益率法、回收期法等评价方法。

（二）投资决策评价指标的类型

评价指标可按以下标准进行分类：

1. 按照是否考虑货币时间价值分类

按照是否考虑货币时间价值分类，可分为静态评价指标和动态评价指标。

前者是指在计算过程中不考虑货币时间价值因素的指标，简称为静态指标，如静态投资回收期；后者是指在指标计算过程中充分考虑和利用货币时间价值的指标，如净现值、年金净流量、内含收益率等。

2. 按照指标性质不同分类

按照指标性质不同，可分为在一定范围内越大越好的正指标和越小越好的反指标两大类。只有静态投资回收期属于反指标。

二、净现值（*NPV*）

（一）定义及计算公式

净现值（记作 *NPV*，是 Net Present Value 的缩写）是指一个投资项目，其未来现金净流量现值与原始投资额现值之间的差额。净现值的计算公式为：

净现值（*NPV*）= 未来现金净流量现值 – 原始投资额现值

计算净现值时，要按预定的贴现率对投资项目的未来现金净流量和原始投资额进行贴现。预定贴现率是投资者所期望的最低投资收益率。

净现值还可以表述为从投资开始至项目寿命终结时所有一切现金净流量（包括现金净流出量和现金净流入量）的现值之和。计算公式为：

$$NPV = \sum_{t=1}^{n} \frac{NCF_t}{(1+K)^t} - C$$

公式中，NPV 为净现值；NCF_t 为第 t 年的现金净流量；k 为贴现率或资本成本、企业要求的收益率；C 为初始投资额。

（二）评价标准

在运用净现值指标评价投资项目是否具有财务可行性时，若净现值为正数，则项目可行，此时项目的实际收益率高于预定的贴现率；若净现值为负值，则项目不可行，此时项目的实际收益率低于预定的贴现率；若净现值为零，则项目也是可行的，此时项目的实际收益率刚好等于预定的贴现率。净现值的经济含义是投资方案报酬超过基本报酬后的剩余收益。其他条件相同时，净现值越大，方案越好。

（三）步骤

采用净现值法来评价投资方案，一般有以下几个步骤：

1. 测定投资方案各年的现金流量

包括现金流出量和现金流入量。

2. 设定投资方案采用的贴现率

确定贴现率的参考标准如下：

（1）以市场利率为标准。资本市场的市场利率是整个社会投资收益率的最低水平，可以视为一般最低收益率要求。

（2）以投资者希望获得的预期最低投资收益率为标准。这就考虑了投资项目的风险补偿因素以及通货膨胀因素。

（3）以企业平均资本成本率为标准。企业投资所需要的资金，都或多或少地具有资本成本，企业筹资承担的资本成本率水平，给投资项目提出了最低收益率要求。

3. 折算现值

按设定的贴现率，分别将各年的现金流出量和现金流入量折算成现值。

4. 将未来的现金净流量现值与投资额现值进行比较

若前者大于或等于后者，方案可行；若前者小于后者，方案不可行，说明方案的实际收益率达不到投资者所要求的收益率。

【例 5-3】沿用例 5-2 的资料，假定折现率为 10%，计算甲、乙两个方案的净现值。

解：

甲方案的净现值 $=469\,000\times(P/F，10\%，5)+256\,500\times(P/F，10\%，4)+264\,000\times(P/F，10\%，3)+271\,500\times(P/F，10\%，2)+279\,000\times(P/F，10\%，1)-700\,000$

$=469\,000\times0.620\,9+256\,500\times0.683\,0+264\,000\times0.751\,3+271\,500\times0.826\,4+279\,000\times0.909\,1-700\,000$

$=442\,741.30$（元）

由于甲方案的净现值大于 0，所以，甲方案可行。

乙方案的净现值 $=578\,500\times(P/F，10\%，5)+298\,500\times(P/A，10\%，4)-1\,000\,000$

$=578\,500\times0.620\,9+298\,500\times3.169\,9-1\,000\,000$

$=305\,405.80$（元）

由于乙方案的净现值大于 0，所以，乙方案也可行。

（四）对净现值法的评价

1. 净现值法的优点

（1）适用性强，能基本满足项目年限相同的互斥投资方案的决策。如有 A、B 两个项目，资本成本率为 10%，A 项目投资 50 000 元，可获净现值 10 000 元，B 项目投资 20 000 元，可获净现值 8 000 元。尽管 A 项目投资额大，但在计算净现值时已经考虑了实施该项目所承担的还本付息负担，因此净现值大的 A 项目优于 B 项目。

（2）能灵活地考虑投资风险。净现值法在所设定的贴现率中包含投资风险收益率要求，就能有效地考虑投资风险。例如，某投资项目期限 15 年，资本成本率 18%，由于投资项目时间长，风险也较大，所以投资者认定，在投资项目的有效使用期限 15 年中，第一个五年期内以 18%折现，第二个五年期内以 20%折现，第三个五年期内以 25%折现，以此来体现投资风险。

2. 净现值法的缺点

（1）所采用的贴现率不易确定。如果两个方案采用不同的贴现率贴现，采用净现值法不能够得出正确的结论。同一方案中，如果要考虑投资风险，要求的风险收益率不易确定。

（2）不适用于独立方案的比较决策。如果各方案的原始投资额现值不相等，有时无法做出正确的决策。独立方案，是指两个以上投资项目互不依赖，可以同时并存的方案。如对外投资购买甲股票或购买乙股票，它们之间并不冲突。在独立投资方案比较中，尽管某项目净现值大于其他项目，但所需投资额大，获利能力可能低于其他项目，而该项目与其他项目又是非互斥的，因此只凭净现值大小无法决策。

（3）不能直接用于对寿命期不同的互斥投资方案进行决策。某项目尽管净现值小，但其寿命期短；另一个项目尽管净现值大，但它是在较长的寿命期内取得的。两个项目由于寿命期不同，因而净现值不能直接比较。要采用净现值法对寿命期不同的投资方案进行决策，需要将各方案均转化为相等寿命期进行比较。

三、年金净流量（*ANCF*）

（一）定义及计算公式

项目计算期内，全部现金净流量总额的总现值或总终值折算为等额年金的平均现金净流量，称为年金净流量或年金净现值（*ANCF*）。年金净流量的计算公式为：

$$年金净流量=\frac{现金净流量总现值（净现值）}{年金现值系数}=\frac{现金净流量总终值}{年金终值系数}$$

公式中现金净流量总现值即为 *NPV*。

（二）评价标准

在运用年金净流量指标评价项目是否具有财务可行性时，若年金净流量指标大于零，说明每年平均的现金流入能抵补现金流出，投资项目的净现值（或净终值）大于零，方案的收益率大于所要求的收益率，方案可行。在两个以上寿命期不同的投资方案比较时，年金净流量越大，方案越好。

【例 5-4】甲、乙两个投资方案，甲方案需一次性投资 10 000 元，可用 8 年，残值 2 000 元，每年取得税后营业利润 3 500 元；乙方案需一次性投资 10 000 元，可用 5 年，无残值，第一年获利 3 000 元，以后每年递增 10%，如果资本成本率为 10%，应采用哪种方案？

解：

两个项目使用年限不同，净现值是不可比的，应考虑它们的年金净流量。由于：

甲方案营业期每年 $NCF=3\,500+(10\,000-2\,000)/8=4\,500$（元）

乙方案营业期各年 NCF：

第 1 年 $=3\,000+10\,000/5=5\,000$（元）

第 2 年 $=3\,000\times(1+10\%)+10\,000/5=5\,300$（元）

第 3 年 $=3\,000\times(1+10\%)^2+10\,000/5=5\,630$（元）

第 4 年 $=3\,000\times(1+10\%)^3+10\,000/5=5\,993$（元）

第 5 年 $=3\,000\times(1+10\%)^4+10\,000/5=6\,392.30$（元）

甲方案净现值 $=4\,500\times5.335+2\,000\times0.467-10\,000=14\,941.50$（元）

乙方案净现值 $=5\,000\times0.909+5\,300\times0.826+5\,630\times0.751+5\,993\times0.683+6\,392.3\times0.621-10\,000=11\,213.77$（元）

甲方案年金净流量 $=14\,941.50/(P/A,10\%,8)=2\,801$（元）

乙方案年金净流量 $=11\,213.77/(P/A,10\%,5)=2\,958$（元）

尽管甲方案净现值大于乙方案，但它是 8 年内取得的。而乙方案年金净流量高于甲方案，如果按 8 年计算，可取得 15 780.93（2 958×5.335）元的净现值，高于甲方案。因此，乙方案优于甲方案。本例中，用终值进行计算也可得出同样的结果。

从投资收益的角度来看，甲方案投资额为 10 000 元，扣除残值现值 934（2 000×0.467）元，按 8 年年金现值系数 5.335 计算，每年应回收 1 699（9 066/5.335）元。这样，在每年现金流量 4 500 元中，扣除投资回收 1 699 元，投资收益为 2 801 元。按同样的方法计算，乙方案年投资收益为 2 958 元。所以，每年净流量的本质是各年现金流量中的超额投资收益额。

（三）对年金净流量法的评价

年金净流量法是净现值法的辅助方法，在各方案寿命期相同时，实质上就是净现值法。因此它适用于寿命期限不同的投资方案决策。但同时，它也具有与净现值法同样的缺点，不便于对原始投资额不相等的独立投资方案进行决策。

四、现值指数（*PVI*）

（一）定义及计算公式

现值指数（Present Value Index，记作 *PVI*）是投资项目的未来现金净流量现值与原始投资额现值之比。其计算公式为：

$$\text{现值指数}(PVI)=\frac{\text{未来现金净流量现值}}{\text{原始投资额现值}}$$

（二）评价标准

从现值指数的计算公式可见，现值指数的计算结果有三种：大于 1、等于 1、小于 1。

若现值指数大于或等于 1，方案可行，说明方案实施后的投资收益率高于或等于必要收益率；若现值指数小于 1，方案不可行，说明方案实施后的投资收益率低于必要收益率。该指标为正指标，现值指数越大，方案越好。

【例 5－5】有两个独立投资方案。有关资料如表 5－4 所示。

表 5－4 有关资料

元

项　目	方案 A	方案 B
原始投资额现值	30 000	3 000
未来现金净流量现值	31 500	4 200
净现值	1 500	1 200

解：

从净现值的绝对数来看，方案 A 大于方案 B，似乎应该采用方案 A；但从投资额来看，方案 A 的原始投资额现值大大超过了方案 B。所以，在这种情况下，如果仅用净现值来判断方案的优劣，就难以做出正确的比较和评价。按现值指数法计算：

$$\text{A 方案的现值指数} = \frac{31\,500}{30\,000} = 1.05$$

$$\text{B 方案的现值指数} = \frac{4\,200}{3\,000} = 1.40$$

计算结果表明，B 方案的现值指数大于 A 方案，应当选择 B 方案。

（三）对现值指数法的评价

现值指数法也是净现值法的辅助方法，在各方案原始投资额现值相同时，实质上就是净现值法。现值指数是一个相对数指标，分母是投入，分子是净产出，反映了投资效率。因此，用现值指数指标来评价独立投资方案，可以克服净现值指标不便于对原始投资额现值不同的独立方案进行比较和评价的缺点，从而使方案的分析评价更加合理、客观。

五、内含收益率（*IRR*）

（一）定义及计算公式

内含收益率（Internal Rate of Return，记作 *IRR*），是指对投资方案未来的每年现金净流量进行贴现，使所得的现值恰好与原始投资额现值相等，从而使净现值等于零时的贴现率。其计算公式为：

$$\sum_{t=0}^{n} \frac{NCF_t}{(1+r)^t} = 0$$

公式中，NCF_t 为第 t 年的现金净流量；r 为贴现率；n 为项目计算期。

内含收益率法的基本原理是，在计算方案的净现值时，以必要投资收益率作为贴现率计算，净现值的结果往往是大于零或小于零，这就说明方案实际可能达到的投资收益率大于或小于必要投资收益率；而当净现值为零时，说明两种收益率相等。根据这个原理，内含收益率法就是要计算出使净现值等于零时的贴现率，这个贴现率就是投资方案实际可能达到的投资收益率。

（二）计算方法

因为投资方案现金流量的特点不同，内含收益率的求解方法也不同。

1. 未来每年现金净流量相等时

每年现金净流量相等是一种年金形式，利用年金现值系数表，可计算出未来现金净流量现值，并令其净现值为零：

$$未来每年现金净流量 \times 年金现值系数 - 原始投资额现值 = 0$$

计算出净现值为零时的年金现值系数后，通过查年金现值系数表，利用插值法即可计算出相应的贴现率，该贴现率就是方案的内含收益率。

【例 5-6】大安化工厂拟购入一台新型设备，购价为 1 600 000 元，使用年限 10 年，无残值。该方案的最低投资收益率要求 12%（以此作为贴现率）。使用新设备后，估计每年产生现金净流量 300 000 元。

要求：用内含收益率指标评价该项目是否可行？

解：

令：

$$300\,000 \times (P/A,\ i,\ 10) - 1\,600\,000 = 0$$

得：

$$(P/A,\ i,\ 10) = 1\,600\,000/300\,000 = 5.333\,3$$

现已知方案的使用年限为 10 年，查年金现值系数表，可查得时期为 10，系数 5.333 3 所对应的贴现率在 12%～14%。采用插值法求得该方案的内含收益率为 13.46%，高于最低投资收益率 12%，方案可行。

贴现率	年金现值系数
12%	5.650 2
IRR	5.333 3
14%	5.216 1

$$\frac{IRR - 12\%}{14\% - 12\%} = \frac{5.333\,3 - 5.650\,2}{5.216\,1 - 5.650\,2}$$

$$IRR = 13.46\%$$

2. 未来每年现金净流量不相等时

如果投资方案的未来每年现金净流量不相等，各年现金净流量的分布就不是年金形式，不能采用直接查年金现值系数的方法来计算内含收益率，而需采用逐次测试法。

逐次测试法的具体做法是，根据已知的有关资料，先估计一次贴现率，来试算未来现金净流量的现值，并将这个现值与原始投资额现值相比较，如净现值大于零，为正数，表示估计的贴现率低于方案实际可能达到的投资收益率，需要重估一个较高的贴现率进行试算；如果净现值小于零，为负数，表示估计的贴现率高于方案实际可能达到的投资收益率，需要重估一个较低的贴现率进行试算。如此反复试算，直到净现值等于零或基本接近于零，这时所估计的贴现率就是希望求得的内含收益率。

【例 5-7】兴达公司有一个投资方案，需一次性投资 120 000 元，使用年限为 4 年，每年现金净流量分别为 30 000 元、40 000 元、50 000 元、35 000 元。

要求：计算该投资方案的内含收益率，并据以评价该方案是否可行。

解：

由于该方案每年的现金净流量不相同，需逐次测试计算方案的内含收益率。测试过程如表 5－5 所示。

表 5－5　净现值的逐次测试　　元

年份	每年现金净流量	第一次测试 8%		第二次测试 12%		第三次测试 10%	
1	30 000	0.926	27 780	0.893	26 790	0.909	27 270
2	40 000	0.857	34 280	0.797	31 880	0.826	33 040
3	50 000	0.794	39 700	0.712	35 600	0.751	37 550
4	35 000	0.735	25 725	0.636	22 260	0.683	23 905
未来现金净流量现值合计			127 485		116 530		121 765
减：原始投资额现值			120 000		120 000		120 000
净现值			7 485		（3 470）		1 765

第一次测算，采用贴现率 8%，净现值为正数，说明方案的内含收益率高于 8%。第二次测算，采用贴现率 12%，净现值为负数，说明方案的内含收益率低于 12%。第三次测算，采用贴现率 10%，净现值仍为正数，但已较接近于零。因而可以估算，方案的内含收益率在 10%～12%。进一步运用插值法，得出方案的内含收益率为 10.67%。

贴现率	净现值
10%	1 765
IRR	0
12%	－3 470

$$\frac{IRR-10\%}{12\%-10\%}=\frac{0-1\,765}{-3\,470-1\,765}$$

$$IRR=10.67\%$$

（三）对内含收益率法的评价

1. 优点

（1）内含收益率反映了投资项目可能达到的收益率，易于被高层决策人员所理解。

（2）对于独立投资方案的比较决策，如果各方案原始投资额现值不同，可以通过计算各方案的内含收益率，反映各独立投资方案的获利水平。

2. 缺点

（1）计算复杂，不易直接考虑投资风险大小。

（2）在互斥投资方案决策时，如果各方案的原始投资额现值不相等，有时无法做出正确的决策。某一方案原始投资额低，净现值小，但内含收益率可能较高；而另一方案原始投资额高、净现值大，但内含收益率可能较低。

六、回收期

回收期（Payback Period，记作 *PP*），是指投资项目的未来现金净流量与原始投资额相等时所经历的时间，即原始投资额通过未来现金流量回收所需要的时间。

投资者希望投入的资本能以某种方式尽快地收回来，收回的时间越长，所承担的风险就越大。因而，投资方案回收期的长短也是投资者十分关心的问题，也是评价投资方案优劣的标准之一。用回收期指标评价投资方案时，回收期越短越好。

（一）静态回收期

静态回收期没有考虑货币时间价值，直接用未来现金净流量累计到原始投资数额时所经历的时间作为静态回收期。

1. 未来每年现金净流量相等时

这种情况是一种年金形式，因此：

$$静态回收期=\frac{原始投资额}{每年现金净流量}$$

【例 5－8】利威矿山机械厂准备从甲、乙两种机床中选购一种机床。甲机床购价为 35 000 元，投入使用后，每年现金净流量为 7 000 元；乙机床购价为 36 000 元，投入使用后，每年现金净流量为 8 000 元。

要求：用静态回收期指标决策该厂应选购哪种机床？

解：

$$甲机床静态回收期=35\,000/7\,000=5（年）$$

$$乙机床静态回收期=36\,000/8\,000=4.5（年）$$

计算结果表明，乙机床的静态回收期比甲机床短，该厂应选择乙机床。

2. 未来每年现金净流量不相等时

在这种情况下，应把未来每年的现金净流量逐年加总，根据累计现金净流量来确定回收期。可依据如下公式进行计算（设 *M* 是收回原始投资额的前一年）：

$$静态回收期=M+\frac{第M年的尚未回收额}{第M+1年的现金净流量}$$

【例 5－9】长光公司有一个投资项目，需投资 150 000 元，使用年限为 5 年，每年的现金流量不相等，有关资料如表 5－6 所示。

要求：计算该投资项目的静态回收期。

表 5－6 项目现金流量 元

年份	现金净流量	累计现金净流量
1	30 000	30 000
2	35 000	65 000
3	60 000	125 000
4	50 000	175 000
5	40 000	215 000

解：

从表 5-6 的累计现金净流量栏中可见，该投资项目的静态回收期在第 3 年与第 4 年之间。为了计算较为准确的回收期，采用以下方法计算：

项目静态回收期=3+（150 000-125 000）/50 000=3.5（年）

（二）动态回收期

动态回收期需要将投资引起的未来现金净流量进行贴现，以未来现金净流量的现值等于原始投资额现值时所经历的时间为动态回收期。

1. 未来每年现金净流量相等时

在这种年金形式下，假定动态回收期为 n 年，则：

$(P/A, i, n)$=原始投资额现值/每年现金净流量

计算出年金现值系数后，通过查年金现值系数表，利用插值法计算，即可推算出动态回收期 n。

【例 5-10】 接例 5-8，假定资本成本率为 9%。

要求：采用动态回收期指标决策该厂应选购哪种机床？

解：

查年金现值系数表得知，当 $i=9\%$时，第 6 年年金现值系数为 4.486，第 7 年年金现值系数为 5.033。由于甲机床的年金现值系数为 5，运用插值法计算如下：

年限	年金现值系数
6	4.486
n	5
7	5.033

$(n-6)/(7-6)=(5-4.486)/(5.033-4.486)$

$n=6.94$（年）

由于乙机床的年金现值系数为 4.5，运用插值法计算如下：

年限	年金现值系数
6	4.486
n	4.5
7	5.033

$(n-6)/(7-6)=(4.5-4.486)/(5.033-4.486)$

$n=6.03$（年）

计算结果表明，乙机床的动态回收期比甲机床短，该厂应选择乙机床。

2. 未来每年现金净流量不相等时

在这种情况下，应把每年的现金净流量逐一贴现并加总，根据累计现金净流量现值来确定回收期。可依据如下公式进行计算（设 M 是收回原始投资额现值的前一年）：

$$动态回收期 = M + \frac{第M年的尚未回收额的现值}{第(M+1)年的现金净流量的现值}$$

【例 5-11】 接例 5-9，假定资本成本率为 5%。有关资料如表 5-7 所示。

要求：计算该投资项目的动态回收期。

解：

表 5-7 项目现金流量 元

年份	现金净流量	复利现值系数	净流量现值	累计现金净流量现值
1	30 000	0.952	28 560	28 560
2	35 000	0.907	31 745	60 305
3	60 000	0.864	51 840	112 145
4	50 000	0.823	41 150	153 295
5	40 000	0.784	31 360	184 655

从表 5-7 的累计现金净流量现值栏中可见，该投资项目的动态回收期在第 3 年与第 4 年之间。为了计算较为准确的回收期，采用以下方法计算：

项目动态回收期＝3＋（150 000－112 145）/41 150＝3.92（年）

（三）对回收期法的评价

1. 优点

投资回收期法的概念容易理解，计算简单。这种方法是以回收期的长短来衡量方案的优劣，收回投资所需的时间越短，所冒的风险越小，是一种较为保守的方法。

2. 缺点

（1）静态回收期没有考虑货币时间价值，只是将现金净流量简单地相加，而没有考虑现金流量发生的时间；

（2）静态回收期和动态回收期都没有考虑回收期满后的现金流量状况，因而不能充分说明问题。

事实上，实际工作中的很多固定资产投资往往在早期的现金流入量小，而在中后期的现金流入量大，因此投资回收期法有可能选择了早期现金流入量大的方案而放弃了长期更加成功的投资方案。

【例 5-12】有 A、B 两个投资方案的相关资料如表 5-8 所示。

要求：用回收期法对 A、B 两个投资方案做出评价。

表 5-8 项目现金流量 元

项　目	年数	A 方案	B 方案
原始投资额	0	（2 000）	（2 000）
现金净流量	1	200	1 000
	2	800	800
	3	1 000	200
静态回收期（年）	—	3	3

解：

从表 5-8 的资料可以看出，A、B 两个投资方案的原始投资额相同，静态回收期也相同，以静态回收期来评价两个方案，似乎并无优劣之分。但如果考虑货币时间价值，用动态回收期分析，则 B 方案显然要好得多。

第四节　项目投资管理

项目投资是指将资金直接投放于生产经营实体性资产，以形成生产能力，如购置设备、建造工厂、修建设施等。项目投资一般是企业的对内投资，也包括以实物性资产投资于其他企业的对外投资。

一、独立投资方案的决策

独立投资方案是指两个或两个以上项目互不依赖，可以同时存在，各方案的决策也是独立的。独立投资方案的决策属于筛分决策，评价各方案本身是否可行，即方案本身是否达到某种要求的可行性标准。独立投资方案之间比较时，决策要解决的问题是如何确定各种可行方案的投资顺序，即各独立方案之间的优先次序。排序分析时，以各独立方案的获利程度作为评价标准，一般采用内含收益率法进行比较决策。

【例 5-13】富鼎公司有足够的资金准备投资于三个独立投资项目，A 项目投资额 10 000 元，期限 5 年；B 项目原始投资额 18 000 元，期限 5 年；C 项目投资额 18 000 元，期限 8 年。贴现率 10%，其他有关资料如表 5-9 所示。问：应如何安排投资顺序？

解：

表 5-9　独立投资方案的可行性指标　　元

项　目	A 项目	B 项目	C 项目
原始投资额	（10 000）	（18 000）	（18 000）
每年 *NCF*	4 000	6 500	5 000
期限/年	5	5	8
净现值（*NPV*）	+5 164	+6 642	+8 675
现值指数（*PVI*）	1.52	1.37	1.48
内含收益率（*IRR*）	28.68%	23.61%	22.28%
年金净流量（*ANCF*）	+1 362	+1 752	+1 626

将上述三个方案的各种决策指标加以对比，如表 5-10 所示。

表 5-10　独立投资方案的比较决策

净现值（*NPV*）	C＞B＞A
现值指数（*PVI*）	A＞C＞B
内含收益率（*IRR*）	A＞B＞C
年金净流量（*ANCF*）	B＞C＞A

从表 5－9 和表 5－10 的数据可以看出：

（1）A 项目与 B 项目比较。

两个项目原始投资额不同但期限相同，尽管 B 项目净现值和年金净流量均大于 A 项目，但 B 项目原始投资额高，获利程度低。因此，应优先安排内含收益率和现值指数较高的 A 项目。

（2）B 项目与 C 项目比较。

两个项目原始投资额相等但期限不同，尽管 C 项目净现值和现值指数高，但它需要经历 8 年才能获得。B 项目 5 年项目结束后，所收回的投资可以进一步投资于其他后续项目。因此，应该优先安排内含收益率和年金净流量较高的 B 项目。

（3）A 项目与 C 项目比较。

两个项目原始投资额和期限都不相同，A 项目内含收益率较高，但净现值和年金净流量都较低。C 项目净现值高，但期限长；C 项目年金净流量也较高，但它是依靠较大的投资额取得的。因此，从获利程度的角度来看，A 项目是优先方案。

结论：在独立投资方案比较性决策时，内含收益率指标综合反映了各方案的获利程度，在各种情况下的决策结论都是正确的。本例中，投资顺序应该按 A、B、C 顺序实施投资。现值指数指标也反映了方案的获利程度，除了期限不同的情况外，其结论也是正确的。但在项目的原始投资额相同而期限不同的情况下（如 B 项目和 C 项目的比较），现值指数实质上就是净现值的表达形式。至于净现值指标和年金净流量指标，它们反映的是各方案的获利数额，要结合内含收益率指标进行决策。

二、互斥投资方案的决策

互斥投资方案，即方案之间互相排斥，不能并存，因此决策的实质在于选择最优方案，属于选择决策。选择决策要解决的问题是应该淘汰哪个方案，即选择最优方案。从选定经济效益最大的要求出发，互斥决策以方案的获利数额作为评价标准。因此，一般采用净现值法和年金净流量法进行选优决策。但由于净现值指标受投资项目寿命期的影响，因而年金净流量法是互斥方案最恰当的决策方法。

（一）投资项目的寿命期相等时

互斥投资方案的选优决策，各方案本身都是可行的，均有正的净现值，表明各方案均可收回原始投资，并有超额收益。进一步在互斥方案中选优，方案的获利数额作为选优的评价标准。在项目的寿命期相等时，不论方案的原始投资额大小如何，能够获得更大的获利数额即净现值的，即为最优方案。所以，在项目寿命期相等的互斥投资方案的选优决策中，原始投资额的大小并不影响决策的结论，无须考虑原始投资额的大小。

【例 5－14】接例 5－13，富鼎公司 A、B 两个投资项目的寿命期相同，都是 5 年，而原始投资额不等，A 项目原始投资额 10 000 元，B 项目原始投资额 18 000 元；如果 A、B 两个投资项目是互斥投资方案，应如何进行投资决策？

A 投资项目与 B 投资项目比较，两个项目原始投资额不等。尽管 A 项目的内含收益率和现值指数都较高，但互斥方案应考虑获利数额，因此净现值高的 B 项目是最优方案。

由于两个投资项目的期限是相同的，也可以再按照年金净流量指标进行决策。

B 投资项目比 A 投资项目多 8 000 元，按 10%的贴现率水平要求，分 5 年按年金形式回收，每年应回收 2 110（8 000/3.790 8）元，但 B 投资项目每年现金净流量也多取得 2 500 元，扣除增加的回收额 2 110 元后，每年还可以多获得投资收益 390 元。这个差额正是两个投资项目年金净流量的差额（1 752－1 362）。所以，在原始投资额不等、寿命期相同的情况下，净现值与年金净流量指标的决策结论一致，应采用年金净流量较大的 B 项目。

（二）投资项目的寿命期不相等时

两个寿命期不等的互斥投资项目进行比较时，主要有两种决策方法可供选择：一个是共同年限法，另一个是年金净流量法。

1. 共同年限法

共同年限法是指假设投资项目可以在终止时进行重置，通过对期限不相等的多个互斥方案选定一个共同的期限，以满足时间可比性的要求，进而根据调整后的净现值来选择最优方案的方法。共同年限法的基本原理是将各方案寿命期的最小公倍数作为共同的有效寿命期，进而计算共同的有效寿命期内各个方案总的净现值，并据此进行多个互斥方案比较决策的一种方法。

2. 年金净流量法

用各个方案的净现值除以对应的年金现值系数，当两个投资项目资本成本相同时，优先选取年金净流量较大者；当两个投资项目资本成本不同时，还需进一步计算永续净现值，即用年金净流量除以各自对应的资本成本。

【例 5－15】接例 5－13，富鼎公司 B、C 两个投资项目原始投资额相等，都是 18 000 元；而寿命期不相等，B 投资项目期限是 5 年，C 投资项目期限是 8 年；如果 B、C 两个投资项目是互斥投资方案，应如何进行投资决策？

解：

B、C 两个投资项目是互斥投资方案，尽管 C 投资项目净现值较大，但它是 8 年内取得的。按照每年平均的获利数额来看，B 投资项目的年金净流量 1 752 元高于 C 投资项目 1 626 元，如果 B 投资项目 5 年寿命期届满后，所收回的投资重新投入原有方案，达到与 C 投资项目同样的投资年限，取得的经济效益也高于 C 投资项目，则应选择 B 投资项目。

【例 5－16】现有甲、乙两个机床购置方案，所要求的最低投资收益率为 10%。甲机床投资额 10 000 元，可用 2 年，无残值，每年产生 8 000 元现金净流量。乙机床投资额 20 000 元，可用 3 年，无残值，每年产生 10 000 元现金净流量。

问：两个方案何者为优？

解：

将两个方案的期限调整为最小公倍数 6 年，即甲机床 6 年内周转 3 次，乙机床 6 年内周转 2 次。未调整之前，两个方案的相关评价指标如表 5－11 所示。

表 5－11　互斥投资方案的选优决策

项　目	甲机床（甲方案）	乙机床（乙方案）
净现值（*NPV*）/元	3 888	4 870
年金净流量（*ANCF*）/元	2 238	1 958
内含收益率（*IRR*）/%	38	23.39

尽管甲方案净现值低于乙方案，但年金净流量和内含收益率均高于乙方案。

1. 共同年限法

按照两个方案期限的最小公倍数测算，甲方案经历了 3 次投资循环，乙方案经历了 2 次投资循环。各方案的相关评价指标为：

（1）甲方案，如图 5－1 所示。

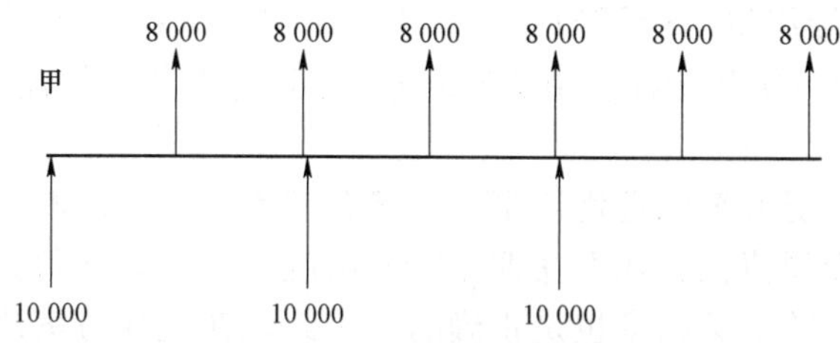

图 5－1　甲方案的现金流量

甲方案净现值＝8 000×(*P*/*A*，10%，6)－10 000×(*P*/*F*，10%，4)－10 000×(*P*/*F*，10%，2)－10 000

＝8 000×4.355 3－10 000×0.683 0－10 000×0.826 4－10 000＝9 748（元）

或：

甲方案净现值＝3 888＋3 888×(*P*/*F*，10%，2)＋3 888×(*P*/*F*，10%，4)

＝3 888＋3 888×0.826 4＋3 888×0.683 0

＝9 756（元）

以上两种方法计算出来的甲方案净现值略有不同，这是由于复利现值系数和年金现值系数保留位数不同造成（后面的乙方案同此）。

（2）乙方案，如图 5－2 所示。

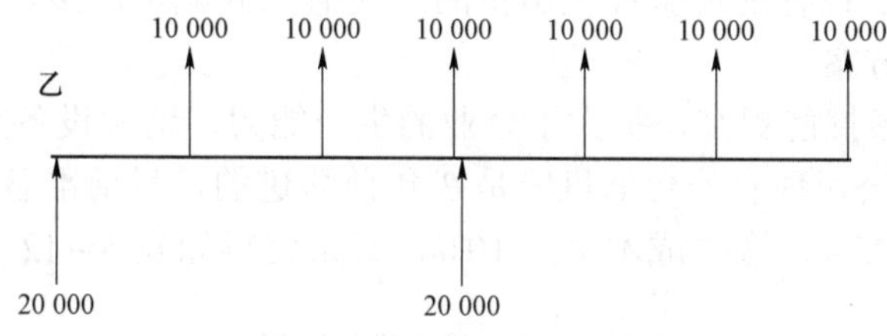

图 5－2　乙方案的现金流量

乙方案净现值＝10 000×(*P*/*A*，10%，6)－20 000×(*P*/*F*，10%，3)－20 000

＝10 000×4.355 3－20 000×0.751 3－20 000＝8 527（元）

或：

乙方案净现值＝4 870＋4 870×(*P*/*F*，10%，3)

＝4 870＋4 870×0.751 3＝8 528（元）

上述计算说明，延长寿命期后，两个方案的投资期限相等，甲方案净现值 9 748 元高于乙方案净现值 8 527 元，故甲方案优于乙方案。

2. 年金净流量法

（1）甲方案年金净流量。

甲方案年金净流量＝3 888/(*P*/*A*，10%，2)＝3 888/1.735 5＝2 240（元）

或：

甲方案年金净流量=9 748/(*P*/*A*，10%，6)=9 748/4.355 3=2 238（元）

（2）乙方案年金净流量。

乙方案年金净流量=4 870/(*P*/*A*，10%，3)=4 870/2.486 9=1 958（元）

或：

乙方案年金净流量=8 527/(*P*/*A*，10%，6)=8 527/4.355 3=1 958（元）

上述计算说明，甲方案年金净流量 2 238 元高于乙方案年金净流量 1 958 元，因此甲方案优于乙方案。

综上所述，互斥投资方案的选优决策中，年金净流量全面反映了各方案的获利数额，是最佳的决策指标。净现值指标在寿命期不同的情况下，需要按各方案最小公倍数期限调整计算，在其余情况下的决策结论也是正确的。因此，在互斥方案决策的方法选择上，项目寿命期相同时可采用净现值法，项目寿命期不同时主要采用年金净流量法。

三、固定资产更新决策

固定资产反映了企业的生产经营能力，固定资产更新决策是项目投资决策的重要组成部分。从决策性质上看，固定资产更新决策属于互斥投资方案的决策类型。因此，固定资产更新决策所采用的决策方法是净现值法和年金净流量法，一般不采用内含收益率法。

（一）寿命期相同的设备重置决策

一般来说，用新设备来替换旧设备如果不改变企业的生产能力，就不会增加企业的营业收入，即使有少量的残值变价收入，也不是实质性收入增加。因此，大部分以售旧购新进行的设备重置都属于替换重置。在替换重置方案中，所发生的现金流量主要是现金流出量。因此直接根据新旧设备的现金净流出量的总现值高低就可决策，选择现金净流出量总现值低的方案为最优方案。

如果购入的新设备性能提高，扩大了企业的生产能力，这种设备重置属于扩建重置。

【例 5－17】富鼎公司现有一台旧机床是 3 年前购进的，目前准备用一台新机床替换。该公司所得税税率为 25%，资本成本率为 10%，其余资料如表 5－12 所示。

表 5－12　新旧设备资料

项　　目	旧设备	新设备
原价/元	84 000	76 500
税法残值/元	4 000	4 500
税法使用年限/年	8	6
已使用年限/年	3	0
尚可使用年限/年	6	6
垫支营运资金/元	10 000	11 000
大修理支出/元	18 000（第 2 年年末）	9 000（第 4 年年末）
每年折旧费（直线法）/元	10 000	12 000

续表

项　　目	旧设备	新设备
每年营运成本/元	13 000	7 000
目前变现价值/元	40 000	76 500
最终报废残值/元	5 500	6 000

要求：对富鼎公司固定资产是否更新进行决策。

解：

本例中，两机床的使用年限均为 6 年，可采用净现值法决策。将两个方案的有关现金流量资料整理后，列出分析表，如表 5－13 和表 5－14 所示。

表 5－13　保留旧机床方案　　元

项　　目	现金流量	年份	现值系数	现值
1. 每年营运成本	13 000×（1－25%）＝（9 750）	1～6	4.355	（42 461.25）
2. 每年折旧抵税	10 000×25%＝2 500	1～5	3.791	9 477.50
3. 大修理费	18 000×（1－25%）＝（13 500）	2	0.826	（11 151）
4. 残值变价收入	5 500	6	0.565	3 107.5
5. 残值净收益纳税	（5 500－4 000）×25%＝（375）	6	0.565	（211.88）
6. 营运资金收回	10 000	6	0.565	5 650
7. 目前变价收入	（40 000）	0	1	（40 000）
8. 变现净损失减税	（40 000－54 000）×25%＝（3 500）	0	1	（3 500）
9. 垫支营运资金	（10 000）	0	1	（10 000）
净现值	—	—	—	（89 089.13）

表 5－14　购买新机床方案　　元

项　　目	现金流量	年份	现值系数	现值
1. 设备投资	（76 500）	0	1	（76 500）
2. 垫支营运资金	（11 000）	0	1	（11 000）
3. 每年税后营运成本	7 000×（1－25%）＝（5 250）	1～6	4.355	（22.863.75）
4. 每年折旧抵税	12 000×25%＝3 000	1～6	4.355	13 065
5. 税后大修理费	9 000×（1－25%）＝（6 750）	4	0.683	（4 610.25）
6. 残值变价收入	6 000	6	0.565	3 390
7. 残值净收益纳税	（6 000－4 500）×25%＝（375）	6	0.565	（211.88）
8. 营运资金收回	11 000	6	0.565	6 215
净现值	—	—	—	（92 515.88）

表 5－13 和表 5－14 的结果说明，在两个方案营业收入一致的情况下，新设备现金流出总现值为 92 515.88 元，继续使用旧设备现金净流出量的总现值为 89 089.13 元。因此，富鼎公司应该继续使用旧设备比较经济。

在本例中有几个特殊问题应注意：

（1）两个机床使用年限相等，均为 6 年。如果年限不等，不能用净现值法决策。另外，新机床购入后，并未扩大企业营业收入。

（2）垫支营运资金时，尽管是现金流出，但不是本期成本费用，不存在纳税调整问题。营运资金收回时，按存货等资产账面价值出售，无出售净收益，也不存在纳税调整问题。如果营运资金收回时，存货等资产变价收入与账面价值不一致，需要进行纳税调整。

（3）本例中大修理支出是确保固定资产正常工作状态的支出，在发生时计入当期损益，不影响固定资产后续期间账面价值。如果涉及固定资产的改扩建支出等需资本化的后续支出，则需考虑对固定资产价值的影响以及后续期间折旧抵税额等相关现金流量的变化。

（二）寿命期不同的设备重置决策

寿命期不同的设备重置方案，用净现值指标可能无法得出正确决策结果，应当采用年金净流量法进行决策。寿命期不同的设备重置方案，在决策时有如下特点：

1. 扩建重置的设备更新后往往会引起营业现金流入与流出的变动，应考虑年金净流量最大的方案

替换重置的设备更新一般不改变生产能力，营业现金流入不会增加，只需比较各方案的年金流出量即可，年金流出量最小的方案最优。

2. 如果不考虑各方案的营业现金流入量变动，只比较各方案的现金流出量

把按年金净流量原理计算的等额年金流出量称为年金成本。替换重置方案的决策标准，是要求年金成本最低，即平均每一年的现金流出量，可以通过现金净流出量的总现值除以普通年金现值系数求得，年金成本最小的方案最优。扩建重置方案所增加或减少的营业现金流入也可以作为现金流出量的抵减，并据此比较各方案的年金成本。

3. 设备重置方案运用年金成本方式决策时，应考虑现金流量

设备重置方案运用年金成本方式决策时，应考虑的现金流量主要有：

（1）新旧设备目前的市场价值。对于新设备而言，目前的市场价值就是新设备的购价，即原始投资额；对于旧设备而言，目前的市场价值就是旧设备的重置成本或变现价值。

（2）新旧设备残值变价收入。残值变价收入应作为现金流出量的抵减。残值变价收入现值与原始投资额的差额，称为投资净额。

（3）新旧设备的年营运成本，即年付现成本。如果考虑每年的营业现金流入，应作为每年营运成本的抵减。

（4）可在特定条件下计算年金成本。

年金成本可在特定条件下（无所得税因素、每年营运成本相等）按如下公式计算：

年金成本＝Σ（各项目现金净流出现值）/年金现值系数

＝［原始投资额－残值收入×复利现值系数＋Σ（年营运成本现值）］/年金现值系数

＝（原始投资额－残值收入）/年金现值系数＋残值收入×贴现率＋［Σ（年营运成本现值）］/年金现值系数

【例 5-18】富保公司现有旧设备一台，由于节能减排的需要，准备予以更新。当期贴现率为 15%，假设不考虑所得税因素的影响，其他有关资料如表 5-15 所示。

表 5-15　富保公司新旧设备资料

项目	旧设备	新设备
原价/元	35 000	36 000
预计使用年限/年	10	10
已经使用年限/年	4	0
税法残值/元	5 000	4 000
最终报废残值/元	3 500	4 200
目前变现价值/元	10 000	36 000
每年折旧费（直线法）/元	3 000	3 200
每年营运成本/元	10 500	8 000

要求：对富保公司固定资产是否更新进行决策。

解：

由于两个设备的尚可使用年限不同，因此比较各方案的年金成本。

（1）继续使用旧设备。

旧设备年金成本＝净现值/年金现值系数

$$=[10\,000-3\,500\times(P/F,\ 15\%,\ 6)]/(P/A,\ 15\%,\ 6)+10\,500$$
$$=12\,742.56\text{（元）}$$

（2）购买新设备。

新设备年金成本＝$[36\,000-4\,200\times(P/F,\ 15\%,\ 10)]/(P/A,\ 15\%,\ 10)+8\,000$

$$=14\,966.16\text{（元）}$$

上述计算结果表明，继续使用旧设备的年金成本 12 742.56 元，低于购买新设备的年金成本 14 966.16 元，每年可以节约 2 223.60 元，富保公司应该继续使用旧设备。

【例 5-19】接例 5-18，假定企业所得税税率为 25%，考虑所得税因素的影响。

要求：对富保公司固定资产是否更新进行决策。

解：

（1）继续使用旧设备。

$$\text{每年折旧额}=(35\,000-5\,000)/10=3\,000\text{（元）}$$

每年运营成本为 10 500 元，因此，

$$\text{每年折旧抵税}=3\,000\times25\%=750\text{（元）}$$
$$\text{每年税后营运成本}=10\,500\times(1-25\%)=7\,875\text{（元）}$$

旧设备目前变现价值为 10 000 元，目前账面净值为 23 000（35 000－3 000×4）元，资产报废损失为 13 000 元，可抵税 3 250（13 000×25%）元。同样，旧设备最终报废时残值收入为 3 500 元，账面残值 5 000 元，报废损失 1 500 元可抵税 375（1 500×25%）元。因此，

$$\text{旧设备投资额}=10\,000+(23\,000-10\,000)\times25\%=13\,250\text{（元）}$$

$$旧设备税后残值收入=3\,500+(5\,000-3\,500)\times25\%=3\,875（元）$$

$$每年税后投资净额=(13\,250-3\,875)/(P/A，15\%，6)+3\,875\times15\%$$
$$=9\,375/3.784\,0+581.25=3\,058.79（元）$$

综上可得：

$$旧设备年金成本=3\,058.79+7\,875-750=10\,183.79（元）$$

（2）购买新设备。

$$每年折旧额=(36\,000-4\,000)/10=3\,200（元）$$

每年运营成本为 8 000 元，因此，

$$每年折旧抵税=3\,200\times25\%=800（元）$$

$$每年税后营运成本=8\,000\times(1-25\%)=6\,000（元）$$

新设备的购价为 36 000 元，报废时残值收入为 4 200 元，报废时账面残值 4 000 元，因此，

$$税后残值收入=4\,200-(4\,200-4\,000)\times25\%=4\,150（元）$$

$$每年税后投资净额=(36\,000-4\,150)/(P/A，15\%，10)+4\,150\times15\%$$
$$=31\,850/5.018+622.5=6\,969.65（元）$$

综上可得：

$$新设备年金成本=6\,969.65+6\,000-800=12\,169.65（元）$$

上述计算结果表明，继续使用旧设备的年金成本 10 183.79 元，低于购买新设备的年金成本 12 169.65 元，每年可以节约 1 985.86 元，富保公司应该继续使用旧设备。

第五节　证券投资管理

证券投资又称间接投资，是指以购买有价证券（如股票、债券等）的方式对其他企业进行的投资。

一、证券的基本特征

证券实质上是具有财产属性的民事权利，证券的特点在于把民事权利表现在证券上，使权利与证券相结合，即权利的证券化。它是权利人行使权利的方式和过程用证券形式表现出来的一种法律现象，是投资者投资财产符号化的一种社会现象，是社会信用发达的一种标志和结果。在证券的发展过程中，最早表现证券权利的基本方式是纸张，在专用的纸张上借助文字或图形来表示特定化的权利。因此证券也被称为“书据”“书证”。但随着经济的飞速前进，尤其是电子技术和信息网络的发展，现代社会出现了证券的无纸化，证券投资者已几乎不再拥有任何实物券形态的证券，其所持有的证券数量或者证券权利均相应地记载于投资者账户中。证券有纸化向证券无纸化的发展过程，揭示了现代证券概念与传统证券概念的巨大差异，证券具有以下几个基本特征：

（一）证券是财产性权利凭证

在现代社会，人们已经不满足于对财富形态的直接占有、使用、收益和处分，而是更重视对财富的终极支配和控制，证券这一新型财产形态应运而生。持有证券，意味着持有

人对该证券所代表的财产拥有控制权，但该控制权不是直接控制权，而是间接控制权。例如，股东持有某公司的股票，则该股东依其所持股票数额占该公司发行的股票总额的比例而相应地享有对该公司财产的控制权，但该股东不能主张对某一特定的公司财产直接享有占有、使用、收益和处分的权利，只能依比例享有所有者的资产受益、重大决策和选择管理者等权利。从这个意义上讲，证券是借助于市场经济和社会信用的发达而进行资本聚集的产物，证券权利展现出财产权的性质。

（二）证券是流通性权利凭证

证券的活力就在于证券的流通性。传统的民事权利始终面临转让上的诸多障碍，就民事财产权利而言，由于并不涉及人格及身份，其转让在性质上并无不可，但其转让是个复杂的民事行为。比如由于债权相对性的民事规则，债权作为财产的表现形式是可转让的，但债权人转让债权须通知债务人，这种涉及三方利益的转让行为受制于法律规范的调整，并不方便快捷。但一旦民事权利证券化，财产权利分成品质相同的若干相等份额，造就出一种“规格一律的商品”，那么这种财产转让不再局限于转让方和受让方之间按照协议转让，而是在更广的范围内，以更高的频率进行转让，甚至通过公开市场进行交易，从而形成了高度发达的财产转让制度。证券可多次转让构成流通，通过变现为货币还可实现其规避风险的功能。证券的流通性是证券制度顺利发展的基础。

（三）证券是收益性权利凭证

证券持有人的最终目的是获得收益，这是证券持有人投资证券的直接动因。一方面，证券本身是一种财产性权利，反映了特定的财产权，证券持有人可通过行使该项财产权而获得收益，如取得股息收入（股票）或者取得利息收入（债券）；另一方面，证券持有人可以通过转让证券获得收益，如二级市场上的低价买入、高价卖出，证券持有人可通过差价而获得收益，尤其是投机收益。

（四）证券是风险性权利凭证

证券的风险性，表现为由于证券市场的变化或发行人的原因，使投资者不能获得预期收入，甚至发生损失的可能性。证券投资的风险和收益是相联系的。在实际的市场中，任何证券投资活动都存在着风险，完全回避风险的投资是不存在的。

二、证券投资的目的

证券投资是企业通过购买证券的方式进行的对外投资，这种投资比对外直接投资更加灵活、方便。除了具有对外投资的一般目的外，还有其自身的特殊目的。

（一）短期证券投资的目的

短期证券投资是指通过购买计划在 1 年内变现的证券而进行的对外投资。一般具有操作简便、变现能力强的特点。企业进行短期证券投资一般出于以下几种目的：

1. 作为现金的替代品

由于短期证券的收益率一般会高于银行的存款利率，而有些有价证券如政府债券，又具有极低的风险和极高的变现能力，所以不少企业愿意将一部分闲置的资金投资于短期有价证券上，来获得一定的收益，再等到企业急需资金时，这些短期有价证券又具有极高的变现能力，能及时解决企业资金问题。

2. 企业完全将短期有价证券作为一种短期的投资

企业时常在手头上会积压一定的资金，而在短期之内又会有资金的流出。这样的话，积压大量的现金对于企业来说也是一种隐性的损失。而且有些企业的经营具有较强的季节性和循环性。在资金需求不高的季节里，企业可以把一部分资金暂时投资在有价证券上，以期有一定的投资报酬，待有资金需求时，再将这些有价证券变现。

（二）长期证券投资的目的

长期证券投资是指通过购买不准备在 1 年之内变现的有价证券而进行的对外投资。一般占用的资金量较大，对企业具有深远的影响。通常企业进行长期证券投资主要出于以下两个目的：

1. 为了获取较高的投资收益

2. 为了对被投资企业取得控制权

三、债券投资

债券是指某一社会经济主体为筹措资金而向债券投资者出具的承诺按一定利率定期支付利息，并到期偿还本金的债权债务凭证。债券一般包含票面价值、利率、偿还期限以及发行主体名称、发行时间等基本要素。债券的种类繁多，且随着人们对融资和证券投资的需要又不断创造出新的债券形式，在现今的金融市场上，债券的种类可按发行主体、发行区域、发行方式、期限长短等分类。

（一）债券的种类

1. 按发行主体分为政府债券、金融债券和公司债券三大类

（1）由政府发行的债券，称为政府债券，它的利息享受免税待遇。其中由中央政府发行的债券也称公债或国库券，其发行债券的目的多是弥补财政赤字或投资于大型建设项目；而由各级地方政府机构如市、县、镇等发行的债券就称为地方政府债券，其发行债券的目的主要是为地方建设筹集资金，因此都是一些期限较长的债券；在政府债券中还有一类称为政府保证债券，它主要是为一些市政项目及公共设施的建设筹集资金而由一些与政府有直接关系的企业、公司或金融机构发行的债券，这些债券的发行均由政府担保，但不享受中央和地方政府债券的利息免税待遇。

（2）由银行或其他金融机构发行的债券，称为金融债券。金融债券发行的目的一般是筹集长期资金，其利率一般要高于同期银行存款利率，而且持券者需要资金时可以随时转让。

（3）公司债券，它是由非金融性质的企业发行的债券，其发行目的是筹集长期建设资金，一般都有特定用途。按有关规定，企业要发行债券，必须先参加信用评级，级别达到一定标准才可发行。因为企业的资信水平比不上金融机构和政府，所以公司债券的风险相对较大，因而其利率一般也较高。

2. 按发行的区域分为国内债券和国际债券

国内债券，就是由本国的发行主体以本国货币为单位在国内金融市场上发行的债券。

国际债券则是本国的发行主体到别国或国际金融组织等以外国货币为单位在国际金融市场上发行的债券。如最近几年我国的一些公司在日本或新加坡发行的债券都可称为国际债券。由于国际债券属于国家的对外负债，所以本国的企业如到国外发债，事先需征得政府主管

部门的同意。

3. 按期限长短分为短期、中期和长期债券

一般的划分标准是期限在 1 年以下的为短期债券，期限在 10 年以上的为长期债券，而期限在 1 年到 10 年之间的为中期债券。

4. 按利息的支付方式分为附息债券、贴现债券和普通债券

附息债券是在它的券面上附有各期息票的中长期债券，息票的持有者可按其标明的时间期限到指定的地点按标明的利息额领取利息。息票通常以 6 个月为一期，由于它在到期时可获取利息收入，息票也是一种有价证券，因此它也可以流通、转让。

贴现债券是在发行时按规定的折扣率将债券以低于面值的价格出售，在到期时持有者仍按面额领回本息，其票面价格与发行价之差即为利息。

除此之外的就是普通债券，它按不低于面值的价格发行，持券者可按规定分期分批领取利息或到期后一次领回本息。

5. 按发行方式分为公募债券和私募债券

公募债券是指按法定手续，经证券主管机构批准在市场上公开发行的债券，其发行对象是不限定的。这种债券由于发行对象是广大的投资者，因而要求发行主体必须遵守信息公开制度，向投资者提供多种财务报表和资料，以保护投资者的利益，防止欺诈行为的发生。

私募债券是发行者向与其有特定关系的少数投资者为募集对象而发行的债券。该债券的发行范围很小，其投资者大多数为银行或保险公司等金融机构，它不采用公开呈报制度，债券的转让也受到一定程度的限制，流动性较差，但其利率水平一般较公募债券要高。

6. 按有无抵押担保分为信用债券和担保债券

信用债券亦称无担保债券，是仅凭债券发行者的信用而发行的、没有抵押品作担保的债券。一般政府债券及金融债券都为信用债券。少数信用良好的公司也可发行信用债券，但在发行时须签订信托契约，对发行者的有关行为进行约束限制，由受托的信托投资公司监督执行，以保障投资者的利益。

担保债券指以抵押财产为担保而发行的债券。具体包括：

（1）以土地、房屋、机器、设备等不动产为抵押担保品而发行的抵押公司债券；

（2）以公司的有价证券（股票和其他证券）为担保品而发行的抵押信托债券；

（3）由第三者担保偿付本息的承保债券。

当债券的发行人在债券到期而不能履行还本付息义务时，债券持有者有权变卖抵押品来清偿抵付或要求担保人承担还本付息的义务。

7. 按是否可转换分为可转换债券与不可转换债券

可转换债券是指能按一定条件转换为其他金融工具的债券。

不可转换债券就是不能转化为其他金融工具的债券。可转换债券一般都指的是可转换公司债券，这种债券的持有者可按一定的条件根据自己的意愿将持有的债券转换成股票。

（二）债券投资的风险

进行债券投资与进行其他投资一样，在获得未来投资收益的同时，也要承担一定的风险。风险与报酬是对应的，高风险意味着高报酬，低风险则意味着低报酬。因此，对风险与报酬的分析是债券投资（乃至所有投资）决策必须考虑的重要因素。债券投资要承担的

风险主要有违约风险、利率风险、流动性风险、通货膨胀风险和汇率风险等。

1. 违约风险

违约风险是指债券的发行人不能履行合约规定的义务、无法按期支付利息和偿还本金而产生的风险。不同种类的债券违约风险是不同的。一般来说，政府债券以国家财政为担保，一般不会违约，可以看作是无违约风险的债券；由于金融机构的规模较大并且信誉较好，其发行的债券风险较政府债券高但又低于企业债券；工商企业的规模及信誉一般较金融机构差，因而其发行的债券风险较大。形成违约风险的原因大致有以下几个：

（1）政治、经济形势发生重大变化；

（2）自然灾害或其他非常事故，如水灾、火灾、风灾等；

（3）企业在竞争中失败，丧失生存和发展的机会；

（4）企业经营不善，发生重大亏损；

（5）企业资金调度失灵，缺乏足够的现金清偿到期债务。

违约风险的大小通常通过对债券的信用评级表现出来，高信用等级的债券违约风险要比低信用等级的债券小。由于在未来较长的期间内，企业的经营状况可能会发生变化，其债券的信用等级也会有所改变，因此投资者应密切关注债券信用等级变化情况。

2. 利率风险

利率风险是指由于市场利率上升而引起的债券价格下跌，从而使投资者遭受损失的风险。债券的价格随着市场利率的变动而变动。一般来说，债券价格与市场利率成反比变化，市场利率上升会引起债券市场价格下跌；市场利率下降会引起债券市场价格上升。当金融市场上资金供大于求时，市场利率就会下降，当其下跌到低于债券利率时，将会导致债券价格上升；相反，当市场利率上升到高于债券利率时，投资者将转向更有利可图的投资机会，从而导致债券价格下跌。此外，债券利率风险与债券持有期限的长短也密切相关，期限越长，利率风险也越大。因此，即使债券的利息收入是固定不变的，但因市场利率的变化，其投资收益也是不确定的。

3. 流动性风险

流动性风险是指债券持有人打算出售债券获取现金时，其所持债券不能按目前合理的市场价格在短期内出售而形成的风险，又称变现力风险。如果一种债券能在较短的时间内按市价大量出售，说明这种债券的流动性较强，投资于这种债券所承担的流动性风险较小；反之，如果一种债券很难按市价卖出，说明其流动性较差，投资者会因此而遭受损失。一般来说，政府债券以及一些著名的大公司债券的流动性较高，而不为人们所了解的小公司债券的流动性就较差。

4. 通货膨胀风险（又称购买力风险）

通货膨胀风险是指由于通货膨胀而使债券到期或出售时所获得现金的购买力减少的风险。在通货膨胀比较严重时，通货膨胀风险对债券投资者的影响比较大，因为投资于债券只能得到一笔固定的利息收益，而由于货币贬值，这笔现金收入的购买力会下降。一般而言，在通货膨胀情况下，固定收益证券要比变动收益证券承受更大的通货膨胀风险，因此普通股票被认为比公司债券和其他有固定收益的证券能更好地避免通货膨胀风险。

5. 汇率风险

汇率风险是指由于外汇汇率的变动而给外币债券的投资者带来的风险。当投资者购买了某种外币债券时，本国货币与该外币的汇率变动会使投资者不能确定未来的本币收入。

如果在债券到期时该外币贬值，就会使投资者遭受损失。

（三）债券价格的确定

债券价格确定的基本公式是指在复利方式下，通过计算债券各期利息的现值及债券到期收回收入的现值来确定债券价格的估价方式。其一般计算公式为：

$$P=\sum_{t=1}^{n}\frac{F\times i}{(1+K)^t}+\frac{F}{(1+K)^n}$$
$$=\sum_{t=1}^{n}\frac{I}{(1+K)^t}+\frac{F}{(1+K)^n}$$
$$=I\times(P/A,k,n)+F\times(P/F,k,n)$$

公式中，P 为债券价格；i 为债券票面利息率；F 为债券面值；I 为每年利息；K 为市场利率或投资人要求的必要收益率；n 为付息总期数。

【例 5-20】某债券面值为 1 000 元，票面利率为 8%，期限为 30 年，某企业要对这种债券进行投资，当前的市场利率为 10%，问债券价格多少时才能进行投资。

根据上述公式得：

$$P=1\,000\times8\%\times(P/A，10\%，30)+1\,000\times(P/F，10\%，30)$$
$$=80\times9.426\,9+1\,000\times0.057\,3\ =811.45（元）$$

即这种债券的价格必须低于 811.45 元时，该企业才能购买。

若投资者要求的报酬率是 8%或 6%，债券的价值如何变化呢？

$$P=80\times(P/A，8\%，30)+1\,000\times(P/F，8\%，30)=1\,000（元）$$
$$P=80\times(P/A，6\%，30)+1\,000\times(P/F，6\%，30)=1\,275.28（元）$$

可见，债券的发行价格有三种：

1. 贴现债券

票面利率小于市场要求的报酬率。

2. 平价债券

票面利率等于市场要求的报酬率。

3. 溢价债券

票面利率大于市场要求的报酬率。

（四）债券投资收益

债券投资收益包括两部分：一部分为转让价差（即债券到期按债券面额收回的金额或到期前出售债券的价款与购买债券时投资金额之差，转让价差为正时，为收益，相反，则为损失）；另一部分为利息收入。通常我们用债券投资收益率来衡量债券投资收益的高低。债券投资收益率是一定时期内债券投资收益与投资额的比率，是衡量债券投资是否可行的重要指标。

由于债券投资收益的主要部分是利息，因此，计息方式的不同必然影响投资收益的计算。下面就按不同的计息方式分别介绍附息债券和贴现债券的投资收益的计算。

1. 附息债券投资收益率的计算

附息债券是指在债券券面上附有各种息票的债券。

附息债券投资收益率的计算又可以分两种情况：

（1）单利计息的附息债券投资收益率。

附息债券一般采用单利计息方法，每期利息额都是相等的，在用单利计息方法计算债券投资收益率时，如果不考虑债券利息的再投资收益，则债券投资收益率的计算公式为：

$$R=\frac{P+\dfrac{S_n-S_0}{n}}{S_0}\times 100\%$$

公式中，R 为债券的年投资收益率；S_n 为债券到期时的偿还金额或到期前出售的价款；S_0 为债券投资时购买债券的金额；P 为债券年利息额；n 为债券的持有期限（以年为单位）。

附息债券投资收益率也可以用下列公式计算：

$$R=\frac{M-S_0}{n\times S_0}\times 100\%$$

公式中，R 为债券的年投资收益率；M 为债券持有期间所取得的本利之和；S_0 为债券投资时购买债券的金额；n 为债券的持有期限（以年为单位）。

【例 5－21】某企业于 2021 年 9 月 1 日购入面额为 500 元的附息债券 100 张，票面利率为年利率 6%，以发行价格每张 510 元买入，到期日为 2023 年 9 月 1 日。要求计算该债券到期时的投资收益率。

$$R=\frac{500\times 100\times 6\%+(500\times 100-510\times 100)\div 2}{510\times 100}\times 100\%=4.9\%$$

（2）复利计息的附息债券投资收益率。

当投资决策采用复利计息，并且考虑债券的利息收入和转让价差及再投资收益时，债券投资收益率的计算公式为：

$$R=\sqrt[n]{\frac{S_n+P\sum_{t=1}^{n}(1+i)^{t-1}}{S_0}}-1$$

公式中，R 为债券的年投资收益率；S_n 为债券到期时的偿还金额或到期前出售的价款；S_0 为债券投资时购买债券的金额；P 为债券年利息额；n 为债券的持有期限（以年为单位）；i 为债券利息的再投资收益率，一般可用市场利率。

【例 5－22】某企业于 2021 年 9 月 1 日购入面额为 1 000 元的附息债券 100 张，票面利率为年利率 10%，以发行价格每张 1 020 元买入，到期日为 2023 年 9 月 1 日。如果市场利率为年利率 9%，要求用复利计息方法计算该债券的投资收益率。

$$R=\sqrt{\frac{\left[1\,000\times 100+1\,000\times 100\times 10\%\times\sum_{t=1}^{2}(1+9\%)^{t-1}\right]}{(1\,020\times 1\,000)}}-1$$

$$=8.87\%$$

从上述两个例题可知，采用单利与复利两种计息方法，计算出来的债券投资收益率是有差异的。一般在进行债券投资决策时，最好采用复利计息方法计算债券投资收益率，因为这种方法考虑到了货币时间价值，特别当债券的投资期限较长时。

2. 贴现债券投资收益率

贴现债券是指券面上不附息票，发行时按规定的折扣率，以低于票面面值的价格折价发行，到期时按票面面值偿还本金的债券。这种债券无票面利率。发行价格与票面面值的差价就是债券的利息。贴现债券投资收益率也可以按单利和复利两种方法计算。

（1）单利计息的贴现债券投资收益率。

贴现债券在债券持有期间无利息，只有在债券到期时或转让债券时才能取得价差收益。在按单利计息时，贴现债券投资收益率的计算公式为：

$$R=\frac{S_n-S_0}{n\times S_0}\times 100\%$$

公式中的符号与前面公式的符号含义相同。

【例 5－23】某一投资者在债券发行时购买一张面值 1 000 元、期限为 2 年的贴现债券，其发行价格为 800 元。要求按单利计息方法计算该债券的投资收益率。

$$R=\frac{1\,000-800}{2\times 800}\times 100\%=12.5\%$$

（2）复利计息的贴现债券投资收益率。

在投资决策中，也可以按复利计息方法计算贴现债券投资收益率，尤其对于期限较长的贴现债券，一般都应采用这种方法。其计算公式为：

$$R=(\sqrt[n]{S_n\div S_0}-1)\times 100\%$$

公式中符号含义同前。

【例 5－24】如果上例中的债券采用复利计息方法，则其投资收益率可计算如下：

$$R=(\sqrt{1\,000\div 800}-1)\times 100\%=11.8\%$$

可见，采用复利计息方法计算的贴现债券投资收益率要比单利计息方法计算的投资收益率低一些。

四、股票投资

股票是股份证书的简称，是股份公司为筹集资金而发行给股东作为持股凭证并借以取得股息和红利的一种有价证券。每股股票都代表股东对企业拥有一个基本单位的所有权。股票是股份公司资本的构成部分，可以转让、买卖或作价抵押，是资金市场的主要长期信用工具。按照不同的分类方法，股票可以分为不同的种类。

（一）股票的分类

1. 普通股、优先股

股票按股东的权利可分为普通股、优先股。

1）普通股

普通股是指在公司的经营管理和盈利及财产的分配上享有普通权利的股份，代表满足所有债权偿付要求及优先股东的收益权与求偿权要求后对企业盈利和剩余财产的索取权。普通股构成公司资本的基础，是股票的一种基本形式。在上海和深圳证券交易所上市进行交易的股票都是普通股。

普通股股东按其所持有股份比例享有以下基本权利：

（1）公司决策参与权。普通股股东有权参与股东大会，并有建议权、表决权和选举权，也可以委托他人代表其行使其股东权利。

（2）利润分配权。普通股股东有权从公司利润分配中得到股息。普通股的股息是不固定的，由公司盈利状况及其分配政策决定。普通股股东必须在优先股股东取得固定股息之后才有权享受股息分配权。

（3）优先认股权。如果公司需要扩张而增发普通股股票时，现有普通股股东有权按其持股比例，以低于市价的某一特定价格优先购买一定数量的新发行股票，从而保持其对企业所有权的原有比例。

（4）剩余资产分配权。公司破产或清算时，若公司资产在偿还欠债后还有剩余，其剩余部分按先优先股股东、后普通股股东的顺序进行分配。

2）优先股

优先股相对于普通股，在利润分红及剩余财产分配的权利方面优先于普通股。

（1）优先分配权。在公司分配利润时，拥有优先股的股东比持有普通股的股东分配在先，但是享受固定金额的股利，即优先股的股利是相对固定的。当公司决定连续几年不分配股利时，优先股股东可以进入股东大会来表达他们的意见，保护他们自己的权利。

（2）优先求偿权。若公司清算，分配剩余财产时，优先股在普通股之前分配。

2. 有面额、无面额及有记名、无记名股票

股票按票面形式可分为有面额、无面额及有记名、无记名四种。

有面额股票在票面上标注出票面价值，一经上市，其面额往往没有多少实际意义；无面额股票仅标明其占资金总额的比例。我国上市的都是有面额股票。

有记名股将股东姓名记入专门设置的股东名簿，转让时须办理过户手续；无记名股的名字不记入股东名簿，买卖后无须过户。

3. A 股、B 股、H 股

按发行范围可分为 A 股、B 股、H 股等。

A 股是在我国国内发行，供国内居民和单位用人民币购买的普通股票；B 股是专供境外投资者在境内以外币买卖的特种普通股票；H 股是我国境内注册的公司在香港发行并在香港联合交易所上市的普通股票。

（二）股票投资的特点

股票投资和债券投资都属于证券投资。证券投资与其他投资相比，总的说来都具有高风险、高收益、易于变现的特点。但股票投资相对于债券投资而言又具有以下特点：

1. 收益性

股票投资属于权益性投资，股票是代表所有权的凭证，持有人作为发行公司的股东，有权参与公司的经营决策；而债券投资属于债权性投资，债券是代表债权债务的凭证，持有人作为发行公司的债权人，可以定期获取利息，但无权参与公司经营决策。

2. 风险性

投资者购买股票之后，不能要求股份公司偿还本金，只能在证券市场上转让。因此股票投资者至少面临两方面的风险：一是股票发行公司经营不善所形成的风险。如果公司经营状况较好，盈利能力强，则股票投资者的收益就多；如果公司的经营状况不佳，发生了亏损，就可能没有收益；如果公司破产，由于股东的求偿权位于债权人之后，因此股东可能部分甚至全部不能收回投资。二是股票市场价格变动所形成的价差损失风险。股票价格的高低，除了取决于公司经营状况外，还受政治、经济、社会等多种因素的影响，因而股

票价格经常处于变动之中，其变动幅度往往高于债券价格的变动幅度。股票价格的变动既能为股东带来价格上升的收益，也能带来价格下跌的损失。

3. 波动性

股票价格既受发行公司经营状况的影响，又受股市投机等因素的影响，波动性极大。这就决定了不宜冒险的资金最好不要用于股票投资，而应选择风险较小的债券投资。

（三）股票价格的确定

股票价格的确定实际上是对股票投资价值进行的评估。虽然股票价格受多种因素的影响，但公司的内在品质，如公司的财务状况、盈利能力、成长性等，对股票价格有举足轻重的作用。因此，实务中形成了以下几种常用的股票估价方法。

1. 长期持有、股利稳定不变的股票

股票价格的高低，同债券价格一样，取决于股票持有期间现金流量的现值。对于长期持有某种股票的股东来说，它从发行公司取得的现金流量，就是无休止的股利。因此，股票的价格就是永续股利年金的现值之和。

于是，股票价格的估价模型可表述为：

$$v=\frac{d}{k}$$

公式中，v 为股票现在价格；d 为每年固定股利；k 为投资人要求的收益率。

【例 5－25】某企业购入一种股票准备长期持有，预计每年股利 5 元，预期收益率为 10%，则该股票的价格为：

$$v=5\div 10\%=50\text{（元）}$$

2. 长期持有、股利固定增长的股票

发行公司如果经营状况很好，其股利分派一般呈现逐年增长的状态。这种股票的估价就比较困难，只能计算近似数。

假设某公司最近一年支付的股利为 d_0，预期股利增长率为 g，则其股票的价格为：

$$v=\frac{d_0(1+g)}{(k-g)}$$

$$=\frac{d_1}{(k-g)}$$

将上述公式进行转换，可计算出预期收益率为：

$$k=\frac{d_1}{v}+g$$

公式中，d_1 为第 1 年的股利。

【例 5－26】 A 公司准备投资购买 H 股份有限公司的股票，该股票上年每股股利为 4.8 元，预计以后每年以 5%的增长率增长，A 公司经分析后，认为必须得到 10%的报酬率才能购买 H 股份有限公司的股票，这种股票的价格应为：

$$v=4.8\times(1+5\%)\div(10\%-5\%)=100.8\text{（元）}$$

即 H 股份有限公司的股票价格在 100.8 元以下时 A 公司才能购买。

【例 5－27】 如果 A 公司以 80 元的价格购买 H 股份有限公司的股票，预期股利为每股

5.6 元，股利每年以 5%的速度递增。预期收益率为：

$$k=(5.6\div 80)+5\%=12\%$$

3. 短期持有、未来准备出售的股票

在现实生活中，大部分投资者并不准备永久持有某种股票，而是准备在持有一段时期后再转让出售，他们不仅希望得到股利收入，还希望在未来出售股票时从股票价格的上涨中获得好处。于是，投资者获得的未来现金流量就包括两部分：股利和股票转让收入。这时，股票价格的计算公式为：

$$v=\sum_{t=1}^{n}\frac{d_t}{(1+k)^t}+\frac{v_n}{(1+k)^n}$$

公式中，v 为股票现在价格；v_n 为未来出售时预计的股票价格；k 为投资人要求的必要收益率；d_t 为第 t 期的预期股利；n 为预计持有股票的期数。

【例 5－28】某公司拟购买 Z 公司发行的股票，预计 3 年后出售可得收入 6 000 元，该股票在 3 年中每年可得股利收入 150 元，该股票预期收益率为 10%。其价格为多少？

解：

$$v=\sum_{t=1}^{3}\frac{150}{(1+10\%)^t}+\frac{6\,000}{(1+10)^3}$$

$$=150\times 2.486\,9+6\,000\times 0.751\,3=4\,880.84\text{（元）}$$

从以上的计算可以看出，股票估价的关键在于确定一个能把风险因素考虑在内的、合适的收益率。为此，必须对股票投资的风险有足够的估量。

（四）股票投资的收益

1. 长期股票投资收益率

（1）不考虑时间价值因素的长期股票投资收益率。

计算股票投资收益率必须将股价与收益结合起来进行衡量，如果不考虑时间价值因素，长期股票投资收益率可以采用下面的公式进行计算：

$$R=\frac{A+S_1+S_2+S_3}{P}\times 100\%$$

公式中，R 为股票投资收益率；P 为股票购买价格；A 为每年收到的股利；S_1 为股价上涨的收益；S_2 为新股认购收益；S_3 为公司无偿增资收益。

【例 5－29】某公司于 2019 年年初以每股 1.5 元的价格购入 10 000 股面值 1 元的 B 公司股票，该股票每年每股分派股利 0.25 元。由于 B 公司经营效益好，该公司股票价格每年上涨 8%。截至 2022 年年底，该股票的投资收益率为：

$$R=\frac{10\,000\times 0.25+10\,000\times 1.5\times\left[(1+8\%)^4-1\right]}{10\,000\times 1.5}\times 100\%$$

$$=\frac{2\,500+10\,000\times 1.5\times(1.360-1)}{15\,000}\times 100\%=52.67\%$$

这个指标说明投资某一种股票所取得的综合收益，很显然，该指标越高，说明股票投资的收益越好。

（2）考虑时间价值因素的长期股票投资收益率。

如果考虑时间价值因素，长期股票投资收益率应为该股票投资净现值为零时的折现率（即内含收益率）。在各年股利不等的情况下，其基本计算公式为：

$$v=\sum_{j=1}^{n}\frac{D_j}{(1+i)^j}+\frac{F}{(1+i)^n}$$

公式中，v 为股票的购买价格；F 为股票的出售价格；D_j 为第 j 年股利；n 为投资期限；i 为股票投资收益率。

【例 5－30】某公司于 2018 年 2 月 1 日以每股 3.2 元的价格购入 H 公司股票 500 万股，2019、2020、2021 年分别分派现金股利每股 0.25 元、0.32 元、0.45 元，并与 2021 年 4 月 2 日以每股 3.5 元的价格售出，要求计算该项投资的收益率。

首先，采用逐次测试法，找到使净现值趋近于零的两个相邻折现率，然后采用插值法计算投资收益率。由于折现率为 12%时的净现值为 44.97 万元，折现率为 14%时的净现值为－34.11 万元，因此，该股票投资收益率必然介于 12%与 14%之间。这时，可以采用插值法计算投资收益率：

12%	44.97
?	0
14%	－34.11

$$\frac{i-12\%}{14\%-12\%}=\frac{-44.97}{-34.11-47.94}$$

该投资收益率＝13.14%

2. 短期股票投资收益率

短期股票投资一般持有期间比较短，因而其收益率的计算通常不考虑时间价值因素，其基本计算公式为：

$$R=\frac{S_1-S_0+P}{S_0}\times 100\%$$

公式中，R 为股票投资收益率；S_1 为股票出售价格；S_0 为股票购买价格；P 为股票股利。

【例 5－31】某公司于 2019 年 9 月购买 A 公司股票共计 85 000 元，2020 年 2 月该公司获现金股利 5 400 元；2020 年 3 月 5 日，该公司以 98 000 元的价格将 A 公司股票全部售出。该批股票的投资收益率为多少？

解：

$$R=\frac{98\,000-85\,000+5\,400}{85\,000}\times 100\%=21.65\%$$

本章小结

投资是特定经济主体（包括政府、企业和个人）以本金回收并获利为基本目的，将货币、实物资产等作为资本投放于某一个具体对象，以在未来较长期间内获取预期经济利益的经济行为。

由一项长期投资方案所引起的在未来一定期间所发生的现金收支，叫作现金流量。其中，现金收入称为现金流入量，现金支出称为现金流出量，现金流入量与现金流出量相抵后的余额，称为现金净流量。

按照是否考虑货币时间价值，对项目投资财务可行性评价时使用的方法分为两类：一类是静态指标，包括静态投资回收期；另一类是动态指标，包括净现值、年金净流量、现值指数、内含收益率和动态投资回收期。

投资决策的方法可用于独立投资方案决策、互斥投资方案决策、固定资产更新决策等。

证券投资又称间接投资，是指以购买有价证券（如股票、债券等）的方式对其他企业进行的投资。

债券投资是指企业通过证券市场购买各种债券进行的投资，具有不同于股票投资的特点。

股票投资的目的一是获利，二是控股，因此相对债券投资风险更大。

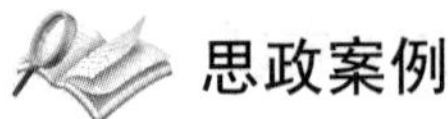

思政案例

上海洋山四期自动化码头

——全球规模最大的自动化集装箱码头

中新网上海 2018 年 12 月 25 日，上海国际航运中心洋山深水港四期工程通过上海市交通委员会组织的竣工验收。经核定，码头靠泊能力为 15 万吨级。根据后续规划，码头将具备 630 万标准箱年吞吐能力。

2017 年 12 月 10 日，中建港务建设有限公司主承建的全球规模最大的自动化码头——上海洋山深水港四期码头正式开港投入试生产，标志着中国港口行业的运营模式和技术应用迎来里程碑式的跨越升级与重大变革，为上海港加速跻身世界航运中心前列注入全新动力。

截至 2018 年 12 月 25 日，已累计安全开靠干线船舶 600 余艘次、支线船舶 3 200 余艘次，2018 年集装箱吞吐量超过 200 万标准箱。

试生产期间，16 台桥吊、88 台轨道吊、80 台自动导引车全部投产，生产管理系统功能更加完备，设备性能不断提升，码头昼夜最高吞吐量达到 14 451 标准箱。

“专家意见核定后，洋山深水港可以安全可靠地服务大船，15 万吨级的大船（约 15 400 箱）在洋山非常密集。可以说，洋山深水港的建设目标全面实现。”上海国际港务（集团）股份有限公司副总裁方怀瑾透露，2019 年洋山深水港还会增加一些设备，运行效率再提升，吞吐量更大。

2018 年夏秋季，多个台风密集影响上海，通过严格落实各项防台防汛和综合管理措施，洋山深水港四期的各类设施、设备经受住了恶劣天气的严峻考验。

洋山深水港四期工程于 2014 年 12 月开工建设，总用地面积 223 万平方米，共建设 7 个集装箱泊位，集装箱码头岸线总长 2 350 米，是目前全球一次性建成规模最大的自动化集装箱码头。

洋山深水港四期工程竣工验收，标志着码头将步入正式生产阶段，根据后续规划，码头远期设备规模将扩大到 26 台桥吊、120 台轨道吊、130 台自动导引车，具备 630 万标准箱年吞吐能力。

上海市交通委员会相关负责人表示，未来将努力把洋山深水港四期建设成为智慧港口、绿色港口、科技港口、效率港口的典范，助力上海国际航运中心建设，为全面扩大开放、推动长江经济带建设发挥更大的作用，为打造港口，建设“国家新名片”做出国家队的全新贡献。

——资料来源：中国新闻网，2018 年 12 月 25 日，经编者整理、改编

复习思考题

一、简答题

1. 项目投资的具体内容有哪些？

2. 项目投资决策评价指标有哪些？每个指标怎样计算？其中动态指标包括什么？

3. 每个评价指标的优点和缺点体现在哪些方面？在进行决策时，每个评价指标在何种情况下使用？

4. 每个评价指标的决策标准是什么？

5. 证券如何分类？

6. 如何确定股票和债券的价值？应考虑哪些因素？

二、练习题

（一）掌握相关财务评价指标的计算

1. 资料：

某企业需投资 150 万元引进一条生产线，该生产线有限期为 5 年，采用直线法计提折旧，期满无残值。该生产线当年投产，预计每年可获得净利润 10 万元。如果该项目的行业基准折现率为 8%。

2. 要求：

计算该项目的净现值并评价该项目的可行性。

（二）掌握固定资产更新决策方法

1. 资料：

甲公司拟购置一套监控设备，有 X 和 Y 两种设备可供选择，二者具有同样的功用。X 设备的购买成本为 480 000 元，每年付现成本为 40 000 元，使用寿命为 6 年。该设备采用直线法计提折旧，年折旧额为 80 000 元，税法上认定残值为 0，最终报废残值为 12 000 元。Y 设备使用寿命为 5 年，经测算，年金成本为 105 000 元。投资决策采用的折现率为 10%，公司适用的企业所得税税率为 25%。有关货币时间价值系数如下：$(P/F, 10\%, 6)=0.564\ 5$；$(P/A, 10\%, 6)=4.355\ 3$；$(F/A, 10\%, 6)=7.715\ 6$。

2. 要求：

（1）计算 X 设备每年的税后付现成本；

（2）计算 X 设备每年的折旧抵税额和最后一年年末的税后残值收入；

（3）计算 X 设备的年金成本；

（4）运用年金成本方式，判断公司应选择哪一种设备。

（三）练习债券发行价格的计算

1. 资料：

某公司拟购买 A 公司发行的面值为 1 000 元的债券，票面利率为 10%，期限为 3 年，每年付息一次，若市场利率分别为 8%、10%、12%。

2. 要求：

计算该债券的价值分别为多少？当发行价格分别为多少时值得购买？

（四）练习债券收益率的计算

1. 资料：

某公司于 2020 年 1 月 1 日以 925 元购买一张面值为 1 000 元、期限为 3 年的债券，其票面利率为 8%，每年 1 月 1 日计算并支付一次利息，该债券于 2021 年 1 月 1 日按市价 953 元的价格出售。

2. 要求：

计算该债券的持有期收益率为多少？

（五）练习股票价值的确定方法

1. 资料：

某公司普通股刚刚支付的股利为 0.5 元/股，股利年固定增长率为 2%，投资者期望的报酬率为 10%，打算两年后转让出去，预计转让价格为 12 元/股。

2. 要求：

计算该股票的价值。

（六）练习股票必要报酬率的计算方法

1. 资料：

某公司股票的β系数为 1.5，无风险报酬率为 8%，市场上所有股票的平均报酬率为 10%。

2. 要求：

计算该公司股票的必要报酬率。

（七）练习股票必要报酬率的计算方法

1. 资料：

金融市场平均投资报酬率为 15%，无风险报酬率为 8%。

2. 要求：

（1）如果某种股票的β系数为 0.9，其投资报酬率为 11%，是否应该投资？

（2）如果某股票的必要报酬率为 15%，计算其β系数。

三、案例分析

蒙牛资本扩张的契机

1999 年，因为意见不合，副总裁牛根生被伊利乳业开除，牛根生和几个伊利旧部决定自己创建一家乳品公司，当时心中最大的一片空白，不是来自市场，而是资金从何而来？而牛根生不仅顺利地从伊利乳业带走了一批有专长的能人，快速地完成了人才的储备以及产品的定型，而且凭借着其个人在伊利建立起来的关系，很快赢得了一些客户和供应商的信赖。其中，牛根生从创业伙伴、部分客户及供应商中获得的关键性的第一笔启动资金中，广东潮州阳天印务有限公司总经理谢秋旭的注资在蒙牛初创过程中起到了最重要的作用。

与其说谢秋旭为牛根生提供了创业的资本和不断的资金支持，不如说谢秋旭帮助蒙牛完成了资本桥梁的作用。作为一个印刷商人，谢秋旭“慷慨”地掏出现金，注入初创期的蒙牛，并毫不吝啬地将其中的大部分（近 95%）的股权以“谢氏信托”的方式“无偿”赠与蒙牛的管理层、雇员及其他受益人。此外，谢秋旭还将其在持股蒙牛 50%的银牛公司的全部投票权授予牛根生，而不参与蒙牛的任何管理和发展安排。2002 年的春节联欢晚会，牛根生结识坐在其身边的摩根士丹利投资经理。10 个月之后，蒙牛精心设计的资本故事真正开锣上演了。2002 年 10 月 17 日，蒙牛展开首轮增资。与国美电器不经过私募直接海外上市模式不同的是，蒙牛重视私募资金的引入，首轮增资的主要目的显然是引入成熟的战略投资者。实际上，首轮增资正是为蒙牛其后发展提供了三个方面的保证：其一，引入外部战略投资者，提供持续扩张的资金及外部约束机制；其二，两次重组公司股权结构，使其具有较强的拓展边界；其三，利用多种金融工具建立公司内部激励机制，强化内部凝聚力。此时，为了促使三家战略投资者的二次增资，2003 年 9 月 30 日，开曼群岛公司重新分类股票类别，将已发行的 A 类、B 类股票赎回，并以 900 亿股普通股和 100 亿股可换股证券代替，二者的每股面值也均为 0.001 美元。金牛、银牛、MS Dairy、CDH 和 CIC 原持有的 B 类股票对应各自面值转换成普通股。2003 年 10 月，三家战略投资者认购开曼群岛公司发行的可换股证券，再次注资 3 523 万美元。进入 2004 年，蒙牛乳业基本确定了各种上市方案，并为上市做了最后的准备，各种利益的安排和对公司上市的预期从中可以清楚地看出来。2004 年 3 月 23 日，牛根生从 MS Dairy、CDH 及 CIC 三家公司象征性地以每家 1 美元分别购入 5 816 股、1 846 股、1 054 股的开曼群岛公司股权。至此，牛根生直接控制了开曼群岛公司 6.1%的股权。虽然表面上看这是三家战略投资者对牛根生领导蒙牛所取得的成绩给予肯定与奖励，但摩根、英联、鼎辉三家国际投资机构更是大有斩获。两轮共出资 6 120 万美元，折合港币约 4.77 亿元。此次 IPO 中共出售了 1 亿股蒙牛股票，已经套现 3.925 亿港元。巨额可转债于蒙牛上市 12 个月（2005 年 6 月）后行使，使他们持股比例达到 31.1%，价值约为 19 亿港元！三家国际投资机构还取得了所谓的认股权：在十年内一次或分多批按每股净资产（摊薄前为 1.24 港元/股）购买开曼群岛（蒙牛上市的主体）股票。与三大国际投资机构的丰厚收益相比，蒙牛的创始人牛根生只得到价值不到两亿的上市公司股票，持股比例仅为 4.6%，2005 年可转债行使后还进一步下降到 3.3%！且五年内不能变现。

思考与分析：

结合实际情况分析蒙牛在整个增资过程中带来的利弊。

——资料来源：百度文库，蒙牛的快速扩张战略探究分析，经编者整理、改编

第六章 营运资金管理

本章要点

介绍营运资金的基本含义以及现金管理、应收账款管理及存货管理。

1. 了解营运资金的基本内容
2. 掌握各项流动资产的管理内容

案例导入

存货管理的三次革命

第一次：1953 年，日本丰田公司的副总裁大野耐创造了一种高质量、低库存的生产方式——即时生产（Just In Time，简称 JIT）。JIT 技术是存货管理的第一次革命，其基本思想是“只在需要的时候，按需要的量，生产所需的产品”，也就是追求一种无库存或库存量达到最小的生产系统。通过精确地协调生产和供应，日本的制造企业大大地降低了原材料的库存，提高了企业的运作率，也增加了企业的利润。事实上 JIT 技术称为日本汽车工业竞争优势的一个重要来源，而丰田公司也成为全球 JIT 技术上最为领先的公司之一。

第二次：动力来自数控技术、精密机床以及计算机等技术在工厂里的广泛应用，这些技术使得工厂的整备时间从早先的数小时缩短到几分钟。在计算机的帮助下，机器很快从一种预设的工模具状态切换到另一种工模具状态而无须走到遥远的工具室或经人工处理之后再进行试车和调整，整备工作的加快使怠机时间结构性发生了关键的变化，困扰着传统工厂的在制品库存和间接成本也随之减少。

仍然是丰田公司在 20 世纪 70 年代率先进行了这方面的开拓。作为丰田的引擎供应商，洋马柴油机公司（Yanmar Diedel）效仿丰田进行了作业程序的改革，在不到五年时间里，差不多将机型增加了四倍，但在制品的存货却减少了一半之多，产品制造的总体劳动生产率也提高了 100%以上。

第三次：20 世纪 90 年代信息技术和互联网技术兴起之后，存货管理发生了第三次革命。通过信息技术在企业中的运用（如 ERP、MRPⅡ等），可以使企业的生产计划与市场销售的信息充分共享，计划、采购、生产和销售等各部门之间也可以更好地协同。

戴尔公司是这次革命的成功实践者，它充分运用信息技术和互联网技术展开网上直销，根据顾客的要求定制产品。一开始，在互联网还局限于少数科研和军事用途的时候，戴尔公司只能通过电话这样的网络来进行直销，但是在互联网逐渐普及之后，戴尔公司根据顾客在网上的订单来组织生产，提供完全个性化的产品和服务。戴尔公司提出了“摒弃库存、不断聆听顾客意见、绝不进行间接销售”三项黄金律，从而完全消灭了成品库存，其零件库存量是以小时计算的，当它的销售额达到 123 亿美元时，库存额仅 2.33 亿美元，现金周转期则是负 8 天。

——资料来源：摘自江苏财经信息网《存货管理经历的三次变革》，经编者整理、改编

第一节　营运资金管理概述

一、营运资金的概念和特点

（一）营运资金的概念

营运资金是指在企业生产经营活动中占用在流动资产上的资金。营运资金有广义和狭义之分，广义的营运资金是指一个企业流动资产的总额；狭义的营运资金是指流动资产减去流动负债后的余额。这里的营运资金指的是狭义的营运资金。营运资金的管理既包括流动资产的管理，也包括流动负债的管理。

1. 流动资产

流动资产是指可以在 1 年以内或超过 1 年的一个营业周期内变现或运用的资产，流动资产具有占用时间短、周转快、易变现等特点。企业拥有较多的流动资产，可在一定程度上降低财务风险。流动资产按不同的标准可进行不同的分类，常见分类方式如下：

（1）按占用形态不同，流动资产分为现金、以公允价值计量且其变动计入当期损益的金融资产、应收及预付款项和存货等。

（2）按在生产经营过程中所处的环节不同，流动资产分为生产领域中的流动资产、流通领域中的流动资产以及其他领域的流动资产。

2. 流动负债

流动负债是指需要在 1 年或者超过 1 年的一个营业周期内偿还的债务。流动负债又称短期负债，具有成本低、偿还期短的特点，必须加强管理。流动负债按不同标准可作不同分类，最常见的分类方式如下：

（1）以应付金额是否确定为标准，流动负债可以分为应付金额确定的流动负债和应付金额不确定的流动负债。应付金额确定的流动负债是指那些根据合同或法律规定到期必须偿付、并有确定金额的流动负债，如短期借款、应付票据、应付短期融资券等；应付金额不确定的流动负债是指那些要根据企业生产经营状况，到一定时期或具备一定条件才能确定的流动负债，或应付金额需要估计的流动负债，如应交税费、应付产品质量担保债务等。

（2）以流动负债的形成情况为标准，流动负债可以分为自然性流动负债和人为性流动负债。自然性流动负债是指不需要正式安排，由于结算程序或有关法律法规的规定等原因而自然形成的流动负债；人为性流动负债是指由财会人员根据企业对短期资金的需求情况，通过人为安排所形成的流动负债，如短期银行借款等。

（3）以是否支付利息为标准，流动负债可以分为有息流动负债和无息流动负债。

（二）营运资金的特点

为了有效地管理企业的营运资金，必须研究营运资金的特点，以便有针对性地进行管理。营运资金一般具有如下特点：

1. 营运资金的来源具有灵活多样性

企业筹集长期资金的方式一般较少，只有吸收直接投资、发行股票、发行债券等方式。与筹集长期资金的方式相比，企业筹集营运资金的方式较为灵活多样，通常有银行短期借款、短期融资券、商业信用、应交税费、应付股利、应付职工薪酬等多种内外部融资方式。

2. 营运资金的数量具有波动性

流动资产的数量会随企业内外条件的变化而变化，时高时低，波动很大。季节性企业如此，非季节性企业也如此。随着流动资产数量的变动，流动负债的数量也会相应发生变动。

3. 营运资金的周转具有短期性

企业占用在流动资产上的资金，通常会在 1 年或超过 1 年的一个营业周期内收回，对企业影响的时间比较短。根据这一特点，营运资金可以用商业信用、银行短期借款等短期筹资方式来加以解决。

4. 营运资金的实物形态具有变动性和易变现性

企业营运资金的实物形态是经常变化的，营运资金的每次循环都要经过采购、生产、销售等过程，一般按照现金、原材料、在产品、产成品、应收账款、现金的顺序转化。为此，在进行流动资产管理时，必须在各项流动资产上合理配置资金数额，做到结构合理，以促进资金周转顺利进行。同时，以公允价值计量且其变动计入当期损益的金融资产、应收账款、存货等流动资产一般具有较强的变现能力，如果遇到意外情况，企业出现资金周转不灵、现金短缺时，便可迅速变卖这些资产，以获取现金。这对在财务上应付临时性资金需求具有重要意义。

二、营运资金的管理原则

企业的营运资金在全部资金中占有相当大的比重，而且周转期短，形态易变，是企业财务管理工作的一项重要内容。实证研究也表明，财务经理的大量时间都用于营运资金的管理。企业进行营运资金管理，应遵循以下原则：

（一）满足合理的资金需求

企业应认真分析生产经营状况，合理确定营运资金的需要数量。企业营运资金的需求数量与企业生产经营活动有直接关系。一般情况下，当企业产销两旺时，流动资产会不断增加，流动负债也会相应增加；而当企业产销量不断减少时，流动资产和流动负债也会相应减少。因此，企业财务人员应认真分析生产经营状况，采用一定的方法预测营运资金的需要数量，营运资金的管理必须把满足正常合理的资金需求作为首要任务。

（二）提高资金使用效率

营运资金的周转是指企业的营运资金从现金投入生产经营开始，到最终转化为现金的过程。加速资金周转是提高资金使用效率的主要手段之一。提高营运资金使用效率的关键就是采取得力措施，缩短营业周期，加速变现过程，加快营运资金周转。因此，企业要千方百计地加速存货、应收账款等流动资产的周转，以便用有限的资金，服务于更大的产业规模，为企业取得更好的经济效益提供条件。

（三）节约资金使用成本

在营运资金管理中，必须正确处理保证生产经营需要和节约资金使用成本两者之间的关系。要在保证生产经营需要的前提下，遵守勤俭节约的原则，尽力降低资金使用成本。一方面，要挖掘资金潜力，加速资金周转，精打细算地使用资金；另一方面，要积极拓展融资渠道，合理配置资源，筹措低成本资金，服务于生产经营。

（四）保持足够的短期偿债能力

偿债能力的高低是企业财务风险高低的标志之一。合理安排流动资产与流动负债的比例关系，保持流动资产结构与流动负债结构的适配性，保证企业有足够的短期偿债能力是营运资金管理的重要原则之一。流动资产、流动负债以及两者之间的关系能较好地反映企业的短期偿债能力。流动负债是在短期内需要偿还的债务，而流动资产则是在短期内可以转化为现金的资产。因此，如果一个企业的流动资产比较多，流动负债比较少，说明企业的短期偿债能力较强；反之，则说明短期偿债能力较弱。但如果企业的流动资产太多，流动负债太少，也不是正常现象，这可能是因流动资产闲置或流动负债利用不足所致。

第二节　现 金 管 理

现金有广义、狭义之分。广义的现金是指在生产经营过程中以货币形态存在的资金，包括库存现金、银行存款和其他货币资金等。狭义的现金仅指库存现金。这里所讲的现金是指广义的现金。现金是变现能力最强的非营利性资产，现金管理的过程就是在现金的流动性与收益性之间进行权衡选择的过程，其目的是在保证企业经营活动现金需要的同时，降低企业闲置的现金数量，提高资金收益率。现金管理通常采用的方法有：确定现金持有量，采用邮政信箱法、银行业务集中法等方法加快现金回收；合理利用浮游量，推迟支付应付款及采用汇票付款等方法延迟现金支出。

一、现金管理的意义

企业持有一定数量的现金主要是基于以下三个方面的动机：

（一）交易动机

交易动机，即企业在正常生产经营秩序下应当保持一定的现金支付能力。企业为了组织日常生产经营活动，必须保持一定数额的现金余额。企业每日都在发生许多支出和收入，这些支出和收入在数额上不相等，在时间上不匹配，企业需要持有一定数额的现金来调节，以使生产经营活动能继续进行。一般来说，企业为满足交易动机所持有的现金余额主要取决于企业的销售水平。企业销售扩大，销售额增加，所需现金余额也随之增加。

（二）预防动机

预防动机，即企业为应付意外事件或紧急情况而需要保持一定的现金支付能力。由于市场行情的瞬息万变和其他各种不定因素的存在，企业通常难以对未来现金流入量和流出量做出准确的估计和预期。因此，在正常业务活动现金需要量的基础上，追加一定数量的现金余额以应付未来现金流入和流出的随机波动，是企业在确定必要现金持有量时应当考虑的因素。

企业为应付紧急情况所持有的现金余额主要取决于三个方面：企业愿意承担风险的程度、企业临时举债能力的强弱、企业对现金流量预测的可靠程度。

（三）投机动机

投机动机，即企业为了抓住各种瞬息即逝的市场机会，获取较大的利益而准备的现金余额。投机动机只是企业确定现金余额时所需考虑的次要因素之一，其持有量的大小往往与企业在金融市场上的投资机会及企业对待风险的态度有关。

通过现金管理，使现金收支不但在数量上，而且在时间上相互衔接，对于保证企业经营活动的现金需要，降低企业闲置的现金数量，提高资金收益率具有重要意义。

二、现金的持有成本

现金的持有成本通常由以下 4 个部分组成：

（一）管理成本

管理成本是指企业因持有一定数量的现金而发生的管理费用，如管理人员的工资及必要的安全措施费，这部分费用在一定范围内与现金持有量的多少关系不大，一般属于固定成本，是决策无关成本。

（二）机会成本

机会成本是指企业因持有一定数量的现金而丧失的再投资收益。由于现金属于非营利性资产，保留现金必然丧失再投资的机会及相应的投资收益，从而形成持有现金的机会成本，这种成本在数额上等同于资金成本。比如企业欲持有 50 000 元现金，则只能放弃 5 000 元的投资收益（假设企业平均收益率为 10%）。可见，放弃的再投资收益属于变动成本，它与现金持有量的多少密切相关，即现金持有量越大，机会成本越高，反之，就越小。

（三）转换成本

转换成本是指企业用现金购入有价证券以及转让有价证券换取现金时付出的交易费用，如委托买卖佣金、委托手续费、证券过户费、交割手续费等。证券转换成本与现金持有量的关系是，在现金需要量既定的前提下，现金持有量越少，进行证券变现的次数越多，相应的转换成本就越大；反之，现金持有量越多，证券变现的次数就越少，需要的转换成本也就越小。因此，现金持有量的不同必然通过证券变现次数多少而对转换成本产生影响。

（四）短缺成本

短缺成本是指在现金持有量不足而又无法及时通过有价证券变现加以补充而给企业造成的损失，包括直接损失与间接损失。直接损失主要是因缺少现金而丧失的折扣等，间接损失主要是指超过信用期而导致的信誉损失。现金的短缺成本随现金持有量的增加而下降，随现金持有量的减少而上升，即与现金持有量负相关。

三、现金持有量的确定

确定最佳现金持有量的模式主要有成本分析模式、存货模式和随机模式。

（一）成本分析模式

成本分析模式是根据现金有关成本，分析预测其总成本最低时现金持有量的一种方法。运用成本分析模式确定最佳现金持有量，只考虑因持有一定量的现金而产生的机会成本及短缺成本，而不予考虑管理费用和转换成本。机会成本即因持有现金而丧失的再投资收益，与现金持有量成正比例变动关系，用公式表示如下：

机会成本＝现金持有量×有价证券利率（或报酬率）

短缺成本与现金持有量成反方向变动关系。现金的成本同现金持有量之间的关系如图6-1所示。

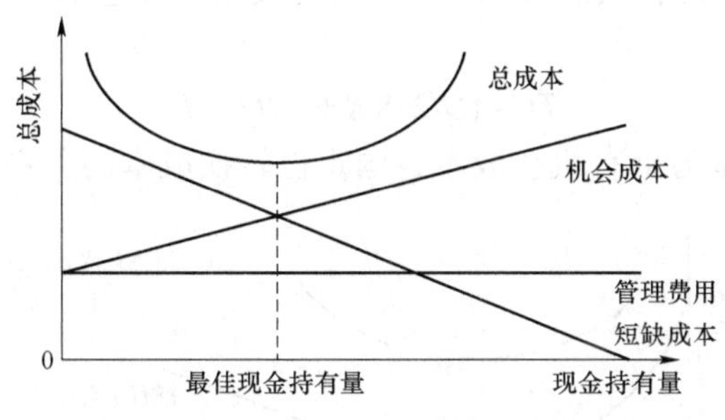

图6-1　成本分析模式示意图

从图6-1可以看出，出于各项成本同现金持有量的变动关系不同，使得总成本曲线呈抛物线形，抛物线的最低点，即为成本最低点，该点所对应的现金持有量便是最佳现金持有量，此时总成本最低。

【例6-1】某企业现有A、B、C、D四种现金持有方案，有关成本资料如表6-1所示。

表6-1　有关成本资料

项目	A	B	C	D
现金持有量/元	100 000	200 000	300 000	400 000
机会成本率/%	10	10	10	10
短缺成本/元	48 000	25 000	10 000	5 000

根据表6-1，编制该企业最佳现金持有量测算表，如表6-2所示。

表6-2　最佳现金持有量测算表　　元

方案及现金持有量	机会成本	短缺成本	相关总成本
A（100 000）	10 000	48 000	58 000
B（200 000）	20 000	25 000	45 000
C（300 000）	30 000	10 000	40 000
D（400 000）	40 000	5 000	45 000

通过分析比较表 6-2 中各方案的总成本可知，C 方案的相关总成本最低，因此企业持有 300 000 元的现金时，各方面的总代价最低，300 000 元为最佳现金持有量。

（二）存货模式

利用存货模式计算最佳现金持有量时，对短缺成本不予考虑，只对机会成本和固定性转换成本予以考虑。机会成本和固定性转换成本随着现金持有量的变动而呈现出相反的变动趋向，因而能够使现金管理的机会成本与固定性转换成本之和保持最低的现金持有量，即为最佳现金持有量。

设 T 为一个周期内现金总需求量；F 为每次转换有价证券的固定成本；Q 为现金持有量（每次证券变现的数量）；K 为有价证券利息率（机会成本）；TC 为现金管理相关总成本。则：

现金管理相关总成本＝持有机会成本＋固定性转换成本

即：

$$TC=(Q/2)\times K+(T/Q)\times F$$

现金管理相关总成本与持有机会成本、固定性转换成本的关系如图 6-2 所示。

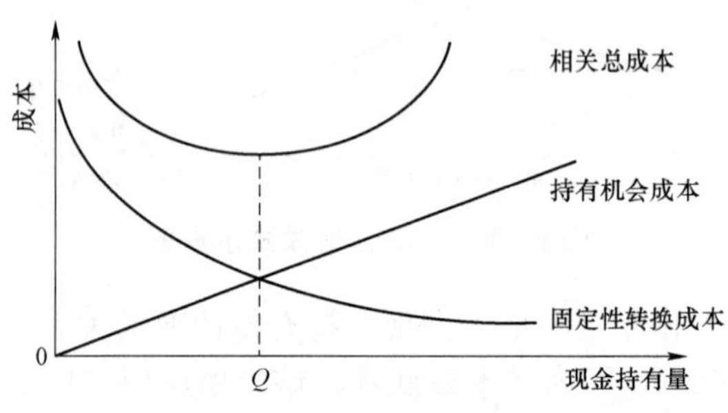

图 6-2　存货模式示意图

从图 6-2 可以看出，现金管理的相关总成本与现金持有量呈凹形曲线关系。当持有现金的机会成本与证券变现的交易成本相等时，现金管理的相关总成本最低，此时的现金持有量为最佳现金持有量，即：

$$Q=\sqrt{\frac{2TF}{K}}$$

将上式代入总成本计算公式得：

$$\text{最低现金管理相关总成本（}TC\text{）}=\sqrt{2TFK}$$

【例 6-2】某企业现金收支状况比较稳定，预计全年（按 360 天计算）需要现金 4 000 000 元，现金与有价证券的转换成本为每次 400 元，有价证券的年利率为 8%，则：

$$\text{最佳现金持有量（}Q\text{）}=\sqrt{2\times 4\,000\,000\times \frac{400}{8\%}}$$

$$=200\,000\text{（元）}$$

$$\text{最低现金管理相关总成本（}TC\text{）}=\sqrt{2\times 4\,000\,000\times 400\times 8\%}$$

$$=16\,000\text{（元）}$$

其中：

$$转换成本=(4\ 000\ 000\div 200\ 000)\times 400=8\ 000\text{（元）}$$

$$持有机会成本=(200\ 000\div 2)\times 8\%=8\ 000\text{（元）}$$

$$有价证券交易次数=\frac{4\ 000\ 000}{200\ 000}=20\text{（次）}$$

$$有价证券交易间隔期=360\div 20=18\text{（天）}$$

（三）随机模式

随机模式是在现金需求量难以预知的情况下进行现金持有量控制的方法。对企业来讲，现金需求量往往波动大且难以预知，但企业可以根据历史经验和现实需要，测算出一个现金持有量的控制范围，即制定出现金持有量的上限和下限，将现金持有量控制在上下限之内。当现金持有量达到控制上限时，用现金购入有价证券，使现金持有量下降；当现金持有量降到控制下限时，则抛售有价证券换回现金，使现金持有量回升。若现金持有量在控制的上下限之内，便不必进行现金与有价证券的转换，保持它们各自的现有存量。这种对现金持有量的控制，如图 6-3 所示。

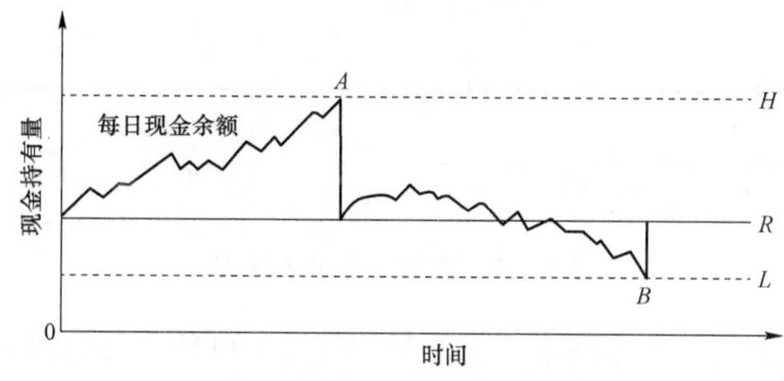

图 6-3　现金持有量示意图

在图 6-3 中，虚线 H 为现金存量的上限，虚线 L 为现金存量的下限，实线 R 为最优现金返回线。从图 6-3 中可以看到，企业的现金存量（表现为现金每日余额）是随机波动的，当其达到 A 点时，即达到了现金控制的上限，企业应用现金购买有价证券，使现金持有量回落到现金返回线（R 线）的水平；当现金存量降至 B 点时，即达到了现金控制的下限，企业则应转让有价证券换回现金，使其存量回升至现金返回线的水平。现金存量在上下限之间的波动属控制范围内的变化，是合理的，不予理会。以上关系中的上限（虚线）H、现金返回线 R 可按下列公式计算：

$$R=\sqrt[3]{\frac{3b\delta^2}{4i}}+L$$

$$H=3R-2L$$

公式中，b 为每次有价证券的固定转换成本；i 为有价证券的日利息率；δ 为预期每日现金余额变化的标准差（可根据历史资料测算）。

而下限（虚线）L 的确定，则要受到企业每日最低现金需要、管理人员的风险承受倾向等因素的影响。

【例 6-3】假定某公司有价证券的年利率为 9%，每次固定转换成本为 50 元，公司认为任何时候其银行活期存款及现金余额均不能低于 1 000 元，又根据以往经验测算出现金余额波动的标准差为 800 元，则最优现金返回线 R、现金控制上限 H 的计算为：

$$有价证券日利率=9\%\div360=0.025\%$$

$$\begin{aligned} R &= \sqrt[3]{\frac{3b\delta^2}{4i}}+L \\ &= \sqrt[3]{\frac{3\times50\times800^2}{4\times0.025\%}}+1\,000=5\,579(元) \\ H &= 3R-2L \\ &= 3\times5\,579-2\times1\,000 \\ &= 14\,737(元) \end{aligned}$$

这样，当公司的现金余额达到 14 737 元时，即应以 9 158（14 737－5 579）元的现金去投资于有价证券，使现金持有量回落为 5 579 元；当公司的现金余额降至 1 000 元时，则应转让 4 579（5 579－1 000）元的有价证券，使现金持有量回升为 5 579 元，如图 6－4 表示。

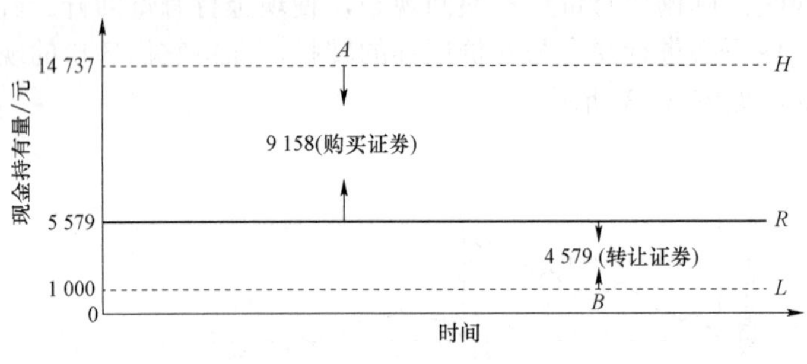

图 6－4　现金持有量示意图

随机模式建立在企业的未来现金需求总量和收支不可预测的前提下，因此计算出来的现金持有量比较保守。

四、现金回收管理

现金回收管理的目的是尽快收回现金，加速现金的周转。为此，企业应根据成本与收益比较原则选用适当方法加速应收账款的收回。

现金回收主要采用的方法有邮政信箱法和银行业务集中法两种。

（一）邮政信箱法

邮政信箱法又称锁箱法，是西方企业加速现金流转的一种常用方法。企业可以在各主要城市租用专门的邮政信箱，并开立分行存款户，授权当地银行每日开启信箱，在取得客户支票后立即予以结算，并通过电汇将货款拨给企业所在地银行。该方法缩短了支票邮寄及在企业的停留时间，但成本较高。

（二）银行业务集中法

这是一种通过建立多个收款中心来加速现金流转的方法。在这种方法下，企业指定一个主要开户行（通常是总部所在地）为集中银行，并在收款额较集中的若干地区设立若干个收款中心；客户收到账单后直接汇款到当地收账中心，收账中心收款后立即存入当地银行；当地银行在进行票据交换后立即转给企业总部所在地银行。该方法缩短了现金从客户到企业的中间周转时间，但在多处设立收账中心，增加了相应的费用支出。为此，企业应在权衡利弊得失的基础上，做出是否采用银行业务集中法的决策，这需要计算分散收账收益净额。

分散收账收益净额=（分散收账前应收账款投资额－分散收账后应收账款投资额）×企业综合资金成本率－因增设收账中心每年增加费用额

五、现金支出管理

现金管理的另一个方面就是决定如何使用现金。企业应根据风险与收益权衡原则选用适当方法延期支付账款。

与现金回收管理相反，现金支出管理的主要任务是尽可能延缓现金的支出时间。延期支付账款的方法一般有以下几种：

（一）合理利用浮游量

所谓现金的浮游量，是指企业账户上现金余额与银行账户上所示的存款余额之间的差额。

（二）推迟支付应付款

企业可在不影响信誉的情况下，尽可能推迟应付款的支付期。

（三）采用汇票付款

在使用支票付款时，只要受票人将支票存入银行，付款人就要无条件地付款。但汇票不一定是“见票即付”的付款方式，这样就有可能合法地延期付款。

除此以外，企业在现金收入、支出和结存等日常管理的基础上，还应加强现金的日常控制，遵循现金收支管理的相关法律法规。

扩展阅读

席卷全球的金融危机，其根源是现金管理出现问题，导致现金流中断引发的危机。

第三节 应收账款管理

应收账款是指因对外销售产品、材料、供应劳务及其他原因，应向购货单位或接受劳务的单位及其他单位收取的款项，包括应收账款、其他应收款、应收票据等。

一、应收账款管理的目标

（一）产生应收账款的原因

1. 商业竞争

这是产生应收账款的主要原因，在市场经济条件下，存在着激烈的商业竞争，竞争机制的作用迫使企业以各种手段扩大销售。除了依靠产品质量、价格、售后服务、广告等外，赊销也是扩大销售的手段之一。对于同等的产品价格、类似的质量水平、一样的售后服务，实行赊销的产品或商品的销售额将大于现金销售的产品或商品的销售额。因为企业提供赊销不仅向顾客提供了商品，也在一定时间内向顾客提供了购买该商品的资金，顾客将从赊销中得到好处。为了满足扩大销售的竞争需要，企业不得不以赊销或其他优惠方式招揽顾客，于是就产生了应收账款，由竞争引起的应收账款，是一种商业信用。

2. 销售和收款的时间差距

商品成交的时间和收到货款的时间经常不一致，这也是产生应收账款的原因。当然，现实生活中现金销售是很普遍的，特别是零售企业更常见。不过就一般批发和大量生产企业来讲，发货的时间和收到货款的时间往往不同。这是因为货款结算需要时间，结算手段越是落后，结算所需时间就越长，销售企业只能承认这种现实并承担由此引起的资金垫支。由于销售和收款的时间差而造成的应收账款，不属于商业信用，也不是应收账款的主要内容，不再对它进行深入讨论，而只论述属于商业信用的应收账款的管理。

（二）应收账款管理的目标

既然企业发生应收账款的主要原因是扩大销售，增强竞争力，那么其管理的目标就是求得利润，应收账款是企业的一项资金投放，是为了扩大销售和盈利而进行的投资，而投资一定要发生成本，这就需要在应收账款信用政策所增加的盈利和这种政策所增加的成本之间做出权衡。只有当应收账款所增加的盈利超过所增加的成本时，才应当实施应收账款赊销；如果应收账款赊销有着良好的盈利前景，就应当放宽信用条件，增加赊销量。

二、应收账款的成本

应收账款作为企业为增加销售和盈利进行的投资，会发生一定的成本。应收账款成本主要包括机会成本、管理成本和坏账成本等。

（一）应收账款的机会成本

应收账款会占用企业一定量的资金，而企业若不把这部分资金投放于应收账款，便可以用于其他投资并可能获得收益，例如投资债券获得利息收入。因投放于应收账款而放弃其他投资所带来的收益，即为应收账款的机会成本。其计算公式如下：

应收账款平均余额＝日销售额×平均收现期

应收账款占用资金＝应收账款平均余额×变动成本率

注意：只有应收账款中的变动成本才是因为赊销而增加的成本（投入的资金）。

应收账款占用资金的应计利息（即机会成本）＝应收账款占用资金×资本成本

＝应收账款平均余额×变动成本率×资本成本

＝日销售额×平均收现期×变动成本率×资本成本

＝全年销售额/360×平均收现期×变动成本率×资本成本

＝（全年销售额×变动成本率）/360×平均收现期×资本成本

＝全年变动成本/360×平均收现期×资本成本

【例 6-4】假设某企业预测的年度赊销额为 3 000 000 元，应收账款平均收账天数为 60 天，变动成本率为 60%，资金成本率为 10%，则应收账款机会成本可计算如下：

应收账款平均余额＝3 000 000/360×60＝500 000（元）

维持赊销业务所需要的资金＝500 000×60%＝300 000（元）

应收账款机会成本＝300 000×10%＝30 000（元）

上述计算表明，企业投放 300 000 元的资金可维持 3 000 000 元的赊销业务，相当于垫支资金的 10 倍之多。这一较高的倍数在很大程度上取决于应收账款的收账速度。在正常情况下，应收账款收账天数越少，一定数量资金所维持的赊销额就越大；应收账款收账天数越多，维持相同赊销额所需要的资金数量就越大。而应收账款机会成本在很大程度上取决于企业维持赊销业务所需要资金的多少。

（二）应收账款的管理成本

应收账款的管理成本主要是指在进行应收账款管理时所增加的费用。主要包括调查顾客信用状况的费用、收集各种信息的费用、账簿的记录费用、收账费用、数据处理成本、相关管理人员成本和从第三方购买信用信息的成本等。

（三）应收账款的坏账成本

在赊销交易中，债务人由于种种原因无力偿还债务，债权人就有可能无法收回应收账款而发生损失，这种损失就是坏账成本。可以说，企业发生坏账成本是不可避免的，而此项成本一般与应收账款的数量成正比例。

坏账成本一般用下列公式测算：

$$应收账款的坏账成本=赊销额\times预计坏账损失率$$

三、应收账款的信用政策

制定合理的信用政策是加强应收账款管理，提高应收账款投资效益的重要前提。信用政策即为应收账款的管理政策，是指企业为了对应收账款投资进行规划与控制而确立的基本原则与行为规范，包括信用标准、信用条件和收账政策三部分内容。

（一）信用标准

信用标准是客户获得企业商业信用所应具备的最低条件，通常以预期的坏账损失率表示。如果企业把信用标准定得过高，将使许多客户因信用品质达不到所设的标准而被企业拒之门外，其结果尽管有利于降低违约风险及收账费用，但不利于企业市场竞争能力的提高和销售收入的扩大。相反，如果企业接受较低的信用标准，虽然有利于企业扩大销售，提高市场竞争力和占有率，但同时也会导致坏账损失风险加大和收账费用增加。为此，企业应在成本与收益比较原则的基础上，确定适宜的信用标准。

信用标准确定的主要依据是客户的信用状况，一般采用“5C”系统评判。“5C”系统是指客户的信用品质（Character）、偿债能力（Capacity）、资本（Capital）、抵押品（Collateral）、经济条件（Condition）。

1. 信用品质（Character）

信用品质指顾客或客户努力履行其偿债义务的可能性，是评估顾客信用品质的首要指标。品质直接决定了应收账款的回收速度和回收数额，因为每一笔信用交易都隐含了客户对公司的付款承诺，如果客户没有付款的诚意，则该应收账款的风险势必加大。

2. 偿债能力（Capacity）

偿债能力指顾客或客户的偿债能力，即其流动资产的数量和质量以及与流动负债的比例关系，其判断依据通常是客户的偿债记录、经营手段以及对客户工厂和公司经营方式所做的实际调查。

3. 资本（Capital）

资本指顾客或客户的财务实力和财务状况，表明顾客可能偿还债务的背景，如负债比率、流动比率、速动比率、有形资产净值等财务指标等。

4. 抵押品（Collateral）

抵押品指顾客或客户拒付款项或无力支付款项时能被用作抵押的资产，一旦收不到这些顾客的款项，便以抵押品抵补，这对于首次交易或信用状况有争议的顾客或客户尤为重要。

5. 经济条件（Condition）

经济条件指可能影响顾客或客户付款能力的经济环境，如顾客或客户在困难时期的付款历史、顾客或客户在经济不景气情况下的付款可能。

（二）信用条件

信用标准是企业评价客户等级，决定给予或拒绝客户信用的依据。一旦企业决定给予客户信用优惠，就需要考虑具体的信用条件。因此，所谓信用条件，就是指企业接受客户信用订单时所提出的付款要求，主要包括信用期限、折扣期限及现金折扣率等。信用条件的基本表现方式如“2/10，*n*/45”，意思是，若客户能够在发票开出后的 10 日内付款，可以享受 2%的现金折扣；如果放弃折扣优惠，则全部款项必须在 45 日内付清。在此，45 天为信用期限，10 天为折扣期限，2%为现金折扣率。

1. 信用期限

信用期限是指企业允许客户从购货到支付货款的时间间隔。企业产品的销售量与信用期限之间存在着一定的依存关系。通常，延长信用期限，可以在一定程度上扩大销售量，从而增加毛利。但不适当地延长信用期限，会给企业带来不良后果：一是使平均收账期延长，占用在应收账款上的资金相应增加，引起机会成本增加；二是引起坏账损失和收账费用的增加。因此，企业是否给客户延长信用期限，应视延长信用期限增加的边际收入是否大于增加的边际成本而定。

2. 现金折扣和折扣期限

延长信用期限会增加应收账款占用的时间和金额。许多企业为了加速资金周转，及时收回货款，减少坏账损失，往往在延长信用期限的同时，采用一定的优惠措施。即在规定的时间内提前偿付货款的客户可按销售收入的一定比率享受折扣。如“2/10，*n*/45”表示赊销期限为 45 天，若客户在 10 天内付款，则可享受 2%的折扣。现金折扣实际上是对现金收入的扣减，企业决定是否提供以及提供多大程度的现金折扣，着重考虑的是提供折扣后所得的收益是否大于现金折扣的成本。

企业究竟应当核定多长的现金折扣期限，以及给予客户多大程度的现金折扣优惠，必须将信用期限及加速收款所得到的收益与付出的现金折扣成本结合起来考察。同延长信用期限一样，采取现金折扣方式在有利于刺激销售的同时，也需要付出一定的成本代价，即给予现金折扣造成的损失。如果加速收款带来的机会收益能够绰绰有余地补偿现金折扣成本，企业就可以采取现金折扣或进一步改变当前的折扣方针，如果加速收款的机会收益不能补偿现金折扣成本，现金优惠条件便被认为是不恰当的。

3. 信用条件备选方案的评价

虽然企业在信用管理政策中，已对可接受的信用风险水平作了规定，但当企业的生产经营环境发生变化时，就需要对信用管理政策中的某些规定进行修改和调整，并对改变条件的各种备选方案进行认真评价。

【例 6–5】某企业预测 2022 年度赊销额为 3 600 万元，其信用条件是“*n*/30”，变动成本率为 60%，资金成本率（或有价证券利息率）为 10%。假设企业收账政策不变，固定成本总额不变。该企业准备了三个信用条件的备选方案：

A：维持“*n*/30”的信用条件；

B：将信用条件放宽到“*n*/60”；

C：将信用条件放宽到“*n*/90”。

为各种备选方案估计的赊销水平、坏账百分比和收账费用等有关数据如表 6–3 所示。

表 6–3　信用条件备选方案表

方案	A	B	C
信用条件	*n*/30	*n*/60	*n*/90
年赊销额/万元	3 600	3 960	4 200
应收账款平均收账天数/天	30	60	90
应收账款平均余额/万元	3 600÷360×30=300	3 960÷360×60=660	4 200÷360×90=1 050
维持赊销业务需资金/万元	300×60%=180	660×60%=396	1 050×60%=630
坏账损失/年赊销额/%	2	3	6
坏账成本/万元	3 600×2%=72	3 960×3%=118.8	4 200×6%=252
管理成本/万元	36	60	144

根据以上资料，可计算如下指标，如表 6–4 所示。

表 6–4　信用条件分析评价表　　万元

方案	A	B	C
信用条件	*n*/30	*n*/60	*n*/90
年赊销额	3 600	3 960	4 200
变动成本	2 160	2 376	2 520
信用成本前收益	1 440	1 584	1 680
信用成本：			
应收账款机会成本	180×10%=18	396×10%=39.6	630×10%=63
坏账成本	72	118.8	252
管理成本	36	60	144
小计	126	218.4	459
信用成本后收益	1 314	1 365.6	1 221

根据表 6–4 中的资料可知，在这三种方案中，B 方案（*n*/60）的获利最大，它比 A 方案（*n*/30）增加收益 51.6 万元，比 C 方案（*n*/90）的收益要多 144.6 万元。因此，在其他条

件不变的情况下，应选择B方案。

如果企业为了加速应收账款的回收，在企业向客户提供商业信用时，必须考虑三个问题：其一，客户是否会拖欠或拒付账款，程度如何；其二，怎样最大限度地防止客户拖欠账款；其三，一旦账款遭到拖欠甚至拒付，企业应采取怎样的对策。前两个问题主要靠信用调查和严格信用审批制度来解决；第三个问题则必须通过制定完善的收账方针，采取有效的收账措施予以解决。

从理论上讲，履约付款是客户不容置疑的责任与义务，债权企业有权通过法律途径要求客户履约付款。但如果企业对所有客户拖欠或拒付账款的行为均付诸法律解决，往往并不是最有效的办法，因为企业解决与客户账款纠纷的目的，主要不是争论谁是谁非，而在于怎样最有成效地将账款收回。实际上，各个客户拖欠或拒付账款的原因是不尽相同的，许多信用品质良好的客户也可能因为某些原因而无法如期付款。此时，如果企业直接向法院起诉，不仅需要花费相当数额的诉讼费，而且除非法院裁决客户破产，否则效果往往也不是很理想。所以，通过法院强行收回账款一般是企业不得已而为之的最后办法。基于这种考虑，企业如果能够同客户商量折中的方案，也许能够将大部分账款收回。

通常的步骤如下：

（1）当账款被客户拖欠或拒付时，企业应当首先分析现有的信用标准及信用审批制度是否存在纰漏；

（2）重新对违约客户的资信等级进行调查、评价。将信用品质恶劣的客户从信用名单中删除，对其所拖欠的款项可先通过信函、电讯或者派员前往等方式进行催收，态度可以渐加强硬，并提出警告。

（3）当这些措施无效时，可考虑通过法院裁决。为了提高诉讼效果，可以与其他经常被该客户拖欠或拒付账款的企业联合向法院起诉，以增强该客户信用品质不佳的证据力。

（4）对于信用记录一向正常的客户，在去电、去函的基础上，不妨派人与客户直接进行协商，彼此沟通意见，达成谅解妥协，既可密切相互间的关系，又有助于较为理想地解决账款拖欠问题，并且一旦将来彼此关系置换时，也有一个缓冲的余地。当然，如果双方无法取得谅解，也只能付诸法律进行最后裁决。

除上述收账政策外，有些国家还兴起了一种新的收账代理业务，即企业可以委托收账代理机构催收账款。但由于委托手续费往往较高，许多企业，尤其是那些资财较小、经济效益差的企业很难采用。

（三）收账政策

收账政策亦称收账方针，是指信用条件被违反时，企业采取的收账策略。企业如果采取较积极的收账政策，可能会减少应收账款投资，减少坏账损失，但要增加收账成本。如果采用较消极的收账政策，则可能会增加应收账款投资，增加坏账损失，但会减少收账费用。企业需要做出适当的权衡。一般来说，可以参照评价信用标准、信用条件的方法来评价收账政策。

影响企业信用标准、信用条件及收账政策的因素很多，如销售额、赊销期限、收账期限、现金折扣、坏账损失、过剩生产能力、机会成本、存货投资等，这就使得信用政策的制定更为复杂。一般来说，理想的信用政策就是企业采取或松或紧的信用政策时所带来的收益最大的政策。

企业对拖欠的应收账款，无论采用何种方式进行催收，都需要付出一定的代价，即收账费用，如收款所花的邮电通信费、派专人收款的差旅费和不得已时的法律诉讼费等。通常，企业为了扩大销售，增强竞争能力，往往对客户的逾期未付款项规定一个允许的拖欠期限，超过规定的期限，企业就应采取各种形式进行催收。如果企业制定的收款政策过宽，会导致逾期未付款项的客户拖延时间更长，对企业不利；收账政策过严，催收过急，又可能伤害无意拖欠的客户，影响企业未来的销售和利润。因此，企业在制定收账政策时，要权衡利弊，掌握好宽严界限。

一般而言，企业加强收账管理，及早收回货款，可以减少坏账损失，减少收账款上的资金占用，但会增加收账费用。因此，制定收账政策就是要在增加收账费用与减少坏账损失、减少应收账款机会成本之间进行权衡，若前者小于后者，则说明制定的收账政策是可取的。

【例 6–6】已知某企业应收账款原有的收账政策和拟改变的收账政策如表 6–5 所示。假设资金利润率为 10%，根据表 6–5 中的资料，计算两种方案的总成本，如表 6–6 所示。

表 6–5　收账政策备选方案资料

项目	现行收账政策	拟改变的收账政策
年收账费用/万元	90	150
应收账款平均收账天数/天	60	30
坏账损失占赊销额的百分比/%	3	2
赊销额/万元	7 200	7 200
变动成本率/%	60	60

表 6–6　收账政策分析评价表

项目	现行收账政策	拟改变的收账政策
赊销额/万元	7 200	7 200
应收账款平均收账天数/天	60	30
应收账款平均余额/万元	7 200÷360×60=1 200	7 200÷360×360=600
应收账款占用的资金/万元	1 200×60%=720	600×60%=360
收账成本：		
应收账款机会成本/万元	720×10%=72	360×10%=36
坏账损失/万元	7 200×3%=216	7 200×2%=144
年收账费用/万元	90	150
收账总成本/万元	378	330

表 6–6 的计算结果表明，拟改变的收账政策较现行收账政策减少的坏账损失和减少的应收账款机会成本之和 108[(216–144)+(72–36)]万元，大于增加的收账费用 60(150–90)万元，因此，改变收账政策的方案是可以接受的。

四、应收账款账龄分析

企业已发生的应收账款时间长短不一，有的尚未超过信用期，有的则已逾期拖欠。一般来讲，逾期拖欠时间越长，账款催收的难度越大，成为坏账的可能性也就越高。应收账款账龄分析就是考察研究应收账款的账龄结构。所谓应收账款的账龄结构，是指各账龄应收账款的余额占应收账款总计余额的比重。

【例 6-7】已知某企业的账龄分析表如表 6-7 所示。

表 6-7　应收账款账龄分析表

应收账款	账龄账户数量	金额/万元	比重/%
信用期内（设平均为 3 个月）	100	60	60
超过信用期 1 个月内	50	10	10
超过信用期 2 个月内	20	6	6
超过信用期 3 个月内	10	4	4
超过信用期 4 个月内	15	7	7
超过信用期 5 个月内	12	5	5
超过信用期 6 个月内	8	2	2
超过信用期 6 个月以上	16	6	6
应收账款余额总计		100	100

表 6-7 表明，该企业应收账款余额中，有 60 万元尚在信用期内，占全部应收账款的 60%。过期数额 40 万元，占全部应收账款的 40%，其中逾期在 1、2、3、4、5、6 个月内的，分别为 10%、6%、4%、7%、5%、2%。另有 6%的应收账款已经逾期半年以上。此时，企业应分析逾期账款具体属于哪些客户，这些客户是否经常发生拖欠情况，发生拖欠的原因何在。一般而言，账款的逾期时间越短，收回的可能性越大，即发生坏账损失的可能性相对越小；反之，收账的难度及发生坏账损失的可能性也就越大。因此，对不同拖欠时间的账款及不同信用品质的客户，企业应采取不同的收账方法，制定出经济可行的不同收账政策、收账方案；对可能发生的坏账损失，需提前做好准备，充分估计这一因素对企业损益的影响。对尚未过期的应收账款，也不能放松管理与监督，以防发生新的拖欠。

第四节　存 货 管 理

一、存货管理目标

（一）存货功能

存货是指企业在生产经营过程中为销售或生产耗用而储备的各种物资，包括材料、燃料、低值易耗品、在产品、半成品、产成品、协作件、商品等。存货管理水平的高低直接影响着企业生产经营能否顺利进行，并最终影响企业的收益、风险等状况。因此，存货管理是财务管理的一项重要内容。

存货的功能是指存货在企业生产经营过程中起到的作用。具体包括以下几个方面：

1. 保证生产正常进行

生产过程中需要的原材料和在产品，是生产的物质保证，为保障生产的正常进行，必须储备一定量的原材料；否则可能会造成生产中断、停工待料的现象。尽管当前部分企业的存货管理已经实现计算机自动化管理，但要实现存货为零的目标实属不易。

2. 有利于销售

一定数量的存货储备能够增加企业在生产和销售方面的机动性和适应市场变化的能力。当企业市场需求量增加时，若产品储备不足，就有可能失去销售良机。同时，由于顾客为节约采购成本和其他费用，一般可能成批采购；企业为了达到运输上的最优批量也会组织成批发运，所以保持一定量的存货是有利于市场销售的。

3. 便于维持均衡生产，降低产品成本

有些企业产品属于季节性产品或者需求波动较大的产品，此时若根据需求状况组织生产，则可能有时生产能力得不到充分利用，有时又超负荷生产，这会造成产品成本的上升。为了降低生产成本，实现均衡生产，就要储备一定的产成品存货，并相应地保持一定的原材料存货。

4. 降低存货取得成本

一般情况下，当企业进行采购时，进货总成本与采购物资的单价和采购次数有密切关系。而许多供应商为鼓励客户多购买其产品，往往在客户采购量达到一定数量时，给予价格折扣，所以企业通过大批量集中进货，既可以享受价格折扣，降低购置成本，也可因减少订货次数，降低订货成本，使总的进货成本降低。

5. 防止意外事件的发生

企业在采购、运输、生产和销售过程中，都可能发生意料之外的事故，保持必要的存货保险储备，可以避免和减少意外事件的损失。

（二）存货管理目标

存货管理的目标，就是要尽力在各种存货成本与存货效益之间做出权衡，在充分发挥存货功能的基础上，降低存货成本，实现两者的最佳组合。

企业持有存货的目的主要是解决购料与生产不相配合的困难。周密和完善的生产计划和物资供应系统可使原材料、零部件的供应和生产过程完全衔接并及时满足市场对产品的需求，这时公司对存货的需求量最小。但生产和销售是一个动态系统，它必须随着市场的变化而变化，总会产生波动。若生产一时扩大而原材料供应不上，则会使生产中断。若市场销售量增加而公司无产成品库存，则会影响企业的销售和声誉，造成一定的损失。因此，企业基于内、外的主客观环境和条件的影响，无法全面推行“适时生产系统”，存货的存在是不可避免的。

从企业的角度出发，存货管理的目标就是在满足经营所需存货的条件下，使存货的成本达到最低。

二、存货成本

进行存货管理，首先应分清与购买和保管存货有关的成本，一般将其归为三类：

（一）取得成本

取得成本就是为取得存货而发生的成本，它包括存货的订货成本和购置成本。

1. 订货成本

订货成本是指取得订单的成本，包括订购手续费、办公费、差旅费、邮电费、电报电话费等支出。订货成本中有一部分与订货次数无关，如常设采购机构的基本开支等，称为订货固定成本，用 F_1 表示；另一部分与订货次数有关，如差旅费、邮资等支出，称为订货变动成本。每次的订货变动成本用 K 表示；订货次数等于存货年需要量 D 与每次进货量 Q 之商。订货成本的计算公式为：

$$订货成本=\frac{D}{Q}\times K+F_1$$

2. 购置成本

购置成本是指为购买存货本身所支出的成本，即存货本身的价值，经常用数量与单价的乘积来确定。假定年需求量用 D 表示，单价用 U 表示，则购置成本为 DU。

订货成本加上购置成本，就等于取得成本。其公式可表达为：

$$\begin{aligned}取得成本&=订货成本+购置成本\\&=订货固定成本+订货变动成本+购置成本\end{aligned}$$

$$TC_a=F_1+\frac{D}{Q}\times K+DU$$

（二）储存成本

储存成本指为保持存货而发生的成本，包括存货占用资金所应计的利息、仓库费用、保险费用、存货破损和变质损失等，通常用 TC_c 来表示。

储存成本也分为固定成本和变动成本。固定成本与存货数量的多少无关，如仓库折旧、仓库职工的固定工资等，常用 F_2 表示。变动成本与存货的数量有关，如存货资金的应计利息、存货的破损和变质损失、存货的保险费用等，单位成本用 K_c 来表示。其公式为：

$$储存成本=储存固定成本+储存变动成本$$

$$TC_c=F_2+K_c\times\frac{Q}{2}$$

（三）缺货成本

缺货成本是指由于存货供应中断而造成的损失，包括材料供应中断造成的停工损失、产成品库存缺货造成的拖欠发货损失、丧失销售机会的损失及造成的商誉损失等。如果生产企业以紧急采购代用材料解决库存材料中断之急，那么缺货成本表现为紧急额外购入成本。缺货成本用 TC_s 表示。

如果以 TC 来表示储备存货的总成本，其计算公式为：

$$TC=TC_a+TC_c+TC_s=F_t+\frac{D}{Q}\times K+DU+F_2+\frac{K_cQ}{2}+TC_s$$

企业存货的最优化，就是使企业存货总成本即上式 TC 值最小。

注意：无条件相关成本包括变动订货成本和变动储存成本；有条件相关成本包括购置成本、缺货成本（本教材不涉及折扣模型和缺货成本）。

三、存货管理方法

（一）ABC 控制法

ABC 控制法是意大利经济学家帕累托于 19 世纪首创的。经过不断完善和发展，现已广泛应用于存货管理、成本管理和生产管理，其基本思想依据于统计学中的累积曲线。ABC 控制法就是把企业种类繁多的存货，依据其重要程度、价值大小或者资产占用等标准分为三大类：A 类为高价值存货，品种数量占整个存货的 10%～15%，但价值占全部存货的 50%～70%；B 类为中等价值存货，品种数量占整个存货的 20%～25%，价值占全部存货的 15%～20%；C 类为低价值存货，品种数量多，占整个存货的 60%～70%，价值占全部存货的 10%～35%，如图 6－5 所示。针对不同类别的存货应分别采用不同的方法进行控制。

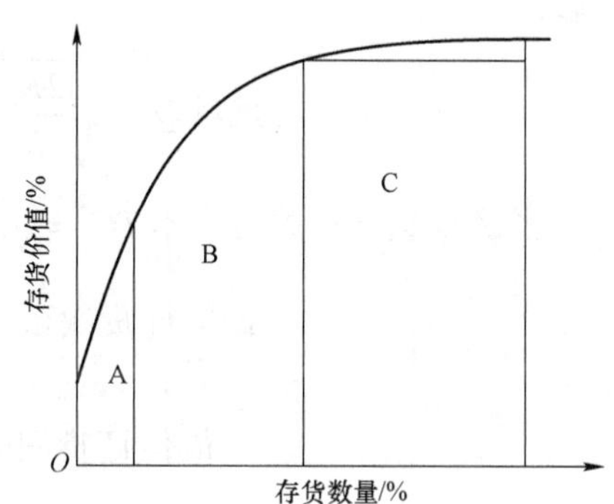

图 6－5　ABC 控制分类图

对 A 类存货实行重点规划和管理，对存货的收、发、存进行详细记录，定期盘点。对采购、储存、使用过程中出现的偏差应及时分析原因，调查清楚，寻求改进措施。

对 B 类存货进行次重点管理。对 B 类存货一般可按存货类别进行控制，制定定额，对实际出现的偏差进行概括性检查。

对 C 类存货只进行一般管理，采用集中管理的方式。

（二）经济批量控制法

1. 存货经济批量一般模型

存货过多或存货不足，都会使公司遭受不必要的损失。如何合理地确定最佳的存货水平呢？存货经济批量模型对这一问题进行了解答。前面讨论存货成本时可知，存货订货成本与采购批量成反比，而存货储存成本与采购批量成正比。短缺成本由于难以计量，不予考虑。由此可见，订货成本与储存成本是决定存货经济批量的两大因素，而与批量无关的固定订货成本与固定储存成本则称为无关成本，在确定经济批量时不必考虑。因而，经济批量也就是可以通过使存货订货变动成本与储存变动成本之和最小的计算方法求得。用公式表示如下：

$$TC=\frac{D}{Q}\times K+\frac{Q}{2}\times K_c$$

若使 TC 值最小，对 TC 求一阶导数，并令一阶导数等于零，此时的批量则称为最佳经济订货批量。

$$Q^*=\sqrt{\frac{2KD}{K_c}}$$

根据这一公式可进一步推导出：

$$TC（Q^*）=\sqrt{2KDK_c}$$

$$最佳订货次数（N）=\sqrt{\frac{DK_c}{2K}}$$

$$最佳订货周期（T）=\frac{1}{N}=\frac{1}{\sqrt{\frac{DK_c}{2K}}}$$

【例 6-8】某企业一年某种材料需求量为 3 600 吨，每次进货成本为 250 元，单位储存成本为 20 元，每吨材料的单价为 1 000 元，且每次材料订货均一次到齐，在订货间隔期均匀耗用。则经济批量为：

解：

$$经济批量 Q^*=\sqrt{\frac{2KD}{K_c}}=\sqrt{\frac{2\times 3\,600\times 250}{20}}=300（吨）$$

$$经济批量下相关总成本 TC^*=\sqrt{2KDK_c}=\sqrt{2\times 3\,600\times 250\times 20}=6\,000（元）$$

$$最佳订货次数 N^*=\frac{D}{Q^*}=\frac{3\,600}{300}=12（次）$$

$$最佳订货间隔期 T^*=\frac{360}{12}=30（天）$$

$$经济订货量下平均占用资金 I^*=\frac{Q^*}{2}\times u=\frac{300}{2}\times 1\,000=150\,000（元）$$

应当注意，这里所计算的经济批量模型是一种理想化的模型，它是在一定的假设条件下推导出来的。其假设条件主要有以下几个：

（1）存货的耗用量或销售量可以被准确地预测；

（2）存货的耗用量或销售量均匀地分布在全年；

（3）不存在供应商延期交货的情况；

（4）全年存货的需求量、采购单价、单位储存成本和每次订货量均为已知且全年保持不变。

这些条件在现实的市场情况下是不可能满足的，因此其模型在实际中运用受到许多限制。为进一步增加模型的适用性，应结合实际工作中经常出现的几种情况加以分析。

2. 特殊情况下的存货经济批量的确定

1）存在销售折扣情况下的经济批量模型

在市场经济条件下，供应商为了扩大销售量，通常采用销售折扣的方式进行销售，即规定当一次采购量达到一定数额时给予购货方一定的价格优惠。在这种情况下，单位采购成本就不是固定不变的，它也随着采购数量的增减变化而变化，此时企业在确定经济批量时，就要比较享受折扣与放弃折扣两种情况下的总成本，选择总成本较低者。此时的批量视为经济批量。

【例 6-9】接例 6-8，供应商规定每次购货量达到 360 吨以上，就给予 10%的销售折扣，则经济订货批量应为多少？

解：

在这种情况下，采购成本与每次采购的数量有一定的关系。因此，企业在确定经济批量时必须将此因素考虑进去，来计算两种情况下的总成本。

$$TC_{(300)} = 1\,000 \times 3\,600 + \frac{300}{2} \times 20 + \frac{3\,600}{300} \times 250$$
$$= 3\,600\,000 + 3\,000 + 3\,000 = 3\,606\,000(\text{元})$$

$$TC_{(360)} = 900 \times 3\,600 + \frac{360}{2} \times 20 + \frac{3\,600}{360} \times 250$$
$$= 3\,240\,000 + 3\,600 + 2\,500 = 3\,246\,100(\text{元})$$

通过上述计算可知，当每次订货量为 360 吨时的总成本低于 300 吨时的总成本，因此企业应选择 360 吨作为每次采购批量，而不应选择 300 吨。通过上述分析，可以了解到在确定经济批量的分析中，只要与经济批量有关的成本因素都应该考虑进去，否则会出现决策错误。相应地，订货次数、订货周期都要作调整：

$$N = \frac{3\,600}{360} = 10 \text{（次）}$$

2）订货提前期和安全储备

一般情况下，企业要想做到存货库存到零时再补充到 Q，几乎是不可能的。供应商在收到企业订单后，从组织货源到运达企业往往需要花费一段时间。为了保证生产和销售正常进行，不受存货供应的影响，企业需要解决两大问题：一是什么时候发出订货单；二是为了预防意外事件发生，应建立多少保险性的存货储备量。这就是管理上所说的订货提前期和安全储备量。

所谓订货提前期，也就是再订货点，是指企业库存存货达到多少时企业发订货订单，此时的存货量就是再订货点的储备量。影响再订货点的因素有以下几个：

（1）平均日耗用量；

（2）提前时间，一般是指平时从发出订单到所订货物运达仓库所需时间；

（3）预计每天最大耗用量与最长的提前时间；

（4）安全储备量，也就是预防耗用量突然增加或交货误期而进行的储备。

再订货点=（订货至到货间隔期×每日耗用量）+安全储备量

企业设立安全储备量主要是预防企业订货提前期与耗用量不能完全确定，影响企业再订货点，从而影响企业正常生产经营。安全储备的存量虽然有用，但企业为此也要付出一定的代价，即增加企业储存成本以及存货所占用的资金。因此企业是否需要设立安全储备以及安全储备量为多少，对企业来说是很重要的。最合理的安全储备量应是使存货短缺成本和储存成本之和最低。

【例 6-10】某企业某材料的经济批量为 1 000 件，每件的单价为 10 元，该材料单位储存成本为单价的 20%，根据以往经验，企业每短缺 1 件该材料发生 1 元的损失。企业每日正常耗用该材料 50 件，每年采购 12 次，假定生产耗用量不确定的概率分布如表 6-8 所示。

表 6-8 生产耗用量不确定的概率分布 件

生产用量	1 500	1 700	2 000	2 300
概率	0.85	0.10	0.03	0.02

计算不同安全存量情况下的总成本，如表 6-9 所示。

表 6-9 不同安全存量情况下的总成本

安全存量/件	短缺量/件	短缺概率	短缺成本/元	储存成本/元	成本合计/元
0	200	0.10	200 × 12 × 0.1 × 1 = 240	0	612
	500	0.03	500 × 12 × 0.03 × 1 = 180		
	800	0.02	800 × 12 × 0.02 × 1 = 192		
200	300	0.03	300 × 12 × 0.03 × 1 = 108	200 × 10 × 0.2 = 400	652
	600	0.02	600 × 12 × 0.02 × 1 = 144		
500	300	0.02	300 × 12 × 0.02 × 1 = 72	500 × 10 × 0.2 = 1 000	1 072
800	0	0	0	800 × 10 × 0.2 = 1 600	1 600

不难看出，企业的安全储存量并不是越多越好，企业只有保持适量的安全储备，才能达到成本最低，存货管理效率最佳。

3）存货陆续供应和使用

在建立基本模型时，假设存货一次全部入库，故存量增加时存量变化为一条垂直的直线。但实际上，企业各批存货可能是陆续入库，使存量陆续增加。尤其是产成品入库和产成品转移，几乎总是陆续供应和陆续耗用的。在这种情况下，需要对基本模型进行一定的修改。

【例 6-11】某零件年需求量（D）为 3 600 件，每日送货量（P）为 30 件，每日耗用量（d）为 10 件，单价（U）为 10 元，一次订货成本（K）为 25 元，单位储存变动成本（K_c）为 2 元，存货数量变动如图 6-6 所示。

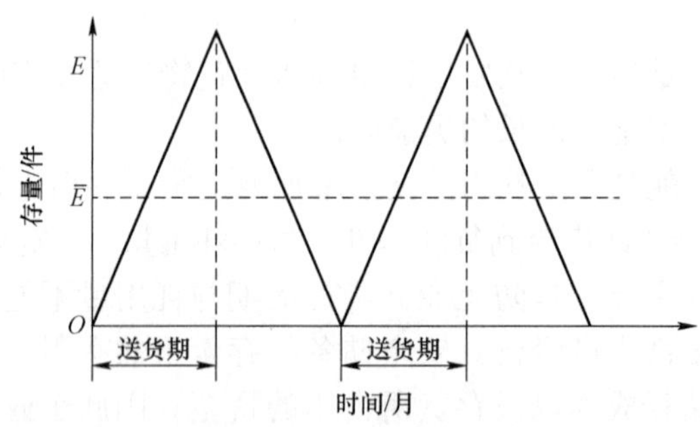

图 6-6 存货数量变动

设每批订货数为 Q，由于每日送货量为 P，故该批零件全部送达所需日数为 Q/P，称之为送货期。因零件每日耗用量为 d，故送货期内的全部耗用量为（Q/P）$\times d$。由于零件边用边送，所以每批送完时，最高库存量为 $Q-\dfrac{Q}{P}\times d$。平均存量则为 $\dfrac{1}{2}\left(Q-\dfrac{Q}{P}\times d\right)$。这样，与批量有关的总成本为：

$$TC(Q)=\frac{D}{Q}\times K+\frac{Q}{2}\left(1-\frac{d}{p}\right)\times K_c$$

在订货变动成本与储存变动成本相等时，TC（Q）有最小值，故存货陆续供应和使用的经济订货批量为：

$$\frac{D}{Q}\times K=\frac{Q}{2}\left(1-\frac{d}{p}\right)\times K_c$$

$$Q^*=\sqrt{\frac{2KD}{K_c}\times\frac{P}{P-d}}$$

$$TC(Q^*)=\sqrt{2KDK_c\left(1-\frac{d}{p}\right)}$$

在本例中，其经济批量为：

$$Q^*=\sqrt{\frac{2\times25\times3\,600}{2}\times\frac{30}{(30-10)}}=367(\text{元})$$

$$TC(Q^*)=\sqrt{2\times25\times3\,600\times2\times\left(1-\frac{10}{30}\right)}=490(\text{元})$$

应当注意，陆续供应和陆续使用的存货经济批量模型，同样适用于企业产品的自制和外购的决策。企业自制零件用于边送边用的情况，单位成本可能很低，但每批零件投产的准备成本比一次外购订货的成本可能高许多。外购零件的单位成本可能很高，但订货成本却可能很低。因此，企业要在自制和外购零件之间进行选择，必须比较两种方式的总成本，才能做出正确的决策。此时，企业可以利用陆续供应的模型进行分析决策。

【例 6－12】某企业生产使用 A 零件，可以外购，也可以自制。如果外购，该零件的单价 5 元，一次订货成本为 12 元；如果自制，单位成本为 4 元，每次生产准备成本为 660 元，日产量为 50 件。零件全年的需求量为 3 600 件，储存零件的变动成本为零件价值的 20%，每日平均需求量为 10 件。那么，企业应选择自制还是外购的方案？

解：

（1）外购零件。

$$Q^*\sqrt{\frac{2KD}{K_c}}=\sqrt{\frac{2\times12\times3\,600}{5\times0.2}}=294(\text{件})$$

$$TC\,(Q^*)=\sqrt{2KDK_c}=\sqrt{2\times12\times3\,600\times5\times0.2}=294(\text{元})$$

$$TC=DU+TC(Q^*)=3\,600\times5+294=18\,294(\text{元})$$

（2）自制零件。

$$Q^*=\sqrt{\frac{2KD}{K_c}\times\frac{P}{P-d}}=\sqrt{\frac{2\times660\times3\,600}{4\times0.2}\times\frac{50}{50-10}}=2\,725(\text{件})$$

$$TC(Q^*)=\sqrt{2KDK_c\left(1-\frac{d}{p}\right)}=\sqrt{2\times660\times3\,600\times4\times0.2\times\left(1-\frac{10}{50}\right)}=1\,744(\text{元})$$

$$TC=DU\times TC(Q^3)=3\,600\times4+1\,744=16144\ (\text{元})$$

由于自制的总成本低于外购的总成本，所以企业应采用自制的方案。

四、零存货与适时性存货管理

存货管理的理想状态莫过于存货库存趋近于零或根本没有存货，企业无须在存货上花费许多资金和精力。要实现这种高层次的管理，就要求企业做到存货生产经营的需要与材料物资的供应同步，以便只有当企业生产过程中需要原材料或配件时，供应商才会将原料或配件送来，从而体现适时性的管理。

采用零存货与适时生产管理必须满足以下几个基本要求：

（1）供应商能够及时地供应批量不大但优质的材料与配件；

（2）企业和供应商之间经常保持密切的联系，确保供应环节不出问题；

（3）各生产环节的工人应具有较高的素质与技能，能够保证所经手的产品的质量，防止损害有限的原料和配件。

第五节　流动负债管理

流动负债主要有三种主要来源：短期借款、商业信用和应付款项（包括应付账款和预收账款），各种来源具有不同的获取速度、灵活性、成本和风险。

一、短期借款

（一）短期借款及其种类

企业的借款通常按其流动性或偿还时间的长短，划分为短期借款和长期借款。短期借款是指企业向银行或其他金融机构借入的期限在 1 年（含 1 年）以内的各种借款。

短期借款可以随企业的需要安排，便于灵活使用，但其突出的缺点是短期内要归还，且可能会附带很多附加条件。

（二）短期借款的信用条件

银行等金融机构对企业贷款通常会附带一定的信用条件。短期借款所附带的一些信用条件主要如下：

1. 信贷额度

信贷额度即贷款限额，是借款企业与银行在协议中规定的借款最高限额，信用额度的有效期限通常为 1 年。一般情况下，在信贷额度内，企业可以随时按需要支用借款。但是，银行并不承担必须支付全部信贷数额的义务。如果企业信誉恶化，即使在信贷额度内，企业也可能得不到借款。此时，银行不会承担法律责任。

2. 周转信贷协定

周转信贷协定是银行具有法律义务地承诺提供不超过某一最高限额的贷款协定。在协定的有效期内，只要企业借款总额未超过最高限额，银行必须满足企业任何时候提出的借款要求。企业要享有周转信贷协定，通常要按贷款限额的未使用部分付给银行一定比例的承诺费用。

【例 6－13】某企业与银行商定的周转信贷额度为 5 000 万元，年度内实际使用了 2 800 万元，承诺费率为 0.5%，企业应向银行支付的承诺费为多少？

解：

$$信贷承诺费=(5\,000-2\,800)\times 0.5\%=11（万元）$$

3. 补偿性余额

补偿性余额是银行要求借款企业在银行中保持按贷款限额或实际借用额一定比例（通常为10%～20%）计算的最低存款余额。对于银行来说，补偿性余额有助于降低贷款风险，补偿其可能遭受的风险；对借款企业来说，补偿性余额则提高了借款的实际利率，加重了企业负担。

【例6－14】某企业向银行借款800万元，利率为6%，银行要求保留10%的补偿性余额，则企业实际可动用的贷款为720万元，该贷款的实际利率为多少？

解：

$$借款实际利率=\frac{800\times 6\%}{720}=\frac{6\%}{1-10\%}=6.67\%$$

4. 贴现法计息

银行借款利息的支付方式一般为利随本清法，又称收款法，即在借款到期时向银行支付利息。但有时银行要求采用贴现法，即银行向企业发放贷款时，先从本金中扣除利息，而到期时借款企业再偿还全部本金。采用这种方法，企业可利用的贷款额只有本金扣除利息后的差额部分，从而提高了贷款的实际利率。

【例6－15】某企业从银行借款200万元，期限1年，利率为6%，利息12万元。按贴现法计息，企业实际可动用的贷款为188万元，则该借款的实际利率为多少？

解：

$$借款实际利率=\frac{12}{188}=6.38\%$$

二、短期融资券

（一）短期融资券及其分类

短期融资券是由企业依法发行的无担保短期本票。在我国，短期融资券是指企业依照《银行间债券市场非金融企业债务融资工具管理办法》的条件和程序在银行间债券市场发行和交易的并约定在期限不超过1年内还本付息的有价证券。中国人民银行对融资券的发行、交易、登记、托管、结算、兑付进行监督和管理。短期融资券按不同标准可作不同分类：

1. 按发行人分类

按发行人分类，短期融资券分为金融企业的融资券和非金融企业的融资券。在我国，目前发行和交易的是非金融企业的融资券。

2. 按发行方式分类

按发行方式分类，短期融资券分为经纪人承销的融资券和直接销售的融资券。非金融企业发行融资券一般采用间接承销方式，金融企业发行融资券一般采用直接发行方式。

（二）发行短期融资券的相关规定

（1）发行人为非金融企业，发行企业均应经过在中国境内工商注册且具备债券评级能力的评级机构的信用评级，并将评级结果向银行间债券市场公示；

（2）发行和交易的对象是银行间债券市场的机构投资者，不向社会公众发行和交易；

（3）融资券的发行由符合条件的金融机构承销，企业不得自行销售融资券，发行融资券募集的资金用于本企业的生产经营；

（4）对企业发行融资券实行余额管理，待偿还融资券余额不超过企业净资产的40%；

（5）融资券采用实名记账方式在中央国债登记结算有限责任公司（简称中央结算公司）登记托管，中央结算公司负责提供有关服务；

（6）债券融资工具发行利率、发行价格和所涉费率以市场化方式确定，任何商业机构不得以欺诈、操纵市场等行为获取不正当利益。

（三）短期融资券的发行程序

（1）公司做出发行短期融资券的决策；

（2）办理发行短期融资券的信用评级；

（3）向有关审批机构（中国人民银行）提出发行申请；

（4）审批机关对企业提出的申请进行审查和批准；

（5）正式发行短期融资券，取得资金。

（四）发行短期融资券筹资的优缺点

1. 短期融资券筹资的优点

（1）短期融资券的筹资成本较低。相对于发行公司债券筹资而言，发行短期融资券的筹资成本较低；

（2）短期融资券筹资数额比较大。相对于银行借款筹资而言，短期融资券一次性的筹资数额比较大；

（3）发行短期融资券可以提高企业信誉和知名度。

2. 短期融资券筹资的缺点

（1）发行短期融资券的风险比较大；

（2）发行短期融资券的弹性比较小；

（3）发行短期融资券的条件比较严格。必须具备一定信用等级且实力强的企业，才能发行短期融资券筹资。

三、商业信用

商业信用是指企业在商品或劳务交易中，以延期付款或预收货款方式进行购销活动而形成的借贷关系，是企业之间、企业与个人之间的直接信用行为，也是企业短期资金的重要来源。商业信用产生于企业生产经营的商品、劳务交易之中，是一种自动性筹资。

（一）商业信用的形式

商业信用的三种形式：应付账款、应计未付款和预收货款。

1. 应付账款

应付账款是供应商给企业提供的一种商业信用。由于购买者往往在到货一段时间后才付款，商业信用就成为企业的短期资金来源。如企业规定对所有账单均见票后若干日付款，商业信用就成为随生产周转变化的一项内在的资金来源。当企业扩大生产规模时，其进货和应付账款期相应增长，商业信用就提供了增产需要的部分资金。

1）商业信用条件

商业信用条件通常包括以下两种：

（1）有信用期，但无现金折扣。如“*n*/30”表示 30 天内按发票金额全数支付。

（2）有信用期和现金折扣，如“2/10，*n*/30”表示 10 天内付款享受现金折扣 2%，若买方放弃折扣，30 天内必须付清款项。

2）放弃现金折扣的成本

供应商在信用条件中规定有现金折扣，目的主要在于加速资金回收。企业在决定是否享受现金折扣时，应仔细考虑。通常，放弃现金折扣的成本是高昂的。

（1）放弃现金折扣的信用成本。倘若买方企业购买货物后在卖方规定的折扣期内付款，可以获得免费信用，这种情况下企业没有因为取得延期付款信用而付出代价。例如，某企业应付账款规定付款信用条件为“2/10，*n*/30”，是指买方在 10 天内付款，可获得 2%的付款折扣，若在 11～30 天内付款，则无折扣；允许买方付款期限最长为 30 天。

【例 6-16】某企业按“2/10，*n*/30”的付款条件购入 60 万元的货物。如果企业在 10 天以后付款，便放弃了现金折扣 1.2（60×2%）万元，信用额度为 58.8（60-58.8）万元，放弃现金折扣的信用成本率为多少？

解：

$$\text{放弃现金折扣的信用成本率}=\frac{\text{折扣百分比}}{1-\text{折扣百分比}}\times\frac{360}{\text{信用期-折扣期}}\times 100\%$$

$$=\frac{2\%}{1-2\%}\times\frac{360}{30-10}\times 100\%$$

$$=36.73\%$$

计算结果表明，放弃现金折扣的信用成本率与折扣百分比大小、折扣期长短和付款期长短有关系，与货款额和折扣额没有关系。如果企业在放弃折扣的情况下，推迟付款的时间越长，其信用成本便会越小，但展期信用的结果是企业信誉恶化，导致信用度的严重下降，日后可能招致更加苛刻的信用条件。

（2）放弃现金折扣的信用决策。企业放弃应付账款现金折扣的原因，可能是企业资金暂时缺乏，也可能是基于将应付的账款用于临时性短期投资，以获得更高的投资收益。如果企业将应付账款用于短期投资，所获得的投资报酬率高于放弃折扣的信用成本率，则应当放弃现金折扣。

【例 6-17】某公司采购一批材料，供应商报价为 10 000 元，付款条件为“3/10，2.5/30，1.8/50，*n*/90”。目前该公司用于支付账款的资金在 90 天时才能周转回来，在 90 天内付款，只能通过银行借款解决。如果银行利率为 12%，确定公司支付材料采购款的最佳付款时间和价格。

解：

根据放弃折扣的信用成本率计算公式，10 天付款，放弃折扣的信用成本率为 13.92%；30 天付款，放弃折扣的信用成本率为 15.38%；50 天付款，放弃折扣的信用成本率为 16.50%。由于各种方案放弃折扣的信用成本率均高于借款利息率，因此初步结论是要取得现金折扣，借入银行借款以偿还货款。

10 天付款，得折扣 300 元，用资 9 700 元，借款 80 天，利息 258.67 元，净收益 41.33 元；

30 天付款，得折扣 250 元，用资 9 750 元，借款 60 天，利息 195 元，净收益 55 元；

50 天付款，得折扣 180 元，用资 9 820 元，借款 40 天，利息 130.93 元，净收益 49.07 元。

结论：第 30 天付款是最佳方案，其净收益最大。

2. 应计未付款

应计未付款是企业在生产经营和利润分配过程中已经计提但尚未以货币支付的款项。主要包括应付职工薪酬、应交税金、应付利润或应付股利等。以应付职工薪酬为例，企业通常以半月或月为单位支付职工薪酬，在应付职工薪酬已计但未付的这段时间，就会形成应计未付款，它相当于职工给企业的一个信用。应交税金、应付利润或应付股利也有类似性质。应计未付款随着企业规模的扩大而增加，企业使用这些自然形成的资金无须付出代价。但企业不是总能控制这些款项，因为其支付是有一定时间的，企业不能总拖欠这些款项。所以，企业尽管可以充分利用应计未付款，但并不能控制这些账目的水平。

3. 预收货款

预收货款，是指销货单位按照合同和协议规定，在发出货物之前向购货单位预先收取部分或全部货款的信用行为。购买单位对于紧俏商品往往乐于采用这种方式购货；销货方对于生产周期长、造价较高的商品，往往采用预收货款方式销货，以缓和本企业资金占用过多的矛盾。

（二）商业信用筹资的优缺点

1. 商业信用筹资的优点

（1）商业信用容易获得。商业信用的载体是商品购销行为，企业总有一批既有供需关系又有相互信用基础的客户，所以对大多数企业而言，应付账款和预收账款是自然的、持续的信贷形式。商业信用的提供方一般不会对企业的经营状况和风险做严格的考量，企业无须办理像银行借款那样复杂的手续便可取得商业信用，有利于应对企业生产经营之急需。

（2）企业有较大的机动权。企业能够根据需要，选择决定筹资金额的大小和期限长短，同样要比银行借款等其他方式灵活得多。如果在期限内不能付款或交货，一般还可以通过与客户协商，请求延长时限。

（3）企业一般不用提供担保。通常商业信用筹资不需要第三方担保，也不会要求筹资企业用资产进行担保。这样在出现逾期付款或交货的情况时，可以避免像银行借款那样面临抵押资产被处置的风险，企业的生产经营能力在相当长的一段时间内不会受到限制。

2. 商业信用筹资的缺点

（1）商业信用筹资成本高。尽管商业信用的筹资成本是一种机会成本，但由于商业信用筹资属于临时性筹资，其筹资成本比银行信用要高。

（2）容易恶化企业的信用水平。商业信用的期限短，还款压力大，对企业现金流量管理的要求很高。如果长期和经常性地拖欠账款，会造成企业的信誉恶化。

（3）受外部环境影响较大。商业信用筹资受外部环境影响较大，稳定性较差，即使不考虑机会成本，也是不能无限利用的。一是受商品市场的影响，如当需求大于供应时，卖方可能停止提供信用；二是受资金市场的影响，当市场资金供应紧张或有更好的投资方向时，商业信用筹资就可能遇到障碍。

四、流动负债的利弊

（一）流动负债的经营优势

理解流动负债（期限在 1 年或 1 年以内）和非流动负债（期限在 1 年以上）的优势和

劣势相当重要。

流动负债的经营优势主要包括容易获得、具有灵活性、能有效地为季节性信贷需要进行融资。这创造了需要融资和获得融资之间的同步性。另外，短期借款一般比长期借款具有更少的约束性条款。如果仅在一个短期内需要资金，以短期为基础进行借款可以使企业维持未来借款决策的灵活性。如果一个企业签订了长期借款协议，该协议规定了约束性条款、大量的预付成本和（或）信贷合约的初始费用，那么流动负债就不具有那种灵活性。

流动负债的一个主要使用方面是为季节性行业的流动资产进行融资。为了满足增长的需要，一个季节性企业必须增加存货和（或）应收账款。流动负债是为流动资产中临时性的、季节性的增长进行融资的主要工具。

（二）流动负债的经营劣势

流动负债的一个经营劣势是需要持续地重新谈判或滚动安排负债。贷款人由于企业财务状况的变化，或整体经济环境的变化，可能在到期日不愿滚动贷款，或重新设定信贷额度。而且提供信贷额度的贷款人一般要求用于为短期营运资金缺口而筹集的贷款，必须每年支付至少 1～3 个月的全额款项，这 1～3 个月就称为结清期。贷款人之所以这么做，是为了确认企业是否在非流动负债是合适的融资来源时仍然使用流动负债。许多企业的实践说明，使用短期贷款来为永久性流动资产融资是一件危险的事情。

本章小结

主要营运资本管理包括对现金、应收账款、存货的管理。

企业持有现金是为了满足对现金的交易需求、预防需求以及投机需求，但过量持有现金会导致企业获利能力降低以及安全性受到挑战，为此必须确定最佳现金持有量。可供采用的方法包括成本分析模式、存货模式和随机模式。常用的现金管理方法主要包括现金回收管理和现金支出管理。

企业持有应收账款的利益在于增加销售和降低存货占用，但相应地要承担机会成本、坏账成本和管理成本。为此，企业要制定信用政策，选择信用条件，制定合理的收账政策。

企业持有存货的动机包括保证生产和销售的正常进行和获取规模效益等。相应的成本包括取得成本、储存成本和缺货成本。存货的管理控制方法主要包括经济批量控制、ABC管理控制。

流动负债主要有三种来源：短期借款、商业信用和应付款项（包括应付账款和预收账款）。流动负债的主要经营优势包括容易获得、具有灵活性、能有效地为季节性信贷需要进行融资。流动负债的一个经营劣势是需要持续地重新谈判或滚动安排负债。

思政案例

《曾子杀猪》寓言故事的启示

曾子是孔子的学生。有一次，曾子的妻子准备去赶集，由于孩子哭闹不已，曾子妻子许诺孩子，回来后杀猪给他吃。曾子妻子从集市上回来后，曾子便捉猪来杀，妻子阻止说：

"我不过是跟孩子闹着玩的。"曾子说:"和孩子是不可说着玩的。小孩子不懂事，凡事跟着父母学，听父母的教导。现在你哄骗他，就是教孩子骗人啊。"于是曾子把猪杀了。

曾子深深懂得，诚实守信、说话算话是做人的基本准则，若失言不杀猪，那么家中的猪保住了，但却在一个纯洁的孩子的心灵上留下了不可磨灭的阴影。

5C 信用评价系统中第一个因素就是信用品质，也有叫信用品德的。就是作为一个企业，我们对其评价时也是把它放在第一位的。做人就更是如此，正直诚实守信的品德尤为重要。

——资料来源：百度网，经编者整理、改编

复习思考题

一、简答题

1. 现金资产有哪些特点？持有现金的动机是什么？
2. 最佳现金持有量的确定方法有哪些？
3. 应收账款的成本有哪些？
4. 什么是信用政策？包括哪些内容？
5. 存货的功能与成本是什么？
6. 如何确定经济订货批量？
7. 流动负债的利与弊是什么？

二、练习题

（一）练习最佳现金持有量的计算

1. 资料：

某企业一个月需用现金 80 000 元，可采用有价证券转换。该企业每天现金收支均衡，有价证券每次转换成本为 100 元，有价证券年利率为 12%。

2. 要求：

计算该企业月内最佳现金持有量及有价证券转换次数。

（二）练习现金返回线和现金控制上限的计算

1. 资料：

某公司每日现金余额变化的标准差为 800 元，有价证券的年利率为 9%，每次转换的固定成本为 75 元，公司认为任何时候其银行活期存款及现金余额均不能低于 1 000 元，一年按 360 天计算。

2. 要求：

计算该企业现金返回线和现金控制上限。

（三）练习收账成本的计算

1. 资料：

某企业只生产销售一种产品，每年赊销额为 240 万元，该企业产品变动成本率为 80%，资金利润率 25%。企业现有两种收账政策 A、B 可供选用。有关资料如表 6-10 所示。

2. 要求：

（1）计算表 6-10 中的空白部分（一年按 360 天计算）。

表 6–10 A、B 政策对照表

项目	A 政策	B 政策
平均收账期/天	60	45
坏账损失率/%	3	2
应收账款平均余额/万元		
收账成本：		
应收账款机会成本/万元		
坏账损失/万元		
年收账费用/万元	1.8	3.2
收账成本合计/万元		

（2）对上述应收账款的收账政策进行决策。

（四）练习最佳经济订货批量和最佳进货批次的计算

1. 资料：

某公司全年需要甲零件 1 200 件，每次订货成本为 400 元，每件零件的年储存成本为 6 元。

2. 要求：

计算该公司最佳经济订货批量和最佳进货批次。

（五）练习经济订货批量及其总成本的确定

1. 资料：

某企业每年需耗用 A 材料 45 000 件，均衡耗用。单位材料年持有费用为 20 元，平均每次订货费用为 180 元，A 材料全年平均单价为 240 元。假定不存在数量折扣，不会出现陆续到货和缺货的现象。根据经验，该材料从发出订单到进入可使用状态一般需要 10 天，保险储备量为 500 件。（全年生产时间为 360 天）

2. 要求：

（1）计算 A 材料的经济订货批量；

（2）根据（1）的结果，计算 A 材料年度订货批数；

（3）计算与经济订货批量相关的总成本；

（4）计算再订货点。

三、案例分析

收账政策的选择

A 公司是一个商业企业。由于目前的收账政策过于严厉，不利于扩大销售，且收账费用较高，该公司正在研究修改现行的收账政策。现有甲和乙两个放宽收账政策的备选方案，有关数据如表 6–11 所示。

表 6-11　甲、乙两个收账方案对照表

项目	现行收账政策	甲方案	乙方案
年销售额/万元	2 400	2 600	2 700
收账费用/万元	40	20	10
所有账户的平均收账期/月	2	3	4
所有账户的坏账损失率/%	2	2.5	3

已知 A 公司的销售毛利率为 20%，应收账款投资要求的最低报酬率为 15%。坏账损失率是指预计年度坏账损失和销售额的百分比。假设不考虑所得税的影响。

思考与分析：

通过计算、分析，探讨 A 公司是否应该改变现行的收账政策？如果要改变，应选择甲方案还是乙方案？

第七章 利润及其分配管理

本章要点

掌握股利政策的影响因素和类型，掌握利润分配的内容、原则，了解股利分配的形式与程序，理解股票分割与股票回购的基本概念。

1. 利润分配的内容、原则和程序
2. 股利政策的影响因素和类型
3. 股利分配的形式与程序
4. 股票分割与股票回购

案例导入

一毛不拔还要高价配股，五粮液激怒小股东

2001 年 1 月 18 日，宜宾五粮液股份有限公司 2000 年度“不进行分配，也不实施公积金转增股本”的分配方案一出，立即惹来中小股东的一片反对之声，以宋毅为代表的一些投资者更是委托北京君之创证券投资有限公司（以下简称君之创）代为出席即将于 2 月 20 日举行的五粮液股东大会，代理行使股东权利。2 月 14 日君之创公司通过媒体发表倡议书，号召广大五粮液的中小股民，希望五粮液公司股东积极参加股东大会，行使股东权利，对股东大会的讨论、表决事项提出自己的看法，并建议修改五粮液公司 2000 年度分配预案。2 月 15 日，并不拥有五粮液股票的君之创公司干脆在北京、上海、深圳、成都等地设立办事点，接受各地股东的委托。此举犹如一枚重磅炸弹，立即在中国证券市场引起震动。业内人士称，这标志着中国中小股民终于觉醒，并开始为自己的权益而战。

——资料来源：新浪财经，2001 年 2 月 19 日《北京青年报》，《一毛不拔还要高价配股 五粮液激怒小股东》，经编者整理、改编

第一节　利润形成及分配管理概述

一、利润的形成

企业通过一定时期的生产经营活动来赚取收益，并主要以价值形式反映其生产经营成果在相关各方面进行的分配，它既是企业一次资本运动过程的终点，也是为下一次资本运动过程的开始做准备。

利润是指企业在一定会计期间的经营成果，利润包括收入减去费用后的净额、直接计入当期损益的利得和损失等，未计入当期利润的利得和损失扣除所得税影响后的净额计入其他综合收益项目。净利润与其他综合收益的合计数为综合收益总额。

利润要素具体包含营业利润、利润总额和净利润三个层次。

（一）营业利润

营业利润是指企业一定期间的日常活动取得的利润。由企业日常经营活动所取得的利润，是企业利润的主要来源。营业利润的计算公式为：

营业利润＝营业收入－营业成本－税金及附加－销售费用－管理费用－研发费用－财务费用＋其他收益＋投资收益（－投资损失）＋净敞口套期收益（－净敞口套期损失）＋公允价值变动收益（－公允价值变动损失）－信用减值损失－资产减值损失＋资产处置收益（－资产处置损失）

1. 营业收入

营业收入是指企业经营业务所实现的收入总额，包括主营业务收入和其他业务收入。

2. 营业成本

营业成本是指企业经营业务所发生的实际成本总额，包括主营业务成本和其他业务成本。

3. 税金及附加

税金及附加是指企业经营活动应负担的相关税费，包括消费税、城市维护建设税、教育费附加、资源税、环境保护税、土地增值税、房产税、城镇土地使用税、车船税、印花税、耕地占用税、契税、车辆购置税等。

4. 销售费用

销售费用是指企业在销售商品和材料、提供劳务的过程中发生的各种费用。

5. 管理费用

管理费用是指企业行政管理部门为组织和管理生产经营活动而发生的各项费用。

6. 研发费用

研发费用是指企业进行研究与开发过程中发生的费用化支出，以及计入管理费用的自行开发无形资产的摊销。

7. 财务费用

财务费用是指企业为筹集生产经营所需资金等而发生的筹资费用。

8. 其他收益

其他收益主要是指与企业日常活动相关，除冲减相关成本费用以外的政府补助。

9. 投资收益（或损失）

投资收益（或损失）是指企业以各种方式对外投资取得的收益（或损失）。

10. 净敞口套期收益（或损失）

略。

11. 公允价值变动收益（或损失）

公允价值变动收益（或损失）是指企业交易性金融资产等公允价值变动形成的应计入当期损益的利得或损失。

12. 信用减值损失

信用减值损失是指企业计提各项金融工具信用减值准备所确认的信用损失。

13. 资产减值损失

资产减值损失是指企业计提有关资产减值准备所形成的损失。

14. 资产处置收益（或损失）

资产处置收益（或损失）是指企业出售划分为持有待售的非流动资产（金融工具、长期股权投资和投资性房地产除外）或处置组时确认的处置利得或损失，以及处置未划分为持有待售的固定资产、在建工程、生产性生物资产及无形资产而产生的处置利得或损失，还包括债务重组中因处置非流动资产产生的利得或损失和非货币性资产交换产生的利得或损失。

（二）利润总额

利润总额是指企业一定期间的营业利润，加上营业外收入减去营业外支出后的所得税前利润总额。用公式表示如下：

利润总额 = 营业利润 + 营业外收入 − 营业外支出

1. 营业外收入

营业外收入是指企业发生的与其日常生产经营活动无直接关系的各项利得，主要包括非流动资产毁损报废收益、与企业日常活动无关的政府补助、盘盈利得、捐赠利得等。

2. 营业外支出

营业外支出是指企业发生的与其日常生产经营活动无直接关系的各项支出，主要包括非流动资产毁损报废损失、捐赠支出、非常损失、盘亏损失、罚款支出等。

（三）净利润

净利润是指企业一定期间的利润总额减去所得税费用后的净额，用公式表示如下：

净利润 = 利润总额 − 所得税费用

其中，所得税费用是指企业确认的应从当期利润总额中扣除的当期所得税费用和递延所得税费用。

净利润是企业经过一定时期的生产经营活动所取得的最终财务成果，获得利润是企业生存和发展的前提条件之一，利润水平的高低不仅反映企业生产经营状况的好坏，而且反映企业为整个社会所做贡献的大小。

二、利润分配的基本原则

作为一项财务活动，企业的利润分配至关重要，必须遵循一定的原则来进行。企业的利润分配主要应遵循以下几项原则：

（一）依法分配原则

企业的利润分配既涉及国家及相关利益主体如企业、股东、债权人、职工等多方面的利益，又关系到企业的长远发展和相关利益主体的眼前利益，矛盾贯穿于利润分配的全过程。因此，正确处理各方面之间的利益关系，协调处理好各方面的利益矛盾是进行利润分配的重要内容。

企业的利润分配必须依法进行。为了规范企业的利润分配行为，国家颁布了相关法律，主要有《公司法》和《企业所得税法》，它们对企业税后利润的分配顺序做出了明确的、统一的规定；规范企业利润分配行为的法规主要有《企业财务通则》和《企业财务制度》，它们也对企业利润分配提出了相应要求，企业应当认真执行，不得违反。

（二）资金保全原则

企业的利润分配必须以资本的保全为前提条件，它是对投资者投入资本的增值部分所进行的分配，不是投资者资本金的返还。若以企业的资本金进行分配，则属于一种清算行为，而不是利润的分配行为。企业必须在有可供分配利润的情况下进行利润分配，才能充分保护投资者的利益。

（三）兼顾相关利益主体之间的利益原则

企业的利润分配必须兼顾相关利益主体之间的利益。企业是经济社会的基本单元，企业的利润分配直接关系到相关利益主体的切身利益。企业除依法纳税外，投资者作为资本的投入者、企业的所有者，依法享有净利润的分配权。企业的债权人，在向企业投入资金的同时也承担了一定的风险，企业的利润分配应当体现出对债权人利益的充分保护，不能伤害债权人的利益。另外，企业的员工是企业净利润的直接创造者，企业的利润分配应当考虑到员工的长远利益。因此，企业进行利润分配时，应当统筹兼顾，维护相关利益主体的合法权益。

（四）分配与积累并重原则

企业进行利润分配必须坚持分配与积累并重的原则。企业赚取的净利润，一部分要对投资者进行分配；另一部分则形成企业的积累。企业积累起来的留存收益仍归企业所有者拥有，只是暂时未做分配。积累的留存收益不仅为企业扩大再生产筹措了资金，同时也壮大了企业的财务实力，增强了企业抵抗风险的能力，提高了企业经营的稳定性和安全性，有利于所有者的长远利益。正确处理分配与积累之间的关系，留存一部分净收益以供未来分配之需，还可以达到以丰补歉、平抑利润分配数额的波动、稳定投资报酬率的效果。

（五）投资与收益对等原则

企业进行利润分配必须遵循投资与收益对等的原则，即企业进行利润分配应当体现谁投资谁收益、收益多少与投资比例相适应的原则。投资者因其投资行为而享有收益权，投资收益应同其投资比例对等。企业在向投资者分配利润时，应本着平等一致的原则，按照投资者投入资本的比例来进行分配，不允许发生任何一方随意多分多占的现象。这样才能从根本上保证利润分配中的公开、公平、公正，保护投资者的利益，提高投资者的积极性。

三、利润分配的程序

根据我国公司法的规定，公司的利润分配就是公司净利润的分配，包括向公司股东支付股利和留存收益两部分内容。公司净利润分配的顺序如下：

（一）弥补企业以前年度亏损

按照我国现行财务和税收制度的规定，企业发生亏损可由下一年度的税前利润弥补，下一年度的税前利润不足以弥补时，继续用以后年度的税前利润弥补，但连续弥补期最长不超过五年。五年弥补期是从亏损年度后的第一年算起的，连续五年内无论盈亏，都作为实际弥补年限计算。对于五年内的某个或某几个年度又发生亏损的，应分别从各亏损年度后的第一年起连续五年弥补各自的亏损。国家这样规定，一方面是为了帮助和扶持亏损企业，使其尽快扭亏；另一方面是为了保证国家税基不被过多侵蚀。连续五年尚未弥补完亏损的企业，应从第六年起依法缴纳所得税，同时用税后利润连续弥补未弥补的亏损。税后弥补亏损的资金来源之一是未分配利润，在累计亏损未得到弥补前，企业不能向股东分派股利，未分配利润只能用于补亏；税后弥补亏损的另一资金来源是法定盈余公积金，即当企业亏损额用未分配利润尚不足弥补时，经企业股东会议决议，可用法定盈余公积金弥补亏损。

（二）提取法定盈余公积金

根据我国《公司法》的规定，法定盈余公积金的提取比例为当年税后利润（弥补亏损后）的 10%；当法定盈余公积金累计额已达到企业注册资本的 50%时，可不再提取。

法定盈余公积金的用途主要有个两个方面：

1. 弥补企业亏损

前面已经阐述，用税后利润弥补亏损的一个重要资金来源就是一般盈余公积金。在弥补亏损以后，如果当年利润以及以前年度未分配利润不够分配股利，经股东会议决定可以用公积金向股东支付股利，但其支付额不得超过股票面值的 6%，且在支付股利后，法定盈余公积金的余额不能低于企业注册资本的 25%。

2. 扩大公司生产经营或转增资本

盈余公积金经股东会议特别决议以后，也可用于转增资本，但转增资本后，法定盈余公积金的余额也不得低于转增前企业注册资本的 25%。

（三）提取任意盈余公积金

根据《公司法》的规定，公司从税后利润中提取法定盈余公积金之后，根据企业章程或者股东会议决议，还可以从税后利润中提取任意盈余公积金。

法定盈余公积金和任意盈余公积金是企业从税后利润中提取的积累资金，是企业抵御风险、补充资本的重要资金来源。

（四）向股东（投资者）分配股利（利润）

根据《公司法》的规定，企业弥补亏损和提取公积金后所余税后利润，可以向股东（投资者）分配股利（利润）。其中有限责任公司股东按照实缴的出资比例分取红利，全体股东约定不按照出资比例分取红利的除外；股份有限公司按照股东持有的股份比例分配，但股份有限公司章程规定不按持股比例分配的除外。

若企业当年无利润，一般不得向投资者分配利润。但股份有限公司经股东会议特别决议，可按不超过股票面值6%的比例用公积金分配股利。在股份有限公司中，首先应向优先股股东分配股利，之后若企业章程或股东会议决议规定需提取任意盈余公积金，则要按规定比例提取，最后才能向普通股股东分配股利。根据《公司法》的规定，股东会、股东大会或者董事会违反相关规定，在公司弥补亏损和提取法定公积金以前向股东分配股利的，股东必须将违反规定分配的利润退还公司。另外，公司持有的本公司股份不得分配利润。

第二节　股利分配政策与方式

一、影响股利分配政策的因素

在确定企业的股利分配政策时，应当考虑相关因素的影响。

（一）法律因素

为了保护债权人和股东的利益，法律法规针对公司的利润分配做出了规定，公司的利润分配政策必须符合相关法律规范的要求。相关要求主要体现在资本保全约束、偿债能力约束、资本积累约束、超额累积利润约束等几个方面。

1. 资本保全约束

资本保全要求公司股利的发放不能侵蚀资本，即公司不能因支付股利而引起资本减少。资本保全的目的，在于防止企业任意减少资本结构中所有者利益的比例，以保护债权人的利益。

2. 偿债能力约束

偿债能力是指企业按时足额偿还各种到期债务的能力，是企业确定股利分配政策时要考虑的一个基本因素。现金股利是企业现金的支出，而大量的现金支出必然影响公司的偿债能力。因此，公司在确定股利分配数量时，一定要考虑现金股利分配对公司偿债能力的影响，保证在现金股利分配后公司仍能保持较强的偿债能力，以维护公司的信誉和借贷能力，从而保证公司的正常资金周转。

3. 资本积累约束

资本积累约束要求企业必须按照一定的比例和基数提取各种公积金，股利只能从企业的可供分配利润中支付，企业当期的净利润按照规定提取各种公积金后和过去累积的留存收益形成企业的可供分配利润。另外，在进行利润分配时，一般应当贯彻“无利不分”的原则，即当企业出现年度亏损时，一般不进行利润分配。

4. 超额累积利润约束

因为资本利得与股利收入的税率不一致，公司通过保留利润来提高其股票价格，则可使股东避税。有些国家的法律禁止公司过度地累积盈余，如果一个公司累积的盈余大大超过公司目前及未来投资的需要，则可看作是过度保留，将被加征额外的税款。如美国《国内收入法》规定，如果国内税务局能够查实企业是故意压低股利支付率以帮助股东逃避缴纳个人所得税，就可以对企业的累积盈余处以惩罚性的税率。

（二）公司因素

公司出于长期发展和短期经营的考虑，需要考虑以下因素，来确定利润分配政策。

1. 现金流量

公司资金的正常周转，是公司生产经营得以有序进行的必要条件。因此，保证企业正常的经营活动对现金的需求是确定股利分配政策的最重要的限制因素。企业在进行股利分配时，必须充分考虑企业的现金流量，而不仅仅是企业的净收益。由于会计规范的要求和核算方法的选择，有一部分项目增加了企业的净利润，但并未增加企业可供支配的现金流量，在确定利润分配政策时，企业应当充分考虑该方面的影响。

2. 投资需求

企业的股利分配政策应当考虑未来投资需求的影响。如果一个公司有较多的投资机会，那么，它更适合采用低股利支付水平的分配政策。相反，如果一个公司的投资机会较少，那么就有可能倾向于采用较高的股利支付水平。

3. 筹资能力

企业股利分配政策受其筹资能力的限制。如果公司具有较强的筹资能力，随时能筹集到所需资金，那么公司具有较强的股利支付能力。

留存收益是企业内部筹资的一种重要方式，它同发行新股或举债相比，具有成本低的优点。因此，很多企业在确定利润分配政策时，往往将企业的净利润作为首选的筹资渠道，特别是在负债资金较多、资本结构欠佳的时期。

4. 资产的流动性

企业现金股利的支付能力，在很大程度上受其资产变现能力的限制。较多地支付现金股利，会减少企业的现金持有量，使资产的流动性降低，而保持一定的资产流动性是企业正常运转的基础和必备条件。如果一个公司的资产有较强的变现能力，现金的来源较充裕，则它的股利支付能力也比较强。

5. 盈利的稳定性

企业的股利分配政策在很大程度上受其盈利稳定性的影响。一般来讲，一个公司的盈利越稳定，则其股利支付水平也就越高。

6. 股利政策惯性

一般情况下，企业不宜经常改变其股利分配政策。企业在确定股利分配政策时，应当充分考虑股利政策调整有可能带来的负面影响。如果企业历年采取的股利政策具有一定的连续性和稳定性，那么重大的股利政策调整有可能对企业的声誉、股票价格、负债能力、信用等多方面产生影响。另外，靠股利来生活和消费的股东不愿意投资于股利波动频繁的股票。

7. 其他因素

企业股利分配政策的确定还会受其他公司因素的影响。如上市公司所处行业也会影响到它的股利政策。一般地，朝阳行业一般处于调整成长期，甚至能以数倍于经济发展的速度水平发展，因此就可能进行较高比例的股利支付；而夕阳产业则由于处在发展的衰退期，会随着经济的高增长而萎缩，就难以进行高比例的分红；对公用事业来说，则往往有及时、充裕的现金来源，而且可选择的投资机会有限，所以发放现金股利的可能性较大。另外，企业可能有意地多发股利使股价上升，使已发行的可转换债券尽快地实现转换，从而达到调整资本结构的目的或达到兼并、反收购的目的等。

（三）股东因素

股东在收入、控制权、税赋、风险及投资机会等方面的考虑也会对企业的股利分配政策产生影响。

1. 稳定的收入

有的股东依赖公司发放的现金股利维持生活，他们往往要求公司能够支付稳定的股利，反对公司留存过多的收益。另外，有些股东认为留存利润使公司股票价格上升而获得资本利得具有较大的不确定性，取得现实的股利比较可靠，因此，这些股东也会倾向于多分配股利。

2. 控制权

股利分配政策也会受到现有股东对控制权要求的影响。以现有股东为基础组成的董事会，在长期的经营中可能形成了一定的有效控制格局，他们往往会将股利政策作为维持其控制地位的工具。当公司为有利可图的投资机会筹集所需资金，而外部又无适当的筹资渠道可以利用时，为避免由于增发新股，可能会有新的股东加入公司中来，而打破目前已经形成的控制格局，股东就会倾向于较低的股利支付水平，以便从内部的留存收益中取得所需资金。

3. 税赋

公司的股利政策会受股东对税赋因素考虑的影响。一般来讲，股利收入的税率要高于资本利得的税率，很多股东会由于对税赋因素的考虑而偏好于低股利支付水平。因此，低股利政策会使他们获得更多纳税上的好处。

4. 投资机会

股东的外部投资机会也是公司制定分配政策必须考虑的一个因素。如果公司将留存收益用于再投资的所得报酬低于股东个人单独将股利收入投资于其他投资机会所得的报酬，则股东倾向于公司不应多留存收益，而应多发放股利给股东，因为这样做，对股东更为有利。

（四）债务契约与通货膨胀

1. 债务契约

一般来说，股利支付水平越高，留存收益越少，公司的破产风险越大，就越有可能损害到债权人的利益。因此，为了保证自己的利益不受损害，债权人通常都会在公司借款合同、债券契约以及租赁合约中加入关于借款公司股利政策的条款，以限制公司股利的发放。

这些限制条款经常包括以下几个方面：

（1）未来的股利只能以签订合同之后的收益来发放，即不能以过去的留存收益来发放股利；

（2）营运资金低于某一特定金额时不得发放股利；

（3）将利润的一部分以偿债基金的形式留存下来；

（4）利息保障倍数低于一定水平时不得发放股利。

2. 通货膨胀

通货膨胀会带来货币购买力水平下降、固定资产重置资金来源不足的问题，此时，企业往往不得不考虑留用一定的利润，以便弥补由于货币购买力水平下降而造成的固定资产重置资金缺口。因此，在通货膨胀时期，企业一般会采取偏紧的股利分配政策。

二、股利政策的类型

股利政策是指在法律允许的范围内，企业是否发放股利、发放多少股利以及何时发放股利的方针对策。企业的净收益可以支付给股东，也可以留存在企业内部，股利政策的关键问题是确定分配和留存的比例。股利政策不仅会影响股东的财富，而且会影响企业在资本市场上的形象及企业股票的价格，更会影响企业的长短期利益。因此，合理的股利政策对企业及股东来讲是非常重要的。企业应当确定适当的股利政策，并使其保持连续性，以便股东据以判断其发展的趋势。在实际工作中，通常有下列几种股利政策可供选择：

（一）剩余股利政策

1. 剩余股利政策的内容

剩余股利政策是指在公司有着良好的投资机会时，根据一定的目标资本结构，测算出投资所需的权益资本，先从盈余当中留用，然后将剩余的盈余作为股利予以分配。采用剩余股利政策的根本理由在于保持理想的资本结构，使加权平均资本成本最低。

按照剩余股利政策，公司生产经营所获得的净收益首先应满足公司的资金需求，如果还有剩余，则派发股利；如果没有剩余，则不派发股利。剩余股利政策的理论依据是股利无关理论。根据股利无关理论，在完全理想状态下的资本市场中，上市公司的股利政策与公司普通股每股市价无关，公司派发股利的高低不会给股东的财富价值带来实质性的影响，投资者对于盈利的留存或发放毫无偏好，公司决策者不必考虑公司的分红模式，公司的股利政策只需要随着公司的投资、融资方案的制定而自然确定。另外，很多公司有自己的最佳目标资本结构，公司的股利政策不应当破坏最佳资本结构。因此，根据这一政策，公司按如下步骤确定其股利分配额：

（1）设定目标资本结构，在此资本结构下，公司的加权平均资本成本将达最低水平；

（2）确定公司的最佳资本预算，并根据公司的目标资本结构预计资金需求中所需增加的权益资本数额；

（3）最大限度地使用留存收益来满足资金需求中所需增加的股东权益数额；

（4）留存收益在满足公司权益资本增加需求后，若还有剩余，再用来发放股利。

【例 7-1】假设某公司 2020 年在提取了公积金之后的税后净利润为 2 000 万元，2021 年的投资计划需要资金 2 200 万元，公司的目标资本结构为权益资本占 60%，债务资本占 40%。那么，按照目前资本结构的要求，公司投资方案所需的权益资本额为多少？

解：

$$2\,200\times60\%=1\,320\text{（万元）}$$

公司当年全部可用于分派的盈利为 2 000 万元，除了可以满足上述投资方案所需的权益性资本额以外，还有剩余，可以用于分派股利。2021 年可以发放的股利额为多少？

$$2\,000-1\,320=680\text{（万元）}$$

假设该公司当年流通在外的普通股为 1 000 万股，那么，每股股利为：

$$680\div1\,000=0.68\text{（元/股）}$$

2. 剩余股利政策的利弊

1）剩余股利政策的优点

（1）可以取得或保持合理的资本结构。

（2）满足公司增长而外部融资难度较大情况下对资金的需求。

（3）在负债比率较高、利息负担及财务风险较大的情况下，满足投资规模扩大对资金需求增加的需要。

（4）减少外部融资的交易成本。

2）剩余股利政策的缺点

（1）股利支付额受到投资机会和盈利水平的制约，造成股利的多少与企业盈利水平高低脱节。

（2）难以满足追求稳定收益股东的要求。

（3）会因股利发放的波动性而造成公司经营状况不稳定的感觉。

（4）会因股利发放率过低而影响股票价格的上升，导致公司价值被低估。

剩余股利政策不利于投资者安排收入与支出，也不利于公司树立良好的形象，一般适用于公司初创阶段。

（二）固定或稳定增长的股利政策

1. 固定或稳定增长的股利政策的内容

固定或稳定增长的股利政策是指公司将每年派发的股利额固定在某一特定水平或是在此基础上维持某一固定比率逐年稳定增长。公司只有在确信未来的盈利增长不会发生逆转时，才会宣布实施固定或稳定增长的股利政策。在这一政策下，首先应确定的是股利分配额，而且该分配额一般不随资金需求的波动而波动。

近年来，为了避免通货膨胀对股东收益的影响，最终达到吸引投资的目的，很多公司开始实行固定或稳定增长的股利政策，即为了避免股利的实际波动，公司在支付某一固定股利的基础上，还制定了一个目标股利增长率，依据公司的盈利水平，按目标股利增长率逐步提高公司的股利支付水平。

2. 固定或稳定增长的股利政策的利弊

1）固定或稳定增长的股利政策的优点

（1）由于股利政策本身的信息含量，它能将公司未来的获利能力、财务状况以及管理层对公司经营的信心等信息传递出去。固定或稳定增长的股利政策可以传递给股票市场和投资者一个公司经营状况稳定、管理层对未来充满信心的信号，这有利于公司在资本市场上树立良好形象、增强投资者信心，进而有利于稳定公司股价。

（2）固定或稳定增长的股利政策，有利于吸引那些打算作长期投资的股东，这部分股东希望其投资的获利能够成为其稳定的收入来源，以便安排各种经常性的消费和其他支出。

2）固定或稳定增长的股利政策的缺点

（1）固定或稳定增长的股利政策下的股利分配只升不降，股利支付与公司盈利相脱离，即不论公司盈利多少，均要按固定的乃至固定增长的比率派发股利。

（2）在公司的发展过程中，难免会出现经营状况不好或短暂的困难时期，如果这时仍执行固定或稳定增长的股利政策，那么派发的股利金额大于公司实现的盈利，必将侵蚀公司的留存收益，影响公司的后续发展，甚至侵蚀公司现有的资本，给公司的财务运作带来很大压力，最终影响公司正常的生产经营活动。

因此，采用固定或稳定增长的股利政策，要求公司对未来的盈利和支付能力能做出较准确的判断。一般来说，公司确定的固定股利额不应太高，要留有余地，以免陷入公司无力支付的被动局面。固定或稳定增长的股利政策一般适于经营比较稳定或处于成长期的企业，且很难被长期采用。

（三）固定股利支付率政策

1. 固定股利支付率政策的内容

固定股利支付率政策是指公司将每年净利润的某一固定百分比作为股利分派给股东。这一百分比通常称为股利支付率，股利支付率一经确定，一般不得随意变更。在这一股利政策下，只要公司的税后利润一经计算确定，所派发的股利也就相应确定了。固定股利支付率越高，公司留存的净收益越少。

2. 固定股利支付率政策的利弊

1）固定股利支付率政策的优点

（1）采用固定股利支付率政策，股利与公司盈余紧密地配合，体现了多盈多分、少盈少分、无盈不分的股利分配原则。

（2）由于公司的获利能力在年度间经常变动，因此，每年的股利也应当随着公司收益的变动而变动，并保持分配与留存收益间的一定比例关系。采用固定股利支付政策，公司每年按固定的比例从税后利润中支付现金股利，从企业支付能力的角度看，这是一种稳定的股利政策。

2）固定股利支付率政策的缺点

（1）传递的信息容易成为公司的不利因素。大多数公司每年的收益很难保持稳定不变，如果公司每年收益状况不同，固定支付率的股利政策将导致公司每年股利分配额的频繁变化。而股利通常被认为是公司未来前途的信号传递，那么波动的股利向市场传递的信息就是公司未来收益前景不明确、不可靠等，很容易给投资者带来公司经营状况不稳定、投资风险较大的不良印象。

（2）容易使公司面临较大的财务压力。因为公司实现的盈利越多，在一定支付比率下派发的股利就越多，但公司实现的盈利多，并不代表公司有充足的现金派发股利，只能表明公司盈利状况较好而已。如果公司的现金流量状况并不好，却还要按固定比率派发股利，就很容易给公司造成较大的财务压力。

（3）缺乏财务弹性。股利支付率是公司股利政策的主要内容，模式的选择、政策的制定是公司的财务手段和方法。在不同阶段，根据财务状况制定不同的股利政策，会更有效地实现公司的财务目标。但在固定股利支付政策下，公司丧失了利用股利政策的财务方法，缺乏财务弹性。

（4）合适的固定股利支付率的确定难度大。如果固定股利支付率确定得较低，不能满足投资者对投资收益的要求；而固定股利支付率确定得较高，没有足够的现金派发股利，会给公司带来巨大的财务压力，另外当公司发展需要大量资金时，也要受其制约。所以确定合适的固定股利支付率难度很大。

由于公司每年面临的投资机会、筹资渠道都不同，而这些都可以影响到公司的股利分派，所以，一成不变地奉行一种按固定股利支付率发放股利政策的公司在实际中并不多见，固定股利支付率政策只是比较适用于那些处于稳定发展且财务状况也较稳定的公司。

【例 7-2】某公司长期以来采用固定股利支付率政策进行股利分配，确定的股利支付率为 40%。2021 年可供分配的税后利润为 1 000 万元，如果仍继续执行固定股利支付率政策，公司本年度将要支付的股利为多少？

解：

$$1\,000\times 40\%=400\text{（万元）}$$

但公司下一年度有较大的投资需求，因此，准备在本年度采用剩余股利政策。如果公司下一年度的投资预算为 1 200 万元，目标资本结构为权益资本占 60%，债务资本占 40%。按照目标资本结构的要求，公司投资方案所需的权益资本额为：

$$1\,200\times 60\%=720\text{（万元）}$$

2021 年可以发放的股利额为：

$$1\,000-720=280\text{（万元）}$$

（四）低正常股利加额外股利政策

1. 低正常股利加额外股利政策的内容

低正常股利加额外股利政策，是指企业事先设定一个较低的正常股利额，每年除了按正常股利额外向股东发放现金股利外，还在企业盈余情况较好、资金较为充裕的年度向股东发放高于每年股利的额外股利。

2. 低正常股利加额外股利政策的利弊

1）低正常股利加额外股利政策的优点

（1）低正常股利加额外股利政策赋予公司一定的灵活性，使公司在股利发放上留有余地并具有较大财务弹性，同时，每年可以根据公司的具体情况，选择不同的股利发放水平，以完善公司的资本结构，进而实现公司的财务目标。

（2）低正常股利加额外股利政策有助于稳定物价，增强投资者信息。由于公司每年固定派发的股利维持在一个较低的水平上，在公司盈利较少或需用较多的留存收益进行投资时，公司仍能够按照既定承诺的股利水平派发股利，使投资者保持一个固有的收益保障，这有助于维持公司股票的现有价格。而当公司盈利状况较好且有剩余现金时，就可以在正常股利的基础上再派发额外股利，而额外股利信息的传递则有助于公司股票的股价上扬，增强投资者信心。

可以看出，低正常股利加额外股利政策既吸收了固定股利政策对股东投资收益的保障优点，同时又摒弃了其对公司所造成的财务压力方面的不足，所以在资本市场上颇受投资者和公司的欢迎。

2）低正常股利加额外股利政策的缺点

（1）由于年份之间公司的盈利波动使得额外股利不断变化，或时有时无，造成分派的股利不同，容易给投资者以公司收益不稳定的感觉。

（2）当公司在较长时期持续发放额外股利后，可能会被股东误认为是“正常股利”，而一旦取消了这部分额外股利，传递出去的信号可能会使股东认为这是公司财务状况恶化的表现，进而可能会引起公司股价下跌的不良后果。所以相对来说，对那些盈利水平随着经济周期而波动较大的公司或行业，这种股利政策也许是一种不错的选择。

三、股利的支付形式

按照股份有限公司对其股东支付股利的不同方式，股利可以分为不同的种类。其中，常见的有以下四类：

（一）现金股利

现金股利，是以现金支付的股利，它是股利支付的最常见的方式。发放现金股利将同时减少公司资产负债表上的留存收益和现金，所以公司选择支付现金股利时，除了要有足够的留存收益之外，还要有足够的现金。而充足的现金往往会成为公司发放现金股利的主要制约因素。

（二）财产股利

财产股利，是以现金以外的其他资产支付的股利，主要是以公司所拥有的其他公司的有价证券，如公司债券、公司股票等，作为股利发放给股东。

（三）负债股利

负债股利，是以负债方式支付的股利，通常以公司的应付票据支付给股东，有时也以发行公司债券的方式支付股利。

财产股利和负债股利实际上都是现金股利的替代方式，但目前这两种股利方式在我国公司实务中极少使用。

（四）股票股利

股票股利，是公司以增发股票的方式所支付的股利，我国实务中通常也称其为红股。股票股利对公司来说，并没有现金流出企业，也不会导致公司的财产减少，而只是将公司的留存收益转化为股本。但股票股利会增加流通在外的股票数量，同时降低股票的每股价值。它不会改变公司股东权益总额，但会改变股东权益的构成。

【例 7–3】某上市公司在 2021 年发放股票股利前，其资产负债表上的股东权益账户情况如下（单位：万元）：

股东权益：	
普通股（面值 1 元，流通在外 2 000 万股）	2 000
资本公积	4 000
盈余公积	2 000
未分配利润	3 000
股东权益合计	11 000

假设该公司宣布发放 30%的股票股利，现有股东每持有 10 股，即可获得赠送的 3 股普通股。该公司发放的股票股利为 600 万股，随着股票股利的发放，未分配利润中有 600 万元的资金要转移到普通股的股本账户上去，因而普通股本由原来的 2 000 万元增加到 2 600 万元，而未分配利润的余额由 3 000 万元减少至 2 400 万元，但该公司的股东权益总额并未发生改变，仍是 11 000 万元，股票股利发放之后的资产负债表上股东权益情况如下：

股东权益：	
普通股（面额 1 元，流通在外 2 600 万股）	2 600
资本公积	4 000

盈余公积	2 000
未分配利润	2 400
股东权益合计	11 000

假设一位股东派发股票股利之前持有公司的普通股 3 000 股，那么，他拥有的股权比例为：

3 000 股÷2 000 万股=0.015%

派发股利之后，他拥有的股票数量和股份比例为：

3 000 股+900 股=3 900 股

3 900 股÷2 600 万股=0.015%

通过上例可以说明，由于公司的净资产不变，而股票股利派发前后每一位股东的持股比例也不发生变化，那么他们各自持股所代表的净资产也不会改变。

表面上看来，除了所持股数同比例增加外，股票股利好像并没有给股东带来直接收益，事实上并非如此。理论上，派发股票股利之后的每股价格会成比例降低，保持股东的持有价值不变，但实务中这并不是必然的结果。因为市场和投资者普遍认为，公司发放股票股利往往预示着公司会有较大的发展和成长，这样的信息传递不仅会稳定股票价格甚至可能使股价不降反升。另外，如果股东把股票股利出售，变成现金收入，还会给股东带来资本利得的纳税上的好处。所以股票股利对股东来说并非像表面上看到的那样毫无意义。

对公司来讲，股票股利的优点主要有以下几点：

（1）发放股票股利既不需要向股东支付现金，又可以在心理上给股东以从公司取得投资回报的感觉。因此，股票股利有派发股利之“名”，而无派发股利之“实”。在再投资机会较多的情况下，公司就可以为再投资提供成本较低的资金，从而有利于公司的发展；如果公司资金紧张，没有多余的现金派发股利，而又面临市场或股东要求分派股利的压力时，股票股利不失为一种好的选择。

（2）发放股票股利可以降低公司股票的市场价格，一些公司在其股票价格较高，不利于股票交易和流通时，通过发放股票股利来适当降低股价水平，促进公司股票的交易和流通。

（3）发放股票股利，可以降低股价水平，如果日后公司将要以发行股票方式筹资，则可以降低发行价格，有利于吸引投资者。

（4）发放股票股利可以传递公司未来发展前景良好的信息，增强投资者的信息。

（5）股票股利降低每股市价的时候，会吸引更多的投资者成为公司的股东，从而可以使股权更为分散，有效地防止公司被恶意控制。

四、股利的发放

公司在选择了股利政策、确定了股利支付水平和方式后，应当进行股利的发放。公司股利的发放必须遵循相关的要求，按照日程安排来进行。一般情况下，股利的支付需要按照下列日程来进行：

（一）预案发布日

上市公司分派股利时，首先要由公司董事会制定分红预案，包括本次分红的数量、分红的方式，股东大会召开的时间、地点及表决方式等，以上内容由公司董事会向社会公开发布。

（二）股利宣布日

董事会制定的分红预案必须经过股东大会讨论。只有讨论通过之后，才能公布正式分红方案及实施时间。

（三）股权登记日

这是由公司在宣布分红方案时确定的一个具体日期。凡是在此指定日期收盘之前取得了公司股票，成为公司在册股东的投资者都可以作为股东享受公司分派的股利。在此日之后取得股票的股东则无权享受已宣布的股利。

（四）除息日

在除息日，股票的所有权和领取股息的权利分离，股利权利不再从属于股票，所以在这一天购入公司股票的投资者不能享有已宣布发放的股利。另外，由于失去了“附息”的权利，除息日的股价会下跌，下跌的幅度约等于分派的股息。

（五）股利发放日

在这一天，公司按公布的分红方案向股权登记日在册的股东实际支付股利。

扩展阅读

股利支付程序如表 7–1 所示。

表 7–1 股利支付程序

股利宣布日	股东大会决议通过并由董事会将股利支付情况予以公告的日期
股权登记日	即有权领取本期股利的股东资格登记截止日期 在这一天之后取得股票的股东则无权领取本次分派的股利
除息日	即领取股利的权利与股票分离的日期。在除息日之前购买的股票才能领取本次股利，而在除息日当天或是以后购买的股票，则不能领取本次股利。由于失去了“付息”的权利，除息日的股票价格会下跌
股利发放日	公司按照公布的分红方案向股权登记日在册的股东实际支付股利的日期

【例 7–4】 某上市公司于 2021 年 4 月 10 日公布 2020 年度的最后分红方案，其发布的公告如下：“2021 年 4 月 9 日在北京召开的股东大会，通过了 2021 年 4 月 2 日董事会关于每股分派 0.2 元的 2020 年股息分配方案。股权登记日为 4 月 25 日，除息日为 4 月 26 日，股东可在 5 月 10 日至 25 日之间通过深圳交易所按交易方式领取股息。特此公告。”

那么，该公司的股利支付程序如图 7–1 所示。

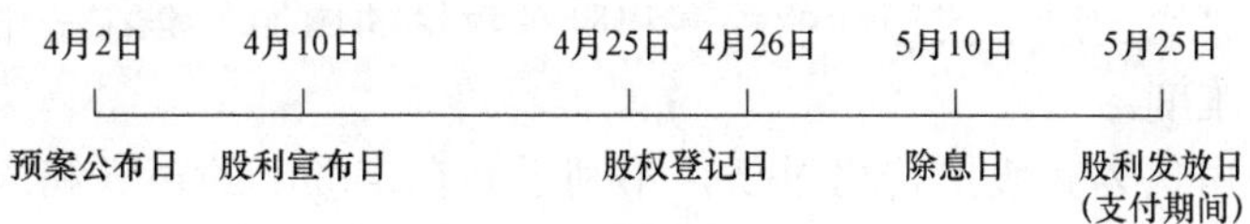

图 7–1 股利支付程序

第三节　股票分割和股票回购

一、股票分割

（一）股票分割的含义

股票分割，又称股票拆细，即将一张较大面值的股票拆成几张较小面值的股票。在实务中，如果上市公司的股票市场价格太高，不利于其良好地流动，有必要将其降低，就可能进行股票分割。如将其一分为二，使流通股数翻番，每股收益和每股净资产减半，以推动股价下调。

股票分割对公司的资本结构不会产生任何影响，一般只会使发行在外的股票总数增加，资产负债表中股东权益账户（股本、资本公积、留存收益）的余额都保持不变，股东权益的总额也保持不变。因此，股票分割与股票股利非常相似，都是在不增加股东权益的情况下增加了股票的数量，所不同的是，股票股利虽不会引起股东权益总额的改变，但股东权益构成项目之间的比例会发生变化，而股票分割之后，股东权益总额及其构成项目的金额都不会发生任何变化，变化的只是股票面值。

（二）股票分割的作用

（1）股票分割会使公司股票每股市价降低，买卖该股票所必需的资金含量减少，易于增加该股票在投资者之间的换手，并且可以使更多的资金实力有限的潜在股东变成持股股东。因此，股票分割可以促进股票的流通和交易。

（2）股票分割可以向投资者传递公司发展前景良好的信息，有助于提高投资者对公司的信心。

（3）股票分割可以为公司发行新股做准备。公司股票价格太高，会使许多的潜在投资者力不从心而不敢轻易对公司股票进行投资。在新股发行之前，利用股票分割降低股票价格，可以促进新股的发行。

（4）股票分割有助于公司并购政策的实施，增加对被并购方的吸引力。

【例 7–5】假设有甲乙两家公司，甲公司股票每股市价为 60 元，乙公司股票每股市价为 6 元，甲公司准备通过股票交换的方式对乙公司实施并购，如果甲公司以 1 股股票换取乙公司的 10 股股票，可能会使乙公司的股东在心理上难以承受；相反如果甲公司先进行股票分割，将原来的股票 1 股分拆为 5 股，然后再以 1:2 的比例换取乙公司的股票，则乙公司的股东在心理上可能会容易接受一些。因此，通过股票分割的办法改变被并购企业股东的心理差异，更有利于企业并购方案的实施。

（5）股票分割带来的股票流通性的提高和股东数量的增加，会在一定程度上加大公司股票被恶意收购的难度。

另外，如果公司认为其股票价格过低，不利于其在市场上的声誉和未来的再筹资，为提高其股票的价格，会采取反分割措施，实质上就是公司将流通在外的股票数量进行合并。反分割显然会降低股票的流通性，加大投资者入市的门槛，它向市场传递的信息通常都是不利的。实证证据及统计结果也表明，在其他因素不变的条件下，股票反分割宣布日前后股票价格有大幅度的下跌。

【例 7-6】某上市公司在 2021 年年终，其资产负债表上的股东权益账户情况如下（单位：万元）：

股东权益：	
普通股（面额 10 元，流通在外 1 000 万股）	10 000
资本公积	20 000
盈余公积	4 000
未分配利润	5 000
股东权益合计	39 000

要求：

（1）假设该公司宣布发放 30%的股票股利，即现有股东每持有 10 股，即可获得赠送 3 股普通股。发放股票股利后，股东权益有何变化？每股净资产是多少？

（2）假设该公司按照 1:5 的比例进行股票分割。股票分割后，股东权益有何变化？每股的净资产是多少？

解：

（1）发放股票股利后股东权益如下：

股东权益：	
普通股（面额 10 元，流通在外 1 300 万股）	13 000
资本公积	20 000
盈余公积	4 000
未分配利润	2 000
股东权益合计	39 000

每股的净资产为：

39 000÷（1 000+300）=30（股/元）

（2）股票分割后股东权益情况如下：

股东权益：	
普通股（面额 2 元，流通在外 5 000 万股）	10 000
资本公积	20 000
盈余公积	4 000
未分配利润	5 000
股东权益合计	39 000

每股的净资产为：

39 000÷（1 000×5）=7.8（股/元）

二、股票回购

（一）股票回购及其法律规定

1. 股票回购的定义

股票回购是指上市公司出资将其发行流通在外的股票以一定的价格购买回来予以注销或作为库存股的一种资本运作方式。但应注意，公司持有的其他公司的股票，本公司未发行的股票以及本公司已发行后回到公司手中但已注销的股票，不能视为库存股。

2. 股票回购的法律规定

我国《公司法》规定，公司不得收购本公司股份。但是，有以下情形之一的除外：

（1）减少公司注册资本；

（2）与持有本公司股份的其他公司合并；

（3）将股份奖励给本公司职工；

（4）股东因对股东大会做出的公司合并、分立决议持异议，要求公司收购其股份的。

（二）股票回购的动机

在证券市场上，股票回购的动机主要有以下几点：

1. 现金股利的替代

对公司来讲，派发现金股利会对公司产生未来的派现压力，而股票回购属于非正常股利政策，不会对公司产生未来的派现压力。对股东来讲，需要现金的股东可以选择出售股票，不需要现金的股东可以选择持有股票。因此，当公司有富余资金，但又不希望通过派现方式进行分配的时候，股票回购可以作为现金股利的一种替代。

2. 提高每股收益

由于账务上的每股收益指标是以流通在外的股份数作为计算基础，有些公司为了自身形象、上市需求和投资人渴望高回报等原因，采取股票回购的方式来减少实际支付股利的股份数，从而提高每股收益指标。

3. 改变公司的资本结构

股票回购可以改变公司的资本结构，提高财务杠杆水平。无论是用现金回购还是举债回购股份，都会提高财务杠杆水平，改变公司的资本结构。在现金回购方式下，假定公司的负债规模不变，那么股票回购之后的权益资本在公司资本结构中的比重会下降，公司财务杠杆水平会提高；而在举债回购股份的情况下，一方面是公司负债规模增加，另一方面是权益资本比重下降，公司财务杠杆水平会更明显提高。因此，公司认为权益资本在资本结构中所占比例较大时，会为了调整资本结构而进行股票回购，从而在一定程度上降低整体资金成本。

4. 传递公司的信息以稳定或提高公司的股价

由于信息不对称和预期差异，证券市场上的公司股票价格可能会被低估，而过低的股价会对公司产生负面影响。因此，如果公司认为公司的股价被低估时，可以进行股票回购，以向市场和投资者传递公司真实的投资价值，稳定或提高公司的股价。这时，股票回购就是公司管理层向市场和投资者传递公司内部信息的一种手段。一般情况下，投资者会认为股票回购意味着公司认为其股票价值被低估而采取的应对措施。

5. 巩固既定控制权或转移公司控制权

许多股份公司的大股东为了保证其代表股份公司控制权不被改变，往往采取直接或间接的方式回购股票，从而巩固既有的控制权。另外，有些公司的法定代表人并不是公司大股东的代表，为了保证在公司中的地位，也为了能在公司中实现自己的意志，往往也采取股票回购的方式分散或削弱原控股股东的控制权，以实现控制权的转移。

6. 防止敌意收购

股票回购有助于公司管理者避开竞争对手企图收购的威胁，因为它可以使公司流通在外的股份数变少，股价上升，从而使收购方要获得控制公司的法定股份比例变得更为困难。

而且，股票回购可能会使公司的流动资金大大减少，财务状况恶化，这样的结果也会减少收购方的收购兴趣。

7. 满足认股权的行使

在企业发行可转换债券、认股权证或施行经理人员股票期权计划及员工持股计划的情况下，采取股票回购的方式既不会稀释每股收益，又能满足认股权的行使。

8. 满足企业兼并与收购的需要

在进行企业兼并与收购时，产权交换的实现方式包括现金购买及换股两种。如果公司有库存股，则可以用公司的库存股来交换被并购的股权，这样可以减少公司的现金支出。

（三）股票回购的影响

1. 股票回购对上市公司的影响

（1）股票回购需要大量资金支付回购的成本，容易造成资金紧张，资产流动性降低，影响公司的后续发展。公司进行股票回购必须以拥有资金实力为前提，如果公司负债率较高，再进行股票回购，将使公司的资产流动性恶化，偿债能力降低，会使公司面临巨大的偿债压力，公司正常的生产经营活动及后续发展也会受到影响。

（2）公司进行股票回购，无异于股东退股和公司资本的减少，在一定程度上会削弱对债权人利益的保障。

（3）股票回购可能使公司的发起人股东更注重创业利润的兑现，而忽视公司长远的发展，损害公司的根本利益。

（4）股票回购容易导致公司操纵股价。公司回购自己的股票，容易导致其利用内幕消息进行炒作，或操纵财务信息，加剧公司行为的非规范化，使投资者蒙受损失。

2. 股票回购对股东的影响

对于投资者来说，与现金股利相比，股票回购不仅可以节约个人税收，而且具有更大的灵活性。因为股东对公司派发的现金股利没有是否接受的可选择性，而对股票回购则具有可选择性，需要现金的股东可选择卖出股票，而不需要现金的股东则可继续持有股票。如果公司急于回购相当数量的股票，而对股票回购的出价太高，以至于偏离均衡价格，那么结果会不利于选择继续持有股票的股东，因为回购行动过后，股票价格会出现回归性下跌。

（四）股票回购方式

股票回购包括公开市场回购、要约回购及协议回购三种方式。

1. 公开市场回购

公开市场回购，是指公司在股票的公开交易市场上以等同于任何潜在投资者的地位，按照公司股票当前市场价格回购股票。这种方式的缺点是在公开市场回购时很容易推高股价，从而增加回购成本，另外交易税和交易佣金也是不可忽视的成本。

2. 要约回购

要约回购，是指公司在特定期间向市场发出的以高出股票当前市场价格的某一价格，回购既定数量股票的要约。这种方式赋予所有股东向公司出售其所持股票的均等机会。与公开市场回购相比，要约回购通常被市场认为是更积极的信号，原因在于要约价格存在高出股票当前价格的溢价。但是，溢价的存在也使得回购要约的执行成本较高。

3. 协议回购

协议回购，是指公司以协议价格直接向一个或几个主要股东回购股票。协议价格一般低于当前的股票市场价格，尤其是在卖方首先提出的情况下，但是有时公司也会以超常溢价向其认为有潜在威胁的非控股股东回购股票，显然，这种过高的回购价格将损害继续持有股票的股东的利益，公司有可能为此而涉及法律诉讼。

本章小结

利润分配是以价值形式反映其生产经营成果在相关各方面进行的分配，有广义和狭义两种，在利润分配时必须遵循一定的原则，并要注意分配的程序。公司税后利润分配的顺序是弥补企业以前年度亏损、提取法定盈余公积金、提取任意盈余公积金、向股东（投资者）分配股利（利润）。

股利政策本质的问题是正确处理公司税后利润在股利派发与公司留存之间的关系。公司股利政策的制定通常要考虑各种因素的影响，如法律因素、公司因素、股东因素、债务契约与通货膨胀。通常有四种股利政策可供选择：剩余股利政策、固定或稳定增长的股利政策、固定股利支付率政策、低正常股利加额外股利政策。

常见的股利分配形式有四类：现金股利、财产股利、负债股利、股票股利。除此以外，还有股票回购等特殊形式。

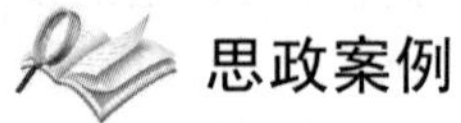

思政案例

曹德旺——中国企业必须属于中国人

曹德旺，福耀玻璃创始人，福耀玻璃集团董事长。福耀玻璃集团目前是中国第一、世界第二大汽车玻璃制造商。2020 年 11 月 28 日，当选 2020 年中国经济新闻人物。2020 年 11 月，获得“全国抗击新冠肺炎疫情民营经济先进个人”荣誉称号。

可以说曹德旺是我国的骄傲，也是我国企业家的榜样。1987 年，福耀玻璃创建成立，曹德旺投入了大量的资金用于研发，开始与日本汽车玻璃一争高下。汽车玻璃对研发实力要求高、产品认证周期长，并且生产启动的成本颇高，给福耀玻璃带来了不小的挑战。在曹德旺的不懈坚持下，福耀玻璃快速成长，在全球汽车玻璃市场中，福耀玻璃以 20%的占比位于全球第二。在中国市场中，福耀玻璃更是占据了 63%的份额。

曹德旺倡导，企业家必须做到“修身、齐家、治国、平天下”，必须做到遵纪守法，清清白白地依法经营、诚信经营。2009 年，曹德旺宣称要捐出家族持有的 70%的福耀玻璃股份，以成立慈善基金会。2010 年，曹德旺、曹晖父子以个人名义向玉树地震灾区捐款 1 亿元，另捐出 2 亿元用于西南抗旱救灾。2011 年 4 月 19 日，胡润中国慈善榜发布：曹德旺因捐款 45.8 亿元成为“中国最慷慨的慈善家”。

2021 年 1 月 6 日，曹德旺在接受采访时的一番话，更是令人动容。他表示，自己在 2005 年时就放弃了美国绿卡，他的妻子、三个孩子也都放弃了美国绿卡。他认为，福耀玻璃将成为汽车玻璃的代名词，因此福耀集团必须属于中国人。这是曹德旺对自己、对历史的交代。

——资料来源：2021 年 1 月 6 日 腾讯网《放弃美国绿卡，玻璃大王曹德旺表态：中国企业必须属于中国人》

复习思考题

一、简答题

1. 公司利润分配的原则以及程序是什么？
2. 股利支付的方式有哪几种？分别是什么？
3. 企业在制定股利分配政策时应考虑哪些因素？怎样考虑这些因素？
4. 简述股票分割和股票回购的异同。
5. 试述股利政策的基本类型。
6. 公司采用剩余股利政策的原因是什么？在采用剩余股利政策时，应注意哪些问题？
7. 简述股票回购的动机及方式。

二、练习题

（一）练习剩余股利政策的应用

1. 资料：

某公司本年税后净利为 300 万元，下年拟上一个新项目，需投资 400 万元，公司的目标资本结构为产权比率占 0.667，公司流通在外的普通股为 1 000 万股，公司采用剩余股利政策。

2. 要求：

（1）计算公司本年可发放的股利额是多少？

（2）计算股利支付率是多少？

（3）计算每股股利是多少？

（二）练习剩余股利政策的应用

1. 资料：

某公司以 50%的资产负债率作为目标资本结构，公司当年税后利润为 500 万元，预计公司未来的总资产要达到 1 200 万元，现有的权益资本为 250 万元。公司采用剩余股利政策。

2. 要求：

（1）计算公司当年的股利支付率；

（2）计算在市盈率为 10、每股盈余为 2 元的条件下应增发的普通股票数。

（三）掌握股票股利和股票分割对股东和公司的影响

1. 资料：

某公司年终利润分配前的股东权益项目资料如下：股本—普通股（每股面值 2 元，200 万股）为 400 万元；资本公积金为 160 万元；未分配利润 840 万元，所有者权益合计 1 400 万元。公司股票的每股现行市价为 35 元。

2. 要求：

计算回答下述 3 个互不关联的问题：

（1）计划按每 10 股送 1 股的方案发放股票股利，并按发放股票股利后的股数派发每股现金股利 0.2 元，股票股利的金额按现行市价计算。计算完成这一分配方案后的股东权益各项目数额；

（2）若按 1 股换 2 股的比例进行股票分割，计算股东权益各项目数额、普通股股数；

（3）假设利润分配不改变市净率，公司按每 10 股送 1 股的方案发放股票股利，股票股利按现行市价计算，并按新股数发放现金股利，且希望普通股市价达到每股 30 元，计算每股现金股利。

（四）掌握股利政策的运用

1. 资料：

某公司今年年底的所有者权益总额为 9 000 万元，普通股 6 000 万股。目前的资本结构为长期负债占 55%，所有者权益占 45%，没有需要付息的流动负债，该公司的所得税税率为 30%。预计继续增加长期债务不会改变目前 11%的平均利率水平。

董事会在讨论明年资金安排时提出：

（1）计划年度分配现金股利 0.05 元/股；

（2）为新的投资项目筹集 4 000 万元的资金；

（3）计划年度维持目前的资本结构，并且不增发新股，不举借短期借款。

2. 要求：

测算实现董事会上述要求所需要的息税前利润。

三、案例分析

明光股份有限公司 20×8 年度分配方案

明光股份有限公司 20×8 年度分配方案已获得公司 20×9 年 4 月 2 日召开的 20×8 年度股东大会审议通过。该股东大会决议公告刊登于 20×9 年 4 月 3 日的《××证券时报》上。本次分配及转增资本事宜公告如下：（节选）

1. 分配方案

20×8 年度分配方案为：以公司现有总股本 1 355 702 400 为基数，向全体股东每 10 股送红股 8 股，公积金转增 2 股，派现金 2.00 元（含税）。

扣税后，社会公众股中的个人股东、投资基金，实际分配为每 10 股送红股 8 股，公积金转增 2 股。社会公众股中的法人股东实际分配为每 10 股送红股 8 股，公积金转增 2 股，派现金 2.00 元（含税）。

公司本次分配前的总股本为 1 355 702 400 股，分配后总股本增至 2 711 404 800 股。

2. 股权登记日与除权除息日

（1）股权登记日为 20×9 年 4 月 12 日。

（2）除权除息日为 20×9 年 4 月 13 日。

3. 分配及转增股本对象

本次分配及转增股本实施对象为：截至 20×9 年 4 月 12 日下午在深圳证券交易所收市后，在中国证券登记结算有限责任公司深圳分公司登记在册的本公司全体股东。

4. 分配及转增股本方法

（1）本次所送红股及转增股份于 20×9 年 4 月 13 日通过股东托管证券商直接计入股东证券账户。

（2）国家股股东的持股股息（派现金 2 元）由本公司派发。社会公众股中的法人股股息于 20×9 年 4 月 13 日通过股东托管证券商直接划入资金账户。

5. 本次所送红股和转增股份起始交易日

本次所送红股和转增股份起始交易日为20×9年4月13日。

6. 实施送转股分配后的上年度每股收益

20×8年度，公司每股收益为0.52元，经本次分配及转增股份后，按新股本总数摊薄计算的20×8年度每股收益为0.26元。

思考与分析：

（1）结合本案例，谈谈股利分配过程中一次经过的几个日期。

（2）发放现金股利的基本条件是什么？

（3）资本公积金转增股本和发放股票股利有区别吗？为什么？

（4）股票股利对企业和股东各有什么好处？对股东财富有何影响？

（5）你对该公司20×8年的股利政策如何评价？

第八章 财务预算

本章要点

掌握财务预算的编制方法，具体包括日常业务预算的编制方法、特种决策预算的编制方法以及现金预算的编制方法，理解财务预算的意义和作用。

1. 财务预算的意义和作用
2. 全面预算的内容
3. 财务预算的编制方法
4. 日常业务预算的编制方法
5. 特种决策预算的编制方法
6. 现金预算的编制方法
7. 预计财务报表的编制

案例导入

山东航空集团的全面预算体系

被誉为“齐鲁之翼”的山东航空集团有限公司（以下简称山航集团）是 2000 年成立的国有大型一类航空运输企业集团。公司拥有资产 45 亿元，经过 10 年的发展，山航集团以山东航空集团有限公司为母公司，拥有山航股份、山东太古（飞机维修）、航空培训、广告公司等子公司和山航大厦、济南丹顶鹤大酒店等分支机构，形成了以运输业为龙头、上下游产业配套发展的经营格局，逐渐发展成一个具有多种产业结构布局的综合型企业集团。

山航集团全面预算的编制主体十分复杂，成员单位既涉及控股、非控股的子公司，又涉及非法人的独立核算单位；既涉及 B 股上市公司，又涉及内资企业；既涉及航空运输主业，又延伸到与航空有关的业务。2005 年年初，山航集团综合平衡企业特点，考虑自身情况，开始进行全面预算管理。山航集团全面预算管理支持滚动预算、弹性预算、增量预算、零基预算等编制方法，支持自上而下的集中预算的编制和分解，自下而上的预算编制和汇总，以及上下结合的预算编制流程，在执行过程中运用对比分析、环比分析、零基分析等多种分析方法对指标、预算项目、预算表进行分析，通过对预算执行情况的差异分析，查找产生差异的原因，为决策提供支持。

预算是计划工作的成果，它既是决策的具体化，又是控制生产经营活动的依据。为了优化企业资源配置，实现企业短期和长期目标，企业必须编制预算。

——资料来源：htpp://www.docin.com/p_500133639.html，经编者整理、改编

第一节　财务预算概述

一、财务预算的意义和作用

（一）财务预算的意义

财务预算是一系列专门反映企业未来一定预算期内预计财务状况和经营成果，以及现金收支等价值指标的各种预算的总称，具体包括现金预算、财务费用预算、预计资产负债表、预计利润表和预计现金流量表等内容。编制财务预算是企业财务管理的一项重要内容。

（二）财务预算的作用

1. 规划

编制财务预算可以使管理层在制定经营计划时更具前瞻性。

2. 沟通和协调

通过财务预算的编制，可以使各部门的管理者更好地扮演纵向与横向的沟通角色。

3. 资源分配

由于企业资源有限，通过财务预算的编制可以将资源分配给获利能力相对较高的相关部门或项目、产品。

4. 营运控制

财务预算可视为一种控制标准，若将实际经营成果与预算相比较，可以使管理者找出差异，分析原因，改善经营。

5. 绩效评估

通过财务预算的编制可以建立完善的绩效评估体系，可以帮助各部门管理者做好绩效评估工作。

财务预算的编制需要以财务预测的结果为根据，并受到财务预测质量的制约；财务预算必须服从决策目标的要求，使决策目标具体化、系统化、定量化。

二、全面预算的内容

全面预算是根据企业目标所编制的经营、资本、财务等年度收支计划，即以货币及其他数量形式反映的有关企业未来一段期间内全部经营活动各项目标的行动计划与相应措施的数量说明。具体包括特种决策预算、日常业务预算与财务预算。

（一）特种决策预算

特种决策预算是指企业不经常发生的、需要根据特定决策临时编制的一次性预算。特种决策预算包括经营决策预算和投资决策预算两种类型。

（二）日常业务预算

日常业务预算是指与企业日常经营活动直接相关的经营业务的各种预算。主要包括以下几项：

（1）销售预算；

（2）生产预算；

（3）直接材料耗用量及采购预算；

（4）直接人工预算；

（5）制造费用预算；

（6）产品成本预算；

（7）期末存货预算；

（8）销售及管理费用预算等。

（三）财务预算

财务预算是指反映企业在未来一定预算期内的现金收支、经营成果和财务状况的各种预算。主要包括以下几项：

（1）现金预算；

（2）预计利润表；

（3）预计资产负债表。

三、全面预算的组织机构

全面预算的组织机构通常包括以下几项：

（一）领导机构

领导机构一般为预算管理委员会，该机构属于董事会下设的预算管理最高指挥机构，掌有预算管理的决策权和指挥权。

（二）参谋机构

参谋机构是领导机构的智囊组织，主要负责对公司预算管理中所出现问题的研究，并提出解决方案。

（三）执行机构

企业内部各个经营管理部门都应当是企业全面预算管理的执行机构。这些机构不仅需要严格执行公司下达的预算任务，还需要积极配合和参加预算编制工作。

（四）专职业务机构

这是企业专门设立的预算业务部门，在预算编制前负责预算指标的预测，在预算的编制中负责编制预算并担负对各项业务预算编制工作的技术指导和汇总，在预算执行中负责预算指标的控制和考核。

四、财务预算在全面预算体系中的地位和作用

财务预算作为全面预算体系中的最后环节，可以从价值方面总括地反映经营期决策预算的结果，亦称为总预算，其余预算则相应地称为辅助预算或分预算。因此，它在全面预

算体系中占有举足轻重的地位。

财务预算的作用主要表现在以下四个方面：

（一）明确工作目标

财务预算作为一种以价值尺度编制的计划，规定了企业一定时期的总目标以及各级各部门的具体财务目标。这样就可使各个部门从价值上了解本单位的经济活动与整个企业经营目标之间的关系，明确各自的职责及其努力方向，从各自的角度去完成企业总的战略目标。

（二）协调部门关系

财务预算可以把企业各方面的工作纳入统一计划，促使企业内部各部门的预算相互协调，环环紧扣，达到平衡，在保证企业总体目标最优的前提下，组织各自的生产经营活动。例如，多数日常业务预算需要在反映具体业务的同时，反映现金收支情况。

（三）控制日常活动

编制预算是企业经营管理的起点，也是控制日常经济活动的依据。在预算的执行过程中，各部门应通过计量、对比，及时揭露实际脱离预算的差异并分析其原因，以便采取必要措施，消除薄弱环节，保证预算目标的顺利完成。

（四）考核业绩标准

企业财务预算确定的各项指标，也是考核各部门工作成绩的基本尺度。在评定各部门工作业绩时，要根据财务预算的完成情况，分析偏离预算的程度和原因，划清责任，奖罚分明，促使各部门为完成预算规定的目标努力工作。

第二节 财务预算编制方法

企业一般应按照分级编制、逐级汇总的方式，采用自上而下、自下而上、上下结合或多维度相协调的流程编制预算。预算编制流程与编制方法的选择应与企业现有管理模式相适应。常见的预算编制方法主要包括固定预算法与弹性预算法、增量预算法和零基预算法、定期预算法和滚动预算法，这些方法广泛应用于营业活动有关预算的编制。

一、固定预算法与弹性预算法

编制预算的方法按其业务量基础的数量特征不同，可分固定预算法和弹性预算法两大类。

（一）固定预算法

固定预算法简称固定预算，又称静态预算，是指在编制预算时，只根据预算期内正常的、可实现的某一固定业务量（如生产量、销售量）水平作为唯一基础来编制预算的一种方法。传统预算大多采用固定预算法。

【例 8-1】MN 公司采用完全成本法，其预算期生产的某种产品的预计产量为 1 000 件，按固定预算法编制的该产品成本如表 8-1 所示。

表 8-1　MN 公司产品成本预算（按固定预算方法编制）　　元

成本项目	总成本	单位成本
直接材料	5 000	5
直接人工	1 000	1
制造费用	2 000	2
合计	8 000	8

该产品预算期的实际产量为 1 200 件，实际发生总成本为 10 000 元，其中，直接材料 6 600 元，直接人工 1 300 元，制造费用 2 100 元，单位成本为 8.33 元。

该企业根据实际成本资料和预算成本资料编制的成本业绩报告如表 8-2 所示。

表 8-2　MN 公司成本业绩报告　　元

成本项目	实际成本	预算成本		差异	
		未按产量调整	按产量调整	未按产量调整	按产量调整
直接材料	6 600	5 000	6 000	+1 600	+600
直接人工	1 300	1 000	1 200	+300	+100
制造费用	2 100	2 000	2 400	+100	-300
合计	10 000	8 000	9 600	+2 000	+400

从表 8-2 中可以看出，实际成本与未按产量调整的预算成本相比，超支较多；实际成本与按产量调整后的预算成本相比，超支则较少。

在产量从 1 000 件增加到 1 200 件的情况下，如果不按变动后的产量对预算成本进行调整，就会因业务量不一致而导致所计算的差异缺乏可比性；但是如果所有的成本项目都按实际产量进行调整，也不够科学。因为制造费用中包括一部分固定制造费用，它们是不随产量变动的，即使按产量调整了固定预算，也不能准确说明企业预算的执行情况。

固定预算的缺点主要有两个：

1. 过于机械呆板

因为编制预算的业务量基础是事先假定的某个业务量，在此方法下，无论预算期内业务量水平可能发生哪些变动，都只按事先确定的某一个业务量水平作为编制预算的基础。

2. 可比性差

这是该方法的致命缺点，当实际的业务量与编制预算所根据的业务量发生较大差异时，有关预算指标的实际数与预算数就会因为业务量基础不同而失去可比性。因此，按照固定预算方法编制的预算不利于正确地控制、考核和评价企业预算的执行情况。例如，某成本预算的预计业务量为生产量的 100%，而实际执行结果为 120%时，那么成本方面实际脱离预算的差异就会包括本不该在成本分析范畴出现的非主观因素——业务量增长造成的差异（对成本来说，只要分析单位用量差异和单价差异就够了，业务量差异根本无法控制，分析也没有意义）。

固定预算只适用于那些业务量水平较为稳定的企业或非营利组织编制预算时使用。

（二）弹性预算法

弹性预算法简称弹性预算，又称变动预算或滑动预算，是指为克服固定预算法的缺点而设计的，以业务量、成本和利润之间的依存关系为依据，按照预算期可预见的各种业务量水平为基础，编制能够适应多种情况预算的一种方法。

编制弹性预算所依据的业务量可以是产量、销售量、直接人工工时、机器工时、材料消耗量或直接人工工资等。

1. 弹性预算的优点

与固定预算相比，弹性预算具有如下两个显著的优点：

（1）预算范围宽。弹性预算能够反映预算期内与一定相关范围内的可预见的多种业务量水平相对应的不同预算额，从而扩大了预算的适用范围，便于预算指标的调整。因为弹性预算不再是只适应一个业务量水平的一个预算，而是能够随业务量水平的变动作机动调整的一组预算。

（2）可比性强。在预算期实际业务量与计划业务量不一致的情况下，可以将实际指标与实际业务量相应的预算额进行对比，从而能够使预算执行情况的评价与考核建立在更加客观和可比的基础上，便于更好地发挥预算的控制作用。

2. 弹性预算的适用范围

由于未来业务量的变动会影响到成本费用、利润等各个方面。因此，弹性预算从理论上讲适用于编制全面预算中所有与业务量有关的各种预算。但从实用的角度看，主要用于编制弹性成本预算和弹性利润预算等。在实务中，由于收入、利润可按概率的方法进行风险分析预算，直接材料、直接人工可按标准成本制度进行标准预算，只有制造费用、销售及行政管理费用等间接费用应用弹性预算频率较高，以至于有人将弹性预算误认为只是编制费用预算的一种方法。

3. 弹性成本预算的编制

1）弹性成本预算的基本公式

编制弹性成本预算，关键是进行成本性态分析，将全部成本最终区分为变动成本和固定成本两大类。变动成本主要根据单位业务量来控制，固定成本则按总额控制。其成本的预算公式如下：

成本的弹性预算=固定成本预算数+Σ（单位变动成本预算数×预计业务量）

在此基础上，按事先选择的业务量计量单位和确定的有效变动范围，根据该业务量与有关成本费用项目之间的内在关系即可编制弹性成本预算。

2）业务量的选择

编制弹性成本预算首先要选择适当的业务量。选择业务量包括选择业务量计量单位和业务量变动范围两部分内容。业务量计量单位应根据企业的具体情况进行选择。一般来说，生产单一产品的部门，可以选用产品实物量；生产多品种产品的部门，可以选用人工工时、机器工时等；修理部门可以选用修理工时等；以手工操作为主的企业应选用人工工时，机械化程度较高的企业选用机器工时更为适宜。

业务量变动范围是指弹性预算所适用的业务量变动区间。业务量变动范围的选择应根据企业的具体情况而定。一般来说，可定在正常生产能力的70%～120%，或以历史上最高业务量或最低业务量为其上下限。

3）弹性成本预算的具体编制方法

编制弹性成本预算可以选择公式法和列表法两种具体方法。

（1）公式法。公式法是通过确定成本公式 $y_i=a_i+b_ix_i$ 中的 a_i 和 b_i 来编制弹性预算的方法。

在成本性态分析的基础上，可将任何成本项目近似地表示为：

$$y_i=a_i+b_ix_i$$

当 a_i 为零时，$y_i=b_ix_i$ 为变动成本；当 b_i 为零时，$y_i=a_i$ 为固定成本；当 a_i 和 b_i 均不为零时，y_i 为混合成本，x_i 可以为多种业务量指标如产销量、直接人工工时等。

在公式法下，如果事先确定了有关业务量的变动范围，只要根据有关成本项目的 a 和 b 参数，就可以很方便地推算出业务量在允许范围内任何水平上的各项预算成本。

【例 8－2】MN 公司按公式法编制的制造费用弹性预算如表 8－3 所示。其中较大的混合成本项目已经被分解。

表 8－3　MN 公司预算期制造费用弹性预算（公式法）

直接人工工时变动范围：70 000～120 000 小时　　元

项目	a	b
管理人员工资	15 000	—
保险费	5 000	—
设备租金	8 000	—
维修费	6 000	0.25
水电费	500	0.15
辅助材料	4 000	0.30
辅助工工资	—	0.45
检验员工资	—	0.35
合计	38 500	1.50

根据表 8－3，可利用 $y=38\,500+1.5x$，计算出人工工时在 70 000～120 000 小时的范围内，任一业务量基础上的制造费用预算总额；也可计算出在该人工工时变动范围内，任一业务量的制造费用中某一费用项目的预算额，如，维修费 $y=6\,000+0.25x$，检验员工 $y=0.35x$ 等。

这种方法的优点是在一定范围内不受业务量波动影响，编制预算的工作量较小；缺点是在进行预算控制和考核时，不能直接查出特定业务量下的总成本预算额，而且按细目分解成本比较麻烦，同时又有一定的误差。

（2）列表法，是指通过列表的方式，在相关范围内每隔一定业务量范围计算相关数值预算，来编制弹性成本预算的方法。

【例 8－3】MN 公司按列表编制的制造费用弹性预算如表 8－4 所示。

表 8-4 MN 公司预算期制造费用弹性预算（列表法）

直接人工工时/小时	70 000	80 000	90 000	100 000	110 000	120 000
生产能力利用/%	70	80	90	100	110	120
1. 变动成本项目/元	56 000	64 000	72 000	80 000	88 000	96 000
辅助人员工资	31 500	36 000	40 500	45 000	49 500	54 000
检验员工资	24 500	28 000	31 500	35 000	38 500	42 000
……	……	……	……	……	……	……
2. 混合成本项目/元	59 500	66 500	73 500	80 500	87 500	94 500
维修费	23 500	26 000	28 500	31 000	33 500	36 000
水电费	11 000	12 500	14 000	15 500	17 000	18 500
辅助材料	25 000	28 000	31 000	34 000	37 000	40 000
……	……	……	……	……	……	……
3. 固定成本项目/元	26 000	26 000	26 000	26 000	26 000	26 000
管理人员工资	15 000	15 000	15 000	15 000	15 000	15 000
保险费	4 000	4 000	4 000	4 000	4 000	4 000
设备租金	7 000	7 000	7 000	7 000	7 000	7 000
……	……	……	……	……	……	……
制造费用预算	141 500	156 500	171 500	186 500	201 500	216 500

表 8-4 中的业务量间距为 10%，在实际工作中可选择更小的间距（如 5%，可以根据需要自行计算）。显然，业务量的间距越小，实际业务量水平出现在预算表中的可能性就越大，但工作量也就越大。

列表法的主要优点是可以直接从表中查到各种业务量下的成本预算，便于预算的控制和考核，可以在一定程度上弥补公式法的不足。但这种方法工作量较大，且不能包括所有业务量条件下的费用预算，故适用面较窄。

在实际工作中可以将公式法与列表法结合起来应用。

4. 弹性利润预算的编制

弹性利润预算是指根据成本、业务量和利润之间的依存关系，为适应多种业务量变化而编制的利润预算。弹性利润预算是以弹性成本预算为基础编制的，其主要内容包括销售量、价格、单位变动成本、贡献毛益和固定成本。

编制弹性利润预算，可以选择因素法和百分比法两种方法。

（1）因素法。因素法是指根据受业务量变动影响的有关收入、成本等因素与利润的关系，列表反映在不同业务量条件下利润水平的预算方法。

【例 8-4】MN 公司预算年度某产品的销售量预计在 7 000～12 000 件变动；销售单价为 100 元，单位变动成本为 86 元，固定成本总额为 80 000 元。要求：根据上述资料以 1 000 件为销售量的间隔单位编制该产品的弹性利润预算。

解：

依题意编制的弹性利润预算如表 8－5 所示。

表 8－5　MN 公司弹性利润预算

销售量/件	7 000	8 000	9 000	10 000	11 000	12 000
单价/元	100	100	100	100	100	100
单位变动成本/元	86	86	86	86	86	86
销售收入/元	700 000	800 000	900 000	1 000 000	1 100 000	1 200 000
减：变动成本/元	602 000	688 000	774 000	860 000	946 000	1 032 000
贡献毛益/元	98 000	112 000	126 000	140 000	154 000	168 000
减：固定成本/元	80 000	80 000	80 000	80 000	80 000	80 000
营业利润/元	18 000	32 000	46 000	60 000	74 000	88 000

如果销售价格、单位变动成本、固定成本发生变动，也可参照此方法，分别编制在不同销售价格、不同单位变动成本、不同固定成本水平下的弹性利润预算，从而形成一个完整的弹性利润预算体系。

这种方法适用于单一品种经营或采用分算法处理固定成本的多品种经营的企业。

（2）百分比法。百分比法又称销售额百分比法，是指按不同销售额的百分比来编制弹性利润预算的方法。

一般来说，许多企业都经营多品种，在实际工作中，分别按品种逐一编制弹性利润预算是不现实的，这就要求我们用一种综合的方法——销售额百分比法对全部经营商品或按商品大类编制弹性利润预算。

【例 8－5】MN 公司预算年度的销售业务量达到 100%时的销售收入为 1 000 000 元，变动成本为 850 000 元，固定成本为 80 000 元。

要求：根据上述资料以 10%的间隔为 MN 公司按百分比法编制弹性利润预算。

解：

根据题意编制的弹性利润预算如表 8－6 所示。

表 8－6　MN 公司弹性利润预算

销售收入百分比/%　①	80	90	100	110	120
销售收入/元　②＝1 000 000×①	800 000	900 000	1 000 000	1 100 000	1 200 000
变动成本/元　③＝850 000×①	680 000	765 000	850 000	935 000	1 020 000
贡献毛益/元　④＝②－③	120 000	135 000	150 000	165 000	180 000
固定成本/元　⑤	80 000	80 000	80 000	80 000	80 000
利润总额/元　⑥＝④－⑤	40 000	55 000	70 000	85 000	100 000

百分比法主要适用于多品种经营的企业，比较简单。但必须假定固定成本在固定预算的基础上不变和变动成本随销售收入变动百分比而同比例变动，即销售收入百分比的上下

限均不突破相关范围。

二、增量预算法与零基预算法

编制成本费用预算的方法按其出发点的特征不同，可分为增量预算法和零基预算法两大类。

（一）增量预算法

1. 增量预算法的定义

增量预算法简称增量预算，是指以基期成本费用水平为基础，结合预算期业务量水平及有关影响成本因素的未来变动情况，通过调整有关原有费用项目而编制预算的一种方法。

2. 增量预算的基本假定

增量预算源于以下假定：

（1）现有的业务活动是企业所必需的。只有保留企业现有的每项业务活动，才能使企业的经营过程得到正常发展。

（2）原有的各项开支都是合理的。既然现有的业务活动是必需的，那么原有的各项费用开支都是合理的，必须予以保留；

（3）未来预算期的费用变动是在现有费用的基础上调整的结果。

3. 增量预算的缺点

增量预算以过去的经验为基础，实际上是承认过去所发生的一切都是合理的，主张不需要在预算内容上做较大改进，而是因循沿袭以前的预算项目。这种方法可能导致以下不足：

（1）受原有费用项目限制，可能导致保护落后。由于按这种方法编制预算，往往不加分析地保留或接受原有的成本项目，可能使原来不合理的费用开支继续存在下去，从而使不必要的开支合理化，造成预算上的浪费。

（2）滋长预算中的平均主义和简单化。采用此法，容易鼓励预算编制人凭主观臆断按成本项目平均削减预算或只增不减，不利于调动各部门降低费用的积极性。

（3）不利于企业未来的发展。按照这种方法编制的费用预算，对于那些未来实际需要开支的项目可能因没有考虑未来情况的变化而造成预算的不足。

（二）零基预算法

1. 零基预算法的定义

零基预算法的全称为“以零为基础编制计划和预算的方法”，简称零基预算，是指在编制成本费用预算时，不考虑以往会计期间所发生的费用项目或费用数额，而是将所有的预算支出均以零为出发点，一切从实际需要与可能出发，逐项审议预算期内各项费用的内容及开支标准是否合理，在综合平衡的基础上编制费用预算的一种方法。

2. 零基预算的程序

零基预算的程序如下：

（1）动员与讨论。即动员企业内部所有部门，在充分讨论的基础上提出本部门在预算期内应当发生的费用项目，并确定其预算数额，而不考虑这些费用项目以往是否发生以及发生额是多少。

（2）划分不可避免项目和可避免项目。即将全部费用划分为不可避免项目和可避免项目，前者是指在预算期内必须发生的费用项目，后者是指在预算期内通过采取措施可以不发生的费用项目。在预算编制过程中，对不可避免项目必须保证资金供应；对可避免项目则需要逐项进行成本—效益分析，按照各项目开支必要性的大小确定各项费用预算的优先顺序。

（3）划分不可延缓项目和可延缓项目。即将纳入预算的各项费用进一步划分为不可延缓项目和可延缓项目，前者是指必须在预算期内足额支付的费用项目，后者是指可以在预算期内部分支付或延缓支付的费用项目。在预算编制过程中，必须根据预算期内可供支配的资金数额在各费用项目之间进行分配。应优先保证满足不可延缓项目的开支，然后再根据需要和可能，按照项目的轻重缓急确定可延缓项目的开支标准。

【例 8-6】MN 公司为深入开展双增双节运动，降低费用开支水平，拟对历年来超支严重的企业招待费、劳动保护费、办公费、广告费、保险费等间接费用项目按照零基预算法编制预算。

经多次讨论研究，预算编制人员确定上述费用在预算年度开支水平如表 8-7 所示。

表 8-7　MN 公司预计费用项目及开支金额　　元

费用项目	开支金额
1. 业务招待费	180 000
2. 劳动保护费	150 000
3. 办公费	110 000
4. 广告费	300 000
5. 保险费	130 000
合计	870 000

经过充分论证，得出以下结论：上述费用中除业务招待费和广告费以外，都不能再压缩了，必须得到全额保证。

根据历史资料对业务招待费和广告费进行成本—效益分析，得到以下数据，如表 8-8 所示。

表 8-8　MN 公司成本—效益分析　　元

成本项目	成本金额	收益金额
业务招待费	1	4
广告费	1	6

然后，权衡上述各项费用开支的轻重缓急，排出层次和顺序。

因为劳动保护费、办公费和保险费在预算期必不可少，需要全额得到保证，属于不可避免的约束性固定成本，故应列为第一层次；因为业务招待费和广告费可根据预算期间企业财力情况酌情增减，属于可避免项目；其中广告费的成本—效益较大，应列为第二层次；业务招待费的成本—效益相对较小，应列为第三层次。

假定该公司预算年度对上述各项费用可动用的财力资源只有 720 000 元，根据以上排列的层次和顺序，分配资源，最终落实的预算金额如下：

（1）确定不可避免项目的预算金额：

150 000+110 000+130 000=390 000（元）

（2）确定可分配的资金数额：

720 000－390 000=330 000（元）

（3）按成本—效益比重将可分配的资金数额在业务招待费和广告费之间进行分配：

业务招待费可分配资金=330 000×4÷（4+6）=132 000（元）

广告费可分配资金=330 000×6÷（4+6）=198 000（元）

在实际工作中，某些成本项目的成本—效益关系不容易确定，按零基预算编制预算时，不能机械地平均分配资金，而应根据企业的实际情况，有重点、有选择地确定预算项目，保证重点项目的资金需要。

3. 零基预算的优缺点

1）零基预算的优点

（1）不受现有费用项目限制。这种方法可以促使企业合理有效地进行资源分配，将有限的资金用在刀刃上。

（2）能够调动各方面降低费用的积极性。这种方法可以充分发挥各级管理人员的积极性、主动性和创造性，促进各预算部门精打细算，量力而行，合理使用资金。

（3）有助于企业未来发展。由于这种方法以零为出发点，对一切费用一视同仁，有利于企业面向未来发展考虑预算问题。

2）零基预算的缺点

零基预算的缺点在于这种方法一切从零出发，在编制费用时需要完成大量的基础工作，如历史资料分析、市场状况分析、现有资金使用分析和投入产出分析，等等，这势必带来浩繁的工作量，搞不好会顾此失彼，难以突出重点，而且也需要比较长的编制时间。

为了克服零基预算的缺点，简化预算编制的工作量，不需要每年都按零基预算编制预算，而是每隔几年才按此方法编制一次预算。

4. 零基预算的适用范围

零基预算特别适用于产出较难辨认的服务性部门费用预算的编制。

三、定期预算法与滚动预算法

编制预算的方法按其预算的时间特征不同，可分为定期预算法和滚动预算法两大类。

（一）定期预算法

1. 定期预算法的定义

定期预算法简称定期预算，是指在编制预算时以不变的会计期间（如日历年度）作为预算期的一种编制预算的方法。

2. 定期预算的优缺点

1）定期预算的优点

定期预算的唯一优点是能够使预算期间与会计年度相吻合，便于考核和评价预算的执行结果。

2）定期预算的缺点

（1）盲目性。由于定期预算往往是在年初甚至提前两三个月编制的，对于整个预算年度的生产经营活动很难做出准确的预算，尤其是对预算后期的预算只能笼统地估算，数据笼统含糊，缺乏远期指导性，给预算的执行带来很多困难，不利于对生产经营活动的考核与评价。

（2）滞后性。由于定期预算不能随情况的变化及时调整，当预算中所规划的各种经营活动在预算期内发生重大变化时（如预算期临时中途转产），就会造成预算滞后过时，使之成为虚假预算。

（3）间断性。由于受预算期间的限制，致使经营管理者的决策视野局限于本期规划的经营活动，通常不考虑下期。例如，一些企业提前完成本期预算后，以为可以松一口气，其他事等来年再说，形成人为的预算间断。因此，按固定预算编制的预算不能适应连续不断的经营过程，从而不利于企业的长远发展。

为了克服定期预算的缺点，在实践中可采用滚动预算法编制预算。

（二）滚动预算法

1. 滚动预算法的定义

滚动预算法简称滚动预算，又称连续预算或永续预算，是指在编制预算时，将预算期与会计年度脱离，随着预算的执行不断地延伸补充预算，逐期向后滚动，使预算期永远保持为一个固定期间的一种预算编制方法。

其具体做法是每过一个季度（或月份），立即根据前一个季度（或月份）的预算执行情况，对以后季度（或月份）进行修订，并增加一个季度（或月份）的预算。这样逐期向后滚动，以连续不断的预算形式规划企业未来的经营活动。

2. 滚动预算的优缺点

1）滚动预算的优点

与传统的定期预算相比，滚动预算具有以下优点：

（1）透明度高。由于编制预算不再是预算年度开始之前几个月的事情，而是实现了与日常管理的紧密衔接，可以使管理人员始终能够从动态的角度把握住企业近期的规划目标和远期的战略布局，使预算具有较高的透明度。

（2）及时性强。由于滚动预算能根据前期预算的执行情况，结合各种因素的变动影响，及时调整和修订近期预算，从而使预算更加切合实际，能够充分发挥预算的指导和控制作用。

（3）连续性、完整性和稳定性突出。由于滚动预算在时间上不再受日历年度的限制，能够连续不断地规划未来的经营活动，不会造成预算的人为间断，同时可以使企业管理人员了解未来 12 个月内企业的总体规划与近期预算目标，能够确保企业管理工作的完整性与稳定性。

2）滚动预算的缺点

采用滚动预算法编制预算的唯一缺点就是预算编制的工作量较大。

3. 滚动预算的方式及其特征

滚动预算按其预算编制和滚动的时间单位不同，可分为逐月滚动、逐季滚动和混合滚动三种方式。

（1）逐月滚动方式。逐月滚动方式是指在预算编制过程中，以月份为预算的编制和滚动单位，每个月调整一次预算的方法。

如在 2021 年 1 月至 12 月的预算执行过程中，需要在 1 月末根据当月预算的执行情况，修订 2 月至 12 月的预算，同时补充下一年 2022 年 1 月份的预算；到 2 月末可根据当月预算的执行情况，修订 3 月至 2022 年 1 月的预算，同时补充 2022 年 2 月份的预算；以此类推。

按照逐月滚动方式编制的预算比较精确，但工作量太大。

逐月滚动预算示意图如图 8－1 所示。

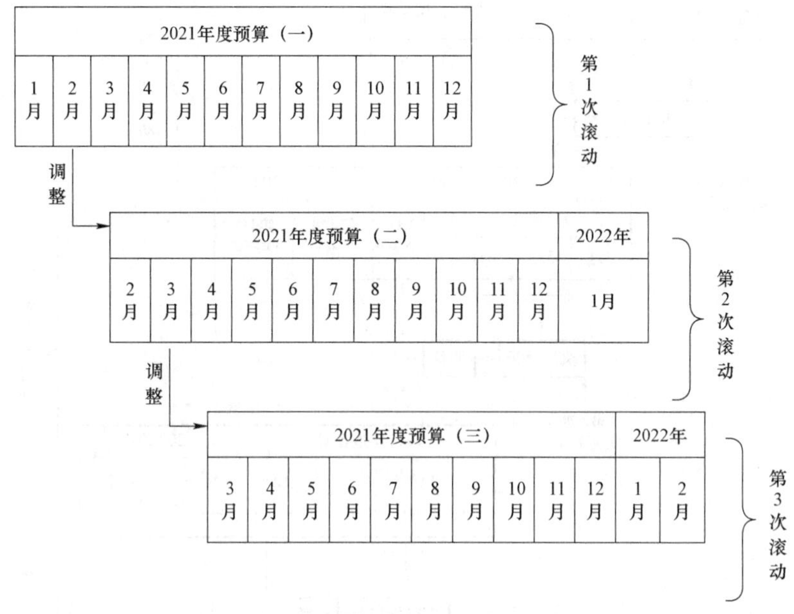

图 8－1　逐月滚动预算示意图（理论）

（2）逐季滚动方式。逐季滚动方式是指在预算编制的过程中，以季度为预算的编制和滚动单位，每个季度调整一次预算的方法。

如在 2021 年第 1 季度至第 4 季度的预算执行过程中，需要在第 1 季度末根据当季预算的执行情况，修订第 2 季度至第 4 季度的预算；同时补充 2022 年第 1 季度的预算；第 2 季度末根据当季预算的执行情况，修订第 3 季度至 2022 年第 1 季度的预算，同时补充 2022 年第 2 季度的预算，以此类推。

按照逐季滚动方式编制的预算比按逐月滚动方式编制的预算工作量小，但预算精确度较差。

（3）混合滚动方式。混合滚动方式是指在预算编制过程中，同时使用月份和季度作为预算的编制和滚动单位的方法。它是滚动预算的一种变通方式。

这种预算方法的理论依据是，人们对未来的了解程度具有对近期的预计把握较大、对远期的预计把握较小的特征。为了做到长计划短安排，远略近详，在预算编制过程中，可以对近期预算提出较高的精度要求，使预算的内容相对详细；对远期预算提出较低的精度要求，使预算的内容相对简单，这样可以减少预算的工作量。

如对 2021 年 1 月份至 3 月份的头三个月逐月编制详细预算，其余 4 月份至 12 月份分别按季度编制粗略预算；3 月末根据第 1 季度预算的执行情况，编制 4 月份至 6 月份的详细预算，并修订第 3 季度至第 4 季度的预算，同时补充 2022 年第 1 季度的预算；6 月末根据当季预算的执行情况，编制 7 月份至 9 月份的详细预算，并修订第 4 季度至 2022 年第 1 季度的预算，同时补充 2022 年第 2 季度的预算，以此类推。混合滚动预算示意图如图 8-2 所示。

在实际工作中，采用哪一种滚动预算方式，应视企业的实际需要而定。

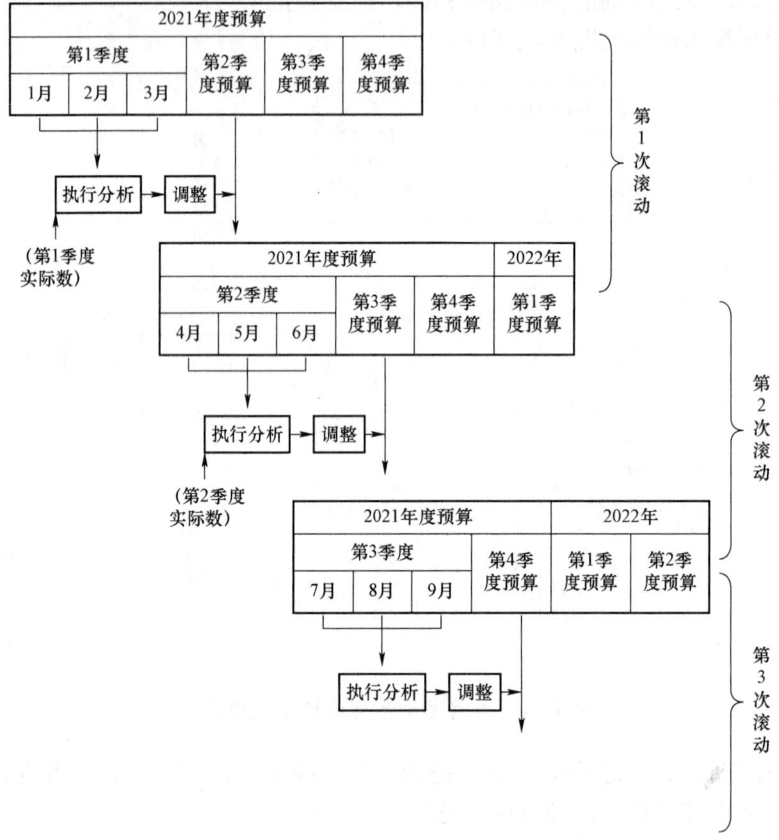

图 8-2　混合滚动预算示意图（变通）

第三节　日常业务预算和特种决策预算

一、日常业务预算

（一）销售预算的编制

销售预算是指为规划一定预算期内因组织销售活动而引起的预计销售收入而编制的一种日常业务预算。由于其他预算都需要在销售预算的基础上编制或者大多与销售预算数据有关，因此，可以说销售预算是编制全面预算的关键点和起点。

销售预算需要在销售预测的基础上，根据企业年度目标利润确定的预计销售量和销售价格等参数进行编制。其计算公式如下：

预计销售收入＝预计销售单价×预计销售量

公式中，预计销售单价可根据市场供求关系并通过价格决策来决定（为方便计算，本章不考虑增值税）；预计销售量则需要根据市场预测或销售合同并结合企业生产能力来确定。

为了便于编制财务预算，还应在编制销售预算的同时，编制与销售收入有关的经营现金收入预算，以反映全年及各季度销售所得的现销收入和回收以前应收账款的现金收入。其计算公式为：

某预算期经营现金收入＝该期现销收入＋该期回收以前期的应收账款

公式中，现销收入和回收以前期应收账款的计算公式为：

某期现销收入＝该期销售收入×该期预计现销率

某期回收以前期应收账款＝某期期初应收账款×该期预计应收账款回收率

其中，现销率是指一定期间现销收入占该期销售收入的百分比指标；应收账款回收率是以前期应收账款在本期回收的现金额占相关的应收账款的百分比指标。在全面预算中，现销率和回收率通常为已知的经验数据。

此外，根据下列公式还可以计算出企业预算期末的应收账款余额：

预算期末应收账款余额＝预算期初应收账款余额＋该期销售收入－该期经营现金收入

【例 8－7】已知 ABC 公司只生产经营一种甲产品，2021 年度应收账款数据和各季度预计销售单价和销售数量等资料如表 8－9 所示。

表 8－9　ABC 公司 2021 年度预计销售单价、销售数量等资料

<table>
<tr><td colspan="2" rowspan="2">季度</td><td rowspan="2">1</td><td rowspan="2">2</td><td rowspan="2">3</td><td rowspan="2">4</td><td rowspan="2">年初应收账款/元</td><td colspan="2">收现率/%</td></tr>
<tr><td>首期</td><td>二期</td></tr>
<tr><td rowspan="2">甲产品</td><td>销售单价/（元・件$^{-1}$）</td><td>200</td><td>200</td><td>200</td><td>200</td><td rowspan="2">18 000</td><td rowspan="2">70</td><td rowspan="2">30</td></tr>
<tr><td>预计销售量/件</td><td>300</td><td>600</td><td>400</td><td>450</td></tr>
</table>

要求：为 ABC 公司编制 2021 年度的销售预算和经营现金收入预算。

解：

编制 ABC 公司 2021 年度的销售预算，如表 8－10 所示。

表 8－10　ABC 公司 2021 年度的销售预算

季度		1	2	3	4	全年
销售单价/（元・件$^{-1}$）	①	200	200	200	200	200
预计销售量/件	②	300	600	400	450	1 750
预计销售收入/元	③＝①×②	60 000	120 000	80 000	90 000	350 000

根据销售预算、前期应收账款的收回及预计收到当期销货款的情况，可以很方便地计算出 ABC 公司年末应收账款的余额，也能够编制出预计经营现金收入预算，如表 8－11 所示。

年末应收账款余额＝18 000＋350 000－341 000

或＝90 000×30%＝27 000（元）

表 8－11　ABC 公司 2021 年度的经营现金收入预算　　元

季度		1	2	3	4	全年
预计销售收入	①	60 000	120 000	80 000	90 000	350 000
收到上季应收销货款	②＝上季①×30%	18 000	18 000	36 000	24 000	96 000
收到本季销货款	③＝①×70%	42 000	84 000	56 000	63 000	245 000
经营现金收入合计	④＝②＋③	60 000	102 000	92 000	87 000	341 000

（二）生产预算的编制

生产预算是指为规划一定预算期内预计生产量水平而编制的一种日常业务预算。

生产预算是所有日常业务预算中唯一只使用实物量计量单位的预算，可以为进一步编制有关成本和费用预算提供实物量数据。

生产预算需要根据预计的销售量按品种分别编制。由于企业的生产和销售不能做到同步同量，必须设置一定的存货，以保证均衡生产。因此，预算期间除必须备有充足的产品以供销售外，还应考虑预计期初存货和预计期末存货等因素。有关计算公式如下：

预计生产量＝预计销售量＋预计期末存货量－预计期初存货量

公式中，预计销售量可在销售预算中找到；预计期初存货量等于上季期末存货量；预计期末存货量应根据长期销售趋势来确定，在实践中，一般是按事先估计的期末存货量占下期销售量的比例进行估算，当然还要考虑季节性因素的影响。

在编制预算时，应注意保持生产量、销售量、存货量之间合理的比例关系，以避免储备不足、产销脱节或超储积压等。

【例 8－8】ABC 公司甲产品 2021 年度期初实际存货量为 50 件，预计年末存货量为 40 件，假定期末存货量为下一季度销售量的 10%。

要求：为 ABC 公司编制 2021 年度的生产预算。

解：

编制 2021 年度 ABC 公司的生产预算，如表 8－12 所示。

表 8－12　2021 年度 ABC 公司的生产预算　　件

季度		1	2	3	4	全年
预计销售量（销售预算）	①	300	600	400	450	1 750
加：预计期末存货量	②＝下季①×10%	60	40	45	40	40
减：期初存货量	③＝上季②	50	60	40	45	50
预计生产量	④＝①＋②－③	310	580	405	445	1 740

（三）直接材料预算的编制

直接材料预算是指为规划一定预算期内因组织生产活动和材料采购活动预计发生的直

接材料需用量、采购数量和采购成本而编制的一种经营预算。

直接材料预算以生产预算、材料消耗定额和预计材料采购单价等信息为基础，并考虑期初、期末材料存货水平。

直接材料预算包括需用量预算和采购预算两个部分。

1. 直接材料需用量预算的编制程序

（1）按照各种产品的材料消耗定额和生产量计算预算期某种直接材料的需用量。计算公式为：

某产品消耗某种直接材料预计需用量＝某种产品耗用该材料的消耗定额×该产品预算期的预计生产量

（2）预计预算期某种直接材料的全部需用量。计算公式为：

预算期某种直接材料全部需用量＝Σ某产品消耗该种直接材料预计需用量

2. 直接材料采购预算的编制程序

（1）预计预算期某种直接材料的全部采购量。计算公式为：

某种直接材料的预计采购量＝该种材料的预计需用量＋该种材料的预计期末库存量－该种材料的预计期初库存量

公式中，材料预计期末库存量通常按下期需要的经验数据确定，在实践中，可按下期预计需用量的一定比例估算；材料预计期初库存量等于上季度的期末库存量。

（2）预计预算期某种直接材料的采购成本。计算公式为：

某种材料预计采购成本＝该种材料单价×该材料预计采购量

公式中，材料单价为不含增值税的价格。

（3）确定预算期企业直接材料采购总成本。计算公式为：

预算期企业直接材料采购总成本＝Σ某种材料预计采购成本

同编制生产预算一样，编制直接材料采购预算应注意材料的采购量、耗用量和库存量保持合理的比例关系，以避免材料的供应不足或超储积压。

为了便于以后编制现金预算，通常要编制与材料采购有关的各季度预计材料采购现金支出预算。

某预算期采购现金支出的计算公式为：

某预算期采购现金支出＝该期现购材料现金支出＋该期支付以前期的应付账款

公式中，现购材料现金支出和支付以前期应付账款的计算公式为：

某期现购材料现金支出＝某期预计采购金额×该期预计付现率

某期支付以前期的应付账款＝本期期初应付账款×该期预计应付账款支付率

公式中的付现率是指一定期间现购材料现金支出占该期采购金额的百分比指标；应付账款支付率是以前期应付账款在本期支付的现金额占相关的应付账款的百分比指标。在全面预算中，付现率和支付率通常为已知的经验数据。

此外，根据下列公式还可以计算出企业预算期末的应付账款余额：

预算期末应付账款余额＝预算期初应付账款余额＋该期预计采购金额－该预算期采购现金支出

【例 8－9】假定 ABC 公司所生产的甲产品只需要一种原材料，单位产品消耗原材料定额为 4 千克，每千克单位成本为 12 元，每季度末的材料存量为下一季度生产用量的 30%，每季度的购料款当季支付 60%，其余款项在下一季度支付。2021 年度第 1 季度应付上年第

4 季度赊购材料款为 6 000 元，2021 年期初材料存量为 510 千克，估计期末材料存量为 500 千克。

要求：为 ABC 公司编制 2021 年度的直接材料采购预算和直接材料采购现金支出预算表。

解：

生产预算确定后，就可以根据预计的生产量和上述单位产品的材料消耗定额，以及期初、期末材料存量，编制 2021 年度 ABC 公司的直接材料采购预算，如表 8－13 所示。

表 8－13　2021 年度 ABC 公司的直接材料采购预算

季度		1	2	3	4	全年
预计生产量/件	①	310	580	405	445	1 740
单位产品材料消耗定额/千克	②	4	4	4	4	4
生产需用量/千克	③=①×②	1 240	2 320	1 620	1 780	6 960
加：期末材料存量/千克	④=下季③×30%	696	486	534	500	500
减：期初材料存量/千克	⑤=上季④	510	696	486	534	510
材料采购量/千克	⑥=③+④－⑤	1 426	2 110	1 668	1 746	6 950

在编制出材料采购预算后，可以根据材料采购预算的预计材料采购量、单位成本和有关材料采购款的支付情况，编制 2021 年度 ABC 公司的直接材料采购现金支出预算，如表 8－14 所示。

表 8－14　2021 年度 ABC 公司的直接材料采购现金支出预算

季度		1	2	3	4	全年
材料采购量/千克	①	1 426	2 110	1 668	1 746	6 950
材料单位成本/元	②	12	12	12	12	12
预计材料采购额/元	③=①×②	17 112	25 320	20 016	20 952	83 400
应付上季赊购款/元	④=上季③×40%	6 000	6 844.8	10 128	8 006.4	30 979.2
应付本季现购款/元	⑤=③×60%	10 267.2	15 192	12 009.6	12 571.2	50 040
现金支出/元	⑥=④+⑤	16 267.2	22 036.8	22 137.6	20 577.6	81 019.2

由于本例中的采购金额分两期支付现金，因此，表 8－14 中的现购材料现金支出可按下面公式计算：

某期现购材料现金支出＝当期预计采购金额×首期付现率＋
前期预计采购金额×二期付现率

根据表 8－14 中的数据，还可以很方便地计算出 ABC 公司 2021 年年末应付账款的余额：

2021 年年末应付账款余额＝6 000＋83 400－81 019.2
或＝20 952－12 571.2＝8 380.8（元）

（四）直接人工预算的编制

直接人工预算是指为规划一定时期内直接人工工时的消耗水平和直接人工成本水平而编制的一种经营预算。直接人工成本包括职工工资和职工福利费。

直接人工预算也是以生产预算为基础编制的，其主要内容有预计产量、单位产品人工工时、人工总工时、每小时人工成本和人工总成本。预计产量数据来自生产预算，单位产品人工工时和每小时人工成本数据来自标准成本资料，人工总工时和人工总成本是在直接人工预算中计算出来的。由于人工工资都需要使用现金支付，所以，不需要另外预计现金支出，可直接参加资金预算的汇总。

【例 8-10】假定 ABC 公司 2021 年在预算期内所需直接人工工资率均为 5 元，单位产品定额工时为 3 小时，并且 ABC 公司以现金支付的直接人工工资均于当期付款。要求：为 ABC 公司编制 2021 年度的直接人工预算。

解：

根据所给的直接人工工资率、单位产品定额工时和产品的预计生产量，就可以编制 2021 年度 ABC 公司的直接人工预算表，如表 8-15 所示。

表 8-15　2021 年度 ABC 公司的直接人工预算

季度		1	2	3	4	全年
预计生产量/件	①	310	580	405	445	1 740
单位产品工时定额/小时	②	3	3	3	3	3
总工时用量/小时	③=①×②	930	1 740	1 215	1 335	5 220
单位工时工资率/（元·小时$^{-1}$）	④	5	5	5	5	5
预计直接人工成本/元	⑤=③×④	4 650	8 700	6 075	6 675	26 100

（五）制造费用预算的编制

制造费用预算是指为规划一定预算期内除直接材料和直接人工预算以外预计发生的其他生产费用水平而编制的一种日常业务预算。

当以变动成本法为基础编制制造费用预算时，可按变动性制造费用和固定性制造费用两部分内容分别编制。

变动性制造费用根据单位产品预定分配率乘以预计的生产量进行预计，其中，变动性制造费用预算分配率的计算公式为：

变动性制造费用预算分配率=变动性制造费用预算总额÷相关分配标准预算总数

公式中，分母可在预算生产量或预算直接人工工时总数中选择，多品种条件下，一般按后者进行分配。

固定性制造费用可在上年的基础上根据预期变动加以适当修正进行预计，并作为期间成本直接列入利润表内作为收入的扣除项目。

制造费用预算也应包括一个预算现金支出部分，以便为编制现金预算提供必要的资料。由于固定资产折旧费是非付现成本项目，在计算时应予剔除。有关公式为：

某季度预计制造费用现金支出=该季度预计变动性制造费用现金支出+

该季度预计固定性制造费用现金支出

公式中的有关指标的计算公式如下：

某季度预计变动性制造费用现金支出 = Σ（变动性制造费用预算分配率 × 该季度某种产品预计直接人工工时）

某季度预计固定性制造费用现金支出 =（该年度预计固定性制造费用 − 预计年折旧费）÷4

公式中的年折旧费必须是在制造费用中列支的折旧。

【例 8−11】 假定预测 ABC 公司在预算期间的变动性间接制造费用为 31 320 元，其中，间接人工 10 000 元，间接材料 8 000 元，水电费 12 000 元，维修费 1 320 元；固定性间接制造费用为 46 980 元，其中，管理人员工资 12 000 元，维护费 4 980 元，保险费 10 000 元，设备折旧费 20 000 元（已包含 2021 年第 1 季度新购置的设备折旧），其他条件同前例。ABC 公司的变动性间接制造费用分配率按产量计算，以现金支付的各项间接制造费用均于当期付款。

要求：为 ABC 公司编制 2021 年度制造费用预算。

解：

根据所给条件，可以求出变动间接制造费用分配率为：

变动性间接制造费用分配率 = 变动性间接制造费用/预算期生产总量
= 31 320/1 740 = 18（元/件）

根据所求出的变动性间接制造费用分配率，可编制 2021 年度 ABC 公司制造费用预算，如表 8−16 所示。

表 8−16　2021 年度 ABC 公司制造费用预算

季度		1	2	3	4	全年
预计生产量/件	①	310	580	405	445	1 740
变动性间接制造费用现金支出/元	② = ① × 18	5 580	10 440	7 290	8 010	31 320
固定性间接制造费用/元	③ = 46 980/4	11 745	11 745	11 745	11 745	46 980
减：折旧/元	④ = 20 000/4	5 000	5 000	5 000	5 000	20 000
间接制造费用现金支出合计/元	⑤ = ② + ③ − ④	12 325	17 185	14 035	14 755	58 300

（六）产品成本预算及期末存货预算的编制

1. 产品成本预算

产品成本预算是指为规划一定预算期内每种产品的单位产品成本、生产成本、销售成本等项内容而编制的一种日常业务预算。

产品成本预算需要在销售预算、生产预算、直接材料预算、直接人工预算和制造费用预算的基础上编制，其主要内容是产品的单位成本和总成本。单位产品成本的有关数据来自前述三个预算，生产量、期末存货量来自生产预算，销售量来自销售预算。生产成本、存货成本和销货成本等数据，根据单位成本和有关数据计算得出；同时，产品成本预算也为编制预计利润表和预计资产负债表提供数据。

产品成本预算必须按照各种产品进行编制，其程序与存货的计价方法密切相关；不同的存货计价方法，需要采取不同的预算编制方法。此外，不同的成本计算模式也会产生不同的影响。

2. 期末存货预算

期末存货预算是指为规划一定预算期末的在产品、产成品和原材料预计成本水平而编制的一种日常业务预算。

由于期末存货预算与产品成本预算密切相关，因此它也受到存货计价方法的影响。其程序是按存货的具体项目分别编制预算。存货包括在产品、产成品和原材料三种形式。为了简化预算过程，可假定期末在产品存货为零；如果产成品采用先进先出法计价，则期末产成品存货成本预算额等于产品成本预算中各种产品的产成品期末余额之和；期末原材料存货成本预算额为各种材料期末余额之和。

为简化程序，假定企业只编制全年的产品成本预算及期末存货预算，不编制分季度预算。

【例 8－12】ABC 公司 2021 年的生产预算、直接材料采购预算、直接人工预算和制造费用预计现金支出计算表分别如表 8－12、表 8－13、表 8－15 和表 8－16 所示。产成品按先进先出法计价。

要求：按变动成本法编制 2021 年度 ABC 公司甲产品的产品成本预算及期末存货预算。

解：

根据表 8－12、表 8－13、表 8－15 和表 8－16 的内容，可编制 2021 年度 ABC 公司甲产品的产品成本预算及期末存货预算，如表 8－17 所示。

表 8－17 2021 年度 ABC 公司甲产品的产品成本预算及期末存货预算

成本项目		价格标准	用量标准	合计金额
直接材料/元	①	12 元/千克	4 千克	48
直接人工/元	②	5 元/工时	3 工时	15
制造费用/元	③＝（31 320＋46 980）/1 740			45
产品单位成本/元	④＝①＋②＋③			108
产品期末存货量/件	⑤			40
产品期末存货成本/元	⑥＝④×⑤			4 320

（七）销售及管理费用预算的编制

1. 销售费用预算的编制

销售预算是指为规划一定预算期内企业在销售阶段组织产品销售预计发生各项费用水平编制的一种日常业务预算。

销售费用预算的编制方法与制造费用预算的编制方法非常接近，也可将其划分为变动性销售费用和固定性销售费用两部分。但对随销售量成正比例变动的那部分变动销售费用，只需要反映各个项目的单位产品费用分配额即可。对于固定性销售费用，只需要按项目反映全年预计水平。

销售费用预算也要编制相应的现金支出预算。

预算期变动性销售费用的现金支出等于该期产品的相应现金支出之和，一定期间某种产品预计发生的变动性销售费用现金支出的计算公式为：

某期某产品预计的变动性销售费用现金支出 = 该种产品单位变动性销售费用分配额 × 该期该产品预计销售量

对于固定性销售费用现金支出可以采取两种处理方法：

第一种方法是根据全年固定性销售费用的预算总额扣除其中的非付现成本（如销售机构的折旧费）的差额，在年内各季度内平均分摊。第二种方法不主张将其在年内各季度内平均分摊，而是根据具体的付现成本项目的预计发生情况分季度编制预算。这是因为固定性销售费用中存在有部分内容属于年内待摊或预提的性质，如一次性支付的全年广告费和销售保险费等，这些开支的时间与受益期间不一致，对于这些跨期分摊的项目来说，任何平均费用都不等于实际支出，必须逐项按预计支出情况编制预算。

2. 管理费用预算的编制

管理费用预算是指为规划一定预算期内因管理企业预计发生的各项费用水平而编制的一种日常业务预算。

管理费用预算的编制可采取以下两种方法：第一种方法是按项目反映全年预计水平。这是因为管理费用大多为固定成本；第二种方法类似于制造费用预算或销售费用预算的编制方法，即将管理费用划分为变动性管理费用和固定性管理费用两部分，对前者再按预算期的变动性管理费用分配率（等于一定时期变动性管理费用除以同期销售业务量）和预计销售业务量进行测算。为简化预算编制，本书采用第一种方法。

在编制管理费用总额预算的同时，还需要分季度编制管理费用现金支出预算。在假定管理费用均为固定成本的条件下，某季度预计管理费用现金支出为全年付现支出的平均数，计算公式为：

某季度预计管理费用现金支出 =（该年度预计管理费用 − 预计年折旧费 − 预计年摊销费）÷ 4

公式中的折旧费和摊销费分别是指管理费用中列支的折旧费和无形资产摊销额。

管理费用总额预算及其现金支出预算可以合并在同一张预算表中。

【例 8-13】假定 ABC 公司 2021 年在预算期间的变动销售及管理费用总计为 3 500 元，按销售量计算分配率；固定销售及管理费用为 13 600 元。

要求：为 ABC 公司编制 2021 年度的销售及管理费用预算。

解：

根据上述条件及前例的资料，可编制 2021 年度 ABC 公司销售及管理费用预算，如表 8-18 所示。

表 8-18　2021 年度 ABC 公司销售及管理费用预算

季度		1	2	3	4	全年
预计销售量/件	①	300	600	400	450	1 750
变动销售及管理费用分配率	② = 3 500/1 750	2	2	2	2	2

续表

季度		1	2	3	4	全年
变动销售及管理费用现金支出/元	③=②×①	600	1 200	800	900	3 500
固定销售及管理费用现金支出/元	④=13 600/4	3 400	3 400	3 400	3 400	13 600
现金支出总额/元		4 000	4 600	4 200	4 300	17 100

二、特种决策预算

特种决策预算，又称资本支出预算，通常是指与项目投资决策密切相关的投资决策预算。由于这类预算涉及长期建设项目的投资投放与筹措等，并经常跨年度，因此，除个别项目外，一般不纳入日常业务预算。编制特种决策预算的依据是项目财务可行性分析资料及企业筹资决策资料。

特种决策预算的要点是准确反映项目资金投资支出与筹资计划，同时也是编制现金预算和预计资产负债表的依据。

【例 8-14】假定 ABC 公司预计在 2021 年度第 1 季度末购置设备一台，需要支付 94 000 元，预计可使用 5 年，期满残值为 4 000 元。购入后每年可为公司增加净利 22 000 元。第 1 季度末安装调试完毕并交付使用。

要求：根据上述资料编制 2021 年度 ABC 公司特种决策预算。

解：

根据资料编制的 2021 年度 ABC 公司特种决策预算如表 8-19 所示。

表 8-19　2021 年度 ABC 公司特种决策预算

资本支出项目	购置期间	初始投资额/元	估计使用年限/年	期满残值/元	购入后每年的 *NCF*/元	回收期的 *PP*/年
购置设备	第 1 季度	94 000	5	4 000	40 000	2.35

$$NCF=22\ 000+(94\ 000-4\ 000)/5=40\ 000\text{（元）}$$

$$PP=94\ 000/40\ 000=2.35\text{（年）}$$

第四节　现金预算与预计财务报表的编制

一、现金预算的编制

（一）编制现金预算的依据

现金预算亦称现金收支预算，它是以日常业务预算和特种决策预算为基础而编制的反映现金收支情况的预算。

现金收支差额与期末余额均要求通过协调资金筹措及运用来调整。应当在保证各项支出所需资金的前提下，注意保持期末现金余额在合理的上下限度内波动。因为现金储备过少会影响周转，现金储备过多又会造成浪费，所以现金余额既不是越多越好，也不是越少越好。因此，企业不仅要定期筹措到抵补收支差额的现金，还必须保证有一定现金储备。当收支差额为正值（称为现金结余），在偿还了利息和借款本金之后仍超过现金余额上限时，就应拿出一部分现金用于有价证券投资；但一旦发现还本付息之后的收支差额低于现金余额下限，就应抛出一部分有价证券来补足现金短缺；如果现金收支差额为负值（即现金短缺），可采取暂缓还本付息、抛售有价证券或向银行借款等方式来筹措。

（二）现金预算的编制

现金预算需要根据经营现金收入预算表、直接材料采购现金支出预算、直接人工预算、制造费用预算、销售及管理费用预算、特种决策预算等相关数据进行编制。需要熟练掌握以下两个重要公式：

某期现金余额 = 该期现金收入 − 该期现金支出

期末现金余额 = 现金余缺 − 现金的筹集与运用

【例 8－15】假定 ABC 公司 2021 年度期末现金余额不得少于 20 000 元，否则将向银行借款，借款利率为年息 10%。预计预算期期初现金余额为 45 000 元。预计经营现金收入预算表、直接材料采购现金支出预算、直接人工预算、制造费用预算、销售及管理费用预算、特种决策预算等分别如表 8－11、表 8－14、表 8－15、表 8－16、表 8－18 和表 8－19 所示，预算期按季度编制现金预算。

要求：为 ABC 公司编制 2021 年度的现金预算。

解：

编制 2021 年度 ABC 公司现金预算如表 8－20 所示。

表 8－20　2021 年度 ABC 公司现金预算　　元

季度	1	2	3	4	全年
① 期初现金余额	45 000	26 257.8	58 236	86 288.4	45 000
② 经营现金收入	60 000	102 000	92 000	87 000	341 000
③ 可运用现金合计	105 000	128 257.8	150 236	173 288.4	386 000
④ 经营现金支出	54 742.2	70 021.8	63 947.6	63 807.6	252 519.2
采购直接材料（表 8－14）	16 267.2	22 036.8	22 137.6	20 577.6	81 019.2
支付直接人工（表 8－15）	4 650	8 700	6 075	6 675	26 100
支付制造费用（表 8－16）	12 325	17 185	14 035	14 755	58 300
销售及管理费用（表 8－18）	4 000	4 600	4 200	4 300	17 100
预交所得税	17 500	17 500	17 500	17 500	70 000
⑤ 资本性现金支出	94 000				94 000
购置设备（表 8－19）	94 000				94 000
⑥ 现金支出合计	148 742.2	70 021.8	63 947.6	63 807.6	346 519.2
⑦ 现金余缺	－43 742.2	58 236	86 288.4	109 480.8	39 480.8

续表

季度	1	2	3	4	全年
⑧ 资金筹措及运用					
短期借款	70 000				70 000
归还借款				70 000	70 000
支付利息				7 000	7 000
⑨ 期末现金余额	26 257.8	58 236	86 288.4	32 480.8	32 480.8

二、预计财务报表的编制

财务预算中的预计财务报表包括预计利润表和预计资产负债表。

（一）预计利润表的编制

预计利润表是指以货币的形式综合反映预算期内企业经营活动成果（包括利润总额、净利润）计划水平的一种财务预算。

该项预算需要在销售预算、产品成本预算、应交税费预算、制造费用预算、销售及管理费用预算和财务费用预算等日常业务预算的基础上编制。

【例 8-16】ABC 公司 2021 年度的销售预算、制造费用预算、产品成本预算、销售及管理费用预算分别如表 8-10、表 8-16、表 8-17 和表 8-18 所示。

要求：按变动成本法为 ABC 公司编制 2021 年度的预计利润表。

解：

编制的 2021 年度 ABC 公司预计利润表如表 8-21 所示。

表 8-21 2021 年度 ABC 公司预计利润表 元

项目	行次	金额	资料来源
销售收入	①	350 000	表 8-10
减：销售成本	②=1 750×108	189 000	表 8-11、表 8-17
销售毛利	③=①-②	161 000	
减：销售及管理费用	④	17 100	表 8-18
营业净利润	⑤=③-④	143 900	
减：利息费用	⑥	7 000	表 8-20
税前利润	⑦	136 900	
减：所得税	⑧	70 000	表 8-20
净利润	⑨=⑦-⑧	66 900	

（二）预计资产负债表的编制

预计资产负债表是指用于总括反映企业预算期末财务状况的一种财务预算。

预计资产负债表中除上年期末数已知外，其余项目均应在前述各项日常业务预算和特种决策预算的基础上分析填列。

【例 8－17】假定 ABC 公司 2021 年度期初资产负债表如表 8－22 所示。

表 8－22　ABC 公司 2021 年度期初资产负债表（2021 年 1 月 1 日）　元

资产	金额	负债及所有者权益	金额
流动资产		流动负债	
现金	45 000	应付账款	6 000
应收账款	18 000	长期负债	
原材料存货	6 120	负债合计	6 000
产成品存货	5 400		
合计	74 520		
固定资产		所有者权益	
土地	60 000	实收资本	200 000
房屋及设备	240 000	盈余公积	28 520
减：折旧	40 000	未分配利润	100 000
合计	260 000	所有者权益合计	328 520
资产总计	334 520	负债及所有者权益总计	334 520

根据表 8－22 和前面所有各例的预算资料，可编制 2021 年度 ABC 公司预计资产负债表，如表 8－23 所示。

表 8－23　2021 年度 ABC 公司预计资产负债表（2021 年 12 月 31 日）　元

资产	行次	金额	资料来源
流动资产			
现金	①	32 480.8	表 8－20
应收账款	②＝90 000×30%	27 000	表 8－11
原材料存货	③＝500×12	6 000	表 8－13、表 8－14
产成品存货	④	4 320	表 8－17
合计	⑤＝①＋②＋③＋④	69 800.8	
固定资产			
土地	⑥＝60 000	60 000	
房屋及设备	⑦＝240 000＋94 000	334 000	表 8－22、表 8－19
减：折旧	⑧＝40 000＋20 000	60 000	表 8－22、表 8－16
合计	⑨＝⑥＋⑦－⑧	334 000	
资产总计	⑩＝⑤＋⑨	403 800.8	

续表

资产	行次	金额	资料来源
流动负债			
应付账款	⑪=20 952×40%	8 380.8	表 8－14
长期负债			
负债合计	⑫=⑪	8 380.8	
所有者权益			
实收资本	⑬=200 000	200 000	表 8－22
盈余公积	⑭=28 520	28 520	表 8－22
未分配利润	⑮=100 000+66 900	166 900	表 8－22、表 8－21
所有者权益合计	⑯=⑬+⑭+⑮	395 420	
负债及所有者权益总计	⑰=⑫+⑯	403 800.8	

扩展阅读

预算年度终了，预算委员会应当向董事会或者经理办公室报告预算执行情况，并依据预算完成情况和预算审计情况对预算执行单位进行考核，应当结合当年内部经济责任制进行考核，与预算执行单位负责人的奖惩挂钩，并作为企业内部人力资源管理的参考。

本章小结

财务预算是一系列专门反映企业未来一定预算期内预计财务状况和经营成果，以及现金收支等价值指标的各种预算的总称，具体包括现金预算、财务费用预算、预计资产负债表和预计利润表等内容。

全面预算是根据企业目标所编制的经营、资本、财务等年度收支计划，即以货币及其他数量形式反映的有关企业未来一段期间内全部经营活动各项目的行动计划与相应措施的数量说明。具体包括特种决策预算、日常业务预算与财务预算。

日常业务预算是指与企业日常经营活动直接相关的经营业务的各种预算。主要包括：

（1）销售预算；

（2）生产预算；

（3）直接材料耗用量及采购预算；

（4）直接人工预算；

（5）制造费用预算；

（6）产品成本及期末存货预算；

（7）销售及管理费用预算等。

编制预算的方法按其业务量基础的数量特征不同，可分为固定预算法和弹性预算法两大类。

编制成本费用预算的方法按其出发点的特征不同，可分为增量预算法和零基预算法两大类。

编制预算的方法按其预算的时间特征不同，可分为定期预算法和滚动预算法两大类。

思政案例

《论持久战》的当代启示

在《论持久战》中，毛泽东不仅提出持久战的战略总方针，而且根据不同阶段的情况有准备地提出最为有利的具体策略。这就是在第一阶段和第二阶段中主动地、灵活地、有计划地执行防御战中的进攻战、持久战中的速决战、内线作战中的外线作战；在第三阶段中，应该是战略的反攻战。战略上坚持持久战，战术上打好歼灭战，具有十分重要的指导意义。党的十九大召开后，习近平总书记多次强调，从十九大到二十大，是“两个一百年”奋斗目标的历史交汇期，我们的任务很重，特别是通过事先的准备打赢防范化解重大风险、精准脱贫、污染防治“三大攻坚战”。因此，我们在新时代的长征路上把握好战略战术，既要胸怀大局，统筹兼顾，保持战略定力，又要突出重点，牵“牛鼻子”，啃“硬骨头”，一步步攻坚克难，一步步实现战略目标。没有事先的计划和准备，就不能获得战争的胜利。

——资料来源：人民网，《论持久战》的当代启示，毛胜，经编者整理、改编

复习思考题

一、简答题

1. 全面预算包括哪些内容？
2. 增量预算法和零基预算法的区别有哪些？
3. 简述定期预算法和滚动预算法的优缺点。
4. 现金预算有什么作用？
5. 简述直接材料需用量预算的编制程序。
6. 简述直接人工预算与其他预算的区别。

二、练习题

（一）练习弹性利润预算编制的因素法

1. 资料：

某企业预计2021年A产品单位变动成本为6万元，固定成本为2 000万元。当年生产的产品当年销售，销售业务量的有效变动范围为700～1 100台，同一销售业务量下其销售价分别为10万元和11万元。

2. 要求：

采用因素法推算出以每隔100台为业务量间隔时，该企业2021年A产品利润预算数额。

（二）练习现金预算的编制方法

1. 资料：

某企业2021年有关预算资料如下：

（1）该企业 2 月至 7 月的销售收入分别为 30 000 元、40 000 元、50 000 元、60 000 元、70 000 元和 80 000 元。每月销售收入中，当月收到现金 60%，下月收到现金 30%，下下月收到现金 10%；

（2）各月直接材料采购成本按下一个月销售收入的 60%计算，所购材料款于当月支付现金 50%，下月支付现金 50%；

（3）该企业 4—6 月的制造费用分别为 4 000 元、4 500 元和 4 700 元，其中，每月制造费用中包括固定资产折旧费 1 000 元。4—6 月的销售费用分别为 2 500 元、2 800 元和 3 200 元，其中，每月的非付现成本均为 500 元。

（4）该企业 4 月购置固定资产，需要现金 15 000 元。

（5）该企业在现金不足时，向银行借款（借款为 1 000 元的倍数）；现金有多余时，归还银行借款（还款也为 1 000 元的倍数）。借款在期初，还款在期末，借款年利率为 12%。

（6）该企业期末现金余额最低为 6 000 元，其他资料见现金预算。

2. 要求：

根据上述资料，完成该企业 2021 年 4—6 月现金预算的编制工作，如表 8–24 所示。

表 8–24　2021 年 4—6 月现金预算　　元

月份	4 月	5 月	6 月
① 期初现金余额	7 000		
② 经营现金收入			
③ 直接材料采购支出			
④ 直接工资支出	2 000	3 500	3 900
⑤ 制造费用支出			
⑥ 销售费用支出			
⑦ 预交所得税	—	—	8 000
⑧ 购置固定资产			
⑨ 现金余缺			
⑩ 向银行借款			
⑪ 归还银行借款			
⑫ 支付借款利息			
⑬ 期末现金余额			

三、案例分析

兴达机器制造公司财务预算草案

1. 兴达机器制造公司基本案情：

兴达机器制造公司在 2021 年年底已经迫近的时候，副总经理第一次接受预算组织工作，有许多问题不堪明确，只能先行进入工作状态，一方面进行全面预算的编制，一方面对操作中的错误予以纠正。以下是他进行预算组织工作的详细记录：

12月10日为全公司各生产部门和职能部门下达编制全面预算的任务，预算的编制顺序为“两上两下”，即先由基层单位编制初稿，一并交公司统一汇总、协调，然后再返还基层单位修改，修改后再次上交总公司以调整、确认。

12月11日发专门文件说明预算的本质是财务计划，是预先的决策。

12月12日专门指定生产部门先将生产计划编制出来，提前上交，因为生产部门的生产计划是全部预算的开端。

12月15日设计预算编制程序如下：

（1）成立预算委员会，由公司董事长任主任；

（2）确定全面预算只包括短期预算；

（3）由预算委员会提出具体生产任务和其他任务；

（4）由各部门负责人自拟分项预算；

（5）上报分项预算给公司预算委员会；

（6）由董事会对预算进行审查；

（7）将预算下达给各部门实施。

2. 分析要点及要求：

12月20日，截至该日，已上交的业务预算有销售预算、生产预算、直接人工预算、直接材料采购预算、制造费用预算、销售费用预算和预计利润表。该副总经理认为业务预算已经基本上交完毕。资本支出预算刚刚交来，被归入业务预算。其主要内容是关于下一经营期购买厂房和土地的问题。

12月21日，收到的现金预算中有以下几项内容：现金收入、现金支出、现金结余。该副总经理把现金预算归入销售预算内，因为销售是企业现金的主要来源。

12月22日，交来的预计资产负债表被该副总经理退回，他认为这不在预算之列。

12月25日，该副总经理强行要求所有与生产成本相关的预算都以零基预算的方法进行。基层单位负责人反映该企业为方便业绩考核，前任财务经理对生产成本一直实施滚动预算。况且重新搜集成本资料支出过大，时限过长。

12月28日，生产经理的基本职责有两方面：生产控制和成本控制。公司要求生产经理作固定预算，生产经理强烈反对，认为只有弹性预算才能把生产控制和成本控制分开，便于考核业绩。

12月31日，预计出下一期股利的支付政策和方案，并把它列入专门决策预算。

思考与分析：

1. 请帮助该公司找出其中的错误之处，说明理由并加以纠正。

2. 请详细说明编制预算中需要注意的事项。

——资料来源：百度，经编者整理、改编

第九章 财务控制

本章要点

全面介绍财务控制概述、责任中心、责任预算等内容，重点掌握以下内容：

1. 财务控制的目标和基本要求
2. 财务控制的一般方法
3. 责任中心的含义、特征和分类
4. 责任预算、责任结算与预算的分析方法

案例导入

哈药集团制药总厂堪称范本的责任中心业绩评价标准

哈药集团制药总厂（以下简称总厂）隶属于哈药集团股份有限公司，为中外合资股份制企业，是集研发、生产和销售为一体的高新技术企业。企业资产总额40亿元，其中固定资产达到21.56亿元。厂内设有30多个生产及辅助车间、一个新产品开发研究中心、一个产品质量检测中心，两座设计总发电能力为2.25万千瓦的自备电站和两个污水处理厂。拥有员工8 000余人、各类专业技术人员2 000人。

总厂始建于1958年，经过几十年的艰苦创业，目前已发展成为以生产抗感染药为主、以粉针剂、胶囊剂和片剂为最终效益的大型综合性制药企业，成为中国重点抗生素生产基地、国家大型一级制药企业。总厂坚持以工业为主，以商业为辅的发展格局，通过内涵与外延并重发展，实现跨越式发展。

哈药集团制药总厂高度重视责任中心业绩评价标准制定工作，制定了规范、缜密的评价标准和指标体系。分别对集团公司、权属公司、战略发展部、资产管理部、审计监察部、经营协调部、行政管理部、人力资源部等职能部门用各项指标量化办法进行规范，细化指标分类、正向指标量化办法、逆向指标量化办法、满意度指标量化办法、非满意度指标量化办法；并附有非满意度指标量化表、满意度调查问卷、客户满意度调查问卷、服务支持满意度调查问卷、相关部门满意度调查问卷、员工满意度调查问卷、部门员工满意度调查问卷等。缜密、详尽的责任中心业绩评价标准已经成为业界责任中心考评标准的范本。

——资料来源：百度文库，经编者整理、改编

第一节 财务控制概述

一、财务控制的基本概念

（一）财务控制的含义及目标

财务控制是指由企业的董事会、管理层和全体员工共同实施的旨在合理保证实现企业基本目标的一系列控制的活动。

财务控制的目标由以下几个方面组成：

（1）企业的战略；

（2）企业经营的效率和效果；

（3）财务会计报告及管理信息的可靠性；

（4）资产的安全性、完整性；

（5）遵循国家法律法规和有关监管的基本要求。

（二）财务控制的基本要求

1. 内部环境

内部环境是指影响和制约企业财务控制制度建立与执行的各种内部因素的总和，是实施财务控制的根本。内部环境一般包括治理结构、组织机构设置与债权分配、企业的文化、人力资源政策、内部审计机制、反舞弊机制等内容。

2. 风险评估

风险评估是指能够及时识别、科学分析影响企业战略和经营管理目标实现的各种不稳定因素并采取应对策略的过程，是实施内部控制的重点环节和内容。风险评估主要包括目标设定、风险识别、风险分析和风险应对。

3. 控制措施

控制措施是指根据风险评估的结果、结合风险的应对策略所采取的确保企业内部控制目标得以实现的方法和手段，是实施内部控制的具体方式和主要载体。控制措施结合企业具体的业务和事项的特点与要求制定，主要包括职责分工的控制、审核批准的控制、信息技术的控制、经济活动分析的控制、预算的控制、财产保全的控制、会计系统的控制、授权的控制、内部报告的控制、绩效考评的控制。

4. 信息与沟通

信息与沟通是指及时、准确、完整地收集与企业经营管理相关的多种信息，并使这些信息以适当的方式在企业有关层级之间进行及时传递、有效沟通和正确应用的一个过程。是实施内部控制的重点条件。信息与沟通主要包括信息收集机制以及在企业内部和与企业外部有关方面的沟通机制等。

5. 监督和检查

监督和检查是指企业对其内部控制制度的健全性、合理性和有效性进行监督检查与评估的重要评估标准，还要形成书面文件并做出相应处理的一个过程，是实施内部控制的非常重要的保证。监督和检查一般包括对建立并执行内部控制制度的整体情况进行持续性监督和检查，对内部控制的某一方面或多个方面进行专项监督和检查，以及提交相应的检查和报告，提出有效的、有针对性的改进方案等。企业内部控制自我评估是内部控制监督和检查工作中一项非常重要的内容。

二、财务控制的一般方法

（一）不相容职务分离控制

不相容职务分离控制要求企业根据企业目标和职能任务，按照科学、精简、高效的基本原则，合理设置职能部门和工作岗位，明确各部门、各岗位的职责权限。企业在确定职责分工过程中，应当充分考虑不相容职务相互分离的制衡要求。不相容职务通常包括授权批准、稽核检查、会计记录、财产保管、业务经办等。不相容职务间实行分离的核心是内部牵制，一般企业要做到 5 种不相容的职务相分离：

（1）授权批准职务与执行业务职务的分离；

（2）执行业务职务与监督审核职务的分离；

（3）执行业务职务与会计记录职务的分离；

（4）财产保管职务与会计记录职务的分离；

（5）执行业务职务与财产保管职务的分离。

（二）授权批准控制

授权批准控制要求企业根据职责分工，明确各部门、各岗位办理经济业务与事项的权限范围、审批程序和相应职责等内容。企业内部各级管理人员必须在授权范围内行使职权和承担责任，业务经办人员必须在授权范围内办理业务。企业应建立授权批准体系，其中包括：

（1）授权批准的范围；

（2）授权的层次；

（3）授权的责任；

（4）授权批准的程序。

（三）会计系统控制

会计系统控制要求企业严格贯彻执行国家统一的会计准则制度和会计准则，加强会计基本工作，明确会计凭证、会计账簿和财务会计报告的处理程序，保证会计资料真实完整。企业应当依法设置会计机构，配备会计从业人员。从事会计工作的人员，必须取得会计从业资格证书。会计机构负责人应当具备会计师以上专业技术职务资格。大中型企业应当设置总会计师。设置总会计师的企业，不得设置与其职权重叠的副职。会计系统控制制度包括企业的核算规程、会计工作规程、会计人员岗位责任制、财务会计部门职责、会计档案管理制度等。

（四）预算控制

预算控制要求企业加强预算编制、执行、分析、考核等各环节的管理，明确预算项目，建立预算标准，规范预算的编制、审定、下达和执行程序，及时分析和控制预算差异，采取改进措施，确保预算的进行。预算控制主要应抓好 7 个环节：

（1）预算体系的有效建立，包括预算项目、标准和程序；

（2）预算的编制和审定；
（3）预算指标的下达及有关负责人或部门的落实；
（4）预算执行的授权；
（5）预算执行过程的监控；
（6）预算差异的分析与调整；
（7）预算业绩的评价与考核。

（五）财产保全控制

财产保全控制要求企业限制未经授权的人员对财产的直接接触和处置，采取账实核对、财产记录、实物保管、定期盘点、财产保险等措施，确保企业财产的安全完整。具体内容包括：

1. 限制接近
（1）限制接近现金；
（2）限制接近其他能变现的资产；
（3）限制接近存货。

2. 定期盘点
（1）定期与会计记录进行核对；
（2）进行差异调整与有效协调。

3. 记录保护
（1）严格限制接近会计记录的人员；
（2）会计记录应妥善保存；
（3）重点资料应留有备份，以便在遭到意外时能够及时地重新恢复。

4. 财产的保险

通过投保增加实物资产受损后补偿的程度或机会，保护企业实物安全。

5. 资产记录和控制

建立资产个体档案，对资产的增减变动做好记录，同时加强对资产所有权凭证的登记与管理。

（六）财务报告控制

财务报告控制要求企业建立和完善内部报告的控制，明确相关信息的收集、报告、分析和处理，及时提供业务活动中的重点企业信息，全面反映企业经济活动情况，增强内部管理的时效性和针对性。内部报告的方式通常包括例行报告、综合报告、实时报告、专题报告等。

（七）风险控制

风险控制要求企业树立良好的风险意识，针对各个风险控制点，建立有效的风险管理系统，通过风险预警、风险识别、风险分析、风险评估、风险报告等措施，对财务风险和经营风险进行全面防范和基本控制。常见的风险评估内容有：

（1）筹资风险评估；
（2）投资风险评估；
（3）信用风险评估；

（4）合同风险评估。

（八）绩效考评控制

绩效考评控制要求企业科学设置业绩考核指标的基本体系，对照预算的指标、盈利的水平、投资的回报率、安全的生产目标等方面的业绩指标，对各个部门和各个员工的当期业绩进行考核和评价，兑现奖惩标准，强化对部门和员工的激励和约束。

（九）电子信息技术控制

电子信息技术控制要求企业结合实际情况和计算机信息技术应用的程度，建立与本企业经营管理等业务相适应的信息化控制流程，提高企业的业务处理效率，减少和消除人为操作的因素，同时也加强对计算机信息系统开发与维护、访问与变更、数据输入与输出、文件储存与保管、网络安全等方面的有效控制，保证信息系统安全、有效运用。

第二节 责任中心

一、责任中心的含义

责任中心是指承担一定经济责任，并享有一定权利的企业内部（责任）单位。责任中心就是将企业经营体分割成拥有独自产品或市场的几个绩效责任单位，然后将总的管理责任授权给这些单位之后，使他们单独处于市场竞争环境之下，透过客观性的利润计算，实施必要的业绩衡量与奖惩，以期达成企业设定的经营成果的一种管理制度。

设置责任中心的目的是让各单位在其规定的责任范围内有责有权，积极工作，保证各责任中心目标的实现。

二、责任中心的特征

责任中心的特征主要包括以下几个方面：

（1）责任中心具有明确的、由其施加控制的经济活动，并独立承担相应的经济责任。

（2）责任中心拥有与其职能责任相适应的经营和管理决策权，能够在上级授权范围内对自身所控制的经济活动进行决策。

（3）责任中心具有与其职责和权力相适应的部门或个人的经济利益，并预先明确规定业绩评价标准和奖惩措施。

（4）责任中心的局部利益必须与企业的整体长远利益相一致，不能因责任中心的局部利益损害企业的整体利益。

三、责任中心的分类

责任中心可划分为成本中心、利润中心和投资中心 3 种主要类型。

（一）成本中心

1. 成本中心的含义

成本中心是指只对成本或费用负责的责任中心。成本中心的范围最广，只要有成本费用发生的地方，都可以建立成本中心，从而在企业形成逐级控制、层层负责的成本中心体系。

2. 成本中心的类型

成本中心包括技术性成本中心和酌量性成本中心。

技术性成本是指发生的数额通过技术分析可以相对可靠地估算出来的成本，如产品生产过程中发生的直接材料、直接人工、间接制造费用等。技术性成本在投入量与产出量之间有着密切联系，可以通过弹性预算予以控制。

酌量性成本是否发生以及发生数额的多少是由管理人员的决策所决定的，主要包括各种管理费用和某些间接成本项目，如研究开发费用、广告宣传费用、职工培训费等。酌量性成本在投入量与产出量之间没有直接关系，其控制应着重于预算总额的审批。

3. 成本中心的特点

成本中心具有只考虑成本费用、只对可控成本承担责任、只对责任成本进行考核和控制的特点。其中，可控成本具备三个条件，即可以预计、可以计量和可以控制。

4. 成本中心的考核指标

成本中心的考核指标包括成本（费用）变动额和成本（费用）变动率两项指标。

成本（费用）变动额＝实际责任成本（费用）－预算责任成本（费用）

成本（费用）变动率＝成本（费用）变动额/预算责任成本（费用）×100%

（二）利润中心

1. 利润中心的含义

利润中心是指既对成本负责又对收入和利润负责的责任中心，它有独立或相对独立的收入和生产经营决策权。

2. 利润中心的类型

利润中心的类型包括自然利润中心和人为利润中心两种。自然利润中心具有全面的产品销售权、价格制定权、材料采购权及生产决策权。人为利润中心有部分的经营权，能自主决定本利润中心的产品品种（含劳务）、产品产量、作业方法、人员调配、资金使用等。一般来说，只要能够制定出合理的内部转移价格，就可以将企业大多数生产半成品或提供劳务的成本中心改造成人为利润中心。

3. 利润中心的成本计算

在共同成本难以合理分摊或无须共同分摊的情况下，人为利润中心通常只计算可控成本，而不分担不可控成本；在共同成本易于合理分摊或者不存在共同成本分摊的情况下，自然利润中心不仅计算可控成本，也应计算不可控成本。

4. 利润中心的考核指标

（1）当利润中心不计算共同成本或不可控成本时，其考核指标是利润中心贡献毛益总额，该指标等于利润中心销售收入总额与可控成本总额（或变动成本总额）的差额。

（2）当利润中心计算共同成本或不可控成本，并采取变动成本法计算成本时，其考核指标包括利润中心贡献毛益总额、利润中心负责人可控利润总额、利润中心可控利润总额。

（三）投资中心

1. 投资中心的含义

投资中心是指既对成本、收入和利润负责，又对投资效果负责的责任中心。投资中心是最高层次的责任中心，它拥有最大的决策权，也承担最大的责任。投资中心必然是利润中心，但利润中心并不都是投资中心。利润中心没有投资决策权，而且在考核利润时也不考虑所占用的资产。

2. 投资中心的考核指标

除考核利润指标外，投资中心主要考核能集中反映利润与投资额之间关系的指标，包括投资报酬率和剩余收益。

1）投资报酬率

（1）投资报酬率的含义。

投资报酬率又称投资利润率，是指投资中心所获得的利润与投资额之间的比率，可用于评价和考核由投资中心掌握、使用的全部净资产的盈利能力。其计算公式为：

$$投资报酬率=利润\div投资额\times100\%$$

或

$$投资报酬率=资本周转率\times销售成本率\times成本费用利润率$$

其中，投资额是指投资中心的总资产扣除对外负债后的余额，即投资中心的净资产。

投资报酬率是一个相对数正指标，该指标越大，说明投资中心的经营业绩越好。通过指标之间的关系可以看出，为了提高投资中心的投资报酬率，应该尽量降低成本，提高销售收入，提高销售利润率，同时也要有效地运用营业资产，努力提高营业资本周转率。

（2）投资报酬率指标的优缺点。

投资报酬率指标的优点有：能反映投资中心的综合盈利能力；具有横向可比性；可以作为选择投资机会的依据；可以正确引导投资中心的经营管理行为，使其长期化。该指标的最大缺点在于会造成投资中心与整个企业利益的不一致。

2）剩余收益

（1）剩余收益的含义。

剩余收益是指投资中心获得的利润，扣减其投资额（或净资产占用额）按规定（或预期）的最低投资收益率计算的投资收益后的余额。其计算公式为：

$$剩余收益=利润-投资额（或净资产占用额）\times规定或预期的最低投资收益率$$

或

$$剩余收益=息税前利润-总资产占用额\times规定或预期的总资产息税前利润率$$

剩余收益指标能够反映投入产出的关系，能避免本位主义，使个别投资中心的利益与整个企业的利益统一起来。

剩余收益是一个绝对数正指标，该指标越大，说明投资中心的经营业绩越好。

（2）剩余收益指标的优缺点。

剩余收益指标的优点有：可以使业绩评价与整体企业的目标协调一致；引导投资中心管理者的成本意识，采纳高于企业资本成本的决策；允许使用不同的风险调整资本成本。

剩余收益指标的缺点有：不能比较各部门业绩；容易被操纵数据。

扩展阅读

投资中心、利润中心和成本中心是 3 种不同类型但存在内在关联的责任中心。它们的层次不同，具有包含与被包含的关系。企业最高层次的责任中心是投资中心，其次是利润中心，再次是成本中心。随着责任中心管理层次的提高，其责任类型按照成本中心、利润中心、投资中心的顺序递进。每个责任中心必须就其承担的责任向上一级责任中心承担责任。

四、划分责任中心的原则

（1）在企业的若干经营活动中，具有相对独立的地位，能独立承担一定的经济责任；
（2）拥有一定的管理和控制责任范围内有关经营活动的权利；
（3）能制定明确的目标，并具有达到目标的能力；
（4）在经营活动中，能独立地执行和完成目标规定的任务。

第三节　责任预算、责任报告与业绩考核

一、责任预算

（一）责任预算的含义

责任预算是指以责任中心为主要对象，以其可控的成本、利润和收入等为内容编制的预算。责任预算是责任中心最终的目标，也是考核责任中心工作业绩的基本标准。它可以将责任目标量化，使责任中心的人工作起来更加的具体化，也可以作为企业总预算的基本补充。

责任预算由多种责任指标组成，这些指标主要包括主要责任指标和其他责任指标，本章前面所涉及的考核指标都是各个责任中心的主要责任指标，这些指标都是根据各个责任中心特有的权利、责任和义务而组建的，反映了各种不同类型的责任中心之间的责任和义务的主要区别，是必须保证实现的重要指标。其他责任指标是根据企业其他奋斗目标分解所得出来的，或是为保证主要责任指标的完成而必须完成的重要责任指标。

（二）责任预算的编制

责任预算编制的目的在于将责任中心的经济责任数量化和具体化。编制程序有以下两种方式。

第一种是在总预算的基础上，从责任中心的角度，对总预算进行层层分解，从而形成各责任中心的具体预算。这种自上而下、对指标层层分解的方式是常用的方法之一，其主要优点是各责任中心目标与企业总目标上下保持一致，便于统一指挥和协调。其缺点是可能会抑制各责任中心工作的积极性与创造性。

第一种是采取自下而上的方式，即各个责任中心首先根据自身情况编制预算指标，然后层层进行汇总，最后由企业的专门管理机构进行汇总和调整，从而建立企业的总预算。这种方式的主要优点是有利于发挥各责任中心的积极性，并考虑了责任中心的实际能力。其缺点在于各责任中心往往只从自身角度来看问题，可能造成各责任中心之间协调较困难，工作难度加大，影响预算的质量和编制的及时性。

责任预算的编制程序与企业的组织结构设置和经营管理方式有着非常密切的关系，组织结构设置和经营管理方式不同，责任预算的编制程序也有非常大的差异。

【例 9-1】某总公司的组织结构设置形式如图 9-1 所示。这是一个采用分权管理组织形

式的企业，各成本中心发生的成本费用均为可控成本，该公司责任预算的简化形式如表 9－1～表 9－5 所示。

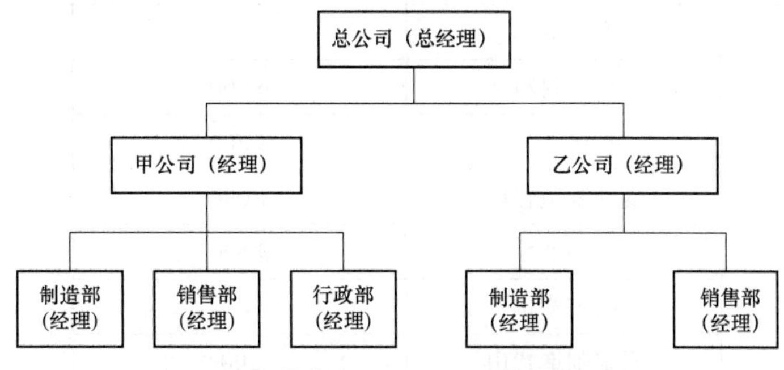

图 9－1　某总公司的组织结构设置形式

表 9－1　某总公司某年度责任预算　　万元

责任中心	项目	责任预算	责任人
利润中心	甲公司营业利润	20 200	甲公司经理
	乙公司营业利润	10 000	乙公司经理
合　　计		30 200	总公司经理

表 9－2　甲公司某年度责任预算　　万元

责任中心	项目	责任预算	责任人
收入中心	销售部	46 000	销售部总经理
成本中心	可控成本		
	制造部	16 800	制造部经理
	行政部	4 000	行政部经理
	销售部	4 900	销售部经理
	小　计	25 700	甲公司经理
利润中心	营业利润	20 200	甲公司经理

表 9－3　甲公司某年度销售部责任预算　　万元

责任中心	项目	责任预算	责任人
收入中心	东北地区	20 000	责任人甲
	东南地区	16 000	责任人乙
	西南地区	5 000	责任人丙
	西北地区	5 000	责任人丁
合　　计		46 000	销售部经理

表 9-4　甲公司某年度制造部责任预算　　万元

成本中心	项目	责任预算	责任人
一车间	变动成本		一车间负责人
	直接材料	6 000	
	直接人工	2 500	
	变动制造费用	1 000	
	小计	9 500	
	固定成本		
	固定制造费用	300	
	小计	9 800	
二车间	变动成本		二车间负责人
	直接材料	2 500	
	直接人工	3 400	
	变动制造费用	500	
	小计	6 400	
	固定成本		
	固定制造费用	200	
	小计	6 600	
制造部	制造部其他费用	400	制造部经理
合　　计		16 800	制造部经理

表 9-5　甲公司某年度行政部及销售部责任预算（费用）

成本中心	项目	责任预算	责任人
行政部	工资费用	1 800	行政部经理
	折旧	1 100	
	办公费	600	
	保险费	500	
	小 计	4 000	
销售部	工资费用	2 000	销售部经理
	办公费	1 200	
	广告费	1 200	
	其他	500	
	小 计	4 900	

通过以上案例，可以看出各表预算数据之间存在着相应的钩稽关系。随着预算数据的逐步落实，预算项目越来越具体，使得总预算被真正分解落实到各责任中心的具体部门和个人，编制责任预算的作用也就真正发挥出来了。

二、责任报告

责任报告又称业绩报告，它是根据责任会计的记录编制的反映责任预算实际执行情况的会计报告。责任报告的形式主要有报表、数据分析和文字等说明，将责任预算的实际履行情况及产生的差异用报表予以表示，是责任报告的基本方式。在揭示差异的时候，还必须对重大差异予以定量分析和定性分析。通过定量分析了解差异产生的程度，通过定性分析找出差异产生的原因并提出改进意见。

因为企业管理层次各不相同，责任报告的侧重点也应有所不同。层次越低，责任报告越详细；层次越高，责任报告越概括。责任报告在全面反映责任中心预算执行情况的同时，应突出重点，将差异突出的部分重点进行反映，使报告的使用者能将注意力集中到少数严重脱离预算的因素或项目上来。

由于责任中心是逐级设置的，责任报告也应自下而上逐级编制。

【例 9－2】以前述某总公司的甲公司为例，将其责任报告的简略形式列表，如表 9－6～表 9－8 所示。

表 9－6　甲公司某年度成本中心责任报告　　万元

项目	预算	实际	超支（节约）
甲公司一车间可控成本			
变动成本			
直接材料	6 000	5 000	（1 000）
直接人工	2 500	2 800	300
变动制造费用	1 000	1 300	300
变动成本小计	9 500	9 100	（400）
固定成本			
固定制造费用	300	250	（50）
小计	9 800	9 350	（450）
甲公司制造部可控成本			
一车间			
变动成本	9 500	9 100	（400）
固定成本	300	250	（50）
小计	9 800	9 350	（450）
二车间			
变动成本	6 400	6 600	200

续表

项目	预算	实际	超支（节约）
固定成本	200	250	50
小计	6 600	6 850	250
制造部其他费用	400	500	100
小计	16 800	16 700	（100）
甲公司可控成本			
制造部	16 800	16 700	（100）
行政部	4 000	3 800	（200）
销售部	4 900	4 700	（200）
总计	25 700	25 200	（500）

表 9－7　某总公司某年度利润中心责任报告　　万元

项目	预算	实际	超支（节约）
甲公司销售部收入			
东北地区	15 000	17 000	2 000
西北地区	5 000	5 900	900
东南地区	18 000	16 000	（2 000）
西南地区	8 000	8 800	800
小计	46 000	47 700	1 700
甲公司变动成本			
一车间	9 500	9 900	400
二车间	6 400	6 800	400
小计	15 900	16 700	800
甲公司贡献毛益总额	30 100	31 000	900
甲公司固定成本			
制造部			
一车间	300	150	（150）
二车间	200	250	50
制造部其他费用	400	600	200
小计	900	1 000	100
行政部	4 000	3 600	（400）
销售部	5 000	4 800	（200）
小计	9 900	9 400	（500）

续表

项目	预算	实际	超支（节约）
甲公司利润合计	20 200	21 600	1 400
总公司利润			
甲公司利润	20 200	21 600	1 400
乙公司利润	10 000	15 000	5 000
合计	30 200	36 600	6 400

表 9－8　某总公司某年度投资中心责任报告　　万元

项目	预算	实际	超支（节约）
甲公司利润	20 200	21 600	1 400
乙公司利润	10 000	15 000	5 000
合计	30 200	36 600	6 400
总公司所得税（30%）	9 060	10 980	1 920
总公司净利润	21 140	25 620	4 480
净资产平均占用额①	119 000	98 591	（20 409）
投资利润率/%	17.76	25.99	8.23
行业平均最低报酬率②/%	15	18	3
剩余收益	3 290	7 873.62	4 583.62

注：

① 净资产平均占用额是根据预计资产负债表和实际资产负债表所有者权益年初、年末值平均后求得。

② 计算剩余收益时，其最低报酬率可按行业或企业平均报酬率计算求得。

三、业绩考核

业绩考核是责任会计非常重要的工作，它通常以责任报告为依据，分析、评价各责任中心责任管理的实际执行情况，查明原因，找出其中的差距，借以考核各责任中心的工作成果，并根据业绩考核结果进行经济和其他方式的奖惩，促使各责任中心及时纠正执行偏差，完成自己所负的责任。

责任中心的业绩考核有狭义与广义之分，狭义的业绩考核仅指对各责任中心的价值指标，如成本、收入、利润等完成情况进行考核。广义的业绩考核，除了上述内容以外，还包括对各责任中心的非价值指标的完成情况进行基本考核。责任中心的业绩考核可分为年终考核与日常考核。年终考核通常是指一个年度终了时对责任预算执行结果的基本考核，目的在于进行奖惩和为下一年度编制预算提供依据。日常考核是指在年度内对责任预算执行过程的考核，目的在于通过信息反馈，控制和调节责任预算的执行偏差，确保责任预算的落实。

成本中心是企业最基础的责任中心，在进行业绩考核时，只应对其可控成本进行负责。成本责任中心业绩考核的内容是将实际可控成本与责任成本进行比较，从而确定两者差异的性质、数额以及形成的原因，并根据差异分析的结果，对成本中心进行奖惩，以促进成本中心努力降低基本成本。

利润中心的业绩考核应以销售部收入、贡献毛益总额及息税前利润为重点进行分析、评价。特别是应通过一定期间的实际利润与预算利润目标进行对比，分析差异及其形成的原因，对经营上存在的问题和取得的成绩进行全面公正的评价。此外，在自然利润中心，若不属于该中心的收入或成本，即使发生实际收付行为，均应在考核时予以剔除。

投资中心是企业最高一级的责任中心，其业绩考核的内容包括投资中心的成本、收入、利润及资金占用指标的完成情况，特别要注意考核投资利润率和剩余收益这两项指标，将投资中心的实际数与预算数进行比较，分析差异，查明原因，进行基本的奖惩。由于投资中心层次高，管理范围广，内容复杂，考核时应更加仔细深入、证据确凿，责任落实具体，这样才能起到应有的作用。

第四节　责任结算与核算

一、内部转移价格

（一）内部转移价格的含义

内部转移价格是指企业内部各责任中心之间转移中间产品或相互提供劳务而发生内部结算和进行内部责任结转所使用结算的基本价格。

采用内部转移价格进行内部结算，使两个责任中心之间的关系类似于市场交易的买卖关系。在价格一定的情况下，责任中心的“卖方”必须不断改善经营管理，降低成本和费用，以其收入抵偿支出；责任中心的“买方”则必须在一定的购置成本下，千方百计地降低自身加工的成本费用，提高产品或劳务的质量，争取获得更大的利润。

内部转移价格与外部市场价格有非常大的不同之处。内部转移价格这一手段使得内部责任单位处于模拟市场竞争关系当中，并不是真正意义上的市场竞争双方。因此，“买”“卖”双方存在于同一个企业之中。在其他条件不变的情况下，内部转移价格的变化，会使买卖双方的收入或利润呈相反方向变化，即提高内部转移价格，一方面会增加“卖方”的收入或内部利润；另一方面却会相应地减少“买方”的收入或内部利润。“卖方”所增加的利润相当于“买方”所减少的利润，“买”“卖”双方内部利润的一增一减，其数额相等，但方向相反。因此，从总体上来看，内部转移价格无论怎样变动，企业利润的总数是不变的，变动的只是利润在各责任中心之间的分配情况。

（二）内部转移价格的制定原则

正确制定内部转移价格有助于明确划分各责任中心的经济责任，能够将各责任中心的业绩考核建立在客观、公正的基础上。同时，也能使各责任中心的经济责任、工作绩效能够数量化，为制定正确的经营决策提供基本依据。为此，在制定内部转移价格时应遵循以下几种原则：

1. 全局性原则

制定内部转移价格应强调企业的整体利益高于责任中心的利益，由于内部转移价格的制定直接关系到各责任中心利润的大小，每个责任中心为了本中心的利益必然会争取最好的条件，在利益有一定冲突的情况下，企业应从整体利益出发制定内部转移价格，保证企业的利润最大化。

2. 自主性原则

在确保企业整体利益的前提下，承认各责任中心的相对独立性，允许各责任中心通过协商和讨价还价的方式来确定内部转移价格，给予责任中心最大的自主权。

3. 激励性原则

制定内部转移价格应公正合理，充分考虑到各责任中心的经营能力和经营业绩的配套问题，防止某些部门因价格上的缺陷而获得一些额外的利益。

（三）内部转移价格的类型

1. 市场价格

市场价格简称市价，是指责任中心在确定内部转移价格时，以产品或劳务的市场供应价格作为计价的标准。能采用市场价格作为内部转移价格的责任中心一般具有独立法人地位，能自主决定产品生产的数量、产品出售或购买的数量及相应价格。在西方一些国家，通常认为市场价格是制定内部转移价格的最好依据。因为市场价格完全是由公平、公开的竞争决定的，通过它在企业内部引起竞争机制，可使各责任中心之间进行公正的竞争。

以市场价格作为内部转移价格时，各责任中心应尽可能地进行内部转让，为此，应注意以下两个方面：

（1）在中间产品有外部市场、可向外部单位销售时，或从外部单位购买时，以市场价格作为内部转移价格并不表示直接以市场价格作为结算价格，因为纯粹的市场价格一般都包括销售费、广告费及运输费等，而这些费用在企业内部产品转移时则可避免。因此，若直接用市场价格做结算价格，这部分费用则直接变为制造方的利润，使用市场价格将得不到任何的节约。为使利益分配得更加公平，应对市场价格做一些必要的调整，将可避免费用从市场价格中减去，然后确定为内部转移价格。

（2）以市场价格为标准制定内部转移价格时，通常应注意前提条件，即中间产品有完全竞争的市场或中间产品提供部门无闲置生产能力。

2. 协商价格

协商价格也称为“议价”，是企业内部责任中心的“买”“卖”双方以正常的市场价格为基础，通过共同协商所确定的双方都能够接受的价格。采用协商价格的前提是，责任中心转移的产品应有在非竞争性市场买卖的可能性，在这种市场内买卖双方有权自行决定是否买卖这种中间产品。如果买卖双方不能自行决定，或协商价格的双方发生矛盾而又不能自行解决，或双方协商定价不能导致企业最优决策，企业高一级的管理层要进行必要的干预。这种干预应以有限、得体为原则，不能使整个谈判变成上级领导完全决定一切。

协商价格的上限是市价，下限是单位变动成本，具体价格应由各责任中心在这一范围内协商议定。当产品或劳务没有适当的市价时，只能采用议价方式来确定。通过各责任中心的讨价还价，形成企业内部的模拟“公允市价”，作为基本的计价基础。

协商价格也存在一定的缺陷，一是协商定价的过程要花费一定的人力、物力和时间；

二是协商定价各方往往会僵持不下，需企业高层领导来决定，这样就弱化了分权管理的作用。

3. 双重价格

双重价格就是责任中心“买”“卖”双方采用不同的内部转移价格作为本中心的基本计价标准，如对产品（半成品）的供应方，可按协商的市场价格计价；对使用方，则按供应方的产品（半成品）的单位变动成本计价，其差额由会计最终进行调整。之所以采用双重价格，是因为内部转移价格主要是为了对企业内部各责任中心的业绩进行评价、考核，故各相关责任中心所采用的价格并不需要完全的一样，可分别选用对责任中心最有利的价格为计价基础。

双重价格有两种形式：一是双重市场价格，就是当某种产品或劳务在市场上出现几种不同价格时，“卖”方采用最高市价，“买”方采用最低市价；二是双重转移价格，就是“卖”方按市场价格或议价作为计价基础，而“买”方按供应方的单位变动成本作为计价基础。

双重价格的好处是既可以满足“卖”方和“买”方的不同需要，也能激励双方在经营上充分发挥其主动性、积极性。采用双重价格的前提条件是：内部转移的产品或劳务有外部市场，供应方有剩余生产的能力，而且其单位变动成本要低于市价。

4. 成本转移价格

成本转移价格是指以产品或劳务的成本为基础而制定的内部转移价格。由于成本的概念不同，成本转移价格也有多种不同形式，其中用途较为广泛的有以下两种：

（1）标准成本加成。即按产品（半成品）或劳务的标准成本加计一定的合理利润作为计价的基础。它的优点是能分清“买”“卖”双方相关的责任，但确定加成利润率时，需要稳妥慎重，以保证加成利润率确定的科学性、合理性。

（2）实际成本加成。即根据产品（半成品）或劳务的实际成本加计一定比例利润作为内部转移价格。它的优点是能调动“卖”方的积极性，缺点是容易造成“卖”方削弱降低成本的责任感。

二、内部结算方式

企业内部各责任中心之间发生经济业务的往来，需要按照一定的方式进行内部结算，按照内部对象的不同，通常采取以下结算方式：

（一）内部支票结算方式

内部支票结算方式是指由付款方签发内部支票，通知内部银行从其账户中支付款项的结算方式。这种方式分为签发、收受和银行转账三个基本环节。签发就是由付款方根据有关原始凭证或业务活动证明签发内部支票交付收款方；收受就是收款方经过审核无误后接受付款方的支票；银行转账就是收款方将支票送存内部银行办理收款转账。内部支票一式三联：第一联为收款凭证，第二联为付款凭证，第三联为内部银行的记账凭证。内部支票结算方式主要适用于收、付款双方直接见面进行经济往来的业务的结算。

（二）转账通知单方式

转账通知单方式是指由收款方根据有关原始凭证或业务活动证明签发转账的通知单，通知内部银行将转账通知单转给付款方，让其付款的一种结算方式。转账通知单一式三联：第一联为收款方的收款凭证，第二联为付款方的付款凭证，第三联为内部银行的记账凭证。

这种结算方式适用于“买”“卖”双方发生经常性往来业务且信誉较高的情况。它手续简便，结算及时，但若付款方有异议，则可能拒付。

（三）内部货币结算方式

内部货币结算方式是指使用内部银行发行的限于企业内部流通的货币（包括内部货币、资金本票、流通券、资金券等）进行内部往来结算的一种方式。这种结算方式是一种典型的一手交“钱”、一手交“货”的结算方式。这种结算方式比银行支票结算方式更为直观，可强化各责任中心的价值观念、核算观念、经济责任观念。但是它可能会带来携带不便、清点麻烦、保管困难的问题。所以在一般情况下，小额零星往来业务以内部货币结算，大宗业务以内部支票结算。

三、责任成本的内部结转

责任成本的内部结转又称责任转账，是指在生产经营的过程中，对于因不同原因造成的各种经济的损失，由对应承担损失的责任中心结转责任和赔偿损失的过程。

企业内部各责任中心在生产经营的过程中，常常会发生责任成本发生的责任中心与应承担责任成本的责任中心不是同一责任中心的情况，为划清基本责任，就需要将这种责任成本相互进行结转。例如，生产车间所耗用的原材料损失是由供应部门购入不合格的材料所造成的，由此产生的材料成本的增加额或废品损失的增加额，应由生产车间成本中心转给供应中心负担。

责任转账的目的是划清各责任中心的成本责任，使不应承担损失的责任中心在经济上得到合理的补偿，在责权上明确基本界限，为业绩考核、评价及奖惩奠定合理的基础。

责任转账的方式有直接的货币结算方式和内部银行转账方式，前一种是以内部货币直接支付给损失方，后一种只是在内部银行所设立的账户之间划转。

本章小结

财务控制，是指由企业董事会、管理层和全体员工共同实施的旨在合理保证实现企业基本目标的一系列控制活动。

财务控制的基本要求有内部环境、风险评估、控制措施、信息与沟通、监督和检查。财务控制的一般方法有不相容职务分离控制、授权批准控制、会计系统控制、预算控制、财产保全控制、财务报告控制、风险控制、绩效考评控制、电子信息技术控制。

责任中心是指承担一定经济责任，并享有一定权利的企业内部（责任）单位。责任中心可划分为成本中心、利润中心和投资中心 3 种主要类型。

思政案例

厉害了，我的国

《厉害了，我的国》是由卫铁执导，由中央电视台、中国电影股份有限公司联合出品的纪录电影。该片是在 6 集纪录片《辉煌中国》的基础上改编而成，将党的十八大以来中国的发展和成就，以及十九大报告中习近平总书记提出的中国特色社会主义进入新时代这一重大论述，以纪录片的形式首次呈现在大银幕上。

《厉害了，我的国》记录了过去五年以来中国桥、中国路、中国车、中国港、中国网等超级工程的珍贵影像及其背后奋斗在一线的普普通通中国人的生活。

影片中列举中国近年来取得的成就主要有：

1. 射电望远镜 FAST

射电望远镜 FAST 位于贵州省黔南布依族苗族自治州平塘县大窝凼的喀斯特洼坑中，被誉为“中国天眼”，是由中国科学院国家天文台主导建设，具有我国自主知识产权、世界最大单口径、最灵敏的射电望远镜。

2. “蓝鲸 2 号”海上钻井平台

蓝鲸二号是一个在海上进行钻井工作的大型平台，它可以在水深超过 3 000 米的海域作业，最大钻井深度 15 240 米，世界上其他海洋石油装备无人能及。

3. “墨子号”量子通信卫星

中科院正式启动全球首颗“量子科学实验卫星”的研制，这既意味着中国科学家率先向星地量子通信发起挑战，更意味着中国或将领先欧美获得量子通信覆盖全球的能力。

4. 港珠澳大桥

港珠澳大桥是连接香港、珠海、澳门的超大型跨海通道，全长 55 公里，是世界上最长的跨海大桥。港珠澳大桥沉管隧道是全球最长的公路沉管隧道和全球唯一的深埋沉管隧道，生产和安装技术有一系列创新，为世界海底隧道工程技术提供了独特的样本和宝贵的经验。

5. 国产大飞机 C919

这是中国首款按照最新国际适航标准，具有自主知识产权的干线民用飞机。2017 年 5 月 5 日成功首飞，截至 2017 年 6 月 13 日，累计获 24 家客户 600 架订单。

6. “复兴号”动车组

“复兴号”动车组列车，是中国标准动车组的中文命名，是由中国铁路总公司牵头组织研制、具有完全自主知识产权、达到世界先进水平的动车组列车。

7. “天宫二号”太空实验站

这是继“天宫一号”后中国自主研发的第二个空间实验室，也是中国第一个真正意义上的空间实验室。“天宫二号”主要开展地球观测和空间地球系统科学、空间应用新技术、空间技术和航天医学等领域的应用和试验，包括释放伴飞小卫星，完成货运飞船与“天宫二号”的对接。

——资料来源：百度知道，经编者整理，改编

复习思考题

一、简答题

1. 什么是财务控制？
2. 简述财务控制的含义和基本要求。
3. 简述财务控制的一般方法。

4. 什么是责任中心?

二、练习题

(一)练习利润中心各项指标的应用

1. 资料:

甲企业的A部门为利润中心,利润中心销售收入110万元;利润中心销售产品变动成本和变动销售费用50万元;利润中心负责人可控固定成本20万元;利润中心负责人不可控而应由该中心负担的固定成本12万元。

2. 要求:

(1)计算该利润中心的贡献毛益总额;

(2)计算该利润中心负责人可控利润总额;

(3)计算该利润中心可控利润总额。

(二)练习投资中心各项指标的应用

1. 资料:

某集团下设A、B两个投资中心。A投资中心的投资额为500万元,投资利润率为12%;B投资中心的投资利润率为15%,剩余收益为30万元;集团要求的平均投资利润率为10%。集团现有投资200万元,若投向A投资中心,每年增加利润25万元;若投向B投资中心,每年增加利润30万元。

2. 要求:

计算下列指标:

(1)追加投资前A投资中心的剩余收益;

(2)追加投资前B投资中心的投资额;

(3)追加投资前集团的投资利润率;

(4)若A投资中心接受追加投资,其剩余收益;

(5)若B投资中心接受追加投资,其剩余收益。

(三)练习成本中心各项指标的计算

1. 资料:

甲企业的一个加工车间为成本中心,生产A产品,预算产量为10万件,单位成本200元;实际产量11万件,单位成本210元。

2. 要求:

计算该成本中心的成本降低额和成本降低率。

三、案例分析

考核内部控制(内控措施的运用和有关各方的职责)

和平企业集团(以下简称集团)董事会决定,从2009年7月1日起执行《企业内部控制基本规范》,为此要求集团内部审计部门对集团所属的52家子公司对内部控制制度的健全性和有效性进行全面检查。集团内部审计部门在检查中发现了以下情况:

(1)甲公司为一家物流企业,注册资本5 000万元。随着业务规模的扩大,日常业务非常繁忙。为提高工作效率和防范出现重大风险,公司管理层决定,公司重大对外投资事项由经办人员直接对董事长汇报,由董事长亲自审批。

（2）乙公司为一家物业管理公司，财务部共有两人，分为会计与出纳岗位。出纳岗位负责货币资金的收付和现金、银行存款账簿以及应收、应付等债权债务账簿的登记工作；会计岗位负责其他会计事项。由于会计人员少，在一方有产假、休假或其他事务的情况下，只能由另一方代替其工作。比如，在出纳休假时，为了保证公司的正常运转，由会计负责各种款项的收付，并负责登记账簿和编制财务报表。

（3）丙公司为一家生产电器产品的企业，注册资本 2 亿元。由于电器产品的竞争非常激烈，丙公司被迫采取激进的销售策略，对大部分产品实行赊销，并且信用期很长，造成应收账款大幅度增加，而且坏账率上升。为了改变这种不利局面，丙公司最近做出决定，每个销售部门由专一业务员全面负责，即某一业务员一旦与某销售部门签订了供货合同，应当由该业务员负责发货、收款、对账，出现问题，由专一业务员负完全责任。

（4）丁公司为生产汽车配件的一家公司，为了在短时间内取得更大的市场份额，总经理在未进行可行性研究和未经管理层批准的情况下，指示基建部门加快扩建 SUV 配件生产线。生产线经过 3 个月紧张施工后，未经竣工决算审计，就由基建部门办理了验收手续，交付生产部门投入使用。SUV 配件生产线投产后，由于能源供应短缺，汽油价格暴涨，导致 SUV 汽车配件严重滞销，生产线长期停工，丁公司损失惨重。

思考与分析：

1. 结合本案例，从财务控制的角度，分析、评价上述事项（1）～（4）是否存在缺陷？并简要说明理由。

2. 从财务控制中职责的角度，分析、判断事项（3）中丙公司规定的在销售部门中出现问题由专一业务员负完全责任的做法是否恰当，并简要说明理由。

——资料来源：百度，经编者整理、改编

第十章 财务分析与评价

本章要点

掌握财务分析与评价的方法，具体包括比较分析法、比率分析法、因素分析法，重点掌握偿债能力分析、营运能力分析、盈利能力分析、发展能力分析和现金流量分析五个方面。

1. 财务分析的方法
2. 偿债能力分析
3. 营运能力分析
4. 盈利能力分析
5. 发展能力分析
6. 现金流量分析

案例导入

“深谙”财务报表

要读懂财务报表（简称报表），除了要有基本的财务会计知识外，还应掌握以下几点，以看清隐藏在财务报表背后的玄机。

1. 浏览报表，探测企业是否有重大的财务问题

拿到企业的报表，首先不是做一些复杂的比率计算或统计分析，而且通读四张报表，即利润表、资产负债表、现金流量表和所有者权益变动表，看看是否有异常科目或异常金额的科目，或从表中不同科目金额的分布来看是否异常。比如，在国内会计实务中，“应收、应付是个筐，什么东西都可以往里装”。其他应收款过多，往往意味着本企业的资金被其他企业或个人占用，甚至长期占用，这种占用要么可能不计利息，要么可能变为坏账。在分析和评价中应剔除应收款可能变为坏账的部分，并将其反映为当期的坏账费用以调低利润。

2. 研究企业财务指标的历史长期趋势，以辨别有无问题

一家连续盈利的企业，其业绩一般来讲要比一家前 3 年亏损，本期却盈利丰厚的企业来得可靠。我们对国内上市公司的研究表明：一家上市公司的业绩必须看满 5 年的报表才基本上能看清楚，如果以股东权益报酬率作为绩效指标来考核上市公司，那么会出现一个规律，即上市公司上市当年的该项指标相对于其上市前 3 年的平均水平低 50%以上，以后的年份再也不可能恢复到上市前的水平。解释只有一个：企业上市前的报表“包装”得太厉害。

3. 比较企业的利润水平是否与其现金流量水平一致

有些企业在利润表上反映了很高的经营利润水平，而经营活动产生的现金流量却表现贫乏，那么我们就应提出这样的问题：“利润为什么没有转化为现金？利润的质量是否有问题？”银广厦在被曝光前一年的盈利能力远远超过同业平均水平，但是其经营活动产生的现金流量净额却相对于经营利润水平贫乏，事后证明，该公司是以其在天津的全资进出口子公司虚做海关报关单，然后在会计上虚增应收账款和销售收入的方式吹起利润的“气球”。而这些子虚乌有的所谓应收账款是永远不可能转化为经营现金的，这也就难怪其经营活动产生的现金流量如此贫乏。

4. 将企业与同业比较

将企业的业绩与同行业指标的标准进行比较，也许会给我们带来更深刻的企业问题：一家企业与自己比较，也许进步已经相当快了，比如销售增长了 20%，但是放在整个行业的水平上来看，可能就会得出不同的结论：如果行业的平均销售增长水平是 50%，那么低于此速度的、跑的慢的企业最终将败给自己的竞争对手。

——资料来源：百度，经编者整理、改编

第一节　财务分析与评价概述

一、财务分析的意义和内容

财务分析是指根据企业报表等信息资料，采用专门方法，系统分析和评价企业财务状况、经营成果以及未来发展趋势的过程。

财务分析以企业财务报告及其他相关资料为主要依据，对企业的财务状况和经营成果进行评价和剖析，反映企业在运营过程中的利弊得失和发展趋势，从而为改进企业财务管理工作和优化经济决策提供重要的财务信息。

（一）财务分析的意义

财务分析对不同的信息使用者具有不同的意义。具体来说，财务分析的意义主要体现在如下几个方面：

1. 可以判断企业的财务实力

通过对资产负债表和利润表有关资料进行分析，计算相关指标，可以了解企业的资产结构和负债水平是否合理，从而判断企业的偿债能力、营运能力及盈利能力等财务实力，揭示企业在财务状况方面可能存在的问题。

2. 评价和考核企业的经营业绩

通过财务指标的计算、分析和比较，能够评价和考核企业的盈利能力和资产周转状况，揭示其经营管理的各个方面和各个环节存在的问题，找出差距，得出分析结论。

3. 挖掘企业潜力

企业进行财务分析的目的不仅仅是发现问题，更重要的是分析问题和解决问题。通过财务分析，应保持和进一步发挥生产经营管理中成功的经验，对存在的问题应提出解决的策略和措施，以达到扬长避短、提高经营管理水平和经济效益的目的。

4. 评价企业的发展趋势

通过各种财务分析，可以判断企业的发展趋势，预测其生产经营的前景及偿债能力，从而为企业领导层进行生产经营决策、投资者进行投资决策和债权人进行信贷决策提供重要依据，避免因决策错误而带来重大的损失。

（二）财务分析的内容

财务分析的信息使用者主要包括企业所有者、企业债权人、企业经营决策者和政府等。不同主体出于不同的利益考虑，对财务分析的信息有着各自不同的要求。

（1）企业所有者作为投资人，关心其资本的保值和增值状况，因此较为重视企业盈利能力指标，主要进行企业盈利能力分析。

（2）企业债权人因不能参与企业剩余收益分享，首先关注的是其投资的安全性，因此更重视企业偿债能力指标，主要进行企业偿债能力分析，同时也关注企业盈利能力分析。

（3）企业经营决策者必须对企业经营理财的各个方面，包括营运能力、偿债能力、盈利能力及发展能力的全部信息予以详尽地了解和掌握，主要进行各方面综合分析，并关注企业财务风险和经营风险。

（4）政府兼具多重身份，既是宏观经济的管理者，又是国有企业的所有者和重要的市场参与者，因此政府对企业财务分析的关注点因其所具有的身份不同而异。

为了满足不同信息使用者的需求，财务分析一般应包括偿债能力分析、营运能力分析、盈利能力分析、发展能力分析和现金流量分析等方面。

二、财务分析的方法

（一）比较分析法

比较分析法是指按照特定的指标体系将客观事物加以比较，从而认识事物的本质和规律并做出正确的评价。财务报表的比较分析法，是指对两个或两个以上的可比数据进行对比，找出企业财务状况、经营成果中的差异问题。

根据比较对象的不同，比较分析法分为趋势分析法、横向比较法和预算差异分析法。趋势分析法的比较对象是本企业的历史；横向比较法比较的对象是同类企业，比如行业平均水平或竞争对手的水平；预算差异分析法的比较对象是预算数据。在财务分析中，最常用的比较分析法是趋势分析法。

趋势分析法是通过对比两期或连续数期财务报告中的相同指标，确定其增减变动的方向、数额和幅度，来说明企业财务状况或经营成果变动趋势的一种方法。采用这种方法，可以分析引起变化的主要原因、变动的性质，并预测企业未来的发展趋势。

比较分析法的具体运用主要有重要财务指标的比较、会计报表的比较和会计报表项目构成的比较三种方式。下面以趋势分析法为例进行进一步阐述。

1. 重要财务指标的比较

这种方法是指将不同时期财务报告中的相同指标或比率进行纵向比较，直接观察其增减变动情况及变动幅度，考察其发展趋势，预测其发展前景。不同时期财务指标的比较主要有以下两种：

（1）定基动态比率，是指以某一时期的数额为固定基期数额而计算出来的动态比率。其计算公式为：

$$定基动态比率=\frac{分析期数额}{固定基期数额}\times 100\%$$

（2）环比动态比率，是指以每一分析期的数据与上期数据相比较计算出来的动态比率。其计算公式为：

$$环比动态比率=\frac{分析期数额}{前期数额}\times 100\%$$

2. 会计报表的比较

会计报表的比较是指将连续数期的会计报表的金额并列起来，比较各指标不同期间的增减变动金额和幅度，据以判断企业财务状况和经营成果发展变化的一种方法。具体包括资产负债表比较、利润表比较和现金流量表比较等。

3. 会计报表项目构成的比较

这种方法是在会计报表比较的基础上发展而来的，是以会计报表中的某个总体指标作为 100%，再计算出各组成项目占该总体指标的百分比，从而比较各个项目百分比的增减变动，以此来判断有关财务活动的变化趋势。

采用比较分析法时，应当注意以下问题：

（1）用于对比的各个时期的指标，其计算口径必须保持一致；

（2）应剔除偶发性项目的影响，使分析所利用的数据能反映正常的生产经营状况；

（3）应运用例外原则对某项有显著变动的指标作重点分析，研究其产生的原因，以便采取对策，趋利避害。

（二）比率分析法

比率分析法是指通过计算各种比率指标来确定财务活动变动程度的方法。比率指标的类型主要有构成比率、效率比率和相关比率三类。

1. 构成比率

构成比率又称结构比率，是某项财务指标的各组成部分数值占总体数值的百分比，反映部分与总体的关系。其计算公式为：

$$构成比率=\frac{某个组成部分数值}{总体数值}\times 100\%$$

比如，企业资产中流动资产、固定资产和无形资产占资产总额的百分比（资产构成比率），企业负债中流动负债和非流动负债占负债总额的百分比（负债构成比率）等。利用构成比率，可以考察总体中某个部分的形成和安排是否合理，以便协调各项财务活动。

2. 效率比率

效率比率是某项财务活动中所费与所得的比率，反映投入与产出的关系。利用效率比率指标，可以进行得失比较，考察经营成果，评价经济效益。

比如，将利润项目与营业成本、营业收入、资本金等项目加以对比，可以计算出成本利润率、营业利润率和资本金利润率等指标，从不同角度观察比较企业盈利能力的高低及其增减变化情况。

3. 相关比率

相关比率是以某个项目和与其有关但又不同的项目加以对比所得的比率，反映有关经济活动的相互关系。利用相关比率指标，可以考察企业相互关联的业务安排得是否合理，以保障经营活动顺畅进行。

比如，将流动资产与流动负债进行对比，计算出流动比率，可以判断企业的短期偿债能力；将负债总额与资产总额进行对比，可以判断企业的长期偿债能力。

采用比率分析法时，应当注意以下几点：

（1）对比项目的相关性；

（2）对比口径的一致性；

（3）衡量标准的科学性。

（三）因素分析法

因素分析法是指依据分析指标与其影响因素的关系，从数量上确定各因素对分析指标影响方向和影响程度的一种方法。

因素分析法具体有两种：连环替代法和差额分析法。

1. 连环替代法

连环替代法是将分析指标分解为各个可以计算的因素，并根据因素之间的依存关系，顺次用各因素的比较值（通常为实际值）替代基准值（通常为标准值或计划值），以测定各因素对分析指标的影响。

【例 10－1】某企业 2021 年 10 月某种原材料费用的实际数是 4 620 元，而其计划数是 4 000 元。实际数比计划数增加 620 元。由于原材料费用是由产品产量、单位产品材料消耗量和材料单价三个因素组成的，因此就可以把材料费用这一总指标分解为三个因素，然后逐个来分析它们对材料费用总额的影响程度。现假设这三个因素的数值如表 10－1 所示。

表 10－1　影响材料费用的三个因素及数值

项目	单位	计划数	实际数
产品产量	件	100	110
单位产品材料消耗量	千克	8	7
材料单价	元	5	6
材料费用总额	元	4 000	4 620

根据表 10－1 中的资料，材料费用总额实际数较计划数增加 620 元。运用连环替代法，可以计算各因素变动对材料费用总额的影响。

计划指标：　$100 \times 8 \times 5 = 4\,000$（元）　①

第一次替代：　$110 \times 8 \times 5 = 4\,400$（元）　②

第二次替代：　$110 \times 7 \times 5 = 3\,850$（元）　③

第三次替代：　$110 \times 7 \times 6 = 4\,620$（元）　④

实际指标：

②－①＝4 400－4 000＝400（元）　　产量增加的影响

③－②＝3 850－4 400＝－550（元）　　材料节约的影响

④－③＝4 620－3 850＝770（元）　　价格提高的影响

400－550＋770＝620（元）　　全部因素的影响

2. 差额分析法

差额分析法是连环替代法的一种简化形式，是利用各个因素的比较值与基准值之间的差额，来计算各因素对分析指标的影响。

【例10－2】沿用表 10－1 中的资料。可采用差额分析法计算确定各因素变动对材料费用的影响。

由于产量增加对材料费用的影响为：

$$(110-100)\times 8\times 5=400\text{（元）}$$

由于材料消耗节约对材料费用的影响为：

$$(7-8)\times 110\times 5=-550\text{（元）}$$

由于价格提高对材料费用的影响为：

$$(6-5)\times 110\times 7=770\text{（元）}$$

采用因素分析法时，必须注意以下问题：

（1）因素分解的关联性。构成经济指标的因素，必须客观上存在着因果关系，并能够反映形成该项指标差异的内在构成原因，否则就失去了应用价值。

（2）因素替代的顺序性。确定替代因素时，必须根据各因素的依存关系，遵循一定顺序并依次替代，不可随意加以颠倒，否则就会得出不同的计算结果。

（3）顺序替代的连环性。因素分析法在计算每一因素变动的影响时，都是在前一次计算的基础上进行，并采用连环比较的方法确定因素变动的影响数，会因替代顺序不同而有差别，因而计算结果不免带有假定性，即它不可能使每个因素计算的结果都达到绝对的准确。为此，分析时应力求使这种假定合乎逻辑，具有实际经济意义。这样，计算结果的假定性，才不至于妨碍分析的有效性。

三、财务分析的局限性

财务分析对于了解企业的财务状况和经营成绩，评价企业的偿债能力和经营能力，帮助制定经济决策，有着显著的作用。但由于种种因素的影响，财务分析也存在着一定的局限性。在分析中，应注意这些局限性的影响，以保证分析结果的正确性。

（一）资料来源的局限性

1. 报表数据的时效性问题

财务报表中的数据，均是企业过去经济活动的结果和总结，用于预测未来发展趋势，只有参考价值，并非绝对合理。

2. 报表数据的真实性问题

在企业形成其财务报表之前，信息提供者往往对信息使用者所关注的财务状况以及对信息的偏好进行仔细分析与研究，并尽力满足信息使用者对企业财务状况和经营成果的期望。其结果极有可能使信息使用者所看到的报表信息与企业实际状况相距甚远，从而误导信息使用者的决策。

3. 报表数据的可靠性问题

财务报表虽然是按照会计准则编制的，但不一定能准确地反映企业的客观实际。例如：报表数据未按通货膨胀进行调整；某些资产以成本计价，并不代表其现在的真实价值；许多支出在记账时存在灵活性，既可以作为当期费用，也可以作为资本项目在以后年度摊销；很多资产以估计值入账，但未必客观；偶然事件可能歪曲本期的损益，不能反映盈利的正常水平。

4. 报表数据的可比性问题

根据会计准则的规定，不同的企业或同一个企业的不同时期都可以根据情况采取不同的会计政策和会计处理方法，使得报表上的数据在企业不同时期和不同企业之间的对比在很多时候失去意义。

5. 报表数据的完整性问题

由于报表本身的原因，其提供的数据是有限的。对报表使用者来说，可能需要的不少信息在报表或附注中根本找不到。

（二）财务分析方法的局限性

对于比较分析法来说，在实际操作时，比较的双方必须具备可比性才有意义。对于比率分析法来说，比率分析是针对单个指标进行分析，综合程度较低，在某些情况下无法得出令人满意的结论；比率指标的计算一般都是建立在以历史数据为基础的财务报表之上的，这使比率指标提供的信息与决策之间的相关性大打折扣。对于因素分析法来说，在计算各因素对综合经济指标的影响额时，主观假定各因素的变化顺序而且规定每次只有一个因素发生变化，这些假定往往与事实不符。并且，无论何种分析法，均是对过去经济事项的反映。随着环境的变化，这些比较标准也会发生变化。而在分析时，分析者往往只注重数据的比较，而忽略经营环境的变化，这样得出的分析结论也是不全面的。

（三）财务分析指标的局限性

1. 财务指标体系不严密

每一个财务指标只能反映企业的财务状况或经营状况的某一方面，每一类指标都过分强调本身所反映的方面，导致整个指标体系不严密。

2. 财务指标所反映的情况具有相对性

在判断某个具体财务指标是好还是坏，或根据一系列指标形成对企业的综合判断时，必须注意财务指标本身所反映情况的相对性。因此，在利用财务指标进行分析时，必须掌握好对财务指标的“信任度”。

3. 财务指标的评价标准不统一

比如，对流动比率，人们一般认为该指标为 2 比较合理，对于速动比率，人们一般认为该指标为 1 比较合适，但许多成功企业的流动比率都低于 2，不同行业的速动比率也有很大差别，如采用大量现金销售的企业，几乎没有应收账款，速动比率大大低于 1 是很正常的。相反，一些应收账款较多的企业，速动比率可能要大于 1。因此，在不同企业之间用财务指标进行评价时没有一个统一标准，不便于不同行业间的对比。

4. 财务指标的比较基础不统一

在对财务指标进行比较分析时，需要选择比较的参照标准，包括同业数据、本企业历史数据和计划预算数据。横向比较时需要使用同业标准。同业平均数只有一般性的指导作用，不一定有代表性，不一定是合理的。选择同行业一组有代表性的企业计算平均数作为同业标准，可能比整个行业的平均数更有意义。近年来，分析人员更重视以竞争对手的数据作为分析基础。不少企业实行多种经营，没有明确的行业归属，对此类企业进行同业比较更加困难。

趋势分析应以本企业历史数据作为比较基础，而历史数据代表过去，并不代表合理性。经营环境变化后，今年比上年利润提高了，并不一定说明已经达到了应该达到的水平，甚至不一定说明管理有了改进。会计标准、会计规范的改变会使财务数据失去直接可比性，而要恢复可比性，成本很大，甚至缺乏必要的信息。

实际与计划的差异分析应以预算为比较基础。实际和预算出现差异，可能是执行中有问题，也可能是预算不合理，两者的区分并非易事。

总之，对比较基础本身要准确理解，并且要在限定意义上使用分析结论，避免简单化和绝对化。

四、财务评价

财务评价是对企业财务状况和经营情况进行的总结、考核和评价。它以企业的财务报表和其他财务分析资料为依据，注重对企业财务分析指标的综合考核。

财务综合评价的方法有很多，包括杜邦分析法、沃尔评分法、经济增加值等。2002年财政部等五部委联合发布了《企业绩效评价操作细则（修订）》，其中提到的绩效评价体系，既包括财务评价指标，又包括了非财务评价指标，避免了单纯从财务方面评价绩效的片面性。

运用科学的评价手段对财务绩效实施综合评价，不仅可以真实反映企业的经营绩效状况，判断企业的财务管理水平，而且有利于适时揭示财务风险，引导企业持续、快速、健康地发展。

第二节　基本的财务报表分析

财务比率也称为财务指标，是通过财务报表数据的相对关系来揭示企业经营管理的各方面问题，是最主要的财务分析方法。基本的财务报表分析内容包括偿债能力分析、营运能力分析、盈利能力分析、发展能力分析和现金流量分析五个方面，以下分别加以介绍。

为便于说明，本节各项财务指标的计算，主要采用惠华公司作为示例，该公司的资产负债表、利润表如表 10－2 和表 10－3 所示。

表 10－2　资产负债表

编制单位：惠华公司　　2021 年 12 月 31 日　　万元

资产	年末余额	年初余额	负债及所有者权益	年末余额	年初余额
流动资产：			流动负债：		
货币资金	260	135	短期借款	310	235

续表

资产	年末余额	年初余额	负债及所有者权益	年末余额	年初余额
交易性金融资产	40	70	交易性金融负债	0	0
衍生金融资产	0	0	衍生金融负债	0	0
应收票据	50	65	应付票据	35	30
应收账款	2 000	1 005	应付账款	510	555
预付账款	70	30	预收款项	60	30
			应付职工薪酬	90	105
			应交税费	55	70
其他应收款	120	120			
存货	605	1 640			
持有至待售资产	0	0	其他应付款	295	180
一年内到期的非流动资产	345	0	持有待售负债	0	0
其他流动资产	100	65	一年内到期的非流动负债	260	0
流动资产合计	3 590	3 130	其他流动负债	25	35
非流动资产：			流动负债合计	1 640	1 240
可供出售金融资产	0	0	非流动负债：		
持有至到期投资	0	0	长期借款	2 260	1 235
长期应收款	0	0	应付债券	1 210	1 310
长期股权投资	160	235	其他非流动负债	360	385
固定资产	6 190	4 775	非流动负债合计	3 830	2 930
在建工程	100	185	负债合计	5 470	4 170
			所有者权益：		
无形资产	100	120	实收资本	3 000	3 000
递延所得税资产	35	85	资本公积	90	60
其他非流动资产	25	70	盈余公积	380	210
非流动资产合计	6 610	5 470	未分配利润	1 260	1 160
			所有者权益合计	4 730	4 430
资产总计	10 200	8 600	负债及所有者权益总计	10 200	8 600

表 10-3 利润表

编制单位：惠华公司　　2021 年度　　万元

项　　目	本年金额	上年金额
一、营业收入	15 010	14 260

续表

项　目	本年金额	上年金额
减：营业成本	13 230	12 525
税金及附加	150	150
销售费用	120	110
管理费用	240	210
研发费用	0	0
财务费用	560	490
资产减值损失	0	0
加：其他收益	0	0
投资收益	210	130
公允价值变动收益	110	190
资产处置收益	0	0
二、营业利润	1 030	1 095
加：营业外收入	60	95
减：营业外支出	110	35
三、利润总额	980	1 155
减：所得税费用	330	385
四、净利润	650	770

一、偿债能力分析

偿债能力是指企业偿还本身所欠债务的能力。对偿债能力进行分析，有利于债权人进行正确的借贷决策，有利于投资者进行正确的投资决策，有利于企业经营者进行正确的经营决策，有利于正确评价企业的财务状况。

偿债能力的衡量方法有两种：一种是比较可供偿债资产与债务的存量，资产存量超过债务存量较多，则认为偿债能力较强；另一种是比较经营活动现金流量和偿债所需现金，如果产生的现金超过需要的现金较多，则认为偿债能力较强。

债务一般按到期时间分为短期债务和长期债务，偿债能力分析也由此分为短期偿债能力分析和长期偿债能力分析。

（一）短期偿债能力分析

企业在短期（一年或一个营业周期）需要偿还的负债主要指流动负债。因此短期偿债能力衡量的是对流动负债的清偿能力。企业的短期偿债能力取决于短期内企业产生现金的能力，即在短期内能够转化为现金的流动资产的多少。所以，短期偿债能力比率也称为变现能力比率或流动性比率，主要考察的是流动资产对流动负债的清偿能力。企业短期偿债能力的衡量指标主要有营运资金、流动比率、速动比率和现金比率。

1. 营运资金

营运资金是指流动资产总额减流动负债总额后的净额，即企业在经营中可供运用、周转的流动资金净额。其计算公式如下：

营运资金＝流动资产－流动负债

根据惠华公司的财务报表数据：

本年末营运资金＝3 590－1 640＝1 950（万元）

上年末营运资金＝3 130－1 240＝1 890（万元）

计算营运资金使用的流动资产和流动负债，通常可以直接取自资产负债表。资产负债表项目区分为流动项目和非流动项目，并且按照流动性强弱排序，便于计算营运资金和分析流动性。营运资金越多，则偿债越有保障。当流动资产大于流动负债时，营运资金为正，说明企业财务状况稳定，不能偿债的风险较小；反之，当流动资产小于流动负债时，营运资金为负，此时，企业部分非流动资产以流动负债作为资金来源，企业不能偿债的风险很大。因此，企业必须保持正的营运资金，以避免流动负债的偿付风险。

营运资金是绝对数，不便于不同企业之间的比较。例如，A 公司和 B 公司有相同的营运资金，如表 10－4 所示，是否意味着它们具有相同的偿债能力呢？

表 10－4　A 公司和 B 公司营运资金表　　万元

公司	A 公司	B 公司
流动资产	600	2 400
流动负债	200	2 000
营运资金	400	400

尽管 A 公司和 B 公司营运资金都为 400 万元，但是 A 公司的偿债能力明显好于 B 公司，原因是 A 公司的营运资金占流动资产的比例是 2/3，即流动资产中只有 1/3 用于偿还流动负债；而 B 公司的营运资金占流动资产的比例是 1/6，即流动资产的绝大部分（5/6）用于偿还流动负债。

因此，在实务中直接使用营运资金作为偿债能力的衡量指标具有局限性，偿债能力更多地通过债务的存量比率来评价。

2. 流动比率

流动比率是企业流动资产与流动负债之比。其计算公式为：

流动比率＝流动资产÷流动负债

流动比率表明每 1 元流动负债有多少流动资产作为保障，流动比率越大，通常短期偿债能力越强。一般认为，生产企业合理的最低流动比率是 2。这是因为流动资产中变现能力最差的存货金额约占流动资产总额的一半，剩下的流动性较大的流动资产至少要等于流动负债，企业短期偿债能力才会有保证。但随着企业的经营方式和金融环境的变化，流动比率有下降的趋势，现在有许多成功的企业的流动比率低于 2。

运用流动比率进行分析时，要注意以下几个问题：

（1）流动比率高不意味着短期偿债能力一定很强。因为，流动比率假设全部流动资产可变现清偿流动负债。实际上，各项流动资产的变现能力并不相同，而且变现金额可能与账面金额存在较大差异。因此，流动比率是对短期偿债能力的粗略估计，还需进一步分析流动资产的构成项目。

（2）计算出来的流动比率，只有和同行业平均流动比率、本企业历史流动比率进行比较，才能知道这个比率是高还是低。这种比较通常并不能说明流动比率为什么这么高或低，要找出过高或过低的原因，还必须分析流动资产和流动负债所包括的内容以及经营上的因素。

一般情况下，营业周期、流动资产中的应收账款和存货的周转速度是影响流动比率的主要因素。营业周期短、应收账款和存货的周转速度快的企业，其流动比率低一些也是可以接受的。

根据表 10–2 的资料，惠华公司 2021 年年初与年末的流动资产分别为 3 130 万元、3 590 万元，流动负债分别为 1 240 万元、1 640 万元，则该公司流动比率为：

$$年初流动比率 = 3\,130 \div 1\,240 = 2.524$$

$$年末流动比率 = 3\,590 \div 1\,640 = 2.189$$

惠华公司年初、年末流动比率均大于 2，说明该企业具有较强的短期偿债能力。

流动比率的缺点是该比率比较容易被人为操纵，并且没有揭示流动资产的构成内容，只能大致反映流动资产整体的变现能力。但流动资产中包含像存货这类变现能力较差的资产，如能将其剔除，其所反映的短期偿债能力更加可信，这个指标就是速动比率。

扩展阅读

流动比率高也可能是由于存货积压、应收账款多且收账期长等因素造成的，而真正用来偿债的现金和银行存款却严重短缺。所以，企业应在分析流动比率的基础上，进一步对现金流量加以考察。

3. 速动比率

速动比率是企业速动资产与流动负债之比，其计算公式为：

$$速动比率 = 速动资产 \div 流动负债$$

构成流动资产的各项目，流动性差别很大。其中货币资金、以公允价值计量且其变动计入当期损益的金融资产和各种应收款项，可以在较短时间内变现，称为速动资产；另外的流动资产，包括存货、预付款项、一年内到期的非流动资产和其他流动资产等，属于非速动资产。速动资产主要剔除了存货，原因是：

（1）流动资产中存货的变现速度比应收账款要慢得多；

（2）部分存货可能已被抵押；

（3）存货成本和市价可能存在差异。

由于剔除了存货等变现能力较差的资产，速动比率比流动比率能更准确、可靠地评价企业资产的流动性及偿还短期债务的能力。例如，某公司虽然近几年来的流动比率远低于一般认为的最低流动比率，但其速动比率一直保持在 1 的水平，可见其短期偿债能力并不像单看流动比率那么弱。

速动比率表明每 1 元流动负债有多少速动资产作为偿债保障。一般情况下，速动比率越大，短期偿债能力越强。由于通常认为存货占了流动资产的一半左右，因此剔除存货影响的速动比率至少是1。速动比率过低，企业面临偿债风险；但速动比率过高，会因占用现金及应收账款过多而增加企业的机会成本。影响此比率可信性的重要因素是应收账款的变现能力，因为应收账款的账面金额不一定都能转化为现金，而且对于季节性生产企业，其应收账款金额存在着季节性波动，根据某一时点计算的速动比率不能客观反映其短期偿债能力。此外，使用该指标应考虑行业的差异性。如大量使用现金结算的企业其速动比率大大低于1是正常现象。

根据表10–2的资料，惠华公司2021年年初速动资产为1 395（135+70+65+1 005+120）万元，年末速动资产为2 470（260+40+50+2 000+120）万元。惠华公司的速动比率为：

$$年初速动比率=1\ 395\div1\ 240=1.13$$

$$年末速动比率=2\ 470\div1\ 640=1.51$$

惠华公司2021年年初、年末的速动比率都比一般公认标准高，说明其短期偿债能力较强，但进一步分析可以发现，在惠华公司的速动资产中应收账款比重很高（分别占72%和81%），而应收账款不一定能按时间收回，所以还必须计算分析第三个重要比率——现金比率。

4. 现金比率

现金资产包括货币资金和交易性金融资产等。现金资产与流动负债的比值称为现金比率。现金比率计算公式为：

$$现金比率=（货币资金+交易性金融资产）\div流动负债$$

现金比率剔除了应收账款对偿债能力的影响，最能反映企业直接偿付流动负债的能力，表明每1元流动负债有多少现金资产作为偿债保障。由于流动负债是在一年内（或一个营业周期内）陆续到期清偿，所以并不需要企业时时保留相当于流动负债金额的现金资产。经验研究证明，0.2的现金比率就可以接受。而这一比率过高，就意味着企业过多资源占用在盈利能力较低的现金资产上，从而影响企业的盈利能力。

根据报表10–2的资料，惠华公司的现金比率为：

$$年初现金比率=(135+70)\div1\ 240=0.165$$

$$年末现金比率=(260+40)\div1\ 640=0.183$$

惠华公司虽然流动比率和速动比率都较高，但现金比率偏低，说明该公司短期偿债能力还是有一定风险，应缩短收账期，加大应收账款催账力度，以加速应收账款资金的周转。

（二）长期偿债能力分析

长期偿债能力是指企业在较长的期间偿还债务的能力。企业在长期内，不仅需要偿还流动负债，还需偿还非流动负债，因此，长期偿债能力衡量的是对企业所有负债的清偿能力。企业对所有负债的清偿能力取决于其总资产水平，因此长期偿债能力比率考察的是企业资产、负债和所有者权益之间的关系。其财务指标主要有四项：资产负债率、产权比率、权益乘数和利息保障倍数。

1. 资产负债率

资产负债率是企业负债总额与资产总额之比。其计算公式为：

$$资产负债率=负债总额\div资产总额\times100\%$$

资产负债率反映总资产中有多大比例是通过负债取得的，可以衡量企业清算时资产对债权人权益的保障程度。当资产负债率高于50%时，表明企业资产来源主要依靠的是负债，财务风险较大。当资产负债率低于 50%时，表明企业资产的主要来源是所有者权益，财务比较稳健。这一比率越低，表明企业资产对负债的保障能力越高，企业长期偿债能力越强。

事实上，利益主体不同，看待该指标的立场也不同。从债权人的立场看，债务比率越低越好，企业偿债有保证，贷款不会有太大风险；从股东的立场看，其关心的是举债的效益。在全部资本利润率高于借款利率时，负债比率越大越好，因为股东所得到的利润就会加大。从经营者的角度看，其进行负债决策时，更关注如何实现风险和收益的平衡。资产负债率较低，表明财务风险较低，但同时也意味着可能没有充分发挥财务杠杆的作用，盈利能力也较低，而较高的资产负债率表明较大的财务风险和较高的盈利能力。只有当负债增加的收益能够涵盖其增加的风险时，经营者才能考虑借入负债。而在风险和收益实现平衡的条件下，是选择较高的负债水平还是较低的负债水平，则取决于经营者的风险偏好等多种因素。

对该指标进行分析时，应结合以下几个方面：

（1）结合企业周期分析：营业周期短的企业，资产周转速度快，可以适当提高资产负债率；

（2）结合企业资产构成分析，流动资产占比较大的企业可以适当提高资产负债率；

（3）结合企业经营状况分析，兴旺期间的企业可适当提高资产负债率；

（4）结合企业客观经济环境分析，如利率和通货膨胀水平。当利率提高时，会加大企业负债的实际利率水平，增加企业的偿债压力，这时企业应降低资产负债率；

（5）结合企业资产质量和会计政策分析；

（6）结合行业差异分析，不同行业资产负债率有较大差异。例如：2018 年 A 股房地产业、零售业、医药制造业的平均资产负债率分别为 64.2%、53.1%、30.6%，行业差异较为明显。

根据表 10-2 的资料，惠华公司的资产负债率为：

$$\text{年初资产负债率}=4\,170\div 8\,600\times 100\%=48.49\%$$

$$\text{年末资产负债率}=5\,470\div 10\,200\times 100\%=53.63\%$$

惠华公司年初资产负债率为 48.49%，年末资产负债率为 53.63%，有所上升，表明企业负债水平提高。但偿债能力强弱还需结合行业水平进一步分析。如果惠华公司所属的行业平均资产负债率为 60%，说明尽管惠华公司资产负债率上升，财务风险有所加大，但对于行业水平而言，其财务风险仍然较低，长期偿债能力较强。企业仍有空间进一步提高负债水平，以发挥财务杠杆效应。

2. 产权比率

产权比率又称资本负债率，是负债总额与所有者权益之比，它是企业财务结构稳健与否的重要标志。其计算公式为：

$$\text{产权比率}=\text{负债总额}\div\text{所有者权益}\times 100\%$$

产权比率不仅反映了由债务人提供的资本与所有者提供的资本的相对关系，即企业财务结构是否稳定；而且反映了债权人资本受股东权益保障的程度，或者是企业清算时对债权人利益的保障程度。一般来说，这一比率越低，表明企业长期偿债能力越强，债权人权益保障程度越高。在分析时同样需要结合企业的具体情况加以分析，当企业的资产收益率大于负债利息率时，负债经营有利于提高资金收益率，获得额外的利润，这时的产权比率可适当高些。产权比率高，是高风险、高报酬的财务结构；产权比率低，是低风险、低报酬的财务结构。

根据表 10－2 的资料，惠华公司的产权比率为：

年初产权比率＝4 170÷4 430×100%＝94.13%

年末产权比率＝5 470÷4 730×100%＝115.64%

由计算可知，惠华公司年末的产权比率提高，表明年末该公司举债经营程度提高，财务风险有所加大。但仍然低于行业水平，行业的产权比率是 150%（行业的资产负债率是 60%，因此产权比率是 60%÷40%＝1.5，即 150%）。

产权比率与资产负债率对评价偿债能力的作用基本一致，只是资产负债率侧重于分析债务偿付安全性的物质保障程度，产权比率则侧重于揭示财务结构的稳健程度以及自有资金对偿债风险的承受能力。

3. 权益乘数

权益乘数是总资产与股东权益的比值。其计算公式为：

权益乘数＝总资产÷股东权益

权益乘数表明股东每投入 1 元钱可以实际拥有和控制的金额。在企业存在负债的情况下，权益乘数大于 1。企业负债比例越高，权益乘数越大。产权比率和权益乘数是资产负债率的另外两种表现形式，是常用的反映财务杠杆水平的指标。

根据表 10－2 的资料，惠华公司的权益乘数为：

年初权益乘数＝8 600÷4 430＝1.94

年末权益乘数＝10 200÷4 730＝2.16

4. 利息保障倍数

利息保障倍数是指企业息税前利润与应付利息之比，又称已获利息倍数，用以衡量企业偿付借款利息的能力。其计算公式为：

利息保障倍数＝息税前利润÷应付利息

＝(净利润＋利润表中的利息费用＋所得税)÷应付利息

公式中的被除数“息税前利润”是指利润表中未扣除利息费用和所得税前的利润。公式中的除数“应付利息”是指本期发生的全部应付利息，不仅包括财务费用中的利息费用，还包括计入固定资产成本的资本化利息。资本化利息虽然不在利润表中扣除，但仍然是要偿还的。利息保障倍数主要是衡量企业支付利息的能力，没有足够大的息税前利润，利息的支付就会发生困难。

利息保障倍数反映支付利息的利润来源（息税前利润）与利息支出之间的关系，该比率越高，长期偿债能力越强。从长期看，利息保障倍数至少要大于 1（国际公认标准为 3），也就是说，息税前利润至少要大于应付利息，企业才具有偿还债务利息的可能性。如果利息保障倍数过低，企业将面临亏损、偿债的安全性与稳定性下降的风险。在短期内，利息保障倍数小于 1，也仍然具有利息支付能力，因为计算息税前利润时减去的一些折旧和摊销费用并不需要支付现金。但这种支付能力是暂时的，当企业需要重置资产时，势必发生支付困难。因此，在分析时需要比较企业连续多个会计年度（如 5 年）的利息保障倍数，以说明企业付息能力的稳定性。

根据表 10－3 的资料，假定表 10－3 中财务费用全部为利息费用，资本化利息为 0，则惠华公司的利息保障倍数为：

$$上年利息保障倍数=(1\ 155+490)\div 490=3.36$$

$$本年利息保障倍数=(980+560)\div 560=2.75$$

从以上计算结果看，惠华公司的利息保障倍数减少，利息支付能力有所下降，但盈利能力还能支付将近 3 期的利息，有一定的偿债能力，但还需要与其他企业特别是本行业平均水平进行比较来分析评价。

（三）影响偿债能力的其他因素

1. 可动用的银行贷款指标或授信额度

当企业存在可动用的银行贷款指标或授信额度时，这些数据不在财务报表内反映，但由于可以随时增加企业的支付能力，因此可以提高企业偿债能力。

2. 资产质量

在财务报表内反映的资产金额为资产的账面价值，但由于财务会计的局限性，资产的账面价值与实际价值可能存在差异，如资产可能被高估或低估，一些资产无法进入财务报表等。此外，资产的变现能力也会影响偿债能力。如果企业存在很快变现的长期资产，也会增加企业的短期偿债能力。

3. 或有事项和承诺事项

如果企业存在债务担保或未决诉讼等或有事项，会增加企业的潜在偿债压力。同样，各种承诺支付事项，也会加大企业偿债义务。

4. 经营租赁

当企业存在经营租赁时，意味着企业要在租赁期内分期支付租赁费用，即有固定的、经常性的支付义务。但是经营租赁的负债未反映在资产负债表中，因此经营租赁作为一种表外融资方式，会影响企业的偿债能力，特别是经营租赁期限较长、金额较大的情况。因此，如果企业存在经营租赁时，应考虑租赁费用对偿债能力的影响。

二、营运能力分析

营运能力主要指资产运用、循环的效率高低。一般而言，资金周转速度越快，说明企业的资金管理水平越高，资金利用效率越高，企业可以以较少的投入获得较多的收益。因此，营运能力指标是通过投入与产出（主要指收入）之间的关系反映。企业营运能力分析主要包括：流动资产营运能力分析、固定资产营运能力分析和总资产营运能力分析三个方面：

（一）流动资产营运能力比率分析

反映流动资产营运能力的指标主要有应收账款周转率、存货周转率和流动资产周转率。

1. 应收账款周转率

应收账款在流动资产中有着举足轻重的地位，及时收回应收账款，不仅增强了企业的短期偿债能力，也反映出企业管理应收账款的效率。反映应收账款周转情况的比率有应收账款周转率（次数）和应收账款周转天数。

应收账款周转次数是指一定时期内商品或产品营业收入与应收账款平均余额的比值，表明一定时期内应收账款平均收回的次数。其计算公式为：

$$应收账款周转次数=\frac{营业收入净额}{应收账款平均余额}=\frac{营业收入净额}{(期初应收账款+期末应收账款)/2}$$

应收账款周转天数指应收账款周转一次（从销售开始到收回现金）所需要的时间，其计算公式为：

$$应收账款周转天数=\frac{计算期天数}{应收账款周转次数}=\frac{计算期天数\times 应收账款平均余额}{营业收入}$$

通常应收账款周转率越高（或周转天数越短）表明应收账款管理效率越高。

1）在计算和使用应收账款周转率指标时应注意的问题

（1）营业收入指扣除销售折扣和折让后的销售净额。从理论上讲，应收账款是由赊销引起的，其对应的收入应为赊销收入，而非全部营业收入。但是赊销数据难以取得，且可以假设现金销售是收账时间为零的应收账款，因此只要保持计算口径的历史一致性，使用销售净额不影响分析。营业收入数据使用利润表中的“营业收入”。

（2）应收账款包括会计报表中“应收账款”和“应收票据”等全部赊销账款在内，因为应收票据是销售形成的应收款项的另一种形式。

（3）应收账款应为未扣除坏账准备的金额。应收账款在财务报表上按净额列示，计提坏账准备会使财务报表上列示的应收账款金额减少，而营业收入不变。其结果是：计提坏账准备越多，应收账款周转率越高、周转天数越少，对应收账款实际管理欠佳的企业反而会得出应收账款周转情况更好的错误结论。

（4）应收账款期末余额的可靠性问题。应收账款是特定时点的存量，容易受季节性、偶然性和人为因素的影响。在用应收账款周转率进行业绩评价时，最好使用多个时点的平均数，以减少这些因素的影响。

应收账款周转率反映了企业应收账款周转速度的快慢及应收账款管理效率的高低。

2）在一定时期内周转次数多（或周转天数少）表明的问题

（1）企业收账迅速，信用销售管理严格。

（2）应收账款流动性强，从而增强企业短期偿债能力。

（3）可以减少收账费用和坏账损失，相对增加企业流动资产的投资收益。

（4）通过比较应收账款周转天数及企业信用期限，可评价客户的信用程度，调整企业信用政策。

根据表10－2、表10－3的资料，惠华公司2021年度营业收入净额为15 010万元，2021年应收账款、应收票据年末数分别为2 000万元和50万元，年初数分别为1 005万元和65万元，假设年初、年末坏账准备均为零。2021年该公司应收账款周转率指标计算如下：

$$应收账款周转次数=\frac{15\,010}{(2\,050+1\,070)\div 2}=9.62（次）$$

$$应收账款周转天数=360\div 9.62=37（天）$$

运用应收账款周转率指标评价企业应收账款管理效率时，应将计算出的指标与该企业前期、与行业平均水平或其他类似企业相比较来进行判断。

2. 存货周转率

在流动资产中，存货所占比重较大，存货的流动性将直接影响企业的流动比率。存货周期率的分析同样可以通过存货周转次数和存货周转天数反映。

存货周转率（次数）是指一定时期内企业营业成本与存货平均资金占用额的比率，是衡量和评价企业购入存货、投入生产、销售收回等各环节管理效率的综合性指标。其计算公式为：

$$存货周转次数=营业成本\div存货平均余额$$

$$存货平均余额=(期初存货+期末存货)\div2$$

公式中营业成本为利润表中“营业成本”的数值。

存货周转天数是指存货周转一次（即存货取得到存货销售）所需要的时间。其计算公式为：

$$存货周转天数=计算期天数\div存货周转次数$$

$$=计算期天数\times存货平均余额\div营业成本$$

根据表 10–2、表 10–3 的资料，惠华公司 2021 年度销售成本为 13 230 万元，期初存货为 1 640 万元，期末存货为 605 万元，该公司存货周转率指标为：

$$存货周转次数=\frac{13\ 230}{(1\ 640+605)\div2}=11.79（次）$$

$$存货周转天数=360\div11.79=30.53（天）$$

一般来讲，存货周转速度越快，存货占用水平越低，流动性越强，存货转化为现金或应收账款的速度就越快，这样会增强企业的短期偿债能力及盈利能力。通过存货周转速度分析，有利于找出存货管理中存在的问题，尽可能降低资金占用水平。在具体分析时，应注意几点：

（1）存货周转率的高低与企业的经营特点有密切联系，应注意行业的可比性。例如：2018 年 A 股零售业公司的平均存货周转次数大概为 11.15 次，而房地产公司的平均存货次数仅为 1.34 次左右。

（2）该比率反映的是存货整体的周转情况，不能说明企业经营各环节的存货周转情况和管理水平。

（3）应结合应收账款周转情况和信用政策进行分析。

3. 流动资产周转率

流动资产周转率是反映企业流动资产周转速度的指标。流动资产周转率（次数）是一定时期营业收入净额与企业流动资产平均占用额之间的比率。其计算公式为：

$$流动资产周转次数=营业收入\div流动资产平均余额$$

$$流动资产周转天数=计算期天数\div流动资产周转次数$$

$$=计算期天数\times流动资产平均余额\div营业收入净额$$

公式中：

$$流动资产平均余额=（期初流动资产+期末流动资产）\div2$$

在一定时期内，流动资产周转次数越多，表明以相同的流动资产完成的周转额越多，流动资产利用效果越好。流动资产周转天数越少，表明流动资产在经历生产销售各阶段所占用的时间越短，可相对节约流动资产，增强企业盈利能力。

根据表 10–2、表 10–3 的资料，惠华公司 2021 年营业收入为 15 010 万元，2021 年流动资产期初数为 3 130 万元，期末数为 3 590 万元，则该公司流动资产周转指标计算如下：

$$流动资产周转次数=\frac{15\ 010}{(3\ 130+3\ 590)\div 2}=4.47（次）$$

$$流动资产周转天数=360\div 4.47=80.53（天）$$

（二）固定资产营运能力分析

反映固定资产营运能力的指标为固定资产周转率。固定资产周转率（次数）是指企业年营业收入净额与固定资产平均额的比率。它是反映企业固定资产周转情况，从而衡量固定资产利用效率的一项指标。其计算公式为：

$$固定资产周转率=营业收入\div 平均固定资产$$

公式中：

$$平均固定资产=(期初固定资产+期末固定资产)\div 2$$

固定资产周转率高(即一定时期内固定资产周转次数多)，说明企业固定资产投资得当，结构合理，利用效率高；反之，如果固定资产周转率不高，则表明固定资产利用效率不高，提供的生产成果不多，企业的营运能力不强。

根据表 10-2、表 10-3 的资料，惠华公司 2020、2021 年的营业收入分别为 14 260 万元、15 010 万元，2021 年年初固定资产为 4 775 万元，2021 年年末为 6 190 万元。假设 2020 年年初固定资产为 4 000 万元，则固定资产周转率计算如下：

$$2020年固定资产周转率=\frac{14\ 260}{(4\ 000+4\ 775)\div 2}=3.25（次）$$

$$2021年固定资产周转率=\frac{15\ 010}{(4\ 775+6\ 190)\div 2}=2.74（次）$$

通过以上计算可知，2021 年固定资产周转率为 2.74 次，2020 年固定资产周转率为 3.25 次，说明 2021 年度周转速度要比上年要慢，其主要原因在于固定资产增长幅度要大于营业收入增长幅度，说明企业营运能力有所减弱，这种减弱幅度是否合理，还要视公司目标及同行业水平的比较而定。

（三）总资产营运能力分析

反映总资产营运能力的指标是总资产周转率。总资产周转率（次数）是企业营业收入与企业资产平均总额的比率。计算公式为：

$$总资产周转次数=营业收入\div 平均资产总额$$

如果企业各期资产总额比较稳定，波动不大，则：

$$平均总资产=(期初总资产+期末总资产)\div 2$$

如果资金占用的波动性较大，企业应采用更详细的资料进行计算，如按照各月份的资金占用额计算，则：

$$月平均总资产=(月初总资产+月末总资产)\div 2$$

$$季平均占用额=(1/2\ 季度初+第一月末+第二月末+1/2\ 季度末)\div 3$$

$$年平均占用额=(1/2\ 年初+第一季度末+第二季度末+第三季度末+1/2\ 年末)\div 4$$

计算总资产周转率时分子分母在时间上应保持一致。

这一比率用来衡量企业资产整体的使用效率。总资产由各项资产组成，在营业收入既定的情况下，总资产周转率的驱动因素是各项资产。因此，对总资产周转情况的分析应结合各项资产的周转情况，以发现影响企业资产周转的主要因素。

根据表 10－2、表 10－3 的资料，2020 年惠华公司营业收入为 14 260 万元，2021 年为 15 010 万元，2021 年年初资产总额为 8 600 万元，2021 年年末为 10 200 万元。假设 2020 年年初资产总额为 7 800 万元，则该公司 2020 年、2021 年总资产周转率计算如下：

$$2020\text{年总资产周转率}=\frac{14\,260}{(7\,800+8\,600)\div 2}=1.74\text{（次）}$$

$$2021\text{年总资产周转率}=\frac{15\,010}{(8\,600+10\,200)\div 2}=1.60\text{（次）}$$

从以上计算可知，惠华公司 2021 年总资产周转率比上年减慢，这与前面计算分析固定资产周转速度减慢结论一致，该公司应扩大销售额，处理闲置资产，以提高资产使用率。

总之，各项资产的周转率指标用于衡量各项资产赚取收入的能力，经常与企业盈利能力的指标结合在一起，以全面评价企业的盈利能力。

三、盈利能力分析

不论是投资人、债权人还是经理人员，都会非常重视和关心企业的盈利能力。盈利能力就是企业获取利润、实现资金增值的能力。因此，盈利能力指标主要通过收入与利润之间的关系、资产与利润之间的关系反映。反映企业盈利能力的指标主要有营业毛利率、营业净利率、总资产净利率和净资产收益率。

（一）营业毛利率

营业毛利率是营业毛利与营业收入之比，其计算公式如下：

$$\text{营业毛利率}=\text{营业毛利}\div\text{营业收入}\times 100\%$$

$$\text{营业毛利}=\text{营业收入}-\text{营业成本}$$

营业毛利率反映产品每 1 元营业收入所包含的毛利润是多少，即营业收入扣除营业成本后还有多少剩余可用于弥补各期费用和形成利润。营业毛利率越高，表明产品的盈利能力越强。将营业毛利率与行业水平进行比较，可以反映企业产品的市场竞争地位。那些营业毛利率高于行业水平的企业意味着实现一定的收入占用了更少的成本，表明它们在资源、技术或劳动生产率方面具有竞争优势。而那些营业毛利率低于行业水平的企业则意味着在行业中处于竞争劣势。此外，将不同行业的营业毛利率进行横向比较，也可以说明行业间盈利能力的差异。

根据表 10－3 的资料，可计算惠华公司的营业毛利率如下：

$$2020\text{ 年营业毛利率}=(14\,260-12\,525)\div 14\,260\times 100\%=12.17\%$$

$$2021\text{ 年营业毛利率}=(15\,010-13\,230)\div 15\,010\times 100\%=11.86\%$$

（二）营业净利率

营业净利率是净利润与营业收入之比，其计算公式为：

$$\text{营业净利率}=\text{净利润}\div\text{营业收入}\times 100\%$$

营业净利率反映每 1 元营业收入最终赚取了多少利润，用于反映产品最终的盈利能力。在利润表上，从营业收入到净利润需要扣除营业成本、期间费用、税金等项目。因此，将营业净利率按利润的扣除项目进行分解可以识别影响营业净利率的主要因素。

根据表 10－3 的资料，可计算营业净利率如下：

$$2020\text{ 年营业净利率}=770\div14\ 260\times100\%=5.40\%$$

$$2021\text{ 年营业净利率}=650\div15\ 010\times100\%=4.33\%$$

从上述计算分析看出，2021 年各项营业利润率指标均比上年有所下降。说明企业盈利能力有所下降，企业应查明原因，采取相应措施，提高盈利水平。

（三）总资产净利率

总资产净利率指净利润与平均总资产的比率，反映每 1 元资产创造的净利润。其计算公式为：

$$\text{总资产净利率}=(\text{净利润}\div\text{平均总资产})\times100\%$$

总资产净利率衡量的是企业资产的盈利能力。总资产净利率越高，表明企业资产的利用效果越好。影响总资产净利率的因素是营业净利率和总资产周转率。

$$\text{总资产净利率}=\frac{\text{净利润}}{\text{平均总资产}}=\frac{\text{净利润}}{\text{营业收入}}\times\frac{\text{营业收入}}{\text{平均总资产}}$$

$$=\text{营业净利率}\times\text{总资产周转率}$$

因此，企业可以通过提高营业净利率、加速资产周转来提高总资产净利率。

根据表 10－2、表 10－3 的资料，惠华公司 2020 年净利润为 770 万元，年末总资产 8 600 万元；2021 年净利润 650 万元，年末总资产 10 200 万元。假设 2020 年年初总资产 7 800 万元，则惠华公司总资产净利率计算如下：

$$2020\text{ 年总资产净利率}=770\div[(7\ 800+8\ 600)/2]\times100\%=9.39\%$$

$$2021\text{ 年总资产净利率}=650\div[(10\ 200+8\ 600)/2]\times100\%=6.91\%$$

由以上计算结果可知，总资产净利率下降明显，表明企业盈利能力减弱。结合前面计算的营业净利率和总资产周转率发现，营业净利率和资产周转率均下降是总资产净利率下降的原因，表明企业产品的盈利能力和资产运用效率存在问题。企业应进一步分析产品盈利能力和资产周转能力下降的原因，通过提高营业净利率和资产周转率改善企业整体盈利水平。

（四）净资产收益率

净资产收益率又叫权益净利率或权益报酬率，是净利润与平均所有者权益的比值，表示每 1 元权益资本赚取的净利润，反映权益资本经营的盈利能力。其计算公式为：

$$\text{净资产收益率}=(\text{净利润}\div\text{平均所有者权益})\times100\%$$

该指标是企业盈利能力指标的核心，也是杜邦财务指标体系的核心，更是投资者关注的重点。一般来说，净资产收益率越高，所有者和债权人的利益保障程度越高。如果企业的净资产收益率在一段时期内持续增长，说明权益资本盈利能力稳定上升。但净资产收益率不是一个越高越好的概念，分析时要注意企业的财务风险。

$$\text{净资产收益率}=\frac{\text{净利润}}{\text{平均净资产}}=\frac{\text{净利润}}{\text{平均总资产}}\times\frac{\text{平均总资产}}{\text{平均净资产}}=\text{资产净利率}\times\text{权益乘数}$$

通过对净资产收益率的分解可以发现，改善资产盈利能力和增加企业负债都可以提高净资产收益率。而如果不改善资产盈利能力，单纯通过加大举债力度提高权益乘数进而提高净资产收益率的做法十分危险。因为，企业负债经营的前提是有足够的盈利能力保障偿还债务本息，单纯增加负债对净资产收益率的改善只具有短期效应，最终将因盈利能力无法涵盖增加的财务风险而使企业面临财务困境。因此，只有当企业净资产收益率上升同时财务风险没有明显加大，才能说明企业财务状况良好。

例如，某公司 2020 年、2021 年的净资产收益率分别为 30.2%和 32.2%，分析发现这 2%的增长主要是因为资产净利率从 21.55%上升到 23.67%，而权益乘数从 1.4 降到了 1.36，可见其 2021 年的财务状况较好。

根据表 10–2、表 10–3 的资料，惠华公司 2020 年净利润为 770 万元，年末所有者权益为 4 430 万元；2021 年净利润为 650 万元，年末所有者权益为 4 730 万元。假设 2020 年年初所有者权益为 4 000 万元，则惠华公司净资产收益率为：

$$2020\text{年净资产收益率}=\frac{770}{(4\,000+4\,430)\div 2}\times 100\%=18.27\%$$

$$2021\text{年净资产收益率}=\frac{650}{(4\,430+4\,730)\div 2}\times 100\%=14.19\%$$

由于该公司所有者权益的增长快于净利润的增长，2021 年净资产收益率要比上年低了 4 个百分点，从所有者的角度看，盈利能力明显降低。由前面的计算结果发现，企业权益乘数有所增加，但由于资产盈利能力下降较快导致了净资产收益率的下降。因此，惠华公司盈利水平同时面临财务风险加大。企业应尽快改善盈利能力，通过提高产品竞争能力、加快资产周转同时控制财务风险以改善企业所面临的问题。

四、发展能力分析

衡量企业发展能力的指标主要有：营业收入增长率、总资产增长率、营业利润增长率、资本保值增值率和所有者权益增长率等。

（一）营业收入增长率

该指标反映的是相对化的营业收入增长情况，是衡量企业经营状况和市场占有能力、预测企业经营业务拓展趋势的重要指标。在实际分析时应考虑企业历年的销售水平、市场占有情况、行业未来发展及其他影响企业发展的潜在因素，或结合企业前三年的营业收入增长率进行趋势性分析判断。其计算公式为：

$$\text{营业收入增长率}=\text{本年营业收入增长额}/\text{上年营业收入}\times 100\%$$

$$\text{本年营业收入增长额}=\text{本年营业收入}-\text{上年营业收入}$$

计算过程中，营业收入可以使用利润表中的营业收入数据。营业收入增长率大于零，表明企业本年营业收入有所增长。该指标值越高，表明企业营业收入的增长速度越快，企业市场前景越好。

根据表 10–3 的资料，惠华公司 2020 年营业收入为 14 260 万元，2021 年营业收入为 15 010 万元。则惠华公司营业收入增长率为：

$$2021\text{ 年营业收入增长率}=(15\,010-14\,260)/14\,260\times 100\%=5.26\%$$

（二）总资产增长率

总资产增长率是企业本年资产增长额同年初资产总额的比率，反映企业本期资产规模的增长情况。其计算公式为：

总资产增长率＝本年资产增长额/年初资产总额×100%

本年资产增长额＝年末资产总额－年初资产总额

总资产增长率越高，表明企业一定时期内资产经营规模扩张的速度越快。但在分析时，需要关注资产规模扩张的质和量的关系，以及企业的后续发展能力，避免盲目扩张。

根据表10－2资料，惠华公司2021年年初资产总额为8 600万元，2021年年末资产总额为10 200万元。则惠华公司总资产增长率为：

2021年总资产增长率＝(10 200－8 600)/8 600×100%＝18.60%

（三）营业利润增长率

营业利润增长率是企业本年营业利润增长额与上年营业利润总额的比率，反映企业营业利润的增减变动情况。其计算公式为：

营业利润增长率＝本年营业利润增长额/上年营业利润总额×100%

本年营业利润增长额＝本年营业利润－上年营业利润

根据表10－3的资料，惠华公司2020年营业利润为1 095万元，2021年营业利润为1 030万元。则惠华公司营业利润增长率为：

2021年营业利润增长率＝(1 030－1 095)/1 095×100%＝－5.94%

（四）资本保值增值率

资本保值增值率是指扣除客观因素影响后的所有者权益的期末总额与期初总额之比。其计算公式为：

资本保值增值率＝扣除客观因素影响后的期末所有者权益÷期初所有者权益×100%

在其他因素不变的情况下，如果企业本期净利润大于0，并且利润留存率大于0，则必然会使期末所有者权益大于期初所有者权益，所以该指标也是衡量企业盈利能力的重要指标。这一指标的高低，除了受企业经营成果影响外，还受企业利润分配政策和投入资本的影响。

根据前面净资产收益率的有关资料，惠华公司资本保值增值率计算如下：

2020年资本保值增值率＝4 430/4 000×100%＝111%

2021年资本保值增值率＝4 730/4 430×100%＝107%

可见该公司2021年资本保值增值率比上年有所降低。

（五）所有者权益增长率

所有者权益增长率是企业本年所有者权益增长额与年初所有者权益的比率，反映企业当年资本的积累能力。其计算公式为：

所有者权益增长率＝本年所有者权益增长额/年初所有者权益×100%

本年所有者权益增长额＝年末所有者权益－年初所有者权益

所有者权益增长率越高，表明企业的资本积累越多，应对风险、持续发展的能力越强。

根据表10－2的资料，惠华公司2021年年初所有者权益为4 430万元，2021年末所有者权益为4 730万元。则惠华公司所有者权益增长率为：

2021年所有者权益增长率＝(4 730－4 430)/4 430×100%＝6.77%

五、现金流量分析

现金流量分析一般包括现金流量的结构分析、流动性分析、获得现金能力分析、财务弹性分析及收益质量分析。这里主要以惠华公司为例，从获取现金能力及收益质量方面介绍现金流量比率。

（一）获取现金能力的分析

获取现金的能力可通过经营活动现金流量净额与投入资源之比来反映。投入资源可以是营业收入、资产总额、营运资金、净资产或普通股股数等。

1. 营业现金比率

营业现金比率是指企业经营活动现金流量净额与企业营业收入的比值。其计算公式为：

营业现金比率＝经营活动现金流量净额÷营业收入

如果惠华公司营业收入为 15 010 万元，经营活动现金流量净额为 5 857.5 万元，则：

营业现金比率＝5 857.5÷15 010＝0.39

该比率反映每 1 元营业收入得到的现金流量净额，其数值越大越好。

2. 每股营业现金净流量

每股营业现金净流量是通过企业经营活动现金流量净额与普通股股数之比来反映的。其计算公式为：

每股营业现金净流量＝经营活动现金流量净额÷普通股股数

假设惠华公司有普通股 50 000 万股，则：

每股营业现金净流量＝5 857.5÷50 000＝0.12（元/股）

该指标反映企业最大的分派股利能力，超过此限度，可能就要借款分红。

3. 全部资产现金回收率

全部资产现金回收率是通过企业经营活动现金流量净额与企业平均总资产之比来反映的，它说明企业全部资产产生现金的能力。其计算公式为：

全部资产现金回收率＝经营活动现金流量净额÷平均总资产×100%

假设惠华公司平均总资产为 86 000 万元，则：

全部资产现金回收率＝5 857.5÷86 000×100%＝6.81%

如果同行业平均全部资产现金回收率为 7%，说明惠华公司资产产生现金的能力较弱。

（二）收益质量分析

收益质量是指会计收益与公司业绩之间的相关性。如果会计收益能如实反映公司业绩，则其收益质量高；反之，则收益质量不高。收益质量分析，主要包括净收益营运指数分析与现金营运指数分析。

1. 净收益营运指数

净收益营运指数是指经营净收益与净利润之比，其计算公式为：

净收益营运指数＝经营净收益÷净利润

经营净收益＝净利润－非经营净收益

假设惠华公司有关现金流量补充资料如表 10－5 所示。

表 10－5 惠华公司现金流量补充资料 万元

<table>
<tr><th>将净利润调整为经营活动现金流量</th><th>金额</th><th>说 明</th></tr>
<tr><td>净利润</td><td>3 578.5</td><td></td></tr>
<tr><td>加：计提的资产减值准备</td><td>14.5</td><td rowspan="4">非付现费用共 4 034.5 万元，少提取这类费用，可增加会计收益却不会增加现金流入，会使收益质量下降</td></tr>
<tr><td>固定资产折旧</td><td>1 510</td></tr>
<tr><td>无形资产摊销</td><td>1 000</td></tr>
<tr><td>长期待摊费用摊销</td><td>1 510</td></tr>
<tr><td>处置固定资产损失（减收益）</td><td>－760</td><td rowspan="5">非经营净收益 594.5 万元，不代表正常的收益能力</td></tr>
<tr><td>固定资产报废损失</td><td>305.5</td></tr>
<tr><td>财务费用</td><td>332.5</td></tr>
<tr><td>投资损失（减收益）</td><td>－472.5</td></tr>
<tr><td>递延所得税资产减少（减增加）</td><td>0</td></tr>
<tr><td>存货减少（减增加）</td><td>89.5</td><td rowspan="2">经营资产净增加 655.5 万元，如收益不变而现金减少，收益质量下降（收入未收到现金），应查明应收项目增加的原因</td></tr>
<tr><td>经营性应收项目减少（减增加）</td><td>－745</td></tr>
<tr><td>经营性应付项目增加（减减少）</td><td>－800.5</td><td rowspan="2">无息负债净减少 505.5 万元，收益不变而现金减少，收益质量下降</td></tr>
<tr><td>其他</td><td>295</td></tr>
<tr><td>经营活动产生的现金流量净额</td><td>5 857.5</td><td></td></tr>
</table>

根据表 10－5 的资料，惠华公司净收益营运指数计算如下：

经营净收益＝3 578.5－594.5＝2 984（万元）

净收益营运指数＝2 984÷3 578.5＝0.83

净收益营运指数越小，非经营收益所占比重越大，收益质量越差，因为非经营收益不反映公司的核心能力及正常的收益能力，可持续性较低。

2. 现金营运指数

现金营运指数反映企业经营活动现金流量净额与企业经营所得现金的比值，其计算公式为：

现金营运指数＝经营活动现金流量净额÷经营所得现金

公式中，经营所得现金是经营净收益与非付现费用之和。

根据表 10－5 的资料，惠华公司现金营运指数计算如下：

经营所得现金＝经营净收益＋非付现费用＝2 984＋4 034.5＝7 018.5（万元）

现金营运指数＝5 857.5÷7 018.5＝0.83

现金营运指数小于 1，说明收益质量不够好。惠华公司每 1 元的经营活动收益，只收回约 0.83 元。首先，现金营运指数小于 1，说明一部分收益尚未取得现金，停留在实物或债权形态，而实物或债权资产的风险大于现金，应收账款不一定能足额变现，存货也有贬值的风险，所以未收现的收益质量低于已收现的收益。其次，现金营运指数小于 1，说明营运资金增加了，反映企业为取得同样的收益占用了更多的营运资金，取得收益的代价增加了，同样的收益代表着较差的业绩。

第三节　财务评价与考核

财务分析的最终目的在于全面、准确、客观地揭示与披露企业财务状况和经营情况，并借以对企业经济效益优劣做出合理的评价。显然，要达到这样一个分析目的，仅仅测算几个简单、孤立的财务比率，或者将一些孤立的财务分析指标堆砌在一起，彼此毫无联系地考察，不可能得出合理、正确的综合性结论，有时甚至会得出错误的结论。因此，只有将企业偿债能力、营运能力、投资收益实现能力以及发展趋势等各项分析指标有机地联系起来，作为一套完整的体系，相互配合使用，做出系统地综合评价，才能从总体意义上把握企业财务状况和经营情况的优劣。

综合分析的意义在于能够全面、正确地评价企业的财务状况和经营成果，因为局部不能替代整体，某项指标的好坏不能说明整个企业经济效益的高低。除此之外，综合分析的结果在进行企业不同时期比较分析和不同企业之间比较分析时消除了时间上和空间上的差异，使之更具有可比性，有利于总结经验、吸取教训、发现差距、赶超先进。进而，从整体上、本质上反映和把握企业生产经营的财务状况和经营成果。

一、企业综合绩效分析的方法

企业综合绩效分析方法很多，常用的方法主要有杜邦分析法、沃尔评分法和经济增加值法等。

（一）杜邦分析法

杜邦分析法又称杜邦财务分析体系，简称杜邦体系，是利用各主要财务比率指标间的内在联系，对企业财务状况及经济效益进行综合系统分析评价的方法。该体系是以净资产收益率为起点，以总资产净利率和权益乘数为核心，重点揭示企业盈利能力及权益乘数对净资产收益率的影响，以及各相关指标间的相互影响和作用关系。因其最初由美国杜邦企业成功应用，故得名。

杜邦分析法将净资产收益率（权益净利率）分解如图 10-1 所示。其分析关系式为：

$$净资产收益率=营业净利率\times总资产周转率\times权益乘数$$

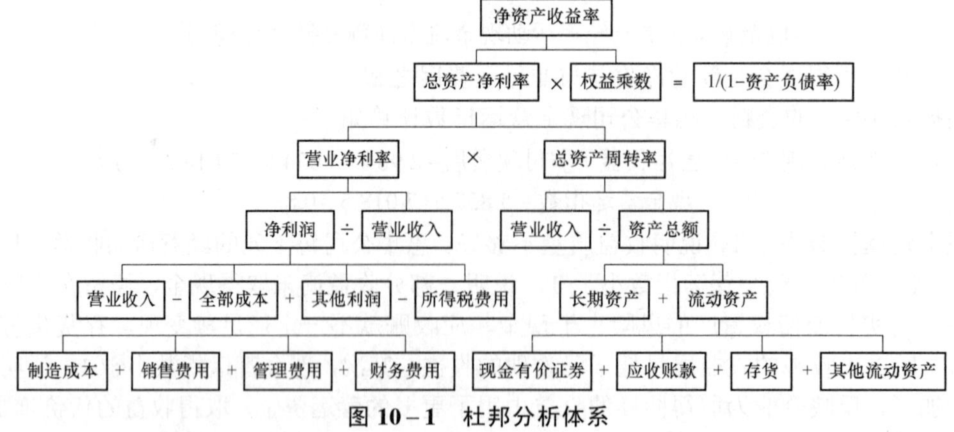

图 10-1　杜邦分析体系

注：图中有关资产、负债与权益指标通常用平均值计算。

运用杜邦分析法需要抓住以下几点：

1. 净资产收益率是一个综合性最强的财务分析指标，是杜邦分析体系的起点

财务管理的目标之一是使股东财富最大化，净资产收益率反映了企业所有者投入资本的盈利能力，说明了企业筹资、投资、资产营运等各项财务及其管理活动的效率，而不断提高净资产收益率是使所有者权益最大化的基本保证。所以，这一财务指标是企业所有者、经营者都十分关心的。而净资产收益率高低的决定因素主要有三个：即营业净利率、总资产周转率和权益乘数。这样，在进行分解之后，就可以将净资产收益率这一综合性指标发生升降变化的原因具体化，它比只用一项综合性指标更能说明问题。

2. 营业净利率反映了企业净利润与营业收入的关系，它的高低取决于营业售收入与成本总额的高低

要想提高营业净利率，一是要扩大营业收入，二是要降低成本费用。扩大营业收入既有利于提高营业净利率，又有利于提高总资产周转率。降低成本费用是提高营业净利率的一个重要因素，从杜邦分析体系图（图 10-1）可以看出成本费用的基本结构是否合理，从而找出降低成本费用的途径和加强成本费用控制的办法。如果企业财务费用支出过高，就要进一步分析其负债比率是否过高；如果管理费用过高，就要进一步分析其资产周转情况等。从图 10-1 中还可以看出，提高营业净利率的另一途径是提高其他利润。为了详细地了解企业成本费用的发生情况，在具体列示成本总额时，还可以根据重要性原则，将那些影响较大的费用单独列示，以便为寻求降低成本的途径提供依据。

3. 影响总资产周转率的一个重要因素是资产总额

资产总额由流动资产与非流动资产组成，它们的结构合理与否直接影响资产的周转速度。一般来说，流动资产直接体现企业的偿债能力和变现能力，而非流动资产则体现了企业的经营规模、发展潜力。两者之间应该有一个合理的比例关系。如果发现某项资产比重过大，影响资金周转，就应深入分析其原因，例如企业持有的货币资金超过业务需要，就会影响企业的盈利能力；如果企业占有过多的存货和应收账款，则既会影响盈利能力，又会影响偿债能力。因此，还应进一步分析各项资产的占用数额和周转速度。

4. 权益乘数主要受资产负债率指标的影响。

资产负债率越高，权益乘数就越高，说明企业的负债程度比较高，给企业带来了较多的杠杆利益，同时，也带来了较大的风险。

【例 10-3】某企业有关财务数据如表 10-6 所示，分析该企业净资产收益率变化的原因，如表 10-7 所示。

表 10-6 基本财务数据

万元

年度	净利润	营业收入	平均总资产	平均负债总额	全部成本	制造成本	销售费用	管理费用	财务费用
2020	10 284.04	411 224.01	306 222.94	205 677.07	403 967.43	373 534.53	10 203.05	18 667.77	1 562.08
2021	12 653.92	757 613.81	330 580.21	215 659.54	736 747.24	684 261.91	21 740.96	25 718.20	5 026.17

表 10-7 财务比率

年度	2020 年度	2021 年度
净资产收益率/%	10.23	11.01

续表

年度	2020 年度	2021 年度
权益乘数	3.05	2.88
资产负债率/%	67.2	65.2
总资产净利率/%	3.36	3.83
销售净利率/%	2.5	1.67
总资产周转率/次	1.34	2.29

（1）对净资产收益率的分析。该企业的净资产收益率在 2020 年至 2021 年间出现了一定程度的好转，从 2020 年的 10.23%增加至 2021 年的 11.01%。企业的投资者在很大程度上依据这个指标来判断是否投资或是否转让股份，考察经营者业绩和决定股利分配政策。这些指标对企业的管理者也至关重要。

$$净资产收益率=权益乘数\times 总资产净利率$$

$$2020\text{年：}10.23\%=3.05\times 3.36\%$$

$$2021\text{年：}11.01\%=2.88\times 3.83\%$$

通过分解可以明显地看出，该企业净资产收益率的变化是资本结构（权益乘数）变动和资产利用效果（总资产净利率）变动两方面共同作用的结果，而该企业的总资产净利率太低，显示出很差的资产利用效果。

（2）对总资产净利率的分析。

$$总资产净利率=营业净利率\times 总资产周转率$$

$$2020\text{年：}3.36\%=2.5\%\times 1.34$$

$$2021\text{年：}3.83\%=1.67\%\times 2.29$$

通过分解可以看出 2021 年该企业的总资产周转率有所提高，说明资产的利用得到了比较好的控制，显示出比上一年较好的效果，表明该企业利用其总资产产生营业收入的效率在增加。总资产周转率提高的同时营业净利率减少，阻碍了总资产净利率的增加。

（3）对营业净利率的分析。

$$营业净利率=\frac{净利润}{营业收入}$$

$$2020\text{年：}2.5\%=10\ 284.04\div 411\ 224.01$$

$$2021\text{年：}1.67\%=12\ 653.92\div 757\ 613.81$$

该企业 2021 年大幅度提高了营业收入，但是净利润的提高幅度却很小，分析其原因是成本费用增多，从表 10-6 可知：全部成本从 2020 年的 403 967.43 万元增加到 2021 年的 736 747.24 万元，与营业收入的增加幅度大致相当。

（4）对全部成本的分析。

$$全部成本=制造成本+销售费用+管理费用+财务费用$$

$$2020\text{年：}403\ 967.43=373\ 534.53+10\ 203.05+18\ 667.77+1\ 562.08$$

$$2021\text{年：}736\ 747.24=684\ 261.91+21\ 740.96+25\ 718.20+5\ 026.17$$

本例中，导致该企业净资产收益率小的主要原因是全部成本过大。也正是因为全部成本的大幅度提高导致了净利润提高幅度不大，而营业收入大幅度增加，就引起了营业净利率的降低，显示出该企业销售盈利能力的降低。总资产净利率的提高应当归功于总资产周转率的提高，营业净利率的减少却起到了阻碍的作用。

（5）对权益乘数的分析。

$$权益乘数=\frac{资产总额}{权益总额}$$

$$2020年：3.05=\frac{306\ 222.94}{306\ 222.94-205\ 677.07}$$

$$2021年：2.88=\frac{330\ 580.21}{330\ 580.21-215\ 659.54}$$

该企业下降的权益乘数，说明企业的资本结构在 2020 年至 2021 年发生了变动，2021 年的权益乘数较 2020 年有所减小。权益乘数越小，企业负债程度越低，偿还债务能力越强，财务风险有所降低。这个指标同时也反映了财务杠杆对利润水平的影响。该企业的权益乘数一直处于 2～5，也即负债率在 50%～80%，属于激进战略型企业。管理者应该准确把握企业所处的环境，准确预测利润，合理控制负债带来的风险。

（6）结论。对于该企业，最为重要的就是要努力降低各项成本，在控制成本上下功夫，同时要保持较高的总资产周转率。这样，可以使营业净利率得到提高，进而使总资产净利率有大的提高。

（二）沃尔评分法

企业财务综合分析的先驱者之一是亚历山大·沃尔。他在 20 世纪初出版的《信用晴雨表研究》和《财务报表比率分析》中提出了信用能力指数的概念，他把若干个财务比率用线性关系结合起来，以此来评价企业的信用水平，被称为沃尔评分法。他选择了七种财务比率，分别给定了其在总评价中所占的比重，总和为 100 分；然后，确定标准比率，并与实际比率相比较，评出每项指标的得分，求出总评分。

【例 10-4】某企业是一家中型电力企业，2021 年的财务状况评分的结果如表 10-8 所示。

表 10-8　沃尔综合评分表

财务比率	比重 ①	标准比率 ②	实际比率 ③	相对比率 ④=③÷②	综合指数 ⑤=①×④
流动比率	25	2.00	1.66	0.83	20.75
净资产/负债	25	1.50	2.39	1.59	39.75
资产/固定资产	15	2.50	1.84	0.736	11.04
营业成本/存货	10	8	9.94	1.243	12.43
营业收入/应收账款	10	6	8.61	1.435	14.35
营业收入/固定资产	10	4	0.55	0.137 5	1.38
营业收入/净资产	5	3	0.40	0.133	0.67
合计	100				100.37

从表 10-8 可知，该企业的综合指数为 100.37，总体财务状况是不错的，综合评分达到标准的要求。但由于该方法技术上的缺陷，夸大了达到标准的程度。尽管沃尔评分法在理论上还有待证明，在技术上也不完善，但它还是在实践中被广泛地加以应用。

沃尔评分法从理论上讲，有一个弱点，就是未能证明为什么要选择这七个指标，而不是更多些或更少些，或者选择别的财务比率，以及未能证明每个指标所占比重的合理性。沃尔分析法从技术上讲有一个问题，就是当某一个指标严重异常时，会对综合指数产生不合逻辑的重大影响。这个缺陷是由于相对比率与比重相“乘”而引起的。财务比率提高 1 倍，其综合指数增加 100%；而财务比率缩小 1 倍，其综合指数只减少 50%。

现代社会与沃尔的时代相比，已有很大变化。一般认为企业财务评价的内容首先是盈利能力，其次是偿债能力，最后是成长能力，它们之间大致可按 5:3:2 的比重来分配。盈利能力的主要指标是总资产报酬率、营业净利率和净资产收益率，这三个指标可按 2:2:1 的比重来安排。偿债能力有四个常用指标。成长能力有三个常用指标（都是本年增量与上年实际量的比值）。假定仍以 100 分为总评分。

【例 10-5】仍以例 10-4 中企业 2021 年的财务状况为例，以中型电力生产企业的标准值为评价基础，则其综合评分标准如表 10-9 所示。

表 10-9　综合评分表

指标	评分值	标准比率/%	行业最高比率/%	最高评分	最低评分	每分比率的差/%
盈利能力：						
总资产报酬率	20	5.5	15.8	30	10	1.03
营业净利率	20	26.0	56.2	30	10	3.02
净资产收益率	10	4.4	22.7	15	5	3.66
偿债能力：						
自有资本比率	8	25.9	55.8	12	4	7.475
流动比率	8	95.7	253.6	12	4	39.475
应收账款周转率	8	290	960	12	4	167.5
存货周转率	8	800	3 030	12	4	557.5
成长能力：						
销售增长率	6	2.5	38.9	9	3	12.13
净利增长率	6	10.1	51.2	9	3	13.7
总资产增长率	6	7.3	42.8	9	3	11.83
合计	100			150	50	

标准比率以本行业平均数为基础，在给每个指标评分时，应规定其上限和下限，以减少个别指标异常对总评分造成不合理的影响。上限可定为正常评分值的 1.5 倍，下限可定为正常评分值的 0.5 倍。此外，给分不是采用“乘”的关系，而采用“加”或“减”的关系来处理，以克服沃尔评分法的缺点。例如，总资产报酬率每分比率差为：

$$1.03\% = (15.8\% - 5.5\%) \div (30 - 20)$$

总资产报酬率每提高 1.03%，多给 1 分，但该项得分不得超过 30 分。

根据这种方法，对该企业的财务状况重新进行综合评价，得 124.94 分（表 10-10），是一个中等略偏上水平的企业。

表 10-10 财务情况评分

指标	实际比率（%）①	标准比率②	差异③=①-②	每分比率④	调整分⑤=③÷④	标准评分值⑥	得分7=⑤+⑥
盈利能力：							
总资产报酬率	10	5.5	4.5	1.03	4.37	20	24.37
营业净利率	33.54	26.0	7.54	3.02	2.50	20	22.50
净资产收益率	13.83	4.4	9.43	3.66	2.58	10	12.58
偿债能力：							
自有资本比率	72.71	25.9	46.81	7.475	6.26	8	14.26
流动比率	166	95.7	70.3	39.475	1.78	8	9.78
应收账款周转率	861	290	571	167.5	3.41	8	11.41
存货周转率	994	800	194	557.5	0.35	8	8.35
成长能力：							
销售增长率	17.7	2.5	15.2	12.13	1.25	6	7.25
净利增长率	-1.74	10.1	-11.84	13.7	-0.86	6	5.14
总资产增长率	46.36	7.3	39.06	11.83	3.30	6	9.30
合计						100	124.94

（三）经济增加值法

经济增加值（EVA）是指从税后净营业利润中扣除包括股权和债务的全部投入资本成本后的剩余收益。由于传统绩效评价方法大多只是从反映某方面的会计指标来度量公司绩效，无法体现股东的机会成本及股东财富的变化。而经济增加值是从股东角度去评价企业经营者有效使用资本和为企业创造价值的业绩评价指标。因此，它克服了传统绩效评价指标的缺陷，能够真实地反映公司的经营业绩，是体现企业最终经营目标的绩效评价办法。

经济增加值的计算公式为：

经济增加值=税后净营业利润－ 平均资本占用×加权平均资本成本

其中，税后净营业利润衡量的是企业的经营盈利情况；平均资本占用反映的是企业投入的各种债务资本和股权资本；加权平均资本成本反映的是企业各种资本平均成本率。

注意在计算经济增加值时，需要对相应会计科目进行调整，如营业外收支、递延税金等应从税后净营业利润中扣除，以消除财务报表中不能准确反映企业价值创造的部分。经济增加值为正，表明经营者在为企业创造价值；经济增加值为负，表明经营者在摧毁企业价值。

【例10-6】某企业现有A、B两个部门，其2021年度相关财务数据如表10-11所示。假设没有需要调整的项目，计算A、B两个部门的经济增加值。

表10-11　基本财务数据

部门	税后经营利润/万元	资产总额/万元	加权平均资本成本/%
A	700	4 000	12
B	740	4 200	13

A部门的经济增加值＝700－4 000×12%＝220（万元）

B部门的经济增加值＝740－4 200×13%＝194（万元）

结果表明，虽然A部门税后经营利润不如B部门高，但其经济增加值更大。因此，从经济增加值的角度来看，A部门的绩效更好。

尽管经济增加值考虑了所有资本的成本，能够更加真实地反映企业的价值创造，且实现了企业利益、经营者利益和员工利益的统一，但经济增加值仅能衡量企业当期或预判未来1～3年的价值创造情况，无法衡量企业长远发展战略的价值创造；其次，该指标计算主要基于财务指标，无法对企业进行综合评价；再次，由于不同行业、不同规模、不同成长阶段等的公司，其会计调整项和加权平均资本各不相同，故该指标的可比性较差；最后，如何计算经济增加值尚存许多争议，这些争议不利于建立一个统一的规范，使得该指标往往主要用于一个公司的历史分析以及内部评价。

二、综合绩效评价

综合绩效评价是综合分析的一种，一般是站在企业所有者（投资人）的角度进行的。

综合绩效评价，是指运用数理统计和运筹学的方法，通过建立综合评价指标体系，对照相应的评价标准，定量分析与定性分析相结合，对企业一定经营期间的盈利能力、资产质量、债务风险以及经营增长等经营业绩和努力程度等各方面进行的综合评判。

科学地评价企业绩效可以为出资人行使经营者的选择权提供重要依据；可以有效地加强对企业经营者的监管和约束；可以为有效激励企业经营者提供可靠依据；还可以为政府有关部门、债权人、企业职工等利益相关方提供有效的信息支持。

（一）综合绩效评价的内容

企业综合绩效评价由财务绩效定量评价和管理绩效定性评价两部分组成。

1. 财务绩效定量评价

财务绩效定量评价是指对企业一定时期的盈利能力、资产质量、债务风险和经营增长四个方面进行定量对比分析和评判。

（1）企业盈利能力分析与评判主要通过资本及资产收益水平、成本费用控制水平和经营现金流量状况等方面的财务指标，综合反映企业的投入产出水平、盈利质量和现金保障状况。

（2）企业资产质量分析与评判主要通过资产周转速度、资产运行状态、资产结构以及资产有效性等方面的财务指标，综合反映企业所占用经济资源的利用效率、资产管理水平与资产的安全性。

（3）企业债务风险分析与评判主要通过债务负担水平、资产负债结构、或有负债情况、现金偿债能力等方面的财务指标，综合反映企业的债务水平、偿债能力及其他面临的债务风险。

（4）企业经营增长分析与评判主要通过销售增长、资本积累、效益变化以及技术投入等方面的财务指标，综合反映企业的经营增长水平及发展后劲。

2. 管理绩效定性评价

管理绩效定性评价是指在企业财务绩效定量评价的基础上，通过采取专家评议的方式，对企业一定期间的经营管理水平进行定性分析与综合评判。

管理绩效定性评价指标包括企业发展战略的确立与执行、经营决策、发展创新、风险控制、基础管理、人力资源、行业影响、社会贡献等方面。

（二）综合绩效评价指标

企业综合绩效评价指标由22个财务绩效定量评价指标和8个管理绩效定性评价指标组成。

1. 财务绩效定量评价指标

财务绩效定量评价指标由反映企业盈利能力状况、资产质量状况、债务风险状况和经营增长状况等四方面的基本指标和修正指标构成。

其中，基本指标反映企业一定期间财务绩效的主要方面，并得出财务绩效定量评价的基本结果。修正指标是根据财务指标的差异性和互补性，对基本指标的评价结果作进一步的补充和矫正。

（1）企业盈利能力状况以净资产收益率、总资产收益率两个基本指标和销售（营业）利润率、利润现金保障倍数、成本费用利润率、资本收益率四个修正指标进行评价，主要反映企业一定经营期间的投入产出水平和盈利质量。

（2）企业资产质量状况以总资产周转率、应收账款周转率两个指标和不良资产比率、流动资产周转率、资产现金回收率三个修正指标进行评价，主要反映企业所占用经济资源的利用率、资产管理水平与资产的安全性。

（3）企业债务风险状况以资产负债率、已获利息倍数两个基本指标和速动比率、现金流动负债比率、带息负债比率、或有负债比率四个修正指标进行评价，主要反映企业的债务负担水平、偿债能力及其面临的债务风险。

（4）企业经营增长状况以销售（营业）增长率、资本保值增值率两个基本指标和销售（营业）利润增长率、总资产增长率、技术投入比率三个修正指标为依据进行评价，主要反映企业的经营增长水平、资本增值状况及发展后劲。

2. 管理绩效定性评价指标

企业管理绩效定性评价指标包括战略管理、发展创新、经营决策、风险控制、基础管理、人力资源、行业影响、社会贡献等八个方面的指标，主要反映企业在一定经营期间所采取的各项管理措施及管理成效。

（1）战略管理评价主要反映企业所制定战略规划的科学性，战略规划是否符合企业实际，员工对战略规划的认知程度，战略规划的保障措施及其执行力，以及战略规划的实施效果等方面。

（2）发展创新评价主要反映企业在经营管理创新、工艺革新、技术改造、新产品开发、品牌培育、市场拓展、专利申请及核心技术研发等方面的措施及成效。

（3）经营决策评价主要反映企业在决策管理、决策程序、决策方法、决策执行、决策监督、责任追究等方面采取的措施及实施效果，重点反映企业是否存在重大经营决策失误。

（4）风险控制评价主要反映企业在财务风险、市场风险、技术风险、管理风险、信用风险和道德风险等方面的管理与控制措施及效果，包括风险控制标准、风险评估程序、风险防范与化解措施等。

（5）基础管理评价主要反映企业在制度建设、内部控制、重大事项管理、信息化建设、标准化管理等方面的情况，包括财务管理、对外投资、采购与销售、存货管理、质量管理、安全管理、法律事务等。

（6）人力资源评价主要反映企业人才结构、人才培养、人才引进、人才储备、人事调配、员工绩效管理、分配与激励、企业文化建设、员工工作热情等方面的情况。

（7）行业影响评价主要反映企业主营业务的市场占用率、对国民经济及区域经济的影响与带动力、主要产品的市场认可程度、是否具有核心竞争能力以及产业引导能力等方面的情况。

（8）社会贡献评价主要反映企业在资源节约、环境保护、吸纳就业、工资福利、安全生产、上缴税收、商业诚信、和谐社会建设等方面的贡献程度和社会责任的履行情况。

各指标评价内容与权重如表 10－12 所示。

表 10－12　企业综合绩效评价指标及权重表

<table>
<tr><th colspan="2" rowspan="2">评价内容与权重</th><th colspan="4">财务绩效（70%）</th><th colspan="2">管理绩效（30%）</th></tr>
<tr><th>基本指标</th><th>权重</th><th>修正指标</th><th>权重</th><th>评议指标</th><th>权重</th></tr>
<tr><td rowspan="4">盈利能力状况</td><td rowspan="4">34</td><td rowspan="4">净资产收益率
总资产报酬率</td><td rowspan="4">20
14</td><td>销售（营业）利润率</td><td>10</td><td rowspan="3"></td><td rowspan="3"></td></tr>
<tr><td>利润现金保障倍数</td><td>9</td></tr>
<tr><td>成本费用利润率</td><td>8</td></tr>
<tr><td>资本收益率</td><td>7</td><td>战略管理</td><td>18</td></tr>
<tr><td rowspan="3">资产质量状况</td><td rowspan="3">22</td><td rowspan="3">总资产周转率
应收账款周转率</td><td rowspan="3">10
12</td><td>不良资产比率</td><td>9</td><td>发展创新</td><td>15</td></tr>
<tr><td>流动资产周转率</td><td>7</td><td>经营决策</td><td>16</td></tr>
<tr><td>资产现金回收率</td><td>6</td><td>风险控制</td><td>13</td></tr>
<tr><td rowspan="4">财务风险状况</td><td rowspan="4">22</td><td rowspan="4">资产负债率
已获利息倍数</td><td rowspan="4">12
10</td><td>速动比率</td><td>6</td><td>基础管理</td><td>14</td></tr>
<tr><td>现金流动负债比率</td><td>6</td><td>人力资源</td><td>8</td></tr>
<tr><td>带息负债比率</td><td>5</td><td>行业影响</td><td>8</td></tr>
<tr><td>或有负债比率</td><td>5</td><td>社会贡献</td><td>8</td></tr>
<tr><td rowspan="3">经营增长状况</td><td rowspan="3">22</td><td rowspan="3">销售（营业）利润率
资本保值增值率</td><td rowspan="3">12
10</td><td>销售（营业）利润增长率</td><td>10</td><td rowspan="3"></td><td rowspan="3"></td></tr>
<tr><td>总资产增值率</td><td>7</td></tr>
<tr><td>技术投入比率</td><td>5</td></tr>
</table>

本章小结

财务分析是根据企业报表等信息资料，采用专门方法，系统分析和评价企业财务状况、经营成果以及未来发展趋势的过程。

财务分析的方法有比较分析法、比率分析法、因素分析法。

基本的财务报表分析内容包括偿债能力分析、营运能力分析、盈利能力分析、发展能力分析和现金流量分析五个方面。

杜邦财务分析体系的基本原理就是利用各种主要财务比率间的内在联系，把企业偿债能力分析、营运能力分析和盈利能力分析等单方面的财务评价结合起来研究。

沃尔评分法是由财务状况综合评价的先驱者亚历山大·沃尔于20世纪初基于信用评价所需而创立的一种综合评分法。

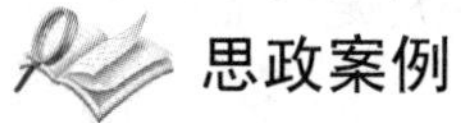

思政案例

将企业梦融入中国梦

中国梦是中国共产党第十八次全国代表大会召开以来，习近平总书记所提出的重要指导思想和重要执政理念，正式提出于2012年11月29日。

中国梦的基本内容：实现中华民族伟大复兴，是近代以来中国人民最伟大的梦想，我们称之为“中国梦”，基本内涵是实现国家富强、民族振兴、人民幸福。

2013年3月17日第十二届全国人民代表大会第一次会议在人民大会堂举行闭幕会，中华人民共和国主席习近平在讲话中说，实现中国梦必须凝聚中国力量，这就是中国各族人民大团结的力量。铿锵有力，提振士气的讲话，不仅给中国未来的发展寻找到一个方向，也为企业未来的发展指明了方向。这一重要论述，对于统一思想，凝聚力量，实现中华民族伟大复兴，具有十分重要的意义。对于企业而言，企业梦的最终实现，需要发扬打拼精神、创新精神，需要凝聚全体员工的力量。

作为一个企业，做到将企业梦融入中国梦，实现企业可持续发展和员工发展，可以从以下几个方面做起：

1. 就是始终坚持以人为本

以人为本是企业发展的核心，也是科学发展观的核心。企业的发展就是让员工幸福，让员工在企业中找到实现价值和抱负的平台。实践证明，唯有重视人才、尊重人才、激活人才的澎湃创新力，才能推动企业创新和发展。

2. 敬业实干，创新发展

企业发展就一定要有敬业精神和创新精神，在企业内部形成一个敬业实干的氛围，并不断以创新的精神和理念来推动企业的发展。

3. 要有团结协作的精神

“同心山成玉，协力土变金”。企业要发展，离不开员工的团结协作，团结协作精神是企业团队生存的动力和灵魂。一个企业如果组织涣散、人心浮动，人人自行其是，集体一盘散沙，那么发展也就无稽之谈。

实现中国梦必须凝聚中国力量。从企业的角度，就要围绕国家的战略去寻找到新的机会，紧密团结，万众一心，一切美好的东西都能够创造出来，为实现共同梦想而奋斗。

——资料来源：文秘帮，将企业梦融入中国梦，经编者整理，改编

复习思考题

一、简答题

1. 分析短期偿债能力有哪些指标，如何进行评价?
2. 分析长期偿债能力有哪些指标，如何进行评价?
3. 如何评价公司的营运能力?
4. 公司的盈利能力分析指标主要有哪些?
5. 公司的发展能力分析指标主要有哪些?
6. 杜邦财务分析体系中各指标间的关系是什么?该分析体系的主要作用是什么?

二、练习题

（一）练习连环替代分析法的应用

1. 资料：

假设某公司生产的甲产品有关材料消耗的计划和实际资料如表 10－13 所示。

表 10－13　基本财务数据

项目	单位	计划成本	实际成本
产量	件	200	210
单位产品材料消耗量	公斤	40	36
材料单价	元	10	12
材料成本总额	元	80 000	90 720

2. 要求：

运用连环替代法分析材料消耗总额的差异原因。

（二）练习财务分析指标的应用

1. 资料：

假设某公司 2020 年有关资料如下：年初资产为 250 万元，年末资产总额为 200 万元，资产周转率为 0.6 次；2021 年有关资料如下：年末流动比率 2，年末速动比率 1.2，存货周转率为 5 次，年末资产总额为 200 万元，年末流动负债 35 万元，年末长期负债 35 万元，年初存货 30 万元。2021 年营业净利率 21%，资产周转率 0.8 次，该企业流动资产中只有货币资金、应收账款和存货。

2. 要求：

（1）计算该企业 2021 年年末流动资产总额、年末资产负债率和净资产收益率。（2）计算该企业 2021 年的存货、营业成本和营业收入。

（三）练习财务分析指标的应用

1. 资料：

已知启航公司2019年资产总额为663 582元，该公司其他相关财务数据见表10-14所示。

表10-14　启航公司财务数据　　元

项目	2021年	2020年
资产总额	881 265	852 025
无形资产净值	37 962	36 537
负债总额	401 036	307 516
主营业务收入	1 052 500	890 500
净利润	28 428	25 109
所得税	3 256	956
利息费用	12 262	9 826

2. 要求：

（1）分别计算该公司2020年与2021年权益乘数、已获利息倍数、总资产周转率。

（2）对该公司资产规模变动进行评价。

（四）练习杜邦财务分析体系的应用

1. 资料：

（1）A公司2021年度的资产负债表如表10-15所示。

表10-15　A公司资产负债表　　万元

资产	年初	年末	负债及所有者权益	年初	年末
流动资产			流动负债合计	450	300
货币资金	100	90	非流动负债合计	250	400
应收账款净额	120	180	负债合计	700	700
存货	230	360	所有者权益合计	700	700
流动资产合计	450	630			
非流动资产合计	950	770			
资产合计	1 400	1 400	负债及所有者权益合计	1 400	1 400

（2）A公司2020年度营业净利率为16%，总资产周转率为0.5次，权益乘数为2.2.，净资产收益率为17.6%，A公司2021年度营业收入为840万元，净利润总额为117.6万元。

2. 要求：

（1）计算2021年末速动比率、资产负债率和权益乘数。

（2）计算2021年总资产周转率、营业净利率和净资产收益率。

三、案例分析

财务分析指标的实际应用

某上市公司 2021 年度有关财务资料如下：

1. 简略的资产负债表数据资料如表 10－16 所示。

表 10－16　简略资产负债表　　万元

资产	年初数	期末数	负债及所有者权益	年初数	期末数
现金及有价证券	51	65	负债总额	74	134
应收账款	23	28	所有者权益总额	168	173
存货	16	19			
其他流动资产	21	14			
非流动资产	131	181			
资产合计	242	307	负债及所有者权益合计	242	307

2. 其他资料如下：2021 年实际营业收入净额 408 万元，营业成本 260 万元，管理费用 54 万元，销售费用 6 万元，财务费用 18 万元。所得税率 25%。

3. 2020 年有关财务指标如下：营业净利率 11%，总资产周转率 1.5，权益乘数 1.4。

思考与分析：

1. 结合本案例，运用杜邦财务分析体系，计算 2021 年该公司的净资产收益率。

2. 采用连环替代法分析 2021 年净资产收益率指标变动的具体原因。

——资料来源：经编者整理、改编

附录1 复利终值系数表

期数	1%	2%	3%	4%	5%	6%	7%	8%	9%	10%	11%	12%	13%	14%	15%	16%	17%	18%	19%	20%	21%	22%	23%	24%	25%	26%	27%	28%	29%	30%
1	1.010 0	1.020 0	1.030 0	1.040 0	1.050 0	1.060 0	1.070 0	1.080 0	1.090 0	1.100 0	1.110 0	1.120 0	1.130 0	1.140 0	1.150 0	1.160 0	1.170 0	1.180 0	1.190 0	1.200 0	1.210 0	1.220 0	1.230 0	1.240 0	1.250 0	1.260 0	1.270 0	1.280 0	1.290 0	1.300 0
2	1.020 1	1.040 4	1.060 9	1.081 6	1.102 5	1.123 6	1.144 9	1.166 4	1.188 1	1.210 0	1.232 1	1.254 4	1.276 9	1.299 6	1.322 5	1.345 6	1.368 9	1.392 4	1.416 1	1.440 0	1.464 1	1.488 4	1.512 9	1.537 6	1.562 5	1.587 6	1.612 9	1.638 4	1.664 1	1.690 0
3	1.030 3	1.061 2	1.092 7	1.124 9	1.157 6	1.191 0	1.225 0	1.259 7	1.295 0	1.331 0	1.367 6	1.404 9	1.442 9	1.481 5	1.520 9	1.560 9	1.601 6	1.643 0	1.685 2	1.728 0	1.771 6	1.815 8	1.860 9	1.906 6	1.953 1	2.000 4	2.048 4	2.097 2	2.146 7	2.197 0
4	1.040 6	1.082 4	1.125 5	1.169 9	1.215 5	1.262 5	1.310 8	1.360 5	1.411 6	1.464 1	1.518 1	1.573 5	1.630 5	1.689 0	1.749 0	1.810 6	1.873 9	1.938 8	2.005 3	2.073 6	2.143 6	2.215 3	2.288 9	2.364 2	2.441 4	2.520 5	2.601 4	2.684 4	2.769 2	2.856 1
5	1.051 0	1.104 1	1.159 3	1.216 7	1.276 3	1.338 2	1.402 6	1.469 3	1.538 6	1.610 5	1.685 1	1.762 3	1.842 4	1.925 4	2.011 4	2.100 3	2.192 4	2.287 8	2.386 4	2.488 3	2.593 7	2.702 7	2.815 3	2.931 6	3.051 8	3.175 8	3.303 8	3.436 0	3.572 3	3.712 9
6	1.061 5	1.126 2	1.194 1	1.265 3	1.340 1	1.418 5	1.500 7	1.586 9	1.677 1	1.771 6	1.870 4	1.973 8	2.082 0	2.195 0	2.313 1	2.436 4	2.565 2	2.699 6	2.839 8	2.986 0	3.138 4	3.297 3	3.462 8	3.635 2	3.814 7	4.001 5	4.195 9	4.398 0	4.608 3	4.826 8
7	1.072 1	1.148 7	1.229 9	1.315 9	1.407 1	1.503 6	1.605 8	1.713 8	1.828 0	1.948 7	2.076 2	2.210 7	2.352 6	2.502 3	2.660 0	2.826 2	3.001 2	3.185 5	3.379 3	3.583 2	3.797 5	4.022 7	4.259 3	4.507 7	4.768 4	5.041 9	5.328 8	5.629 5	5.944 7	6.274 9
8	1.082 9	1.171 7	1.266 8	1.368 6	1.477 5	1.593 8	1.718 2	1.850 9	1.992 6	2.143 6	2.304 5	2.476 0	2.658 4	2.852 6	3.059 0	3.278 4	3.511 5	3.758 9	4.021 4	4.299 8	4.595 0	4.907 7	5.238 9	5.589 5	5.960 5	6.352 8	6.767 5	7.205 8	7.668 6	8.157 3
9	1.093 7	1.195 1	1.304 8	1.423 3	1.551 3	1.689 5	1.838 5	1.999 0	2.171 9	2.357 9	2.558 0	2.773 1	3.004 0	3.251 9	3.517 9	3.803 0	4.108 4	4.435 5	4.785 4	5.159 8	5.559 9	5.987 4	6.443 9	6.931 0	7.450 6	8.004 5	8.594 8	9.223 4	9.892 5	10.604 5
10	1.104 6	1.219 0	1.343 9	1.480 2	1.628 9	1.790 8	1.967 2	2.158 9	2.367 4	2.593 7	2.839 4	3.105 8	3.394 6	3.707 2	4.045 6	4.411 4	4.806 8	5.233 8	5.694 7	6.191 7	6.727 5	7.304 6	7.925 9	8.594 4	9.313 2	10.085 7	10.915 3	11.805 9	12.761 4	13.785 8
11	1.115 7	1.243 4	1.384 2	1.539 5	1.710 3	1.898 3	2.104 9	2.331 6	2.580 4	2.853 1	3.151 8	3.478 6	3.835 9	4.226 2	4.652 4	5.117 3	5.624 0	6.175 9	6.776 7	7.430 1	8.140 3	8.911 7	9.748 9	10.657 1	11.641 5	12.708 0	13.862 5	15.111 6	16.462 2	17.921 6
12	1.126 8	1.268 2	1.425 8	1.601 0	1.795 9	2.012 2	2.252 2	2.518 2	2.812 7	3.138 4	3.498 5	3.896 0	4.334 5	4.817 9	5.350 3	5.936 0	6.580 1	7.287 6	8.064 2	8.916 1	9.849 7	10.872 2	11.991 2	13.214 8	14.551 9	16.012 0	17.605 3	19.342 8	21.236 2	23.298 1
13	1.138 1	1.293 6	1.468 5	1.665 1	1.885 6	2.132 9	2.409 8	2.719 6	3.065 8	3.452 3	3.883 3	4.363 5	4.898 0	5.492 4	6.152 8	6.885 8	7.698 7	8.599 4	9.596 4	10.699 3	11.918 2	13.264 1	14.749 1	16.386 3	18.189 9	20.175 2	22.358 8	24.758 8	27.394 7	30.287 5
14	1.149 5	1.319 5	1.512 6	1.731 7	1.979 9	2.260 9	2.578 5	2.937 2	3.341 7	3.797 5	4.310 4	4.887 1	5.534 8	6.261 3	7.075 7	7.987 5	9.007 5	10.147 2	11.419 8	12.839 2	14.421 0	16.182 2	18.141 4	20.319 1	22.737 4	25.420 7	28.395 7	31.691 3	35.339 1	39.373 8
15	1.161 0	1.345 9	1.558 0	1.800 9	2.078 9	2.396 6	2.759 0	3.172 2	3.642 5	4.177 2	4.784 6	5.473 6	6.254 3	7.137 9	8.137 1	9.265 5	10.538 7	11.973 7	13.589 5	15.407 0	17.449 4	19.742 3	22.314 0	25.195 6	28.421 7	32.030 1	36.062 5	40.564 8	45.587 5	51.185 9
16	1.172 6	1.372 8	1.604 7	1.873 0	2.182 9	2.540 4	2.952 2	3.425 9	3.970 3	4.595 0	5.310 9	6.130 4	7.067 3	8.137 2	9.357 6	10.748 0	12.330 3	14.129 0	16.171 5	18.488 4	21.113 8	24.085 6	27.446 2	31.242 6	35.527 1	40.357 9	45.799 4	51.923 0	58.807 9	66.541 7
17	1.184 3	1.400 2	1.652 8	1.947 9	2.292 0	2.692 8	3.158 8	3.700 0	4.327 6	5.054 5	5.895 1	6.866 0	7.986 1	9.276 5	10.761 3	12.467 7	14.426 5	16.672 2	19.244 1	22.186 1	25.547 7	29.384 4	33.758 8	38.740 8	44.408 9	50.851 0	58.165 2	66.461 4	75.862 1	86.504 2
18	1.196 1	1.428 2	1.702 4	2.025 8	2.406 6	2.854 3	3.379 9	3.996 0	4.717 1	5.559 9	6.543 6	7.690 0	9.024 3	10.575 2	12.375 5	14.462 5	16.879 0	19.673 3	22.900 5	26.623 3	30.912 7	35.849 0	41.523 3	48.038 6	55.511 2	64.072 2	73.869 8	85.070 6	97.862 2	112.455 4
19	1.208 1	1.456 8	1.753 5	2.106 8	2.527 0	3.025 6	3.616 5	4.315 7	5.141 7	6.115 9	7.263 3	8.612 8	10.197 4	12.055 7	14.231 8	16.776 5	19.748 4	23.214 4	27.251 6	31.948 0	37.404 3	43.735 8	51.073 7	59.567 9	69.388 9	80.731 0	93.814 7	108.890 4	126.242 2	146.192 0
20	1.220 2	1.485 9	1.806 1	2.191 1	2.653 3	3.207 1	3.869 7	4.661 0	5.604 4	6.727 5	8.062 3	9.646 3	11.523 1	13.743 5	16.366 5	19.460 8	23.105 6	27.393 0	32.429 4	38.337 6	45.259 3	53.357 6	62.820 6	73.864 1	86.736 2	101.721 1	119.144 6	139.379 7	162.852 4	190.049 6
21	1.232 4	1.515 7	1.860 3	2.278 8	2.786 0	3.399 6	4.140 6	5.033 8	6.108 8	7.400 2	8.949 2	10.803 8	13.021 1	15.667 6	18.821 5	22.574 5	27.033 6	32.323 8	38.591 0	46.005 1	54.763 7	65.096 3	77.269 4	91.591 5	108.420 2	128.168 5	151.313 7	178.406 0	210.079 6	247.064 5
22	1.244 7	1.546 0	1.916 1	2.369 9	2.925 3	3.603 5	4.430 4	5.436 5	6.658 6	8.140 3	9.933 6	12.100 3	14.713 8	17.861 0	21.644 7	26.186 4	31.629 3	38.142 1	45.923 3	55.206 1	66.264 1	79.417 5	95.041 3	113.573 5	135.525 3	161.492 4	192.168 3	228.359 6	271.002 7	321.183 9
23	1.257 2	1.576 9	1.973 6	2.464 7	3.071 5	3.819 7	4.740 5	5.871 5	7.257 9	8.954 3	11.026 3	13.552 3	16.626 6	20.361 6	24.891 5	30.376 2	37.006 2	45.007 6	54.648 7	66.247 4	80.179 5	96.889 4	116.900 8	140.831 2	169.406 6	203.480 4	244.053 8	292.300 3	349.593 5	417.539 1
24	1.269 7	1.608 4	2.032 8	2.563 3	3.225 1	4.048 9	5.072 4	6.341 2	7.911 1	9.849 7	12.239 2	15.178 6	18.788 1	23.212 2	28.625 2	35.236 4	43.297 3	53.109 0	65.032 0	79.496 8	97.017 2	118.205 0	143.788 0	174.630 6	211.758 2	256.385 3	309.948 3	374.144 4	450.975 6	542.800 8
25	1.282 4	1.640 6	2.093 8	2.665 8	3.386 4	4.291 9	5.427 4	6.848 5	8.623 1	10.834 7	13.585 5	17.000 1	21.230 5	26.461 9	32.919 0	40.874 2	50.657 8	62.668 6	77.388 1	95.396 2	117.390 9	144.210 1	176.859 3	216.542 0	264.697 8	323.045 4	393.634 4	478.904 9	581.758 5	705.641 0
26	1.295 3	1.673 4	2.156 6	2.772 5	3.555 7	4.549 4	5.807 4	7.396 4	9.399 2	11.918 2	15.079 9	19.040 1	23.990 5	30.166 6	37.856 8	47.414 1	59.269 7	73.949 0	92.091 8	114.475 5	142.042 9	175.936 4	217.536 9	268.512 1	330.872 2	407.037 3	499.915 7	612.998 2	750.468 5	917.333 3
27	1.308 2	1.706 9	2.221 3	2.883 4	3.733 5	4.822 3	6.213 9	7.988 1	10.245 1	13.110 0	16.738 7	21.324 9	27.109 3	34.389 9	43.535 3	55.000 4	69.345 5	87.259 8	109.589 3	137.370 6	171.871 9	214.642 4	267.570 4	332.955 0	413.590 3	512.867 0	634.892 9	784.637 7	968.104 4	1 192.533 3
28	1.321 3	1.741 0	2.287 9	2.998 7	3.920 1	5.111 7	6.648 8	8.627 1	11.167 1	14.421 0	18.579 9	23.883 9	30.633 5	39.204 5	50.065 6	63.800 4	81.134 2	102.966 6	130.411 2	164.844 7	207.965 1	261.863 7	329.111 5	412.864 2	516.987 9	646.212 4	806.314 0	1 004.336 3	1 248.854 6	1 550.293 3
29	1.334 5	1.775 8	2.356 6	3.118 7	4.116 1	5.418 4	7.114 3	9.317 3	12.172 2	15.863 1	20.623 7	26.749 9	34.615 8	44.693 1	57.575 5	74.008 5	94.927 1	121.500 5	155.189 3	197.813 6	251.637 7	319.473 7	404.807 2	511.951 6	646.234 9	814.227 6	1 024.018 7	1 285.550 4	1 611.022 5	2 015.381 3
30	1.347 8	1.811 4	2.427 3	3.243 4	4.321 9	5.743 5	7.612 3	10.062 7	13.267 7	17.449 4	22.892 3	29.959 9	39.115 9	50.950 2	66.211 8	85.849 9	111.064 7	143.370 6	184.675 3	237.376 3	304.481 6	389.757 9	497.912 9	634.819 9	807.793 6	1 025.926 7	1 300.503 8	1 645.504 6	2 078.219 0	2 619.995 6

附录2　复利现值系数表

期数	1%	2%	3%	4%	5%	6%	7%	8%	9%	10%	11%	12%	13%	14%	15%	16%	17%	18%	19%	20%	21%	22%	23%	24%	25%	26%	27%	28%	29%	30%
1	0.990 1	0.980 4	0.970 9	0.961 5	0.952 4	0.943 4	0.934 6	0.925 9	0.917 4	0.909 1	0.900 9	0.892 9	0.885 0	0.877 2	0.869 6	0.862 1	0.854 7	0.847 5	0.840 3	0.833 3	0.826 4	0.819 7	0.813 0	0.806 5	0.800 0	0.793 7	0.787 4	0.781 3	0.775 2	0.769 2
2	0.980 3	0.961 2	0.942 6	0.924 6	0.907 0	0.890 0	0.873 4	0.857 3	0.841 7	0.826 4	0.811 6	0.797 2	0.783 1	0.769 5	0.756 1	0.743 2	0.730 5	0.718 2	0.706 2	0.694 4	0.683 0	0.671 9	0.661 0	0.650 4	0.640 0	0.629 9	0.620 0	0.610 4	0.600 9	0.591 7
3	0.970 6	0.942 3	0.915 1	0.889 0	0.863 8	0.839 6	0.816 3	0.793 8	0.772 2	0.751 3	0.731 2	0.711 8	0.693 1	0.675 0	0.657 5	0.640 7	0.624 4	0.608 6	0.593 4	0.578 7	0.564 5	0.550 7	0.537 4	0.524 5	0.512 0	0.499 9	0.488 2	0.476 8	0.465 8	0.455 2
4	0.961 0	0.923 8	0.888 5	0.854 8	0.822 7	0.792 1	0.762 9	0.735 0	0.708 4	0.683 0	0.658 7	0.635 5	0.613 3	0.592 1	0.571 8	0.552 3	0.533 7	0.515 8	0.498 7	0.482 3	0.466 5	0.451 4	0.436 9	0.423 0	0.409 6	0.396 8	0.384 4	0.372 5	0.361 1	0.350 1
5	0.951 5	0.905 7	0.862 6	0.821 9	0.783 5	0.747 3	0.713 0	0.680 6	0.649 9	0.620 9	0.593 5	0.567 4	0.542 8	0.519 4	0.497 2	0.476 1	0.456 1	0.437 1	0.419 0	0.401 9	0.385 5	0.370 0	0.355 2	0.341 1	0.327 7	0.314 9	0.302 7	0.291 0	0.279 9	0.269 3
6	0.942 0	0.888 0	0.837 5	0.790 3	0.746 2	0.705 0	0.666 3	0.630 2	0.596 3	0.564 5	0.534 6	0.506 6	0.480 3	0.455 6	0.432 3	0.410 4	0.389 8	0.370 4	0.352 1	0.334 9	0.318 6	0.303 3	0.288 8	0.275 1	0.262 1	0.249 9	0.238 3	0.227 4	0.217 0	0.207 2
7	0.932 7	0.870 6	0.813 1	0.759 9	0.710 7	0.665 1	0.622 7	0.583 5	0.547 0	0.513 2	0.481 7	0.452 3	0.425 1	0.399 6	0.375 9	0.353 8	0.333 2	0.313 9	0.295 9	0.279 1	0.263 3	0.248 6	0.234 8	0.221 8	0.209 7	0.198 3	0.187 7	0.177 6	0.168 2	0.159 4
8	0.923 5	0.853 5	0.789 4	0.730 7	0.676 8	0.627 4	0.582 0	0.540 3	0.501 9	0.466 5	0.433 9	0.403 9	0.376 2	0.350 6	0.326 9	0.305 0	0.284 8	0.266 0	0.248 7	0.232 6	0.217 6	0.203 8	0.190 9	0.178 9	0.167 8	0.157 4	0.147 8	0.138 8	0.130 4	0.122 6
9	0.914 3	0.836 8	0.766 4	0.702 6	0.644 6	0.591 9	0.543 9	0.500 2	0.460 4	0.424 1	0.390 9	0.360 6	0.332 9	0.307 5	0.284 3	0.263 0	0.243 4	0.225 5	0.209 0	0.193 8	0.179 9	0.167 0	0.155 2	0.144 3	0.134 2	0.124 9	0.116 4	0.108 4	0.101 1	0.094 3
10	0.905 3	0.820 3	0.744 1	0.675 6	0.613 9	0.558 4	0.508 3	0.463 2	0.422 4	0.385 5	0.352 2	0.322 0	0.294 6	0.269 7	0.247 2	0.226 7	0.208 0	0.191 1	0.175 6	0.161 5	0.148 6	0.136 9	0.126 2	0.116 4	0.107 4	0.099 2	0.091 6	0.084 7	0.078 4	0.072 5
11	0.896 3	0.804 3	0.722 4	0.649 6	0.584 7	0.526 8	0.475 1	0.428 9	0.387 5	0.350 5	0.317 3	0.287 5	0.260 7	0.236 6	0.214 9	0.195 4	0.177 8	0.161 9	0.147 6	0.134 6	0.122 8	0.112 2	0.102 6	0.093 8	0.085 9	0.078 7	0.072 1	0.066 2	0.060 7	0.055 8
12	0.887 4	0.788 5	0.701 4	0.624 6	0.556 8	0.497 0	0.444 0	0.397 1	0.355 5	0.318 6	0.285 8	0.256 7	0.230 7	0.207 6	0.186 9	0.168 5	0.152 0	0.137 2	0.124 0	0.112 2	0.101 5	0.092 0	0.083 4	0.075 7	0.068 7	0.062 5	0.056 8	0.051 7	0.047 1	0.042 9
13	0.878 7	0.773 0	0.681 0	0.600 6	0.530 3	0.468 8	0.415 0	0.367 7	0.326 2	0.289 7	0.257 5	0.229 2	0.204 2	0.182 1	0.162 5	0.145 2	0.129 9	0.116 3	0.104 2	0.093 5	0.083 9	0.075 4	0.067 8	0.061 0	0.055 0	0.049 6	0.044 7	0.040 4	0.036 5	0.033 0
14	0.870 0	0.757 9	0.661 1	0.577 5	0.505 1	0.442 3	0.387 8	0.340 5	0.299 2	0.263 3	0.232 0	0.204 6	0.180 7	0.159 7	0.141 3	0.125 2	0.111 0	0.098 5	0.087 6	0.077 9	0.069 3	0.061 8	0.055 1	0.049 2	0.044 0	0.039 3	0.035 2	0.031 6	0.028 3	0.025 4
15	0.861 3	0.743 0	0.641 9	0.555 3	0.481 0	0.417 3	0.362 4	0.315 2	0.274 5	0.239 4	0.209 0	0.182 7	0.159 9	0.140 1	0.122 9	0.107 9	0.094 9	0.083 5	0.073 6	0.064 9	0.057 3	0.050 7	0.044 8	0.039 7	0.035 2	0.031 2	0.027 7	0.024 7	0.021 9	0.019 5
16	0.852 8	0.728 4	0.623 2	0.533 9	0.458 1	0.393 6	0.338 7	0.291 9	0.251 9	0.217 6	0.188 3	0.163 1	0.141 5	0.122 9	0.106 9	0.093 0	0.081 1	0.070 8	0.061 8	0.054 1	0.047 4	0.041 5	0.036 4	0.032 0	0.028 1	0.024 8	0.021 8	0.019 3	0.017 0	0.015 0
17	0.844 4	0.714 2	0.605 0	0.513 4	0.436 3	0.371 4	0.316 6	0.270 3	0.231 1	0.197 8	0.169 6	0.145 6	0.125 2	0.107 8	0.092 9	0.080 2	0.069 3	0.060 0	0.052 0	0.045 1	0.039 1	0.034 0	0.029 6	0.025 8	0.022 5	0.019 7	0.017 2	0.015 0	0.013 2	0.011 6
18	0.836 0	0.700 2	0.587 4	0.493 6	0.415 5	0.350 3	0.295 9	0.250 2	0.212 0	0.179 9	0.152 8	0.130 0	0.110 8	0.094 6	0.080 8	0.069 1	0.059 2	0.050 8	0.043 7	0.037 6	0.032 3	0.027 9	0.024 1	0.020 8	0.018 0	0.015 6	0.013 5	0.011 8	0.010 2	0.008 9
19	0.827 7	0.686 4	0.570 3	0.474 6	0.395 7	0.330 5	0.276 5	0.231 7	0.194 5	0.163 5	0.137 7	0.116 1	0.098 1	0.082 9	0.070 3	0.059 6	0.050 6	0.043 1	0.036 7	0.031 3	0.026 7	0.022 9	0.019 6	0.016 8	0.014 4	0.012 4	0.010 7	0.009 2	0.007 9	0.006 8
20	0.819 5	0.673 0	0.553 7	0.456 4	0.376 9	0.311 8	0.258 4	0.214 5	0.178 4	0.148 6	0.124 0	0.103 7	0.086 8	0.072 8	0.061 1	0.051 4	0.043 3	0.036 5	0.030 8	0.026 1	0.022 1	0.018 7	0.015 9	0.013 5	0.011 5	0.009 8	0.008 4	0.007 2	0.006 1	0.005 3
21	0.811 4	0.659 8	0.537 5	0.438 8	0.358 9	0.294 2	0.241 5	0.198 7	0.163 7	0.135 1	0.111 7	0.092 6	0.076 8	0.063 8	0.053 1	0.044 3	0.037 0	0.030 9	0.025 9	0.021 7	0.018 3	0.015 4	0.012 9	0.010 9	0.009 2	0.007 8	0.006 6	0.005 6	0.004 8	0.004 0
22	0.803 4	0.646 8	0.521 9	0.422 0	0.341 8	0.277 5	0.225 7	0.183 9	0.150 2	0.122 8	0.100 7	0.082 6	0.068 0	0.056 0	0.046 2	0.038 2	0.031 6	0.026 2	0.021 8	0.018 1	0.015 1	0.012 6	0.010 5	0.008 8	0.007 4	0.006 2	0.005 2	0.004 4	0.003 7	0.003 1
23	0.795 4	0.634 2	0.506 7	0.405 7	0.325 6	0.261 8	0.210 9	0.170 3	0.137 8	0.111 7	0.090 7	0.073 8	0.060 1	0.049 1	0.040 2	0.032 9	0.027 0	0.022 2	0.018 3	0.015 1	0.012 5	0.010 3	0.008 6	0.007 1	0.005 9	0.004 9	0.004 1	0.003 4	0.002 9	0.002 4
24	0.787 6	0.621 7	0.491 9	0.390 1	0.310 1	0.247 0	0.197 1	0.157 7	0.126 4	0.101 5	0.081 7	0.065 9	0.053 2	0.043 1	0.034 9	0.028 4	0.023 1	0.018 8	0.015 4	0.012 6	0.010 3	0.008 5	0.007 0	0.005 7	0.004 7	0.003 9	0.003 2	0.002 7	0.002 2	0.001 8
25	0.779 8	0.609 5	0.477 6	0.375 1	0.295 3	0.233 0	0.184 2	0.146 0	0.116 0	0.092 3	0.073 6	0.058 8	0.047 1	0.037 8	0.030 4	0.024 5	0.019 7	0.016 0	0.012 9	0.010 5	0.008 5	0.006 9	0.005 7	0.004 6	0.003 8	0.003 1	0.002 5	0.002 1	0.001 7	0.001 4
26	0.772 0	0.597 6	0.463 7	0.360 7	0.281 2	0.219 8	0.172 2	0.135 2	0.106 4	0.083 9	0.066 3	0.052 5	0.041 7	0.033 1	0.026 4	0.021 1	0.016 9	0.013 5	0.010 9	0.008 7	0.007 0	0.005 7	0.004 6	0.003 7	0.003 0	0.002 5	0.002 0	0.001 6	0.001 3	0.001 1
27	0.764 4	0.585 9	0.450 2	0.346 8	0.267 8	0.207 4	0.160 9	0.125 2	0.097 6	0.076 3	0.059 7	0.046 9	0.036 9	0.029 1	0.023 0	0.018 2	0.014 4	0.011 5	0.009 1	0.007 3	0.005 8	0.004 7	0.003 7	0.003 0	0.002 4	0.001 9	0.001 6	0.001 3	0.001 0	0.000 8
28	0.756 8	0.574 4	0.437 1	0.333 5	0.255 1	0.195 6	0.150 4	0.115 9	0.089 5	0.069 3	0.053 8	0.041 9	0.032 6	0.025 5	0.020 0	0.015 7	0.012 3	0.009 7	0.007 7	0.006 1	0.004 8	0.003 8	0.003 0	0.002 4	0.001 9	0.001 5	0.001 2	0.001 0	0.000 8	0.000 6
29	0.749 3	0.563 1	0.424 3	0.320 7	0.242 9	0.184 6	0.140 6	0.107 3	0.082 2	0.063 0	0.048 5	0.037 4	0.028 9	0.022 4	0.017 4	0.013 5	0.010 5	0.008 2	0.006 4	0.005 1	0.004 0	0.003 1	0.002 5	0.002 0	0.001 5	0.001 2	0.001 0	0.000 8	0.000 6	0.000 5
30	0.741 9	0.552 1	0.412 0	0.308 3	0.231 4	0.174 1	0.131 4	0.099 4	0.075 4	0.057 3	0.043 7	0.033 4	0.025 6	0.019 6	0.015 1	0.011 6	0.009 0	0.007 0	0.005 4	0.004 2	0.003 3	0.002 6	0.002 0	0.001 6	0.001 2	0.001 0	0.000 8	0.000 6	0.000 5	0.000 4

附录3　年金终值系数表

期数	1%	2%	3%	4%	5%	6%	7%	8%	9%	10%	11%	12%	13%	14%	15%
1	1.000 0	1.000 0	1.000 0	1.000 0	1.000 0	1.000 0	1.000 0	1.000 0	1.000 0	1.000 0	1.000 0	1.000 0	1.000 0	1.000 0	1.000 0
2	2.010 0	2.020 0	2.030 0	2.040 0	2.050 0	2.060 0	2.070 0	2.080 0	2.090 0	2.100 0	2.110 0	2.120 0	2.130 0	2.140 0	2.150 0
3	3.030 1	3.060 4	3.090 9	3.121 6	3.152 5	3.183 6	3.214 9	3.246 4	3.278 1	3.310 0	3.342 1	3.374 4	3.406 9	3.439 6	3.472 5
4	4.060 4	4.121 6	4.183 6	4.246 5	4.310 1	4.374 6	4.439 9	4.506 1	4.573 1	4.641 0	4.709 7	4.779 3	4.849 8	4.921 1	4.993 4
5	5.101 0	5.204 0	5.309 1	5.416 3	5.525 6	5.637 1	5.750 7	5.866 6	5.984 7	6.105 1	6.227 8	6.352 8	6.480 3	6.610 1	6.742 4
6	6.152 0	6.308 1	6.468 4	6.633 0	6.801 9	6.975 3	7.153 3	7.335 9	7.523 3	7.715 6	7.912 9	8.115 2	8.322 7	8.535 5	8.753 7
7	7.213 5	7.434 3	7.662 5	7.898 3	8.142 0	8.393 8	8.654 0	8.922 8	9.200 4	9.487 2	9.783 3	10.089 0	10.404 7	10.730 5	11.066 8
8	8.285 7	8.583 0	8.892 3	9.214 2	9.549 1	9.897 5	10.259 8	10.636 6	11.028 5	11.435 9	11.859 4	12.299 7	12.757 3	13.232 8	13.726 8
9	9.368 5	9.754 6	10.159 1	10.582 8	11.026 6	11.491 3	11.978 0	12.487 6	13.021 0	13.579 5	14.164 0	14.775 7	15.415 7	16.085 3	16.785 8
10	10.462 2	10.949 7	11.463 9	12.006 1	12.577 9	13.180 8	13.816 4	14.486 6	15.192 9	15.937 4	16.722 0	17.548 7	18.419 7	19.337 3	20.303 7
11	11.566 8	12.168 7	12.807 8	13.486 4	14.206 8	14.971 6	15.783 6	16.645 5	17.560 3	18.531 2	19.561 4	20.654 6	21.814 3	23.044 5	24.349 3
12	12.682 5	13.412 1	14.192 0	15.025 8	15.917 1	16.869 9	17.888 5	18.977 1	20.140 7	21.384 3	22.713 2	24.133 1	25.650 2	27.270 7	29.001 7
13	13.809 3	14.680 3	15.617 8	16.626 8	17.713 0	18.882 1	20.140 6	21.495 3	22.953 4	24.522 7	26.211 6	28.029 1	29.984 7	32.088 7	34.351 9
14	14.947 4	15.973 9	17.086 3	18.291 9	19.598 6	21.015 1	22.550 5	24.214 9	26.019 2	27.975 0	30.094 9	32.392 6	34.882 7	37.581 1	40.504 7
15	16.096 9	17.293 4	18.598 9	20.023 6	21.578 6	23.276 0	25.129 0	27.152 1	29.360 9	31.772 5	34.405 4	37.279 7	40.417 5	43.842 4	47.580 4
16	17.257 9	18.639 3	20.156 9	21.824 5	23.657 5	25.672 5	27.888 1	30.324 3	33.003 4	35.949 7	39.189 9	42.753 3	46.671 7	50.980 4	55.717 5
17	18.430 4	20.012 1	21.761 6	23.697 5	25.840 4	28.212 9	30.840 2	33.750 2	36.973 7	40.544 7	44.500 8	48.883 7	53.739 1	59.117 6	65.075 1
18	19.614 7	21.412 3	23.414 4	25.645 4	28.132 4	30.905 7	33.999 0	37.450 2	41.301 3	45.599 2	50.395 9	55.749 7	61.725 1	68.394 1	75.836 4
19	20.810 9	22.840 6	25.116 9	27.671 2	30.539 0	33.760 0	37.379 0	41.446 3	46.018 5	51.159 1	56.939 5	63.439 7	70.749 4	78.969 2	88.211 8
20	22.019 0	24.297 4	26.870 4	29.778 1	33.066 0	36.785 6	40.995 5	45.762 0	51.160 1	57.275 0	64.202 8	72.052 4	80.946 8	91.024 9	102.443 6
21	23.239 2	25.783 3	28.676 5	31.969 2	35.719 3	39.992 7	44.865 2	50.422 9	56.764 5	64.002 5	72.265 1	81.698 7	92.469 9	104.768 4	118.810 1
22	24.471 6	27.299 0	30.536 8	34.248 0	38.505 2	43.392 3	49.005 7	55.456 8	62.873 3	71.402 7	81.214 3	92.502 6	105.491 0	120.436 0	137.631 6
23	25.716 3	28.845 0	32.452 9	36.617 9	41.430 5	46.995 8	53.436 1	60.893 3	69.531 9	79.543 0	91.147 9	104.602 9	120.204 8	138.297 0	159.276 4
24	26.973 5	30.421 9	34.426 5	39.082 6	44.502 0	50.815 6	58.176 7	66.764 8	76.789 8	88.497 3	102.174 2	118.155 2	136.831 5	158.658 6	184.167 8
25	28.243 2	32.030 3	36.459 3	41.645 9	47.727 1	54.864 5	63.249 0	73.105 9	84.700 9	98.347 1	114.413 3	133.333 9	155.619 6	181.870 8	212.793 0
26	29.525 6	33.670 9	38.553 0	44.311 7	51.113 5	59.156 4	68.676 5	79.954 4	93.324 0	109.181 8	127.998 8	150.333 9	176.850 1	208.332 7	245.712 0
27	30.820 9	35.344 3	40.709 6	47.084 2	54.669 1	63.705 8	74.483 8	87.350 8	102.723 1	121.099 9	143.078 6	169.374 0	200.840 6	238.499 3	283.568 8
28	32.129 1	37.051 2	42.930 9	49.967 6	58.402 6	68.528 1	80.697 7	95.338 8	112.968 2	134.209 9	159.817 3	190.698 9	227.949 9	272.889 2	327.104 1
29	33.450 4	38.792 2	45.218 9	52.966 3	62.322 7	73.639 8	87.346 5	103.965 9	124.135 4	148.630 9	178.397 2	214.582 8	258.583 4	312.093 7	377.169 7
30	34.784 9	40.568 1	47.575 4	56.084 9	66.438 8	79.058 2	94.460 8	113.283 2	136.307 5	164.494 0	199.020 9	241.332 7	293.199 2	356.786 8	434.745 1

期数	16%	17%	18%	19%	20%	21%	22%	23%	24%	25%	26%	27%	28%	29%	30%
1	1.000 0	1.000 0	1.000 0	1.000 0	1.000 0	1.000 0	1.000 0	1.000 0	1.000 0	1.000 0	1.000 0	1.000 0	1.000 0	1.000 0	1.000 0
2	2.160 0	2.170 0	2.180 0	2.190 0	2.200 0	2.210 0	2.220 0	2.230 0	2.240 0	2.250 0	2.260 0	2.270 0	2.280 0	2.290 0	2.300 0
3	3.505 6	3.538 9	3.572 4	3.606 1	3.640 0	3.674 1	3.708 4	3.742 9	3.777 6	3.812 5	3.847 6	3.882 9	3.918 4	3.954 1	3.990 0
4	5.066 5	5.140 5	5.215 4	5.291 3	5.368 0	5.445 7	5.524 2	5.603 8	5.684 2	5.765 6	5.848 0	5.931 3	6.015 6	6.100 8	6.187 0
5	6.877 1	7.014 4	7.154 2	7.296 6	7.441 6	7.589 2	7.739 6	7.892 6	8.048 4	8.207 0	8.368 4	8.532 7	8.699 9	8.870 0	9.043 1
6	8.977 5	9.206 8	9.442 0	9.683 0	9.929 9	10.183 0	10.442 3	10.707 9	10.980 1	11.258 8	11.544 2	11.836 6	12.135 9	12.442 3	12.756 0
7	11.413 9	11.772 0	12.141 5	12.522 7	12.915 9	13.321 4	13.739 6	14.170 8	14.615 3	15.073 5	15.545 8	16.032 4	16.533 9	17.050 6	17.582 8
8	14.240 1	14.773 3	15.327 0	15.902 0	16.499 1	17.118 9	17.762 3	18.430 0	19.122 9	19.841 9	20.587 6	21.361 2	22.163 4	22.995 3	23.857 7
9	17.518 5	18.284 7	19.085 9	19.923 4	20.798 9	21.713 9	22.670 0	23.669 0	24.712 5	25.802 3	26.940 4	28.128 7	29.369 2	30.663 9	32.015 0
10	21.321 5	22.393 1	23.521 3	24.708 9	25.958 7	27.273 8	28.657 4	30.112 8	31.643 4	33.252 9	34.944 9	36.723 5	38.592 6	40.556 4	42.619 5
11	25.732 9	27.199 9	28.755 1	30.403 5	32.150 4	34.001 3	35.962 0	38.038 8	40.237 9	42.566 1	45.030 6	47.638 8	50.398 5	53.317 8	56.405 3
12	30.850 2	32.823 9	34.931 1	37.180 2	39.580 5	42.141 6	44.873 7	47.787 7	50.895 0	54.207 7	57.738 6	61.501 3	65.510 0	69.780 0	74.327 0
13	36.786 2	39.404 0	42.218 7	45.244 5	48.496 6	51.991 3	55.745 9	59.778 8	64.109 7	68.759 6	73.750 6	79.106 6	84.852 9	91.016 1	97.625 0
14	43.672 0	47.102 7	50.818 0	54.840 9	59.195 9	63.909 5	69.010 0	74.528 0	80.496 1	86.949 5	93.925 8	101.465 4	109.611 7	118.410 8	127.912 5
15	51.659 5	56.110 1	60.965 3	66.260 7	72.035 1	78.330 5	85.192 2	92.669 4	100.815 1	109.686 8	119.346 5	129.861 1	141.302 9	153.750 0	167.286 3
16	60.925 0	66.648 8	72.939 0	79.850 2	87.442 1	95.779 9	104.934 5	114.983 4	126.010 8	138.108 5	151.376 6	165.923 6	181.867 7	199.337 4	218.472 2
17	71.673 0	78.979 2	87.068 0	96.021 8	105.930 6	116.893 7	129.020 1	142.429 5	157.253 4	173.635 7	191.734 5	211.723 0	233.790 7	258.145 3	285.013 9
18	84.140 7	93.405 6	103.740 3	115.265 9	128.116 7	142.441 3	158.404 5	176.188 3	195.994 2	218.044 6	242.585 5	269.888 2	300.252 1	334.007 4	371.518 0
19	98.603 2	110.284 6	123.413 5	138.166 4	154.740 0	173.354 0	194.253 5	217.711 6	244.032 8	273.555 8	306.657 7	343.758 0	385.322 7	431.869 6	483.973 4
20	115.379 7	130.032 9	146.628 0	165.418 0	186.688 0	210.758 4	237.989 3	268.785 3	303.600 6	342.944 7	387.388 7	437.572 6	494.213 1	558.111 8	630.165 5
21	134.840 5	153.138 5	174.021 0	197.847 4	225.025 6	256.017 6	291.346 9	331.605 9	377.464 8	429.680 9	489.109 8	556.717 3	633.592 7	720.964 2	820.215 1
22	157.415 0	180.172 1	206.344 8	236.438 5	271.030 7	310.781 3	356.443 2	408.875 3	469.056 3	538.101 1	617.278 3	708.030 9	811.998 7	931.043 8	1 067.279 6
23	183.601 4	211.801 3	244.486 8	282.361 8	326.236 9	377.045 4	435.860 7	503.916 6	582.629 8	673.626 4	778.770 7	900.199 3	1 040.358 3	1 202.046 5	1 388.463 5
24	213.977 6	248.807 6	289.494 5	337.010 5	392.484 2	457.224 9	532.750 1	620.817 4	723.461 0	843.032 9	982.251 1	1 144.253 1	1 332.658 6	1 551.640 0	1 806.002 6
25	249.214 0	292.104 9	342.603 5	402.042 5	471.981 1	554.242 2	650.955 1	764.605 4	898.091 6	1 054.791 2	1 238.636 3	1 454.201 4	1 706.803 1	2 002.615 6	2 348.803 3
26	290.088 3	342.762 7	405.272 1	479.430 6	567.377 3	671.633 0	795.165 3	941.464 7	1 114.633 6	1 319.489 0	1 561.681 8	1 847.835 8	2 185.707 9	2 584.374 1	3 054.444 3
27	337.502 4	402.032 3	479.221 1	571.522 4	681.852 8	813.675 9	971.101 6	1 159.001 6	1 383.145 7	1 650.361 2	1 968.719 1	2 347.751 5	2 798.706 1	3 334.842 6	3 971.777 6
28	392.502 8	471.377 8	566.480 9	681.111 6	819.223 3	985.547 9	1 185.744 0	1 426.571 9	1 716.100 7	2 063.951 5	2 481.586 0	2 982.644 4	3 583.343 8	4 302.947 0	5 164.310 9
29	456.303 2	552.512 1	669.447 5	811.522 8	984.068 0	1 193.512 9	1 447.607 7	1 755.683 5	2 128.964 8	2 580.939 4	3 127.798 4	3 788.958 3	4 587.680 1	5 551.801 6	6 714.604 2
30	530.311 7	647.439 1	790.948 0	966.712 2	1 181.881 6	1 445.150 7	1 767.081 3	2 160.490 7	2 640.916 4	3 227.174 3	3 942.026 0	4 812.977 1	5 873.230 6	7 162.824 1	8 729.985 5

附录 4　年金现值系数表

期数	1%	2%	3%	4%	5%	6%	7%	8%	9%	10%	11%	12%	13%	14%	15%
1	0.990 1	0.980 4	0.970 9	0.961 5	0.952 4	0.943 4	0.934 6	0.925 9	0.917 4	0.909 1	0.900 9	0.892 9	0.885 0	0.877 2	0.869 6
2	1.970 4	1.941 6	1.913 5	1.886 1	1.859 4	1.833 4	1.808 0	1.783 3	1.759 1	1.735 5	1.712 5	1.690 1	1.668 1	1.646 7	1.625 7
3	2.941 0	2.883 9	2.828 6	2.775 1	2.723 2	2.673 0	2.624 3	2.577 1	2.531 3	2.486 9	2.443 7	2.401 8	2.361 2	2.321 6	2.283 2
4	3.902 0	3.807 7	3.717 1	3.629 9	3.546 0	3.465 1	3.387 2	3.312 1	3.239 7	3.169 9	3.102 4	3.037 3	2.974 5	2.913 7	2.855 0
5	4.853 4	4.713 5	4.579 7	4.451 8	4.329 5	4.212 4	4.100 2	3.992 7	3.889 7	3.790 8	3.695 9	3.604 8	3.517 2	3.433 1	3.352 2
6	5.795 5	5.601 4	5.417 2	5.242 1	5.075 7	4.917 3	4.766 5	4.622 9	4.485 9	4.355 3	4.230 5	4.111 4	3.997 5	3.888 7	3.784 5
7	6.728 2	6.472 0	6.230 3	6.002 1	5.786 4	5.582 4	5.389 3	5.206 4	5.033 0	4.868 4	4.712 2	4.563 8	4.422 6	4.288 3	4.160 4
8	7.651 7	7.325 5	7.019 7	6.732 7	6.463 2	6.209 8	5.971 3	5.746 6	5.534 8	5.334 9	5.146 1	4.967 6	4.798 8	4.638 9	4.487 3
9	8.566 0	8.162 2	7.786 1	7.435 3	7.107 8	6.801 7	6.515 2	6.246 9	5.995 2	5.759 0	5.537 0	5.328 2	5.131 7	4.946 4	4.771 6
10	9.471 3	8.982 6	8.530 2	8.110 9	7.721 7	7.360 1	7.023 6	6.710 1	6.417 7	6.144 6	5.889 2	5.650 2	5.426 2	5.216 1	5.018 8
11	10.367 6	9.786 8	9.252 6	8.760 5	8.306 4	7.886 9	7.498 7	7.139 0	6.805 2	6.495 1	6.206 5	5.937 7	5.686 9	5.452 7	5.233 7
12	11.255 1	10.575 3	9.954 0	9.385 1	8.863 3	8.383 8	7.942 7	7.536 1	7.160 7	6.813 7	6.492 4	6.194 4	5.917 6	5.660 3	5.420 6
13	12.133 7	11.348 4	10.635 0	9.985 6	9.393 6	8.852 7	8.357 7	7.903 8	7.486 9	7.103 4	6.749 9	6.423 5	6.121 8	5.842 4	5.583 1
14	13.003 7	12.106 2	11.296 1	10.563 1	9.898 6	9.295 0	8.745 5	8.244 2	7.786 2	7.366 7	6.981 9	6.628 2	6.302 5	6.002 1	5.724 5
15	13.865 1	12.849 3	11.937 9	11.118 4	10.379 7	9.712 2	9.107 9	8.559 5	8.060 7	7.606 1	7.190 9	6.810 9	6.462 4	6.142 2	5.847 4
16	14.717 9	13.577 7	12.561 1	11.652 3	10.837 8	10.105 9	9.446 6	8.851 4	8.312 6	7.823 7	7.379 2	6.974 0	6.603 9	6.265 1	5.954 2
17	15.562 3	14.291 9	13.166 1	12.165 7	11.274 1	10.477 3	9.763 2	9.121 6	8.543 6	8.021 6	7.548 8	7.119 6	6.729 1	6.372 9	6.047 2
18	16.398 3	14.992 0	13.753 5	12.659 3	11.689 6	10.827 6	10.059 1	9.371 9	8.755 6	8.201 4	7.701 6	7.249 7	6.839 9	6.467 4	6.128 0
19	17.226 0	15.678 5	14.323 8	13.133 9	12.085 3	11.158 1	10.335 6	9.603 6	8.950 1	8.364 9	7.839 3	7.365 8	6.938 0	6.550 4	6.198 2
20	18.045 6	16.351 4	14.877 5	13.590 3	12.462 2	11.469 9	10.594 0	9.818 1	9.128 5	8.513 6	7.963 3	7.469 4	7.024 8	6.623 1	6.259 3
21	18.857 0	17.011 2	15.415 0	14.029 2	12.821 2	11.764 1	10.835 5	10.016 8	9.292 2	8.648 7	8.075 1	7.562 0	7.101 6	6.687 0	6.312 5
22	19.660 4	17.658 0	15.936 9	14.451 1	13.163 0	12.041 6	11.061 2	10.200 7	9.442 4	8.771 5	8.175 7	7.644 6	7.169 5	6.742 9	6.358 7
23	20.455 8	18.292 2	16.443 6	14.856 8	13.488 6	12.303 4	11.272 2	10.371 1	9.580 2	8.883 2	8.266 4	7.718 4	7.229 7	6.792 1	6.398 8
24	21.243 4	18.913 9	16.935 5	15.247 0	13.798 6	12.550 4	11.469 3	10.528 8	9.706 6	8.984 7	8.348 1	7.784 3	7.282 9	6.835 1	6.433 8
25	22.023 2	19.523 5	17.413 1	15.622 1	14.093 9	12.783 4	11.653 6	10.674 8	9.822 6	9.077 0	8.421 7	7.843 1	7.330 0	6.872 9	6.464 1
26	22.795 2	20.121 0	17.876 8	15.982 8	14.375 2	13.003 2	11.825 8	10.810 0	9.929 0	9.160 9	8.488 1	7.895 7	7.371 7	6.906 1	6.490 6
27	23.559 6	20.706 9	18.327 0	16.329 6	14.643 0	13.210 5	11.986 7	10.935 2	10.026 6	9.237 2	8.547 8	7.942 6	7.408 6	6.935 2	6.513 5
28	24.316 4	21.281 3	18.764 1	16.663 1	14.898 1	13.406 2	12.137 1	11.051 1	10.116 1	9.306 6	8.601 6	7.984 4	7.441 2	6.960 7	6.533 5
29	25.065 8	21.844 4	19.188 5	16.983 7	15.141 1	13.590 7	12.277 7	11.158 4	10.198 3	9.369 6	8.650 1	8.021 8	7.470 1	6.983 0	6.550 9
30	25.807 7	22.396 5	19.600 4	17.292 0	15.372 5	13.764 8	12.409 0	11.257 8	10.273 7	9.426 9	8.693 8	8.055 2	7.495 7	7.002 7	6.566 0

期数	16%	17%	18%	19%	20%	21%	22%	23%	24%	25%	26%	27%	28%	29%	30%
1	0.862 1	0.854 7	0.847 5	0.840 3	0.833 3	0.826 4	0.819 7	0.813 0	0.806 5	0.800 0	0.793 7	0.787 4	0.781 3	0.775 2	0.769 2
2	1.605 2	1.585 2	1.565 6	1.546 5	1.527 8	1.509 5	1.491 5	1.474 0	1.456 8	1.440 0	1.423 5	1.407 4	1.391 6	1.376 1	1.360 9
3	2.245 9	2.209 6	2.174 3	2.139 9	2.106 5	2.073 9	2.042 2	2.011 4	1.981 3	1.952 0	1.923 4	1.895 6	1.868 4	1.842 0	1.816 1
4	2.798 2	2.743 2	2.690 1	2.638 6	2.588 7	2.540 4	2.493 6	2.448 3	2.404 3	2.361 6	2.320 2	2.280 0	2.241 0	2.203 1	2.166 2
5	3.274 3	3.199 3	3.127 2	3.057 6	2.990 6	2.926 0	2.863 6	2.803 5	2.745 4	2.689 3	2.635 1	2.582 7	2.532 0	2.483 0	2.435 6
6	3.684 7	3.589 2	3.497 6	3.409 8	3.325 5	3.244 6	3.166 9	3.092 3	3.020 5	2.951 4	2.885 0	2.821 0	2.759 4	2.700 0	2.642 7
7	4.038 6	3.922 4	3.811 5	3.705 7	3.604 6	3.507 9	3.415 5	3.327 0	3.242 3	3.161 1	3.083 3	3.008 7	2.937 0	2.868 2	2.802 1
8	4.343 6	4.207 2	4.077 6	3.954 4	3.837 2	3.725 6	3.619 3	3.517 9	3.421 2	3.328 9	3.240 7	3.156 4	3.075 8	2.998 6	2.924 7
9	4.606 5	4.450 6	4.303 0	4.163 3	4.031 0	3.905 4	3.786 3	3.673 1	3.565 5	3.463 1	3.365 7	3.272 8	3.184 2	3.099 7	3.019 0
10	4.833 2	4.658 6	4.494 1	4.338 9	4.192 5	4.054 1	3.923 2	3.799 3	3.681 9	3.570 5	3.464 8	3.364 4	3.268 9	3.178 1	3.091 5
11	5.028 6	4.836 4	4.656 0	4.486 5	4.327 1	4.176 9	4.035 4	3.901 8	3.775 7	3.656 4	3.543 5	3.436 5	3.335 1	3.238 8	3.147 3
12	5.197 1	4.988 4	4.793 2	4.610 5	4.439 2	4.278 4	4.127 4	3.985 2	3.851 4	3.725 1	3.605 9	3.493 3	3.386 8	3.285 9	3.190 3
13	5.342 3	5.118 3	4.909 5	4.714 7	4.532 7	4.362 4	4.202 8	4.053 0	3.912 4	3.780 1	3.655 5	3.538 1	3.427 2	3.322 4	3.223 3
14	5.467 5	5.229 3	5.008 1	4.802 3	4.610 6	4.431 7	4.264 6	4.108 2	3.961 6	3.824 1	3.694 9	3.573 3	3.458 7	3.350 7	3.248 7
15	5.575 5	5.324 2	5.091 6	4.875 9	4.675 5	4.489 0	4.315 2	4.153 0	4.001 3	3.859 3	3.726 1	3.601 0	3.483 4	3.372 6	3.268 2
16	5.668 5	5.405 3	5.162 4	4.937 7	4.729 6	4.536 4	4.356 7	4.189 4	4.033 3	3.887 4	3.750 9	3.622 8	3.502 6	3.389 6	3.283 2
17	5.748 7	5.474 6	5.222 3	4.989 7	4.774 6	4.575 5	4.390 8	4.219 0	4.059 1	3.909 9	3.770 5	3.640 0	3.517 7	3.402 8	3.294 8
18	5.817 8	5.533 9	5.273 2	5.033 3	4.812 2	4.607 9	4.418 7	4.243 1	4.079 9	3.927 9	3.786 1	3.653 6	3.529 4	3.413 0	3.303 7
19	5.877 5	5.584 5	5.316 2	5.070 0	4.843 5	4.634 6	4.441 5	4.262 7	4.096 7	3.942 4	3.798 5	3.664 2	3.538 6	3.421 0	3.310 5
20	5.928 8	5.627 8	5.352 7	5.100 9	4.869 6	4.656 7	4.460 3	4.278 6	4.110 3	3.953 9	3.808 3	3.672 6	3.545 8	3.427 1	3.315 8
21	5.973 1	5.664 8	5.383 7	5.126 8	4.891 3	4.675 0	4.475 6	4.291 6	4.121 2	3.963 1	3.816 1	3.679 2	3.551 4	3.431 9	3.319 8
22	6.011 3	5.696 4	5.409 9	5.148 6	4.909 4	4.690 0	4.488 2	4.302 1	4.130 0	3.970 5	3.822 3	3.684 4	3.555 8	3.435 6	3.323 0
23	6.044 2	5.723 4	5.432 1	5.166 8	4.924 5	4.702 5	4.498 5	4.310 6	4.137 1	3.976 4	3.827 3	3.688 5	3.559 2	3.438 4	3.325 4
24	6.072 6	5.746 5	5.450 9	5.182 2	4.937 1	4.712 8	4.507 0	4.317 6	4.142 8	3.981 1	3.831 2	3.691 8	3.561 9	3.440 6	3.327 2
25	6.097 1	5.766 2	5.466 9	5.195 1	4.947 6	4.721 3	4.513 9	4.323 2	4.147 4	3.984 9	3.834 2	3.694 3	3.564 0	3.442 3	3.328 6
26	6.118 2	5.783 1	5.480 4	5.206 0	4.956 3	4.728 4	4.519 6	4.327 8	4.151 1	3.987 9	3.836 7	3.696 3	3.565 6	3.443 7	3.329 7
27	6.136 4	5.797 5	5.491 9	5.215 1	4.963 6	4.734 2	4.524 3	4.331 6	4.154 2	3.990 3	3.838 7	3.697 9	3.566 9	3.444 7	3.330 5
28	6.152 0	5.809 9	5.501 6	5.222 8	4.969 7	4.739 0	4.528 1	4.334 6	4.156 6	3.992 3	3.840 2	3.699 1	3.567 9	3.445 5	3.331 2
29	6.165 6	5.820 4	5.509 8	5.229 2	4.974 7	4.743 0	4.531 2	4.337 1	4.158 5	3.993 8	3.841 4	3.700 1	3.568 7	3.446 1	3.331 7
30	6.177 2	5.829 4	5.516 8	5.234 7	4.978 9	4.746 3	4.533 8	4.339 1	4.160 1	3.995 0	3.842 4	3.700 9	3.569 3	3.446 6	3.332 1

主要参考文献

［1］财政部会计资格评价中心. 财务管理［M］. 北京：中国财政经济出版社，2021
［2］中国注册会计师协会. 财务成本管理［M］. 北京：经济科学出版社，2021
［3］袁建国，周丽媛. 财务管理［M］. 大连：东北财经出版社，2021
［4］程腊梅，王忠. 财务管理［M］. 北京：机械工业出版社，2014
［5］王吉凤，程腊梅，王忠. 财务管理［M］. 北京：清华大学出版社，2016
［6］李小金，李然，王文冠，财务管理［M］. 上海：上海交通大学出版社，2020
［7］刘玥，毛巧奕，林晓红. 财务管理［M］. 北京：清华大学出版社，2018
［8］张新民，钱爱民. 财务报表分析［M］. 北京：中国人民大学出版社，2019
［9］陆正飞，财务报告与分析［M］. 北京：北京大学出版社，2021
［10］竺素娥，曾爱民. 财务管理［M］. 大连：东北财经出版社，2020
［11］孔德兰，许辉，财务管理—原理、实务、案例、实训训练手册［M］. 大连：东北财经出版社，2021
［12］傅丹，姜毅. 财务管理实训教程［M］. 大连：东北财经出版社，2017
［13］张先治，陈友邦. 财务分析［M］. 大连：东北财经出版社，2019
［14］杜慧芬，王汀汀. 公司理财［M］. 大连：东北财经出版社，2017
［15］谷祺，刘淑莲. 财务管理［M］. 大连：东北财经出版社，2015
［16］周昌仕，财务管理［M］. 大连：东北财经出版社，2014
［17］于晓红，梁毕明，李娜. 财务管理［M］. 北京：北京大学出版社，2014
［18］陆正飞，财务管理［M］. 大连：东北财经出版社，2014